中央大の英語

［第9版］

濱村千賀子 編著

教学社

はしがき

　本書は，中央大学全学部の過去の入試問題を分析し，その出題パターンとレベルを知り，効率的な対策を立てることができるよう編集されたものです。今回の改訂にあたっては，第8版と比較して全体の4分の1程度の問題を差しかえ，2014〜2023年度の一般入試の問題から75題を掲載しています。

　まず「傾向分析」では，学部別に問題構成・配点・試験時間を比較しています。次に，出題パターンをさらに細かく分類することで，自分が受験しようとしている学部の設問の構成や特色を知ることができます。中央大学の場合，大問ごとに配点が示されていますので，自分の弱点を知ることが有効な対策を立てる第一歩となります。

　「問題・解答」編では，各学部の代表的な良問75題を精選し，4つの章に分類しています。各章（各パート）の最初に「傾向と対策」を示し，どのような問題が出るか，どのような対策が有効かを述べています。ここで中央大学の主な出題形式を目にすることができますから，弱点補強を含め，今後の学習計画を立てる際に大いに参考となるでしょう。なお，問題の配列は各章（各パート）ごとに，原則として設問数や設問の難易度，英文の量に基づき易→難の順になっています。

　それぞれの問題には，問題攻略のための詳細な解説を加えています。それらを反復学習することによって，解答に至るプロセスが理解できるとともに，確実に得点力アップをはかることができます。

　本書の活用については，まず記載された目標解答時間を参考にして問題を解き，間違えた設問にチェックを入れます。次に全訳，解説，語句・構文を熟読し，自分の弱点（語彙・熟語・構文・文法力は十分か，選択肢を検討する手順に誤りはないか，記述式の問題へも対応できているか等）を探りましょう。

　本書をフルに活用することによって，栄冠を手中に収められんことを心から祈ります。

編著者しるす

CONTENTS

第2章　英作文

第3章　会話文

第4章　読　解

〈1〉英文和訳

〈2〉空所補充

〈3〉総合

◇学部の学科別区分
　経済Ⅰ：経済／経済情報システム／公共・環境経済学科
　経済Ⅱ：経済／国際経済学科
　商Ⅰ：経営／金融学科
　商Ⅱ：会計／国際マーケティング（旧 商業・貿易）学科

※試験の詳細は最新の入試要項で必ず確認してください。

下記の問題に使用されている著作物は，2024 年 1 月 25 日に著作権法第 67 条の 2 第 1 項の規定に基づく申請を行い，同条同項の規定の適用を受けて掲載しているものです。
第 1 章　29
第 3 章　44

（編集部注）本書に掲載されている入試問題の解答・解説は，出題校が公表したものではありません。

傾向分析

　中央大の英語の特徴は，学部ごとに出題のパターンがあり，例年同じような傾向の問題が出題されていることである。学部ごとの大問数・配点・問題構成などは，ほぼ一定しており，過去問演習が有効な対策となるだろう。

　形式から見ると，マークシートによる**選択式が中心**だが，**法・文学部**のように和文英訳や英文和訳を中心に**記述式のウェートの高い学部**もあれば，**総合政策・理工学部**や2019年度に新設された**国際経営・国際情報学部**のように**全問選択式**の学部もある。配点から見ると，いずれの学部も**読解のウェートが高い**が，中でも**理工学部は特に高い**。また，**法・経済・総合政策学部**では**文法・語彙のウェートも高い**。このように，学部によって傾向は異なるので，過去問をよく研究しておく必要がある。実際に問題を解く際には，志望学部以外の必要な問題にも当たっておくとよい。

　以下に2019～2023年度の「学部別出題内容と大問数」を載せた。またそれに続けて，学部ごとに傾向（2019～2023年度を中心に分析）をまとめたものを用意した。志望学部の出題傾向をしっかり把握するだけでなく，志望学部以外の傾向にも目を通しながら，効率的な対策を立てたい。

＊注意：「6学部共通選抜」は2021年度入試以前は「統一入試」の名称で実施されていた。

●学部別出題内容と大問数

〔注〕　・文法・語彙から読解の各項目の1〜6の数字は大問の数を示す。❶はすべて記述式，①〜④は一部が記述式であることを示す。それ以外は選択（マーク）式。
　　　・2019年度の法学部国際企業関係法学科の問題は，法律学科と同一である。なお，法学部は2020年度より全学科同一問題となった。
　　＊法学部国際企業関係法学科の配点は200点に換算される。文学部の配点は専攻によって100点に換算される。6学部共通選抜（旧 統一入試）の配点は学部等によって100点または200点に換算される。

学部・年度	内容		文法・語彙	英作文			会話文	読解			大問数	配点	試験時間
				和文英訳	自由英作文	空所補充		英文和訳	空所補充	総合			
法	法律	23	④	❶				❶	1	1	8	150点*	90分
		22	④	❶				❶	1	1	8		
		21	④	❶				❶	1	1	8		
		20	④	❶				❶	1	1	8		
	法律	19	④	❶				❶	1	1	8		
	政治	19	④	❶				❶	1	1	8		
	国際企業関係法	19	④	❶				❶	1	1	8		
経済	I	23	4			❶	1		1	②	9	150点	90分
		22	4			❶	1		1	②	9		
		21	4			❶	1			②	8		
		20	4			❶	1			②	8		
		19	4			❶	1			②	8		
	II	23	4			❶	1		1	②	9		
		22	4			❶	1		1	②	9		
		21	4			❶	1			②	8		
		20	4			❶	1			②	8		
		19	4			❶	1			②	8		
商	I	23	1		❶		1			②	5	150点	80分
		22	1		❶		1			②	5		
		21	2		❶		1			②	6		
		20	2		❶		1			②	6		
		19	2		❶		1			②	6		
	II	23	1		❶		1			②	5		
		22	1		❶		1			②	5		
		21	2		❶		1			②	6		
		20	2		❶		1			②	6		
		19	2		❶		1			②	6		
文		23	2				1			1	4	150点*	80分
		22	2				1			1	4		
		21	2				1			1	4		
		20	2			❶	1	❶		1	6		
		19	2	❶			1			①	5		

内容 学部・年度		文法・語彙	英作文			会話文	読解			大問数	配点	試験時間
			和文英訳	自由英作文	空所補充		英文和訳	空所補充	総合			
総合政策	23	4							2	6	150点	90分
	22	4							2	6		100分
	21	6						1	2	9		
	20	6						1	2	9		
	19	6						1	2	9		
国際経営	23	3				1			2	6	200点	90分
	22	3				1			2	6		
	21	3				1			2	6		
	20	3				1			2	6		
	19	3				1			2	6		
国際情報	23	2				1		1	2	6	150点	90分
	22	2				1		1	2	6		
	21	2				1		1	2	6		
	20	2				1		1	2	6		
	19	2				1		1	2	6		
理工	23	3						2	1	6	100点	80分
	22	3						2	1	6		
	21	3						2	1	6		
	20	3						2	1	6		
	19	2							4	6		
6学部 共通選抜 (旧 統一入試)	23	3						1	2	6	150点*	80分
	22	3						1	2	6		
	21	3						1	2	6		
	20	3						1	2	6		
	19	3						1	2	6		

■法学部

試験時間 90 分／大問 8 題

文法・語彙	4 題：空所補充と誤り指摘が定番！
英作文	1 題：和文英訳
読解	3 題：短文＝英文和訳，中文＝空所補充，長文＝総合問題の構成が多い

● 2023 年度分野別配点比（150 点満点，国際企業関係法は 200 点に換算）

40%	10%	50%

■文法・語彙　■英作文　□読解

　2015 年度以降，法律学科と国際企業関係法学科が同一問題となり，2020 年度からは法学部全体で同一問題となった。全体としての法学部の特徴は，**記述式の設問が多いこと**，**文法・語彙問題のウェート**が 8 題中 4 題と高いことである。記述式については，和文英訳 1，2 問と英文和訳 2 問のほかに，文法・語彙問題で出題されている。

　文法・語彙問題は，空所補充 3 題（選択式と記述式）と誤り指摘 1 題という構成が多かった。2021 年以降は，選択式と記述式の空所補充が 1 題ずつと誤り指摘 1 題に加え，語句整序 1 題が出題されている。空所補充の記述式では，最初の文字が与えられた形で出題されることが多い。また，一方の英文中の 1 語の派生語や反意語をもう一方の英文の空所に入れて英文を完成させるもの，2 文に共通して入る同一の形の単語を書かせるものといった特殊な空所補充が出題されている点にも注意したい。以前は 3 種類の空所補充が出題されていたが，2021 年度以降は不足語補充の形で語句整序が 1 題出題されている。そのほか，下線部の語句の文法・語法・内容上の正誤を問う誤り指摘は，正確な知識や判断力が要求され難度は高い。

　英作文は，和文英訳が出題され，構文や熟語が特定しやすい標準的な問題である。

　読解問題については，短めの英文の下線部を和訳する問題，400〜600 語程度の英文の空所に適する語句または英文を補充する問題，600〜900 語程度の英文に対して空所補充，内容説明，内容真偽，同意表現，同一用法，表題など多様な設問からなる総合問題の 3 題で構成されていることが多い。例年，英文和訳以外の設問はすべて選択式である。英文のテーマは，学部・学科の特性に応じたものも出題されているが，文化言語論や社会問題など多岐にわたる。

　全体を通して，**語彙力重視**の傾向が見え，記述量や読解量を考えると難度は高い。

■経済学部

試験時間 90 分／大問 8・9 題

文法・語彙	4 題：同意表現，空所補充，語句整序が出題される
英　作　文	1 題：和文英訳の記述式の空所補充 1 問
会　話　文	1 題：空所補充 5 問
	短めの会話文だが，読解力が求められる問題
読　　　解	2・3 題：総合問題では，設問に英文和訳が必出！

● 2023 年度分野別配点比（150 点満点）

| 33% | 7% | 13% | 47% |

■文法・語彙 ■英作文 □会話文 □読解

　経済学部の特徴は，**文法・語彙問題のウェートが大問数，配点ともに高い**ことである。記述式については，和文英訳 1 問と，読解問題の設問の一部として英文和訳が 1，2 問出題されるが，いずれも字数・語数は少ない。

　文法・語彙問題は，同意表現，2 種類の空所補充，語句整序とバラエティーに富んでいる。語彙・熟語力はもちろん，文法・語法上の知識が問われるが，頻出事項を中心に標準的な英語力を問うものが多い。2 種類の空所補充のうち 1 つは，法学部と同様に 2 つの英文が同じ意味になるように一方の空所に適語を入れるというタイプが出題されている。

　英作文は，和文英訳が出題され，2017 年度までは構文や熟語をしっかり押さえておけば書けるような標準的な問題であった。2018 年度以降，和文の内容に合うように英文の空所に 1 ～数語の単語を挿入する形式となり，易化した。

　会話文は，短めの会話 5 つにそれぞれ 1 カ所ずつ空所が設けられ，その空所に適する文や節を選択する問題である。文法・語彙力というよりは会話の流れを把握する力＝読解力を要するものが多い。

　読解問題については，2022 年度より，空所補充のみの短めの読解問題が 1 題加わり，3 題出題されている。総合問題 2 題は 600 ～ 900 語，多ければ 1,000 語前後の英文に関する出題で，2019 年度以降は，うち 1 題で英文和訳が出題されている。そのほかは，内容真偽，内容説明といった内容把握を問うものが中心で，空所補充，同意表現も出題されている。英文和訳以外はすべて選択式で，ごく標準レベルの問題である。長文読解の英文のテーマとしては，生活・経済，科学・文化，医療に関するものがよく取り上げられている。

　問題量に対して試験時間が 90 分と比較的短いので，時間配分には十分な注意が必要である。

■商学部

試験時間 80 分／大問 5・6 題

文法・語彙	1・2 題：空所補充が頻出！
英　作　文	1 題：80 語以上の自由英作文！
会　話　文	1 題：やや長めの会話文の空所補充
読　　　解	2 題：設問は内容一致英文の完成と英問英答形式が中心！

● 2023 年度分野別配点比（150 点満点）

11%	10%	13%	66%

■文法・語彙　■英作文　□会話文　□読解

　商学部の特徴は，**自由英作文が出題される**ことである。記述式については，自由英作文のほかに，長文読解の設問の一部として英文和訳が 1 問出題されていたが，近年は内容説明，要約文の完成（空所補充）問題となっている。

　文法・語彙問題は，例年，空所補充と語句整序という組み合わせだったが，2021年度は空所補充と誤り指摘となり，2022 年度以降は空所補充 1 題のみの出題となった。空所補充と誤り指摘では，語彙や熟語，語法，基本的な文法事項に関わる問題，語句整序では受験で頻出の構文やイディオムなどの知識を問うものが中心となっている。

　英作文は，100 語以上の自由英作文という本格的な作文だったが，2013 年度以降は80 語以上とやや短くなった。配点のウェートはそれほど高くはないが，テーマ別の英作文問題集などを利用して書き慣れておくことが必要であろう。

　会話文は，やや長めの会話文の 10 カ所の空所補充。口語表現を問うというよりも，会話の内容を把握できているかどうかを問う問題で，あわせて文法・語彙の知識も求められている。

　読解問題については，2 題とも 600～800 語程度の文化，身体の機能，医療，社会問題などをテーマとする英文に関する総合問題となっている。設問は，内容一致英文の完成（本文の内容と一致するように，与えられた語句に続く選択肢を選び英文を完成させるタイプ）と英問英答形式を中心に，表題を選ぶ問題，空所補充，要約文の完成，語句整序などの小問で構成されている。設問の多くは選択式だが，選択肢の英文の量が多く，解答には時間がかかる。過去には，英文和訳や発音問題，グラフから情報を読み取る問題も出題された。その中でも英文和訳は，読解力はもちろん，単語・熟語・構文力を問う本格的な問題であった。

　全体的に問題量が多く，試験時間が 80 分と短いので，問題演習によって読解のスピードをつけておくことが重要である。

■文学部

試験時間 80 分／大問 4 ～ 6 題

文法・語彙	2 題：語句整序と誤り指摘が定番！
英 作 文	1 題：和文英訳 1 問（2021 年度以降，出題なし）
会 話 文	1 題：空所補充 10 問
読 解	1・2 題：多様な設問からなる総合問題 1 題
	もしくは英文和訳 1 題と多様な設問からなる総合問題 1 題
	もしくは英文和訳を含む総合問題 1 題

● 2023 年度分野別配点比（150 点満点，専攻によって 100 点に換算）

27%	27%	46%

■文法・語彙 □会話文 □読解

　文学部の特徴は，**会話文の配点のウェートが他学部に比べて高い**ことである。従来は和文英訳 1 問と英文和訳 1 問が記述式だったが，2021 年度以降，全問選択式となっている。

　文法・語彙問題は，例年，語句整序と誤り箇所の指摘がお決まりのパターンである。語句整序ではイディオムや構文の知識がカギで，誤り指摘では基本的な文法事項がきちんと身についているかがポイント。

　英作文は，2020 年度は空所補充形式だったが，例年は短い和文の英訳で，主に語彙・熟語・構文力を問う問題となっていた。なお，2021 年度以降，出題されていない。

　会話文は，短めの会話文の空所補充が 10 問で，会話の流れから判断して適する語句を選ぶ問題。文法・語彙の知識を問うものが多い。

　読解問題については，2021 年度以降，内容説明，空所補充，内容真偽，欠文挿入箇所などバラエティーに富んだ設問からなる 1200 ～ 1400 語程度の英文に関する総合問題が 1 題である。過去には短い英文中の下線部の英文和訳のみの問題と 800 ～ 1300 語程度の英文に関する総合問題の 2 題が定着していた。英文和訳は 2019 年度は総合問題の設問の一つとして，2020 年度は空所補充形式で出題されていたが，2021 年度以降は出題されていない。近年はすべて選択式だが，2020 年度以前は空所補充や同意表現で単語を記入するなど，一部記述式が出題されていた。英文のテーマは，文化論や言語論など人文系が多いが，社会問題に関する内容も取り上げられている。

　文法・語彙や会話文など選択式の標準的な問題も多いが，読解問題では，近年，英文が長文化しているだけでなく小問数が多く，英文中の語句の難度も高いため，時間がかかることが予想される。試験時間 80 分で対応できるよう，問題演習を数多くこなし，読解のスピードをつけておくことが必要であろう。

■総合政策学部

試験時間 90 分／大問 6 〜 9 題

| 文法・語彙 | 4 〜 6 題：空所補充 2 〜 4 題，同意表現 1 題，誤り指摘 1 題が定番！ |
| 読　　解 | 2・3 題：総合問題で空所補充・内容真偽が中心！ |

● 2023 年度分野別配点比（150 点満点）

55%	45%

■文法・語彙　□読解

　総合政策学部の特徴は，**全問選択式**であること，問題文も含め**すべて英文**であることである。また，会話文，英作文がこれまで出題されておらず，**文法・語彙問題と読解問題のみ**のシンプルな問題構成で，配点のウェートも同程度となっている。なお，総合政策学部の英語の配点は 250 点満点中 150 点と，全体に占める割合が高い。

　文法・語彙問題は 4 〜 6 題出題され，そのうち 2 〜 4 題は空所補充，残りの 2 題は同意表現，誤り指摘であり，語彙・熟語・文法力が問われる。いずれも標準レベルの問題と言えるが，誤り指摘は誤りのある文を選ぶ問題で解答に時間がかかるので注意が必要。

　読解問題については，6 〜 9 題中 2・3 題だが，配点のウェートは高い。2022 年度以降は 2 題になり，ともに 800 語前後（中には 1,000 語を超えるものもある）の英文に関する総合問題で，設問は空所補充，内容真偽，主題となっている。2021 年度まではこれに加えて 300〜500 語の短めの英文 2 種類に，それぞれ 5 カ所ずつの空所が設けられた空所補充問題が 1 題出題されていた。選択肢もすべて英文で，読解問題全体で相当な量の英文を読むことになるため，何よりもまず，豊かな語彙・熟語・構文力に裏打ちされた速読力が必要である。英文のテーマとしては言語・文化・宗教・経済・環境問題や社会問題に関するグローバルな話題が取り上げられることが多く，幅広い教養も必要と言えるだろう。

　試験時間は 100 分から，2023 年度より 90 分となっており，特に読解においては直読直解方式でスピードをもって読み進める必要がある。普段の学習の際，わからない単語や表現をいちいち調べるのではなく，前後の流れから類推する読み方で練習するとよい。

■国際経営学部

試験時間 90 分／大問 6 題

文法・語彙	3 題：アクセント・発音，空所補充，誤り指摘・和文英訳
会　話　文	1 題：5 組の会話文の空所補充，もしくは 2 組の会話文の空所補充および やや長めの会話文の空所補充
読　　　解	2 題：総合問題 2 題。設問は空所補充と内容真偽が中心

● 2023 年度分野別配点比（200 点満点）

※大問ごとの配点は非公表。問題構成・内容を元におおよその配点比を示しています。

| 40% | 15% | 45% |

■文法・語彙　□会話文　□読解

　2019 年度に新設された国際経営学部の特徴は，**全問選択式**である点と，文法・語彙分野のウェートが高めという点である。問題自体は**文法・語彙問題，会話文，読解問題**というシンプルな構成ながら，英語の配点が 300 点満点中 200 点で，全体に占める割合が非常に高くなっている。

　文法・語彙問題は，3 題出題されており，1 題はアクセント・発音，1 題は空所補充，残りの 1 題は誤り指摘・和文英訳となっている。アクセント・発音は，アクセントの位置，下線部分の発音，英文中で強く発音する語という 3 種類に分かれている。空所補充は，語彙力や語法を問う問題が中心。誤り指摘・和文英訳は，数行の英文中の誤り箇所の指摘と，和文に対する適切な英文を選択するという 2 種類に分かれており，語彙・熟語力，基本的な文法力をバランスよく問う問題となっている。

　会話文は，短い会話文の空所を補充する形式で，会話の流れを重視する出題 2 問に加え，インタビュー形式のやや長めの会話文の 3 カ所の空所補充 1 問が出題されている。

　読解問題は，総合問題が 2 題出題されており，問題の分量的には全体の 5 割近くを占めている。2 題のうちの 1 題はあるテーマに関するプレゼンテーションの形式となっており，英文としては短めだが，グラフや図表のスライドの内容を表す英文を選択する問題が含まれるのが特徴となっている。もう 1 題の英文は 1000 語程度の英文に関する総合問題で，いずれの読解問題も設問は空所補充，内容説明，内容真偽を中心として，主題を問う問題が加わる。長文読解の英文のテーマとしては経済，インターネット関連，文化，社会問題や環境問題を扱っている。

　試験時間は 90 分で，かなりの量の英文を読む必要があるだけでなく，誤り指摘にやや時間がかかるので，時間配分に注意しつつ読み進めていく必要がある。

■国際情報学部

試験時間 90 分／大問 6 題

文法・語彙	2 題：アクセント・発音，空所補充
会　話　文	1 題：5 組の会話文の空所補充
読　　　解	3 題：空所補充中心の資料読解問題と総合問題 2 題の出題

● 2023 年度分野別配点比（150 点満点）

| 23% | 13% | 64% |

■文法・語彙　□会話文　□読解

　2019 年度に新設された国際情報学部の特徴は，**全問選択式**であり，読解問題のウェートが非常に高く，しかも**問題文を含め，すべて英文**であるという点である。問題自体は**文法・語彙問題，会話文，読解問題**というシンプルな構成である。英語の配点が 250 点満点中 150 点で，全体に占める割合は非常に高い。

　文法・語彙問題は，2 題出題されており，1 題はアクセント・発音，もう 1 題は空所補充となっている。アクセント・発音は下線部の発音が他と異なる語を選ぶ問題，または，英文中で強く発音する語を指摘する問題のいずれかが出題されている。空所補充は語彙力や語法，熟語力や基本的な文法・構文力をバランスよく問う問題となっている。

　会話文は，短い会話文の空所を補充する形式となっており，会話の流れを重視する出題となっている。

　読解問題は，総合問題が 3 題出題されており，問題の分量的には全体の 6 割以上を占めている。3 題のうちの 1 題はグラフの読み取りを伴う空所補充を中心とした短めの読解問題となっている。あとの 2 題は，英文が 600～700 語程度とかなり長く，設問と選択肢もすべて英文なので，3 題合わせると相当な量の英文を読むことになる。何よりもまず，豊かな語彙・熟語・構文力に裏打ちされた速読力が必要である。2 題の英文の設問は空所補充，内容説明，内容真偽を中心として，1 題には主題を問う問題も含まれる。長文読解の英文のテーマとしては，インターネットやソーシャルメディア関連，経済，社会と人間の関係，環境問題などを扱っている。

　試験時間は 90 分で，問題の英文量のわりには短めなので，時間配分には特に注意し，スピード感をもって解く練習をしておこう。

■理工学部

試験時間 80 分／大問 6 題

| 文法・語彙 | 2・3 題：空所補充, 同意表現 |
| 読　　解 | 3・4 題：空所補充, 総合問題 |

● 2023 年度分野別配点比 (100 点満点)

| 32% | 68% |

■文法・語彙 □読解

　理工学部の特徴は, 読解問題が半分以上を占めており, **読解重視**の傾向が強い点である。他には文法・語彙問題が出題されている。2017 年度以降, すべて選択式の問題となっている。

　文法・語彙問題は, 空所補充, 同意表現が出題されている。過去には語句整序が出題されたこともある。いずれも選択式で, **語彙・熟語・語法・文法の知識**が問われる。

　読解問題については, 以前はすべて総合問題だったが, 2020 年度以降, 総合問題は 1 題となり空所補充のみの問題が 2 題出題されている。英文の分量は, それぞれ 200〜400 語程度のものが中心であったが, 近年は 1000 語前後の英文もあり, 長文化の傾向がある。総合問題では 2016 年度まではいずれかの大問中に必ず記述式の英文和訳と和文英訳または語句整序が出題されており, 各段落の主題を選ぶ問題も出題されていたが, 2017 年度以降は, 空所補充, 内容説明, 内容真偽などを中心とする出題となっている。英文のテーマは, 文化・社会に関わるものから, 環境・エネルギー問題や, 科学, 生物学に関するものなどさまざまである。中でも自然科学や生物学に関する英文がよく出題される傾向にあるので, 日頃から関連する文章に触れておくとよいだろう。

　試験時間は 80 分で, 読解問題の英文自体はさほど難しくないが, 内容把握に関する設問が多く, 1 文 1 文を読み込んでいては時間が足りなくなるだろう。時間配分に注意し, 設問に関わる箇所を素早く的確に見つけ出す訓練が必要である。

■6 学部共通選抜

試験時間 80 分／大問 6 題

＊2022 年度入試より「統一入試」から名称変更。

文法・語彙　3題：誤り指摘が必出！

読　　解　3題：空所補充と総合問題の組み合わせ

総合問題では，内容説明，内容真偽が頻出！

● 2023 年度分野別配点比（150 点満点，学部等により 100 点・200 点に換算）

37%	63%

■文法・語彙　□読解

　6学部共通選抜（旧 統一入試）は，文系学部6学部共通の問題であり，複数の学部に出願することも可能である。出題は**すべて選択式**なので，記述式問題を苦手とする場合は，この方式でもチャレンジするというのもよいだろう。

　問題構成は，文法・語彙問題が3題，読解問題が3題のパターンが多い。

　文法・語彙問題の1題は，空所に適する語句を選択するというオーソドックスな空所補充である。過去には，10 個の英文の前半部が与えられ，適切な後半部と結ぶという統一入試独自の問題（特殊な空所補充）が出題されたこともある。誤り指摘は2種類あり，1題は，4つの英文から不正確な文を選ぶ誤り指摘で難度が高い。2017年度以降は，このタイプに加えて英文中の誤り指摘（法学部と同タイプ）がもう1題出題されている。

　読解問題は，2019 年度以降は空所補充1題と総合問題2題という組み合わせが続いている。総合問題の設問は，空所補充，内容説明，内容真偽などが出題されているが，設問の構成はシンプルである。英文のテーマは環境問題や高齢化などの時事問題，生物の進化，言語・文化論，歴史，自己啓発など，多様なジャンルから出題されている。英文の量は 600～800 語程度が多い。

　試験時間が 80 分と短いため，読解問題の演習では該当箇所を素早く特定する練習を重ねるなど，工夫が必要であろう。

第1章

文法・語彙

〈1〉 アクセント・発音　　　　問題1・2

傾向　アクセント・発音は，2010年度以降，いずれの学部でも単独では出題されていなかったが，2019年度に新設された国際経営・国際情報学部で復活し，その後も出題が続いている。学部ごとの傾向は以下のとおり。

●設問のタイプ
●国際経営学部：大問中に以下の問1〜問3が出題（10問）　　　⇨問題2
　　　　　　　問1．第1アクセントの位置を選ぶ
　　　　　　　　　　第1アクセントのある位置が他と異なる語を選ぶ
　　　　　　　問2．単語の下線部の発音が他と異なる語を選ぶ
　　　　　　　問3．問いかけに対する返答で最も強く発音する語を選ぶ
●国際情報学部：
　　・英文中で最も強く発音する語を選ぶ
　　・単語の下線部の発音が他と異なる語を選ぶ　　　　　　　　⇨問題1

対策　単語は正しい発音で覚えるというのは基本中の基本であるが，そのためには音声データ付きの単語集を利用する必要がある。正しい発音を確認し，実際に口に出して覚えるようにしよう。「発音できない単語は覚えられない」という真理を忘れないこと。動詞形，名詞形など，派生語によってアクセントの位置が異なる語には要注意。また，会話文や英文中で最も強く発音する語についても，機能語（冠詞，前置詞，接続詞，関係代名詞など）ではなく，内容語（文意を伝える上で必要な語）が強く発音されるという原則と，一番に伝えるべき情報や対比などに注目して解答するとよい。

国際経営　国際情報

1

目標解答時間　5 分

From the choices 'a' — 'd' below, select the one whose underlined part is pronounced differently from the other three. (5 points)

1. a. thr<u>oa</u>t　　　b. c<u>oa</u>ch　　　c. br<u>oa</u>d　　　d. s<u>oa</u>p

2. a. arr<u>a</u>nge　　b. c<u>a</u>rry　　　c. <u>a</u>ctress　　d. n<u>a</u>tural

3. a. rel<u>ea</u>se　　　b. br<u>ea</u>the　　c. f<u>ea</u>ture　　d. br<u>ea</u>st

4. a. pr<u>i</u>mary　　b. r<u>i</u>sen　　　c. v<u>i</u>tal　　　d. div<u>i</u>ne

5. a. cea<u>se</u>　　　b. pha<u>se</u>　　　c. prai<u>se</u>　　d. disea<u>se</u>

解 説

下線部の発音が，他の三語と異なるものを選ぶ問題。

1. a. thr<u>oa</u>t [θróut]　　　　　　b. c<u>oa</u>ch [kóutʃ]
   c. br<u>oa</u>d [brɔ́:d]　　　　　　d. s<u>oa</u>p [sóup]
   cのみ [ɔ:]（長母音），他は [ou]（二重母音）である。

2. a. arr<u>a</u>nge [əréɪndʒ]　　　　b. c<u>a</u>rry [kǽri]
   c. <u>a</u>ctress [ǽktrəs]　　　　d. n<u>a</u>tural [nǽtʃərəl]
   aのみ [eɪ]（二重母音），他は [æ]（短母音）である。

3. a. rel<u>ea</u>se [rɪlí:s]　　　　　b. br<u>ea</u>the [brí:ð]
   c. f<u>ea</u>ture [fí:tʃər]　　　　d. br<u>ea</u>st [brést]
   dのみ [e]（短母音），他は [i:]（長母音）である。

4. a. pr<u>i</u>mary [práɪmèri]　　　　b. r<u>i</u>sen [rízn]
   c. v<u>i</u>tal [váɪtl]　　　　　　d. d<u>i</u>vine [dɪváɪn]
   bのみ [i]（短母音），他は [aɪ]（二重母音）である。

5. a. cea<u>s</u>e [sí:s]　　　　　　b. pha<u>s</u>e [féɪz]
   c. prai<u>s</u>e [préɪz]　　　　　d. disea<u>s</u>e [dɪzí:z]
   aのみ [s]（無声子音），他は [z]（有声子音）である。

1－c　2－a　3－d　4－b　5－a　　解答

2

目標解答時間　5分

次の問1～問3について答えなさい。

問1　次の各四つの単語のうち，他の三つの選択肢と異なる部分にアクセントがある
　　　ものを(A)～(D)から一つずつ選び，その記号をマークしなさい。

　　1．(A)　consider　　(B)　manager　　(C)　delicate　　(D)　ancestor

　　2．(A)　introduce　　(B)　volunteer　　(C)　Japanese　　(D)　adequate

　　3．(A)　political　　(B)　epidemic　　(C)　interpreter　　(D)　economist

　　4．(A)　register　　(B)　opinion　　(C)　artistic　　(D)　deposit

問2　下線部の発音が，他の三つの選択肢と異なるものを(A)～(D)から一つずつ選び，
　　　その記号をマークしなさい。

　　1．(A)　lady　　(B)　many　　(C)　danger　　(D)　strange

　　2．(A)　war　　(B)　arm　　(C)　card　　(D)　guitar

　　3．(A)　cosmos　　(B)　resemble　　(C)　cease　　(D)　advise

問3　問いかけに対する返答の中で，最も強く言う部分の下線部を(A)～(D)から一つず
　　　つ選び，その記号をマークしなさい。

　　1．A：Could I ask you if you have any foods that you can't eat or are allergic
　　　　　to?

　　　　B：I'm allergic to all kinds of seafood, including shellfish.
　　　　　　　　(A)　　(B)　　　　　　(C)　　　　　　　(D)

　　2．A：Hello, this is Steve.　Can I talk to Mike?

　　　　B：I'm sorry, but he is out now.　I'll tell him you called.
　　　　　　　　　　　(A)　(B)　(C)　　　　　　　　(D)

　　3．A：I want to know where the public telephones are in case of a disaster.

　　　　B：Well, I hardly see them nowadays.　There are none around here.

　　　　A：Have you ever seen them anywhere else?

　　　　B：Let me see.　I think I've seen one at the station.
　　　　　　　　　　　　(A)　　　(B)　(C)　　　　(D)

解 説

問1. アクセントのある音節の位置が，他の三語と異なるものを選ぶ問題。

1. (A) consider [kənsídər]　　　(B) manager [mǽnɪdʒər]

(C) delicate [délɪkət]　　　(D) ancestor [ǽnsestər]

(A)のみ第2音節，他は第1音節にアクセントがある。

2. (A) introduce [ìntrəd(j)úːs]　　　(B) volunteer [vàːləntíər]
　　　　　　　　　　　　　　　　　　　　　　　(vɔ)

(C) Japanese [dʒæpəníːz]　　　(D) adequate [ǽdɪkwət]

(D)のみ第1音節，他は第3音節にアクセントがある。

3. (A) political [pəlítɪkl]　　　(B) epidemic [èpədémɪk]

(C) interpreter [ɪntə́ːrprətər]　　　(D) economist [ɪkáːnəmɪst]

(B)のみ第3音節，他は第2音節にアクセントがある。

4. (A) register [rédʒɪstər]　　　(B) opinion [əpínjən]

(C) artistic [ɑːrtístɪk]　　　(D) deposit [dɪpáːzət]

(A)のみ第1音節，他は第2音節にアクセントがある。

問2. 下線部の発音が，他の三語と異なるものを選ぶ問題。

1. (A) lady [léɪdi]　　　(B) many [méni]

(C) danger [déɪndʒər]　　　(D) strange [stréɪndʒ]

(B)のみ [e]（短母音），他は [eɪ]（二重母音）である。

2. (A) war [wɔ́ːr]　　　(B) arm [áːrm]

(C) card [káːrd]　　　(D) guitar [ɡɪtáːr]

(A)のみ [ɔ́ːr]，他は [áːr] である。

3. (A) cosmos [káːzməs / kɔ́zmɔs]　　　(B) resemble [rɪzémbl]

(C) cease [síːs]　　　(D) advise [ədváɪz]

(C)のみ [s]（無声子音），他は [z]（有声子音）である。

問3. 返答文の中で，最も強く言う語を選ぶ問題。

1. A：食べ物で食べられないとか，アレルギーのあるものがあれば教えていただけますか？

B：貝類を含め，あらゆる魚介類にアレルギーがあります。

食べられない，またはアレルギーのある食べ物があるかどうかを聞かれたのだから，それがわかる，(C)の seafood を最も強く言う。(D)の shellfish は一例を示しているだけなので，強く言うところではない。

2. A：もしもし，スティーブですが。マイクはいますか？

B：あいにく，今，外出中です。お電話があったことを彼に伝えておきます。

電話で誰かを呼び出す際の典型的なやり取り。マイクと話がしたい相手に対して，

本人は外出中で電話に出られないという理由を述べているのだから,「外出している」という意味の,(B)の out を最も強く言う。This is 〜 .「(私は)〜です,こちら〜です」　Can I talk to 〜?「〜はいますか?,〜と話ができますか?」

3.　A:災害時に備えて,公衆電話がどこにあるか知りたい。

　　B:さあ,最近ほとんど見かけないな。このあたりにはないよ。

　　A:他にどこかで見たことはあるの?

　　B:そうだなあ。駅で見たことはあると思うよ。

公衆電話を見かけた場所を聞かれているので,その場所を答える,(D)の station を最も強く言う。(C)の one は a public telephone「公衆電話」を指す。in case of 〜「〜の場合に,〜に備えて」　Let me see.「そうですね,え〜と」

〈2〉　空所補充　　　　　　　問題3〜10

|傾向|　空所補充は，選択肢の中から適語を選ぶものがほとんどで，文法力，構文力，語彙力，熟語力を問われるものに分類できるが，中でも語彙・熟語力を問われるものが多い。理工学部では，2014年度に出題された後，2015〜2017年度は出題されなかったが，2018年度以降復活した。法学部では記述式も出題されるなど，学部ごとにタイプはやや異なる。

●設問のタイプ（記＝記述式）

●**法学部**：
　・英文中の空所に適する語句を選択肢から選ぶ（10問・20点）
　・与えられた文字で始まる適切な語を空所に入れて，日本文と同じ意味になるように英文を完成させる記（5問・10点）　　　　　　　　　　⇨問題4

●**経済学部**：与えられた日本文と同じ意味になるように，英文中の空所に適する語句を選択肢から選ぶ（5〜10問・10〜20点）　　　　⇨問題7

●**商学部**：英文中の空所に適する語句を選択肢から選ぶ（6〜8問・12〜16点）　　　　　　　　　　　　　　　　　　　　　　　　　　⇨問題6

●**総合政策学部**：
　・英文中の空所に適する語を共通の選択肢（基本的にすべて同じ品詞）から選ぶ（5カ所×3問・30点または5問・10点×3題）　　　　⇨問題3
　・英文中の空所に適する語句を選択肢から選ぶ（8〜9問・16〜18点）

●**国際経営学部**：英文中の空所に適する語句を選択肢から選ぶ（15問）

●**国際情報学部**：英文中の空所に適する語句や節を選択肢から選ぶ（10問・30点）　　　　　　　　　　　　　　　　　　　　　　　⇨問題8

●**理工学部**：英文中の空所に適する語句を選択肢から選ぶ（10問・10点×2題または5〜10問・5〜16点）　　　　⇨問題5・9

●**6学部共通選抜（旧 統一入試）**：
　英文中の空所に適する語句を選択肢から選ぶ（15問・30点）　⇨問題10

対策　法学部の記述式以外は，選択式の空所補充となっているので，志望学部にかかわらず取り組んでおくとよい。記述式の問題も含めて語彙・熟語力を要する問題が多いが，文法・構文力もバランスよく身につけておきたい。単語を覚える際には，動詞形・名詞形・形容詞形も確認し，文中における用法に注意するという「きめ細かな」学習姿勢が必要である。

法　経済　商　総合政策　国際経営
国際情報　理工　6学部共通選抜

3

From the choices 'a' — 'e' below, select the best answers to fill blanks (1) — (5). Each answer can be used only once. (10 points)

1. A button is about to (1) off the shirt.
2. What does CEO (2) for?
3. It doesn't (3) to worry too much.
4. Some animals in Alaska (4) white in winter to disguise themselves.
5. Read a newspaper regularly so that you can (5) up with current affairs.

　a．come
　b．keep
　c．pay
　d．stand
　e．turn

解 説

1.「ボタンがシャツから取れかかっている」

come off 〜 は「（付属物などが）〜から取れる，〜から外れる」という意味であり，aの come が正解。なお，空所を含む be about to *do* は「まさに〜するところだ，〜しかけている」という意味のイディオム。

2.「CEO は何の略ですか？」

stand for 〜 は「（略語などが）〜を表す」という意味のイディオムである。ここでは CEO が何という語の頭文字をとった略語かを問うていると考えられるので，dの stand が正解。なお，CEO は chief executive officer「最高経営責任者」の略語。

3.「心配しすぎるのは割に合わない」

pay には自動詞として用いると「割に合う，得になる，良い結果をもたらす」などの意味があり，cの pay が正解。この文は It が形式主語，to worry 以下の to 不定詞が真主語となっている。

4.「アラスカの動物の中には，冬に姿を隠すために白くなるものもいる」

空所の後の white に注目する。turn は第 2 文型で用いたとき，主に色彩に関わる意味を持つ補語が続くと「〜になる」という意味になるため，eの turn が正解。disguise *oneself* は「変装する，姿を隠す」という意味で，一部の動物は擬態効果を高めるため，冬に白い毛に生え変わるという内容。

5.「常に最新の情勢を把握できるように，日頃から新聞を読みなさい」

keep up with 〜 は「〜（情勢，流行，勉強など）に遅れずついていく，〜（変化など）に対応する」という意味のイディオム。ここでは current affairs「時局，時事問題」を常によく知っている状態でいるという意味で用いられており，bの keep が正解。regularly「規則正しく，いつも，定期的に」

1－a　2－d　3－c　4－e　5－b

4

2017 年度　法学部（法律／国際企業関係法）〔4〕

目標解答時間　5分

　次の英文1～5の空所に，与えられた文字で始まる適切な1語を入れると，下の日本語にほぼ相当する意味になります。与えられた文字も含めて，その語を解答欄に書きなさい。（10点）

1　The company had expected to have higher income than the previous year, but that was not the（c　　　）.

その会社は前年よりも収益を上げると予想していたが，そうはならなかった。

2　So far as I know, no investigation has ever been（c　　　）out into the problem.

私の知る限り，この問題についてこれまで調査はなされてこなかった。

3　The devoted teachers in my high school made me（w　　　）I am today.

今日の私があるのも，高校の熱心な先生方のおかげだ。

4　I got off at the（w　　　）station and had to walk for half an hour to the theater.

降りる駅を間違えてしまい，劇場まで30分歩かなければならなかった。

5　We will（l　　　）it up to you to decide how to get to the meeting place.

待ち合わせ場所までどのように行くかはお任せします。

解 説

1. 語彙力を問う問題。case には「場合，事例，症例，事件」などのさまざまな意味があるが，「事実，真相」という意味もあり，この場合，That's the case.「事実はそうだ」，That's not always the case.「そうともかぎらない」，As is often the case with ～「～にはよくあることだが」などと訳す。この問題では「そうはならなかった」を「事実はそうではなかった」と考えると，**case** が正解。

2. 熟語力を問う問題。空所の直後の out に注目する。「～を実行する，～を行う」というイディオムの carry out ～ を用いればよい。investigation が carry の目的語で，問題文はその受動態だとわかる。したがって，過去分詞形の **carried** が正解。なお，out は副詞なので，目的語が代名詞の場合，carry it out という語順になる点にも注意する。

3. 関係代名詞に関する知識を問う問題。英文全体を直訳すると「高校の熱心な先生方が私を今日の私にした」という内容であり，空所の後が I am today であることから，「今日の私」が名詞節の形で表現されて，この文の補語となっていることがわかる。関係代名詞の what を入れると，what I am today で「今日の私」という意味になるので，**what** が正解。

4. 語彙力を問う問題。「降りる駅を間違えて」を「間違った駅で降りて」と考えると，空所に入るのは「間違った，悪い，不適切な」という意味の **wrong** が適切。

5. 熟語力を問う問題。up to に注目。「A を B に任せる，A を B に委任する」という意味のイディオムである leave A up to B を用いればよい。**leave** が正解。it は形式目的語で，to decide 以下の to 不定詞が真目的語となっている。

1. case　2. carried　3. what　4. wrong　5. leave

5

目標解答時間 5分

次の1～5の英文の空所（　ア　）（　イ　）に入る最も適当なものをA～Dより
それぞれ1つ選び，その記号をマークしなさい。(10点)

1．After returning to Japan from her study（　ア　）, the first thing Masako did
was（　イ　）her friends and neighbors.
ア．A．outside　　　　B．abroad　　　　C．foreign　　　　D．international
イ．A．catch up with　　　　　　B．find out
　　C．send out　　　　　　　　D．stand out with

2．We are too far away from the speaker. I can't（　ア　）what she is saying.
Let's move ten rows（　イ　）.
ア．A．catch on　　　B．make out　　　C．add up　　　D．sit through
イ．A．front　　　　B．close　　　　　C．ahead　　　D．back

3．I made my teacher angry when I（　ア　）for class twenty minutes（　イ　）.
ア．A．ran out　　　B．left out　　　C．picked up　　　D．showed up
イ．A．after　　　　B．late　　　　　C．over　　　　　D．before

4．A: How did your daughter（　ア　）her surprise birthday party?
　　B: Our son informed his friend John, and she（　イ　）him talking on the
　　　phone.
ア．A．set up for　　　　　　　　B．look forward to
　　C．find out about　　　　　　D．come up with
イ．A．listened　　　B．asked　　　　C．told　　　　D．overheard

5．A: My older sister（　ア　）us five younger siblings while our parents were
　　　away.
　　B: Wow! What a big family! So there are eight of you in（　イ　）?

ア．A．set out to　　　　　　　　B．lived up to

　　C．made sure of　　　　　　　D．took care of

イ．A．full　　　　B．addition　　　　C．all　　　　D．family

解　説

1．「マサコが，海外留学から日本に帰国してからまず最初にしたのは，友人や隣人と近況を伝え合うことだった」

ア．her study（　ア　）というつながりから，空所には名詞の study を後ろから修飾する語が入ることがわかる。Bの abroad「海外で」であれば，study abroad で「海外留学」となり，文脈上適切なので，**Bの abroad が正解**。Aの outside「屋外の，屋外で」には副詞の用法もあるが，文脈上不適。Cの foreign「外国の」とDの international「国際的な」はいずれも形容詞なので，study を後ろから修飾することはできず，不適。

イ．Aの catch up with ～ は「～に追いつく」という意味のイディオムだが，「～（別れていた人）と近況を話し合う，～と旧交を温める」という意味もあり，文脈上，この意味が適切なので，**Aの catch up with が正解**。Bの find out ～「～を発見する，～に気がつく」，Cの send out ～「～を発送する」，Dの stand out with ～（stand out で「目立つ」という意味）はいずれも文脈上不適。

2．「私たちは話している人から離れすぎている。私には彼女の言っていることがわからない。10 列前へ移動しようよ」

ア．話者から離れすぎているというのだから，その人の言っていることがわからないはずであり，選択肢の中では make out ～「～を理解する，～がわかる」が文脈上適切なので，**Bの make out が正解**。Aの catch on ～ にも「～を理解する」という意味があるが，「時間がたってから理解する」という意味であり，catch on to ～の形で用いるので不適。Cの add up「計算が合う，意味をなす」，Dの sit through ～「ずっと席に着く，～を最後まで聞く，～を最後まで見る」はいずれも文脈上不適。

イ．離れすぎているのだから，近づく必要があり，副詞の ahead「前方に」であれば，move ten rows ahead で「10 列前へ移動する」という意味になって文脈上適切なので，**Cの ahead が正解**。Aの front「前の」とBの close「近い」は形容詞なので不適。Dの back は副詞としても用いることができるが，文脈上不適。

3．「私は授業に 20 分遅刻して先生を怒らせた」

ア．先生を怒らせたのは授業に 20 分どうしたときかを考えると，遅刻したという状況が考えられる。show up は「現れる，姿を見せる」という意味のイディオムで，文脈上適切なので，**Dの showed up が正解**。Aの ran out ～「～を使い果たした，時間切れになった」，Bの left out ～「～を除外した」，Cの picked up ～「～を取り上げた，～を車で拾った」はいずれも文脈上不適。

イ．20 分遅刻したという内容にするには，「遅れて」という意味をもつ**Bの late が適切**。Aの after だとある時点から「20 分後に」という意味になり不適。Cの over

は「超えて，上回って」，Dの before は「以前」という意味で，いずれも不適。

4．A：「娘さんはどうして自分の誕生日のサプライズパーティーのことに気づいた
の？」

　　B：「息子が友人のジョンに知らせたんだけど，娘は彼が電話で話しているのを
立ち聞きしちゃったのよ」

ア．Bは**A**の問いに対して，「息子が友人のジョンに知らせた」と答えていることか
ら判断する。find out about ～ は「～に関する事実を知る，～に気づく」という意
味のイディオムであり，**A**は**B**の娘がサプライズパーティーのことをどうやって知
ったのかを尋ねていると考えれば文脈上適切なので，**C**の find out about が正解。

イ．overhear は「ふと耳にする，立ち聞きする」という意味であり，この動詞であ
れば，娘は彼（**B**の息子）が電話で話しているのを立ち聞きしたことで，パーティ
ーのことを知ったということになり，文脈上適切なので，**D**の overheard が正解。
Aの listened はこの後に to が必要。**B**の asked と**C**の told は，him の後が to talk
という形でなければならず不適。

5．A：「姉は両親が留守の間，僕たち5人の年下のきょうだいの面倒を見てくれた
よ」

　　B：「わあ！　大家族なんだね！　で，君んちは全部で8人ってこと？」

ア．両親が留守の間に，一番上の姉が年下のきょうだいに対して何をしたかを考える。
take care of ～ は「～の世話をする」という意味のイディオムであり，文脈上適切
なので，**D**の took care of が正解。

イ．Bは「大家族なんだね！」と驚いており，姉と**A**を含む5人と両親でちょうど8
人になることから，家族全員の人数と一致する。したがって，in all で「全部で」
という意味になる**C**の all が正解。**A**の full だと in full で「全部の，略さずに」，**B**
の addition だと in addition で「さらに」という意味になり，文脈上不適。**D**の
family だと，前に your が必要であり不適。

1．アーB　イーA　2．アーB　イーC　3．アーD　イーB
4．アーC　イーD　5．アーD　イーC

6

2020 年度　商学部 I 〔4〕

目標解答時間 5分

次の英文1～6の（　　　）に入る最も適切な語句を(A)～(D)から一つずつ選び，その記号をマークしなさい。(12点)

1．The rumor has something（　　　）Sarah's not being diligent.
　(A)　have to do
　(B)　in common with
　(C)　done with
　(D)　to do with

2．I found your diamond ring was in fact an imitation. It is（　　　）.
　(A)　costly　　(B)　valueless　　(C)　valuable　　(D)　invaluable

3．I have an appointment to see Eric on June 25th,（　　　）I believe is his birthday.
　(A)　whenever　　(B)　what　　(C)　which　　(D)　in which

4．The doctor claimed that if he wasn't going to（　　　）her advice, there was no reason to continue coming in for treatment.
　(A)　follow　　(B)　care　　(C)　worry　　(D)　listen

5．（　　　）having extensive experience in personnel management, Ms. Gibbs also worked in sales for nearly eight years.
　(A)　In addition　　(B)　Besides　　(C)　Due to　　(D)　Unless

6．Jane would have gone to Berlin（　　　）to get a plane reservation.
　(A)　if she had been able
　(B)　if she is able
　(C)　would she be able
　(D)　was she able

解 説

1. 「その噂はサラが勤勉ではないことと何か関係がある」

述語動詞の has と目的語の something, さらには空所の後の Sarah's not being diligent「サラが勤勉ではないこと」という動名詞句とのつながりを考える。have *A* to do with *B* は「*B* と *A* の関係がある」という意味のイディオムで, *A* には something, anything, nothing, much, little などの語が入る。ここでは has something to do with ~ で「~と何か関係がある」という意味になっており, 文脈上も適切なので, **(D)の to do with が正解**。(A)と(C)は has を使役動詞として使う形になるが, Sarah's 以下の詞句とつながらない。(B)だと has something in common with ~ で「~と（何らか）の共通点がある」という意味になり, 文脈上不適。

2. 「私はあなたのダイヤモンドの指輪は, 実は模造品だとわかった。それは価値のないものだ」

(A)　costly「高価な, 費用のかかる」　　(B)　valueless「価値のない」

(C)　valuable「価値が高い」　　　　　(D)　invaluable「計り知れないほど貴重な」

第1文で, ダイヤモンドの指輪は模造品だと述べており, **(B)の valueless が正解**。他の語はいずれも文脈上不適。

3. 「私はエリックと6月25日に会う約束があるが, その日はたしか彼の誕生日だと思う」

空所の前にコンマがあり, 空所の後に続く文では is の主語に相当する語がないことから, 空所に入るのは主格の関係代名詞の継続用法と判断でき, **(C)の which が正解**。空所以下は, and I believe it（= June 25th）is his birthday という意味になっている。(A) whenever「~する時はいつでも」は接続詞, (D) in which も前置詞があるので主語にはなれず, 不適。(B) what だと空所以下が名詞節となり, 前文とつながらないので不適。

4. 「彼が忠告に従うつもりがないのなら, 治療のために通院し続ける理由はないと, その医者は主張した」

(A)　follow「~（忠告など）に従う」　　(B)　care「~を気にする」

(C)　worry「~を心配させる」　　　　　(D)　listen「耳を傾ける」

空所の後の her advice「彼女の助言」という目的語とのつながりを考えると, **(A)の follow が正解**。(B)と(C)は文脈上不適。(D)は listen to ~ の形であれば「~（忠告など）に耳を傾ける」という意味になるが, to がないので不適。

5. 「人事管理での経験が豊富な上に, ギップス氏は約8年間, 営業の仕事もしていた」

besides *doing* で「~するだけでなく」という意味のイディオムとなり, 文脈上も適切なので, **(B) Besides が正解**。(A)の In addition は in addition to ~ の形であれ

ば「〜に加えて」という意味のイディオムになるが，to がないので不適。(C)の
Due to 〜 は「〜が原因で」という意味のイディオムで，文脈上不適。(D)の Unless
は「もし〜でなければ，〜でないかぎり」という意味の接続詞で，分詞構文の前で
使うこともできるが，ここでは文脈上不適。

6.「ジェーンは，航空便の予約が取れていたのなら，ベルリンに行っただろう」
　主節が would have gone というように仮定法過去完了の帰結節の形であることか
ら判断して，条件節の形で過去完了時制となっている(A) if she had been able が正
解。

---

1 —(D)　2 —(B)　3 —(C)　4 —(A)　5 —(B)　6 —(A)　　解答

7

　次の各日本文と英文がほぼ同じ意味になるように，空所に入るもっとも適切なもの
を 1 ～ 4 の中から一つずつ選び，その番号をマーク解答用紙にマークしなさい。

(20 点)

(1)　私たちは自分で気づいているよりはるかにストレスを受けている。

　　We are (　　　　　) from stress much more than we realize.

　　1　affecting　　　　2　receiving　　　　3　suffering　　　　4　taking

(2)　これ以上この問題を議論しても仕方がない。

　　There is no (　　　　　) discussing this problem any longer.

　　1　doubt　　　　　2　help　　　　　　3　use　　　　　　4　way

(3)　ほかの条件が同じ場合，経済成長が速くなれば社会における不平等は減少する。

　　Other things (　　　　　) equal, faster economic growth will diminish
inequality in society.

　　1　are　　　　　　2　being　　　　　3　having been　　4　may

(4)　どうしてその映画は日本でそんなに人気が出たんですか。

　　What has (　　　　　) that movie so popular in Japan?

　　1　caused　　　　　2　done　　　　　3　led　　　　　　4　made

(5)　空港までアメリカ人の友人を見送りに行ってきたところです。

　　I have just been to the airport to see an American friend (　　　　　).

　　1　around　　　　　2　forward　　　　3　off　　　　　　4　out

(6)　気候変動が事実であると裏付けるデータは，政府によって却下された。

　　The data confirming the reality of climate change were (　　　　　) by the
government.

1　disclosed　　　2　discriminated　　3　disguised　　　4　dismissed

(7)　数学に関することなら何でも得意です。

I am good at everything that has to do (　　　　　) mathematics.

1　at　　　　　2　in　　　　　3　on　　　　　4　with

(8)　彼に投票した人たちの多くは TPP に反対していたんじゃないかしら。

I (　　　　　) that many who voted for him were against TPP.

1　doubt　　　　2　question　　　3　suspect　　　4　wonder

(9)　彼は数分の余裕を持って到着した。

He arrived with a few minutes to (　　　　　).

1　leave　　　　2　spare　　　　3　use　　　　4　waste

(10)　私たちは時に，本物と複製を見分けられないことがある。

We sometimes (　　　　　) to distinguish the originals from the copies.

1　can't　　　　2　fail　　　　3　leave　　　　4　mistake

解　説

(1)　空所の直後の from stress に注目する。suffer は suffer from ～ の形で「～に苦しむ，～を患う」という意味になり，文脈上適切なので 3 の **suffering が正解**。1 の affecting「～に影響を及ぼす」と 2 の receiving「～を受け取る」はこの後に目的語が必要なので不適。4 の taking は take from ～ で「～から引き出す，～を減らす」という意味になり，文脈上不適。

(2)　There is no （　　　） *doing* の形で，「～しても仕方がない」という表現になる語を選ぶ。use は，There is no use (in) *doing* もしくは It is no use *doing* の形で「～してもむだだ，～しても仕方がない」という意味の構文をつくる。**3 の use が正解**。なお，1 の doubt については，There is no doubt about ～ や There is no doubt (that) S V の形で「～には〔S が V するのは〕疑問の余地がない，～は〔S が V するのは〕確かだ」という意味になる点も覚えておくとよい。

(3)　空所を含むコンマまでの部分は，接続詞がないままコンマ以下の文に続いていることから，分詞構文と考えるのが妥当。Other things being equal「ほかの条件が同じなら」は独立分詞構文の形をとる慣用表現の一つであり，**2 の being が正解**。また，日本文から判断して，この部分は If other things are equal が分詞構文となったと考えられるので，完了形である 3 の having been は不適。

(4)　英文は，that movie が目的語，so popular が補語の第 5 文型で，しかも無生物主語。直訳すると「何がその映画を日本でそれほどの人気にしたのか」という意味だと考えると，make O C で「O を C にする」という意味になる **4 の made が正解**。1 の caused や 3 の led にも無生物主語構文で用いる用法があるが，その場合，補語は to 不定詞となるので不適。2 の done は第 5 文型では用いないので不適。

(5)　see に注目すると，see *A* off で「*A* を見送る」という意味になる **3 の off が正解**。1 の around だと see *A* around で「*A*（場所）を検分する，*A*（人）を見かける，*A*（人）と顔見知りである」，4 の out だと see *A* out で「*A* を最後まで見る，*A* を玄関まで見送る」という表現になるが，文脈上不適。

(6)　日本文の「却下された」という意味になる動詞としては **4 の dismissed が正解**。1．disclosed「公開された，暴露された」　2．discriminated「差別された」　3．disguised「偽装された」

(7)　have to do with ～「～と関係がある」のイディオムに気づけるかがポイント。**4 の with が正解**。that 以下は everything を先行詞とする関係代名詞節であり，everything 以下は直訳すると「数学に関係するすべてのこと」という意味になる。ちなみに，have everything to do with ～「～に大いに関係がある」という意味のイディオムもある。この everything は nothing や something, much, little などに置き換えられると，「～と関係がない」や「～と関係がある」，「～と大いに関係

がある」,「〜とほとんど関係がない」などの意味になる。

⑻　I（　　　）that S V の形で「S は V ではないかしら」という意味になる動詞を選
択する。suspect は that 節が目的語だと「〜ではないかと思う」という意味で用い
るので, **3 の suspect が正解**。1 の doubt は that 節が目的語だと「〜であること
を疑問に思う」→「〜だとは思えない」となるので, 文脈上不適。2 の question は
否定文のときに that 節が目的語となって「〜であることを疑わない」となる。4
の wonder は「〜ではないかしら」の意味で用いる場合は, 目的語は if 節や
whether 節となるので不適。

⑼　空所を含む to 不定詞は a few minutes を修飾しており, この部分で「数分の余
裕」という意味になる動詞を選ぶ。spare には「〜（時間など）を割く」という意
味があり, a few minutes to spare「割くことのできる数分」→「数分の余裕」と考え
られるので, **2 の spare が正解**。なお, time to spare は「時間的余裕, 暇な時間」
という意味になり, 形容詞として用いると, a spare time「余暇, 空き時間」とな
る。

⑽　空所の後に to 不定詞が続いている点に注目する。「見分けられない」は「見分け
ることができない」という意味であり, fail であれば fail to *do* の形で「〜すること
ができない」という意味になるので文脈上適切であり, **2 の fail が正解**。なお,
fail は fail in 〜 の形で「〜に失敗する」という意味である点にも注意する。

---

(1)— 3　(2)— 3　(3)— 2　(4)— 4　(5)— 3　(6)— 4　(7)— 4　(8)— 3　(9)— 2
(10)— 2

8

From the choice 'a' — 'd' below, select the best answer to fill blanks
(1) — (10).

1. They put high expectations on the (1) among SNS users.
   - a. repetition
   - b. reduction
   - c. reputation
   - d. representation

2. (2) accepted the proposal from Barry.
   - a. Never did anyone believe the fact that she had
   - b. Anyone couldn't believe that she would
   - c. No sooner had we arrived there than she would
   - d. It was his offer that she had

3. He sneaked into his sister's room and quietly returned the book (3).
   - a. for fear of her making herself awaken
   - b. in case of waking up
   - c. lest he make her awake
   - d. so that she didn't woke up

4. Without that piece of information, I (4) along with each other after the merger.
   - a. wouldn't have found out the way the staff there been gotten
   - b. couldn't figure out how the staff there have been getting
   - c. should have guessed what kind of atmosphere they had been having
   - d. might not have sought for the image of their togetherness

5. She finally realized that she had to go on a diet for the dress after she (5).
   - a. tried to put it on
   - b. tried it on
   - c. had tried putting on it out
   - d. had tried to put it

6. The biggest dining room in that hotel （　6　）.

   a. had a lot of antique furnitures

   b. have many antique furniture

   c. has a lot of antique furniture

   d. has much furniture of antique

7. I would like to （　7　） this good investment opportunity.

   a. suggest that you utilize for

   b. recommend that she utilizes

   c. suggest for you make the most of

   d. recommend you to make use of

8. （　8　） generating a positive economic effect.

   a. Tokyo Skytree has been one of the tallest broadcasting towers and is seemed to be

   b. Tokyo Skytree, which is one of the tallest broadcasting towers, seems to have been

   c. Tokyo Skytree which seems to be one of the tallest broadcasting towers have to be

   d. Tokyo Skytree, one of the tallest broadcasting buildings, which is seemed to be so, has been

9. It was （　9　） go outside.

   a. we finished all the assignment that we had been given when we could

   b. not long before we could finish our homework that our teacher had assigned when we were able to

   c. not until we finished all the assignments we had been given that we were allowed to

   d. no sooner than we finished our homework that our teacher had given and we should

10. The train we are going to take will（　10　）.

  a．probably come on time

  b．punctually reach here in time

  c．gradually get here on time

  d．practically arrive each station in time

解 説

1. 「彼らは SNS ユーザーの間の評判に高い期待を寄せた」

   a．repetition「反復，多発」　　　　b．reduction「減少，削減」

   c．reputation「評判」　　　　　　d．representation「表明，上演」

   空所に入る語は put high expectations on ～「～に高い期待を寄せる，～に大いに期待する」という表現の目的語であり，また，空所直後の among「～の間の」という前置詞句がこの語を修飾する形となっている。この前後関係から判断して適切な名詞は，**c の reputation が正解**。

2. 「彼女がバリーのプロポーズを受け入れたという事実を誰も信じなかった」

   a の Never did anyone believe the fact that she had は，Never という否定語が文頭に出たために，did anyone believe という倒置形となっている。that 以下は the fact の内容を表す同格の名詞節だと判断でき，文脈上適切なので，**a が正解**。b は Anyone couldn't を No one〔Nobody〕could とすべきであるだけでなく，would の後が accepted で，原形ではないので不適。c も would accepted となるので不適。d は形の上では形式主語構文に見えるが，文意が通じず不適。

3. 「彼は姉を起こさないように，彼女の部屋にこっそり入り，静かに本を戻した」

   空所の前の文と選択肢の内容から，空所には「彼女（姉）を起こさないように」という内容の英文が続いていると判断できる。a は，awaken には「目覚める」と「～を目覚めさせる」という意味があるが，make *oneself* awaken という表現はないので不適。b だと waking up の意味上の主語が He になってしまうので不適。d は woke を wake という原形にすべきであり不適。c の lest he make her awake だと lest S (should) *do*「S が～しないように，S が～するといけないから」という意味の表現になり，文脈上適切なので，**c が正解**。なお，lest の代わりに in case や for fear (that) としても同意。

4. 「その情報がなければ，私はそこのスタッフ同士が，合併後，どうやってずっとうまくやっているのかわからないだろう」

   選択肢のすべてに助動詞の過去形が使われていることからもわかるように，この文は，Without「～がなければ」という前置詞句が条件節の役割をはたす仮定法過去時制の文である。空所の後の along with each other に注目すると，b の couldn't figure out how the staff there have been getting は，figure out ～「～を理解する，～の原因がわかる」という表現と，get along with ～「～と仲良くやっていく，～とうまく付き合う」という表現が用いられており，文脈上適切なので，**b が正解**。a については been gotten という動詞部分の形が不適。c と d については along with につながる文とならないので不適。また，c の should have *done* は「～すべきだったのに，～したらよかったのに」という意味である。

5. 「彼女は試着後，そのドレスを着るためにはダイエットしなければとようやく実感した」

空所に入る行為をしてから，ダイエットをしなければいけないとわかったわけだから，空所にはドレスが体型に合わなかったことがわかる表現が入る。b の tried it on であれば，try *A* on で「*A* を試着する」という意味になり，サイズが合うかどうかを確かめたことがわかるので文脈上適切であり，**b が正解**。a の tried to put it on は「それを着ようとした，それを着ようと努力した」となり，着用しようと努めることを意味し，実際に着用したかどうかは曖昧なため不適。c の try *doing* は「試しに〜してみる」という意味だが，最後の out が不要。d は put だけでは「〜を置く」という意味になり不適。

6. 「そのホテルで一番大きな食堂にはたくさんのアンティーク家具がある」

furniture は不可算名詞なので，複数形にならず，many で修飾することもできないので a と b は不適であり，**c の has a lot of antique furniture が正解**。a lot of は可算名詞，不可算名詞ともに使うことができる。d については，antique「古風な，年代物の，骨董品の」は名詞だと「骨董品，古美術品」という意味だが，furniture を修飾するのに of antique という形にはならない。

7. 「この有利な投資のチャンスを利用されることをお勧めしたいと思います」

誰かに何らかの行為をするよう勧める場合，動詞は suggest や recommend を用いて，suggest〔recommend〕that S (should) *do*「S が〜するように勧める，S が〜するように提案する」のように that 節を用いるか，suggest *A's doing*「*A* が〜することを提案する」，recommend *A* to *do*「*A* に〜するよう勧める」という形で用いる。a の utilize「〜を利用する」は他動詞なので for が不要であり不適。b の utilizes は utilize とすべきなので不適。c は for you の for を取るか，that とすべきなので不適。したがって，**d の recommend you to make use of が正解**。make use of 〜は「〜を利用する」という意味のイディオム。

8. 「東京スカイツリーは最も高い放送用タワーの一つだが，大きな経済効果を生み出しているようだ」

a については，seem「〜のように思われる」は自動詞であり，is seemed の is が不要なので不適。c については，Tokyo Skytree は固有名詞なので，関係代名詞の which の前にコンマが必要であり，しかも，have to be は主語が Tokyo Skytree であり，文意からも has been とすべきなので不適。d は，one of … buildings は Tokyo Skytree を言い換えた同格の語句と考えられるが，この後の which is … so は不要であり，is seemed の部分も誤り。したがって，**b の Tokyo Skytree, which is one of the tallest broadcasting towers, seems to have been が正解**。

9. 「私たちは与えられた課題を全部終わらせてようやく，外出させてもらえた」

It is not until 〜 that … は「〜して初めて…する，〜してようやく…する」という

意味の構文であることに気づけば，c の not until we finished all the assignments we had been given that we were allowed to が文脈上適切であると判断がつく。we had been given は assignments を修飾する関係代名詞節でこの前に目的格の関係代名詞が省略された形。a は we finished 以下の文と，空所の前の It was とのつながりが不明であり，when 以下の節もどの部分を修飾するかが曖昧で不適。b については，It is not long before S V は「ほどなく S が V する」という意味の構文だが，全体の文意が「ほどなく私たちは自分たちが外出することができるときに先生が課した宿題を終えることができた」となり，意味が通じない。d については no sooner than は No sooner had S *done* than …「S が〜するやいなや…」という形で用いるので不適。

10.「私たちが乗ろうとしている電車は，おそらく定刻に来るだろう」

on time は「時間通りに，定刻に」，in time は「間に合って」という意味のイディオム。a の probably come on time が正解。b は，reach「〜に到着する」は他動詞なので，後ろに here という副詞が続くのは不適。punctually「時間通りに」 c については，gradually「徐々に，次第に」という副詞と get here on time「時間通りにここに着く」とのつながりが不適。d については，arrive「〜に到着する」は自動詞なので arrive at 〜 とすべきであり，practically「事実上は，実際には」という副詞や in time も文脈上不適。

1-c　2-a　3-c　4-b　5-b　6-c　7-d　8-b　9-c
10-a

9

目標解答時間 7分

次の 1 ～ 10 の英文の空所に入る最も適当なものを A ～ D よりそれぞれ 1 つ選び，その記号をマークしなさい。(10 点)

1．(　　　) in simple words, this book is very easy to understand.

  A．Writing   B．Wrote   C．Write   D．Written

2．(　　　) there be mistakes in the file, the computer will stop processing the data.

  A．Before   B．Should   C．If   D．As

3．I will always help you, (　　　) happens.

  A．no longer if   B．no sooner it

  C．no matter what   D．no more than

4．I am not good at making plans. That is (　　　) worries me most.

  A．what   B．why   C．where   D．which

5．The concert was so popular all tickets sold out. (　　　) were available on the day of the concert.

  A．No   B．None   C．Neither   D．Nothing

6．She likes jogging (　　　) her dog following her.

  A．on   B．with   C．for   D．in

7．According to Professor Smith, the university museum (　　　) by local architects a long time ago.

  A．will be built   B．building   C．build   D．was built

8. I went to the bank today, but I don't think I have received my payment
(　　　).

　A. yet　　　　　　B. hardly　　　　C. all　　　　　D. clearly

9. (　　　) my poor performance, I was lucky enough to pass the test.

　A. Nevertheless　　　　　　　B. However

　C. In spite of　　　　　　　D. But

10. It is not clear (　　　) the traffic accident happened last night.

　A. how　　　　　B. who　　　　　C. which　　　　D. what

解 説

1.「簡単な言葉で書かれているので、この本はとても理解しやすい」
空所を含む前半部分は理由を表す分詞構文となっており、意味上の主語となるのは主節の主語。ここでは this book を主語として考えると、（　　　）in simple words という部分は受動態と判断できるので、**Dの Written が正解**。過去分詞で始まる分詞構文は、過去分詞の前の Being が省かれた形。

2.「万が一ファイルに間違いがあれば、コンピュータはデータ処理を止めるだろう」
前後の文脈から、この英文は前半部分が条件、後半部分が結果を表す文だとわかる。条件節は通常は If で始まるが、ここでは there の後が動詞の原形の be であることから、If there should be ～ という形の条件節の If が省略されて倒置形となっていると判断でき、**Bの Should が正解**。

3.「何があっても、私はいつでもあなたを助けるつもりだ」
空所の直後に動詞の happens が続いており、空所にはこの動詞の主語となる語が入るはずで、Aの no longer if とDの no more than は不適。前半部分の主節に対して、空所を含む後半部分は副詞節となっていると考えられ、no matter what であれば、whatever と同様に、譲歩の副詞節となることから、**Cの no matter what が正解**。Bの no sooner it は接続詞の than とともに用いる構文はあるが、これだけでは接続詞として用いることはできないので不適。

4.「私は計画を立てるのが苦手だ。それが私の一番の心配の種だ」
空所の直後に動詞の worries が続いており、空所にはこの動詞の主語となる語が入るはずで、Bの why とCの where は不適。また、That is の後には補語が必要で、空所以下は名詞節と判断できる。先行詞を含む関係代名詞の what であれば、what worries me で「私を心配させること」という意味になり、文脈上も適切なので、**Aの what が正解**。Dの which は疑問代名詞であれば worries の主語にはなれるが、「どちらが私を心配させるか」という意味になり、文脈上不適。

5.「そのコンサートはとても人気があって、チケットはすべて売り切れた。コンサートの日に手に入るチケットはなかった」
空所の直後に動詞の were が続いており、空所にはこの動詞の主語となる語が入るはずで、形容詞であるAの No は不適。主語は複数扱いの語であることから、「(二つのものの) どちらも～ない」という意味のCの Neither と、単数扱いをするDの Nothing も不適であり、単数扱い、複数扱いのどちらでも用いることができる**Bの None が正解**。

6.「彼女は犬を連れてジョギングするのが好きだ」
空所の直後の her dog following her は、主語である She がジョギングしているときの状況を表していると判断できる。with には with *A doing* の形で付帯状況を表

し「*A* が〜していて」という意味になる用法があることから，**B の with が正解**。空所以下は直訳すると「彼女の犬が彼女の後を追っていて」となる。

7.「スミス教授によると，大学の博物館は，ずっと前に地元の建築家によって建てられたそうだ」

主語が the university museum であり，動詞の build との関係から考えると受動態のはず。また，a long time ago「ずっと前に，かなり昔」という語句があることから，時制としては過去と判断でき，**D の was built が正解**。

8.「私は今日，銀行へ行ったが，まだ支払いを受けていないと思う」

I don't think の後に肯定文が続く場合は，通常，その部分を否定文と考えて「〜ではないと思う」と訳すのが一般的。したがって，think 以下は，「まだ支払いを受けていない，まだ入金されていない」という意味になると考えられ，否定文で用いて「まだ（〜ない）」という意味になる，**A の yet が正解**。B の hardly「ほとんど〜ない」と D の clearly「明らかに」は文脈上不適。C の all は my payment を修飾する場合は my の前に置くべきで，位置的に不可。

9.「私の出来は悪かったが，幸運にも試験に合格した」

poor performance には「成績不振，出来の悪さ」などの意味があるが，それと主節の「幸運にも試験に合格した」という内容とのつながりを考えると，「〜にもかかわらず」という意味を持つ，**C の In spite of が正解**。A の Nevertheless「それにもかかわらず」と B の However「しかしながら」は副詞であり，この後に名詞だけが続く形で用いることはできない。D の But も名詞だけが続くと「〜以外の」という意味の前置詞だが，その前にある名詞を修飾する用法であり，不適。

10.「昨夜，その交通事故がどのようにして起きたかははっきりしない」

文頭の It は形式主語で，空所に続く節が真主語の名詞節という構文。空所以下には文の要素がそろった完全な文が続いていることから，空所には文の要素となるはずの B の who，C の which，D の what はいずれも不適。how であれば，「どのようにして」という意味の疑問副詞であり，文脈上も適切なので，**A の how が正解**。

1—D　2—B　3—C　4—A　5—B　6—B　7—D　8—A　9—C
10—A

10

次の 1 〜15 の英文の空所に入れるのに最も適切な語句を(a)〜(d)の中から 1 つ選び、その記号をマークしなさい。(30 点)

1. Bill took a huge risk when he decided (　　　) investing all of his money in that firm because he could have gone bankrupt.

    (a) to　　　　(b) on　　　　(c) with　　　　(d) from

2. The ease (　　　) he throws the ball is amazing, as he puts very little stress on his arm.

    (a) for that　　(b) by what　　(c) with which　　(d) from whom

3. In the past hundred years, technological advances have (　　　) us to do many things that were once thought of as impossible.

    (a) enabled　　(b) acted　　(c) made　　(d) achieved

4. Major alterations in the structure of families in most Western countries have taken (　　　) in recent decades.

    (a) proximity　　(b) pains　　(c) part　　(d) place

5. Some articles have risen in price (　　　) to increasing demand.

    (a) resulting　　(b) because　　(c) due　　(d) happening

6. Excess vitamins and minerals won't benefit you and could (　　　) you harm.

    (a) get　　　　(b) make　　　(c) have　　　(d) do

7. I got soaked on my way home (　　　) rain had not been forecast.

    (a) though　　(b) despite　　(c) so　　(d) therefore

8. You can't always (   ) what it says on the food labels in the supermarket.

   (a) trust   (b) trick   (c) deceive   (d) betray

9. (   ) a doubt, John is the best ping-pong player in this school.

   (a) By   (b) From   (c) Except   (d) Without

10. The price of wheat will depend (   ) a large extent on the weather.

    (a) on   (b) to   (c) in   (d) with

11. As far as I'm (   ), the merger of these two companies is ill-advised at this time.

    (a) concerns   (b) concerning   (c) concerned   (d) concern

12. "Handle with care" and "This way up" warnings are often (   ) on packages.

    (a) looked   (b) appointed   (c) placed   (d) heard

13. For much of the nineteenth century, the major European (   ) dominated the world's economy.

    (a) powers   (b) courtesies   (c) vitalities   (d) vigors

14. He (   ) up with the thief after chasing him for five minutes.

    (a) fed   (b) brought   (c) saved   (d) caught

15. Studying the links between mind and body is a (   ) field of research.

    (a) respectful (b) respectable (c) respective   (d) respect

解　説

1．「ビルが全財産をその会社に投資することに決めたとき，非常に大きな危険を冒していたのは，彼が破産することもあり得たからだ」

decide は decide to *do* の形で「〜する決心をする，〜することに決める」という意味になるが，目的語が名詞の場合，前置詞の on を用いて，decide on 〜「〜を決める」という形で用いる。この問題では investing という動名詞が続いているので，(b)の on が正解。

2．「腕にほとんど力を入れないで，彼がそのボールを軽々と投げるのは驚きだ」

with ease「やすやすと」というイディオムに気付くことがポイント。空所の後に節が続いていることから判断して，空所以下が関係詞節となっていることがわかる。先行詞の ease と he throws the ball のつながりを考えると，he 以下は he throws the ball with ease「彼は軽々とボールを投げる」という文の ease が関係代名詞のwhich となって，前置詞とともに前に出た形と判断できるため，(c)の with which が正解となる。(a)は関係代名詞の that は前置詞の後に用いることができないので不可。(b)は what は先行詞を含む関係代名詞なので不可。(d)は先行詞の ease が人ではないので whom は不適切。

3．「過去数百年で，技術の進歩によって，我々は昔は不可能だと思われていたような多くのことができるようになった」

無生物主語構文であり，「技術の進歩が我々が〜することを可能にした」というのが直訳。目的語の後ろに to 不定詞が続いている点に注目すると，enable *A* to *do* で「*A* が〜することを可能にする，〜できるようにする」という意味になることから，(a)の enabled が正解となる。(c)の made であれば動詞は原形でなければならず不可。(b)の acted「〜を演じた」と(d)の achieved「〜を達成した」は後に to 不定詞が続かず，文脈上も不適。

4．「ほとんどの西洋諸国で家族構成における大きな変化が，ここ数十年の間に起きている」

take を用いたイディオムの問題。(b)は take pains「苦労する」，(c)は take part「参加する」，(d)は take place「起こる」という意味になる。このうち，take place であれば主語の alterations「変化」と意味的につながるので，(d)の place が正解。(a)の proximity「近接」は take とつながらないので不適。

5．「需要が増えたために，商品の中には価格が上昇したものもある」

空所の後に to と increasing demand「増えている需要」が続いており，この部分が価格上昇の原因になっていると考えられる。due to 〜「〜のために」という原因を表す表現となる(c)の due が正解。(a)の resulting は from か in が続くので不適。(b)の because なら because of 〜 で「〜のために」となるので不適。(d)の happening は happen to *do*「たまたま〜する」という使い方になるので不適。

6．「ビタミンやミネラルの摂り過ぎは身体によくないし，害になることもあるだろう」

空所の後の you harm に注目すると，do *A* harm で「*A* の害になる」という意味のイディオムになり，「身体によくない」という前半の内容にもつながることから，(d)の do が正解。

7．「天気予報では雨と言っていなかったのに，家に帰る途中，びしょぬれになってしまった」

(a)　though「〜だけれども」　　　(b)　despite「〜にもかかわらず」

(c)　so「だから」　　　　　　　(d)　therefore「したがって」

雨にぬれたという前半と，天気予報では雨ではなかったという後半の内容をつなぐ接続詞としては(a)の though が適切。(b)の despite は前置詞なので不適。

8．「スーパーの食品のラベルに書かれていることは，いつも信用できるわけではない」

(a)　trust「〜を信用する」　　　(b)　trick「〜を計略でだます」

(c)　deceive「〜を欺く，〜をだます」　(d)　betray「〜を裏切る」

what it says on the food labels「食品のラベルに書かれていること」を目的語にとって，文脈上不自然ではない動詞としては，(a)の trust が適切。

9．「間違いなく，ジョンはこの学校で卓球が最も上手である」

直後の a doubt「疑い」という名詞と，後続文の断定的な内容とのつながりを考えると，without a doubt「疑いもなく，間違いなく」という意味のイディオムになる(d)の Without が正解。

10．「小麦の値段は天候に大きく左右されるものだ」

空所の後の a large extent とのつながりを考えると，to a large extent「非常に，かなりの程度まで，大体において」という意味のイディオムになる(b)の to が正解。なお，to a large degree もほぼ同意のイディオム。

11．「私としては，この時期に二つの会社の合併は賢明なことではないと思う」

As far as *A* is concerned で「*A* に関する限り，*A* としては（〜と考える）」という意味のイディオムであるから，(c)の concerned が正解。

12．「『取り扱い注意』と『この面を上に（天地無用）』という注意書きがしばしば小荷物に貼られている」

(a)　looked「見られて（いる）」　　(b)　appointed「指定されて（いる）」

(c)　placed「置かれて（いる）」　　(d)　heard「聞かれて（いる）」

warnings「注意書き」が on packages「小荷物の上に」という文脈から判断して，選択肢の中では「貼られて」の意味にも用いることができる，(c)の placed が正解。

13．「19 世紀のほとんどを通して，ヨーロッパの列強が世界経済を支配した」

(a)　powers「大国，権力」　　　(b)　courtesies「礼儀正しさ，厚意」
(c)　vitalities「(vitality で) 活力，生命力」　(d)　vigors「(vigor で) 活動力」
「世界経済を支配した」という述部の内容から判断して，the major European に続く名詞としては，(a)の **powers** が適切。(c)の vitalities と(d)の vigors は同義語であるから，解答にいずれかを選ぶことはできない。

14. 「彼は5分間泥棒を追いかけて，追いついた」
「泥棒を5分間追いかけてから」という後続の内容とのつながりから，catch up with 〜「〜に追いつく」という意味のイディオムになる，(d)の **caught** が正解。(a)は be fed up with 〜 の形で「〜にうんざりしている」という意味。(b)の brought だと up の後ろに目的語が必要。(c)の saved だと with とつながらず，また「貯蓄した」となり文脈上不適。

15. 「心と体の結びつきの研究はれっきとした研究分野である」
(a)　respectful「尊敬の念を持った」　　(b)　respectable「立派な，れっきとした」
(c)　respective「それぞれの」　　(d)　respect「敬意，〜を尊敬する」
field of research「研究分野」を修飾して，文脈に合う形容詞としては，(b)の **respectable** が適切。

〈3〉　特殊な空所補充　　　問題11〜14

|傾向|　法・経済学部では，例年以下のような特殊な空所補充問題が出題されている。

● **設問のタイプ**（㊐＝記述式，※＝3年〈2021〜2023〉以上出題なし）

● **法学部**：学科ごとの実施だったが，2020年度入試より学部での実施となった。

　・2つの文章の空所に，共通して入る単語を入れる㊐（5問・10点）

　・一方の英文中の1語の品詞を変えてもう一方の英文の空所に適する形にして
　　英文を完成させる㊐（5問・10〜15点）※　　　　　　　　⇨問題14

> 　次の英文の(b)を筋の通った文にするために，(a)の文から最も適切な1語を選び，その品詞（名詞・動詞・形容詞・副詞など）を変え，適合する形（1語）にして空所に入れなさい。　　　　　　　　　　　　　　　　　　　（2020年度）
>
> （例）　(a)　The orchestra's awesome performance was received favorably by
> 　　　　　　the audience and critics alike.
> 　　　　(b)　This area is surrounded by mountains that will block the （　　） of
> 　　　　　　cell phone signals.
>
> 　　　　　　　　　　　　　　　　　　　　　　　　　　　　[答] reception

● **経済学部**：2つの英文が同じ意味になるように，空所に適する語句を選択肢の
　　　　　　　　中から選ぶ（5問・10点）　　　　　　　　　　⇨問題11〜13

|対策|　法・経済学部の同意文の完成問題は，英文を語法的または文法的に異なる表現で言い換える力が必要となる。いずれも特徴的な問題で，過去問で慣れておくことが大切。派生語・反意語を含めた語彙力・熟語力，構文力，文法力の総合的な力を身につけておこう。そのためには，基本事項の確認が必須である。

法　経済

11

次の各組の英文がほぼ同じ意味になるように，空所に入るもっとも適切なものを
1 〜 4 の中からそれぞれ一つ選び，その番号をマークしなさい。(10 点)

(1)　Bill told me that he's anything but smart.

　　　Bill told me that he's (　　　　　) smart.

　　1　far from　　　　2　close to　　　　3　better than　　　4　well beyond

(2)　The concert started at exactly six o'clock.

　　　The concert started at six o'clock (　　　　　).

　　1　alone　　　　　2　hard　　　　　　3　precise　　　　4　sharp

(3)　The bank has decided to loan me the money that I asked for.

　　　The bank has (　　　　　) my loan.

　　1　inflated　　　　2　delayed　　　　3　approved　　　　4　ridiculed

(4)　Our goal is to collect enough money to construct a new building.

　　　We (　　　　　) to collect enough money to construct a new building.

　　1　forget　　　　　2　aim　　　　　　3　remember　　　　4　prefer

(5)　Please don't tell this to anyone, but I think she will be promoted soon.

　　　(　　　　　) you and me, I think she will be promoted soon.

　　1　Both　　　　　　2　Between　　　　3　Either　　　　　4　Regarding

解 説

(1)　2文とも：「ビルは，自分は全然頭はよくないと私に言った」
anything but ～ と far from ～ はいずれも「まったく～ない，～どころではない」
という意味のイディオムであり， **1の far from** が正解。

(2)　2文とも：「コンサートは6時ちょうどに始まった」
sharp は副詞として用いた場合，「きっかり，ちょうど」の意味があり，exactly
「正確に，まさに」と意味的に近いので， **4の sharp** が正解。

(3)　「銀行は私に，依頼したお金を融資することを決めた」
　　「銀行は私のローンを承認した」
loan は動詞だと loan *A B* の形で「*A* に *B* を融資する」，名詞だと「ローン，融資」
という意味になる。「お金を融資することを決めた」ということは「融資を承認し
た」ということであり，「～を承認する，～を認める」という意味を持つ **3の
approved** が正解。inflate「～を釣り上げる，～を暴騰させる」，delay「～を遅ら
せる」，ridicule「～を嘲笑う」

(4)　「私たちの目標は，新しいビルを建設するのに十分なお金を集めることだ」
　　「私たちは，新しいビルを建設するのに十分なお金を集めることを目指している」
goal はここでは「目標，目的」という意味で用いられている。aim to *do* は「～す
ることを目指す，～することを目標にする」という意味であり， **2の aim** が正解。

(5)　「このことは誰にも言わないでほしいのだが，彼女はもうすぐ昇進すると思う」
　　「ここだけの話だが，彼女はもうすぐ昇進すると思う」
between you and me は「ここだけの話だが，内緒だが」という意味のイディオム
であり， **2の Between** が正解。

(1)—1　(2)—4　(3)—3　(4)—2　(5)—2

12

次の各組の英文がほぼ同じ意味になるように，空所に入るもっとも適切なものを1～4の中から一つずつ選び，その番号をマーク解答用紙にマークしなさい。(10点)

(1)　His artwork was totally different from what I had imagined.

His artwork was (　　　　　) like what I had imagined.

1　anything　　　2　nothing　　　3　everything　　　4　something

(2)　I hope that criminal is put on trial.

I hope that criminal is (　　　　　) to justice.

1　brought　　　2　caught　　　3　sought　　　4　taught

(3)　I didn't know that Bill likes classical music better than pop music.

I didn't know that Bill (　　　　　) classical music to pop music.

1　transfers　　　2　confers　　　3　prefers　　　4　infers

(4)　He stressed the importance of the matter.

He put (　　　　　) on the importance of the matter.

1　control　　　2　emphasis　　　3　solution　　　4　strain

(5)　There is no point in refusing to change your mind if your opinion makes no sense.

If your opinion makes no sense, being (　　　　　) is pointless.

1　exciting　　　2　generous　　　3　innovative　　　4　stubborn

解 説

(1)　2文とも：「彼の工芸作品は私が想像していたものとはまったく異なっていた」
空所の直後の like に注目する。be nothing like 〜 は「〜と別物である，〜とはまったく違っている」という意味の表現であり，be totally different from 〜「〜とはまったく異なる」とほぼ同じ意味になるので，2の nothing が正解。

(2)　2文とも：「その犯人が裁判にかけられてほしい」
be put on trial は put *A* on trial「*A* を裁判にかける」が受動態になった表現。be brought to justice は「司法の前に連れてこられる」→「法の裁きを受ける，処罰される」という意味の表現となるので，1の brought が正解。

(3)　2文とも：「ビルがポピュラー音楽よりクラシック音楽の方が好きだとは知らなかった」
like *A* better than *B*「*B* よりも *A* の方が好きだ」という表現と同じ意味の表現は，classical music の後の to に注目すると，prefer *A* to *B*「*B* よりも *A* の方を好む」であると判断でき，3の prefers が正解。1．transfers「〜を移す」　2．confers「〜を授与する，〜を参照する」　4．infers「〜を推論する」

(4)　2文とも：「彼はその件の重要性を強調した」
stress は「〜を強調する，〜を重視する」という意味の他動詞。put emphasis on 〜 も「〜に重点を置く，〜を強調する」という意味の表現なので，2の emphasis が正解。1．control「支配」　3．solution「解決策」　4．strain「緊張」

(5)　「もしあなたの意見が理にかなわないなら，考えを変えないというのは意味がない」
「もしあなたの意見が理にかなわないなら，意地を張るのは無意味だ」
1文目の There is no point in *doing* は「〜しても意味がない」という意味の構文で，make no sense は「意味をなさない，理にかなわない」という意味のイディオム。refuse to change *one's* mind「自分の考えを変えることを拒む」というのは be stubborn「頑固である」ということだと考えられるので，4の stubborn が正解。
2文目は being stubborn という動名詞句が主語で，pointless「無意味な」は補語。
1．exciting「興奮させる」　2．generous「寛容な」　3．innovative「革新的な」

(1)—2　(2)—1　(3)—3　(4)—2　(5)—4

13

次の各組の英文がほぼ同じ意味になるように，空所に入るもっとも適切なものを①〜④の中から一つずつ選び，その番号をマーク解答用紙にマークしなさい。(10 点)

(1)　There are several countries that still haven't ratified the new climate convention.

Several countries have (　　　　　) to ratify the new climate convention.

① got　　　　　② nowhere　　　　　③ only　　　　　④ yet

(2)　Because of the strong wind, they couldn't begin the game.

The strong wind (　　　　　) the game from starting.

① kept　　　　　② refrained　　　　　③ saved　　　　　④ suffered

(3)　Anyone who loves nature can be a member of our society.

All nature lovers are (　　　　　) for membership in our society.

① capable　　　　　② eligible　　　　　③ potential　　　　　④ respectful

(4)　Everybody has to take the final exam.

Taking the final exam is (　　　　　).

① distressing　　　　　② liberating　　　　　③ mandatory　　　　　④ permitted

(5)　You should always watch your belongings at the airport.

Be sure to keep (　　　　　) on your belongings at all times at the airport.

① an alert　　　　　② an eye　　　　　③ a head　　　　　④ a warning

解 説

⑴　2文とも：「新しい気候協定をまだ批准していない国がいくつかある」
have（　　　）to ratify の形で still haven't ratified「まだ批准していない」という意味になる語を選択肢から選ぶ問題。have yet to *do* の形で「まだ〜していない」という意味の表現であることから，**④の yet が正解**。①の got だと have got to *do* の形で「〜しなければならない」，②の nowhere だと have nowhere to *do* の形で「〜する場所がない」，③の only だと have only to *do* の形で「〜しさえすればよい」という意味で，いずれも1文目と同じ意味にはならないので不適。

⑵　2文とも：「強風のために，試合を始めることができなかった」
2文目は無生物主語構文。keep は keep *A* from *doing* の形で「*A* が〜するのを妨げる」という意味になるが，kept だと，直訳すると「強風が試合が始まるのを妨げた」という意味の英文となり，1文目と同じ内容を表すことがわかるので，**①の kept が正解**。②の refrained は refrain from *doing* の形で「〜するのを控える」という意味，④の suffered は suffer from 〜 の形で「〜に苦しむ」の意味になるが，いずれも動詞の後に目的語はなく，意味的にも不適。③の saved は save *A* from *doing* の形で「*A* が〜することから救う」の意味になり，文意が異なるので不適。

⑶　「自然を愛する人は誰でも当会の会員になることができる」
　「自然を愛する人たち全員が当会の会員になる資格がある」
空所の直後の for に注目する。eligible は be eligible for 〜 の形で「〜の資格がある，〜にふさわしい」という意味になり，1文目と同じ内容となるので，**②の eligible が正解**。①の capable は be capable of 〜 の形で「〜が可能である」という意味であり不適。③の potential は「可能性のある，潜在的な」という意味だが，非限定用法（補語となる用法）では用いないので不適。④の respectful は be respectful of 〜 の形で「〜に敬意を払う」という意味であり不適。

⑷　「全員が最終試験を受けなければならない」
　「最終試験を受けるのが必須だ」
mandatory には「義務の，必須の，強制的な」などの意味があり，1文目と同じ内容となるので，**③の mandatory が正解**。①の distressing は「悩ませる，痛ましい」という意味，②の liberating は動詞の liberate「〜を解放する」の進行形，④の permitted は動詞の permit「〜を許す」の受動態だが，いずれも1文目と意味が異なるので不適。

⑸　「空港では常に自分の所持品に注意すべきだ」
　「空港では必ず常に自分の所持品から目を離さないようにしなさい」
1文目の watch *one's* belongings は「所持品を注意して見守る，所持品の見張りをする」という意味。2文目は keep と空所の直後の on に注目すると，keep an eye

on ～ で「～から目を離さない，～に目を光らせる」という意味のイディオムとなることから，②の an eye が正解。①の an alert と④の a warning はいずれも「警報，警戒」という意味であり，③の a head とともに，1文目と意味が異なるので不適。2文目の be sure to *do* は「必ず～する」という意味のイディオム。

(1)―④　(2)―①　(3)―②　(4)―③　(5)―②　解答

14

次の英文1〜5の(b)を筋の通った文にするために，それぞれの(a)の文から最も適切な1語を選び，その品詞（名詞・動詞・形容詞・副詞など）を変え，適合する形（1語）にして空所に入れなさい。解答は解答欄に書きなさい。ただし，動詞の〜ing 形は使わないものとします。（10点）

（例）

(a) The orchestra's awesome performance was received favorably by the audience and critics alike.

(b) This area is surrounded by mountains that will block the (　　　) of cell phone signals.

（答）reception

1 (a) It still surprises many influential world leaders that millions of child labourers are completely excluded from having basic education.

(b) There is a high rate of social (　　　) for single-person elderly households, and this is the same for men and women.

2 (a) The new king inherited a very tough political environment in which his country confronted increasing threats from neighboring countries with limited resources.

(b) As a result of the current management's ineffective strategy, the company has been (　　　) with bankruptcy.

3 (a) Last year the International Space Station was hit by a serious electricity shortage that forced a delivery from the Earth to be delayed.

(b) Some sociologists argue that in order to understand one's self, the individual must look outside of themselves at the social (　　　) that determine their personality.

4　(a)　In Ghana, funerals are lavish affairs: a gathering for everyone, including extremely distant relatives and those who barely knew the deceased.

　(b)　The train fare depends on the (　　　) and the type of tickets that you buy.

5　(a)　Forests regulate ecosystems, protect biodiversity, play an integral part in the carbon cycle, support livelihoods, and can help drive sustainable growth.

　(b)　Drug (　　　) is the control of drug use by international agreement and/ or by government authorities and it includes rules concerned with the development, approval, manufacturing and marketing of drugs.

解　説

1．(a)「何百万人もの児童労働者が基礎教育を受けることから完全に締め出されて
　　　いることに，今も多くの影響力のある世界の指導者たちは驚いている」

　　(b)「独居老人世帯は高い割合で社会から締め出されているが，これは男性にと
　　　っても女性にとっても同じである」

独居老人世帯が社会からどういう状態にあるかを考えると，(a)の文中の excluded
（exclude「～を締め出す」の過去分詞）の名詞形である **exclusion「締め出し，排
除」**であれば，文脈上も適切であり，これが正解。

2．(a)「その新しい王は，自国が資源の乏しい隣国からの高まる脅威に直面してい
　　　るという非常に厳しい政治環境を引き継いだ」

　　(b)「現経営陣の無能な戦略の結果，その会社は経営破綻の危機に瀕している」

経営戦略を失敗すれば，会社がどうなるかを考えると，(a)の文中の threat「脅威」
の動詞形である threaten「～を脅かす」を受動態で用いると，**be threatened with
～「～の危機に瀕している，～を迫られる」**という意味で文脈上も適切であり，こ
れが正解。

3．(a)「昨年，国際宇宙ステーションが深刻な電力不足に見舞われ，地球からの物
　　　資の搬送の遅れを余儀なくされた」

　　(b)「自己を理解するために，人は自身の外側の，自身の個性を決定する社会的
　　　な力に目を向けなければならないと，一部の社会学者は主張する」

社会的な何が，自分自身の個性を決定づけるのかを考えると，(a)の文中の forced
（force「～を余儀なくさせる」の過去形）の名詞形である **force「力」の複数形が
正解**。後続文中の determine から判断して，複数形にする点に注意。

4．(a)「ガーナでは葬式は派手な行事で，非常に遠い親戚や，故人をかろうじて知
　　　っていたという人まで含め，みんなで集まるものである」

　　(b)「電車の運賃は距離と買う切符の種類で決まる」

電車の運賃は何で決まるかを考えると，(a)の文中の distant「遠い」の名詞形であ
る **distance「距離」が正解**。

5．(a)「森林は生態系を制御し，生物の多様性を保護し，炭素循環において不可欠
　　　な役割を果たし，暮らしを支え，持続可能な成長の推進を後押しできる」

　　(b)「薬剤規制とは，国際的な合意と政府機関の両方か，そのいずれかによる薬
　　　剤使用の規制のことであり，その中には，薬剤の開発，承認，製造，販売に関
　　　わる規則が含まれる」

薬剤の何が，the control of drug use なのかを考えると，(a)の文中の regulate「～
を規制する，～を制御する」の名詞形である **regulation「規制」が正解**。

1．exclusion　2．threatened　3．forces　4．distance
5．regulation

〈4〉　同意表現　　　　　　　　　問題 15〜18

[傾向]　経済・総合政策・理工学部で出題されている。設問は，経済・総合政策学部は英文中の下線部（語句・イディオム）と最も意味が近いものを選択肢から選ぶタイプである。理工学部については，他学部とは異なる出題形式である。

●設問のタイプ
●**経済学部**：下線部の語句と最も意味が近いものを選択肢から選ぶ
　　　　　　（5問・10点）　　　　　　　　　　　　　　　⇨問題 15・16

> 　次の英文の下線部について，もっとも意味が近いものを①〜④の中から一つ選び，その番号をマーク解答用紙にマークしなさい。　　　　　　（2023 年度）
> （例）　They were afraid that his remarks would give rise to a serious problem.
> 　①　make over　　②　result in　　③　set aside　　④　break through
> 　　　　　　　　　　　　　　　　　　　　　　　　　　　　　　［答］　②

●**総合政策学部**：下線部の語句と最も意味が近いものを選択肢から選ぶ
　　　　　　（10問・20点）　　　　　　　　　　　　　　⇨問題 17
●**理工学部**：2文の組み合わせのうち，一方の文の説明に対して，もう一方の文の内容が妥当なものを選択（3〜12問・6〜12点）　　　⇨問題 18

[対策]　ほとんどが単語や熟語を他の語句で言い換える問題であり，語彙・熟語力の増強が最良の対策と言えるだろう。単語を覚える際には，同意語・反意語も確認しておこう。

　　　　　　　　　　　　　　　　　　　　経済　総合政策　理工

15

次の各英文の下線部ともっとも意味が近いものを 1 ～ 4 の中からそれぞれ一つ選び、その番号をマークしなさい。(10 点)

(1)　I visit my grandparents in the country once in a while.

　1　frequently　　2　always　　　3　occasionally　4　often

(2)　It is vital to distinguish between the essential and the accidental properties of objects.

　1　possible　　2　difficult　　3　usual　　　4　crucial

(3)　We are trying to restore the confidence that has been lost over the years.

　1　bring back　2　take away　3　get up　　　4　come around

(4)　Doctors are required to keep patients' records completely confidential.

　1　safe　　　2　secret　　3　unchanged　4　intact

(5)　Recent changes have undermined working people's rights.

　1　fulfilled　　2　disputed　　3　maintained　4　weakened

解 説

(1) 「私は時々田舎の祖父母を訪ねる」
　　1．frequently「しばしば，よく」　　　2．always「いつも」
　　3．occasionally「時々，たまに」　　　4．often「しばしば，よく」
　　once in a while は「時々，たまに」という意味であり，3 の occasionally が最も意
　　味が近い。

(2) 「物の本質的な特性と付随的な特性とを見分けることは極めて重要だ」
　　1．possible「可能な，ありうる」　　　2．difficult「難しい」
　　3．usual「いつもの，普通の」　　　　4．crucial「極めて重要な，決定的な」
　　vital は「不可欠な，致命的な，命にかかわる」などの意味を持つ形容詞で，ここ
　　では「不可欠な」つまり「極めて重要な」という意味で用いられており，4 の
　　crucial が最も意味が近い。

(3) 「我々は長年失われていた自信を取り戻そうとしている」
　　1．bring back「～を取り戻す」　　　2．take away「～を取り除く」
　　3．get up「～を起こす」　　　　　　4．come around「やってくる」
　　restore は「～を復活させる，～（元気など）を取り戻す」という意味であり，「～
　　を取り戻す，～を呼び戻す，～を回復させる」などの意味を持つ 1 の bring back
　　が最も意味が近い。

(4) 「医者は患者の記録を完全に極秘にしておかなければならない」
　　1．safe「安全な」　　　　　　　　　2．secret「秘密の」
　　3．unchanged「変わらない」　　　　 4．intact「損傷を受けていない」
　　confidential は「秘密の，腹心の」という意味であり，2 の secret が最も意味が近
　　い。

(5) 「最近の変化は働く人々の権利を蝕んだ」
　　1．fulfilled「～を実行した，～を遂行した」　　2．disputed「～を議論した」
　　3．maintained「～を維持した」　　　　　　　　4．weakened「～を弱めた」
　　undermine は「～を蝕む，～を弱らせる」という意味であり，4 の weakened が
　　最も意味が近い。

(1)— 3　(2)— 4　(3)— 1　(4)— 2　(5)— 4　　　解　答

16

次の各英文の下線部について，もっとも意味が近いものを①～④の中から一つずつ選び，その番号をマーク解答用紙にマークしなさい。(10点)

(1) They were afraid that his remarks would <u>give rise to</u> a serious problem.

　① make over　　② result in　　③ set aside　　④ break through

(2) An investigation concluded that the cause of the fire was the improper <u>disposal</u> of waste.

　① firing off　　　　　　② lighting up

　③ throwing away　　　 ④ sparking out

(3) My younger brother could suffer <u>irreversible</u> brain damage if doctors don't act fast.

　① irresponsible　② regular　　③ unimaginable　④ permanent

(4) It is natural that your comments would <u>get on her nerves</u>.

　① irritate her　　　　　② disappoint her

　③ impress her　　　　　④ satisfy her

(5) The advantages of this method <u>are more important than</u> the others.

　① proceed　　② outweigh　　③ supervise　　④ highlight

解 説

(1) 「彼らは，彼の発言が深刻な問題を引き起こすことを恐れた」
　　① make over「～を作り直す」　　② result in「(結果的に) ～をもたらす」
　　③ set aside「～を脇におく」　　④ break through「～を突破する」
　　give rise to ～ は「～を生じさせる，～を引き起こす」という意味であり，主語が
　　原因，to の後にはその結果が続く形であり，②の result in が最も意味が近い。

(2) 「ある調査では，火事の原因は廃棄物の不適切な処分であるとの結論を出した」
　　① firing off「(弾丸・ロケットなど) を発射すること」
　　② lighting up「～を点灯すること，～を明るくすること」
　　③ throwing away「～を捨てること，～を廃棄すること」
　　④ sparking out「火花を散らすこと，意識を失うこと」
　　disposal は「(不要なものの) 廃棄，処分」という意味であり，③の throwing
　　away が最も意味が近い。

(3) 「弟は，医者たちが素早く行動しなければ，脳に取り返しのつかない損傷を被る
　　だろう」
　　① irresponsible「無責任な」　　② regular「規則的な，定期的な」
　　③ unimaginable「想像できない」　　④ permanent「永久的な」
　　irreversible は「不可逆の，取り返しがつかない」という意味だが，ここでは今後
　　もずっと続く損傷のことであり，④の permanent が最も意味が近い。

(4) 「あなたの意見が彼女の神経にさわるのも当然だ」
　　① irritate her「彼女をいらいらさせる」
　　② disappoint her「彼女を失望させる」
　　③ impress her「彼女を感動させる」
　　④ satisfy her「彼女を満足させる」
　　get on *one's* nerves は「～の神経にさわる，～をいらいらさせる」という意味の
　　イディオムであり，①の irritate her が最も意味が近い。

(5) 「この方法のメリットは他のものより重要だ」
　　① proceed「前進する，続行する」
　　② outweigh「～より重い，～を上回る」
　　③ supervise「～を監督する」
　　④ highlight「～に光を当てる，～を目立たせる」
　　②の outweigh は本来，「～より (重さが) 重い」という意味だが，そこから「(価
　　値・重要性などが) ～よりまさる，～よりも重要である」という意味になるので，
　　これが最も意味が近い。

(1)—②　(2)—③　(3)—④　(4)—①　(5)—②　解　答

17

From the choices 'a' — 'e' below, select the words which are closest in meaning to the underlined words (1) — (10).　(20 points)

1．The impact of what happened altered the conditions all over the western world.
　(1)

　　a ．concealment

　　b ．discovery

　　c ．effect

　　d ．knowledge

　　e ．realization

2．The museum has recently purchased an early draft of the author's poems.
　　　　　　　　　　　　　　　　　　　　　　　　　　(2)

　　a ．appreciation

　　b ．collection

　　c ．critique

　　d ．edition

　　e ．version

3．The space shuttle program entails the use of sophisticated technology.
　　　　　　　　　　　　　　　　　(3)

　　a ．creates

　　b ．develops

　　c ．enhances

　　d ．ignores

　　e ．involves

4．In the nineteenth century, it was almost a tradition for promising young artists not to receive the attention they deserved.
　　　　　　　　　　　　　　　　　　　　　　　　　(4)

　　a ．craved

　　b ．demanded

c. expected

d. merited

e. reserved

5. Network employees and employees of associated companies are not allowed to
(5)
participate in TV quiz games.

a. connected

b. dependant

c. imaginary

d. rival

e. social

6. The course provides a comprehensive overview of nineteenth century American
(6)
literature.

a. a complicated

b. a contemporary

c. a simple

d. a wide-ranging

e. an understandable

7. Due to unfavorable conditions, the launch has been postponed for the time being.
(7)
a. eventually

b. for good

c. irreparably

d. occasionally

e. temporarily

8. The President proposed several tax reform measures which Congress
subsequently turned down.
(8)
a. received

b. reduced

c. rejected

d． reviewed

e． revised

9． The outcome was that the Allies found themselves in a far stronger position.
   (9)

a． consequence

b． derivative

c． fact

d． goal

e． implication

10． It was in 1665 that the concept of the earth's gravity dawned on Isaac Newton.
    (10)

a． came to

b． came up with

c． depended on

d． excited

e． stroked on

解　説

1．「出来事の影響は，西欧諸国全体の状況を変えた」
　　ａ．concealment「隠匿」　　　　　ｂ．discovery「発見」
　　ｃ．effect「影響，効果」　　　　　ｄ．knowledge「知識」
　　ｅ．realization「実現」
　　impact は「影響，衝撃」という意味であり，ｃの effect が最も意味が近い。

2．「博物館は最近，その著者の詩の初期の頃の草稿を購入した」
　　ａ．appreciation「評価」　　　　　ｂ．collection「収集」
　　ｃ．critique「評論記事」　　　　　ｄ．edition「（刊行物の）版」
　　ｅ．version「（異なる様式や媒体による）版，型」
　　この draft は「下書き，草稿」という意味であるが，初期のものは様式が違うと考えられ，ｅの version が最も意味が近い。ｄの edition はすでに印刷，出版されたものの改編版を指す。

3．「スペースシャトルのプログラムには，当然高度な科学技術が利用されている」
　　ａ．creates「～を作り出す」　　　　ｂ．develops「～を開発する」
　　ｃ．enhances「～を高める」　　　　ｄ．ignores「～を無視する」
　　ｅ．involves「（不可欠なものとして）～を含む，～を伴う」
　　entail は「～を伴う，～を含意する」という意味だが，ここではスペースシャトルのプログラムとなると，そこでは当然，高度な科学技術が利用されているということであり，選択肢の中ではｅの involves が最も意味が近い。

4．「19世紀には，有望な若い芸術家はそれ相応の注目を受けないことがほぼ習わしとなっていた」
　　ａ．craved「～を切望した」　　　　ｂ．demanded「～を要求した」
　　ｃ．expected「～を期待した」　　　ｄ．merited「～に値した」
　　ｅ．reserved「～を予約した，～を蓄えておいた」
　　deserve は「～に値する」という意味で，they deserved は attention が先行詞，目的格の関係代名詞が省略された関係代名詞節。「（注目に）値する注目」とは「それ相応の注目，ふさわしい注目」という意味と考えられる。選択肢の中ではｄの merited が最も意味が近い。

5．「ネットワーク企業の従業員やその関連会社の従業員は，テレビのクイズゲームに参加することは許されていない」
　　ａ．connected「接続した，関連した」　ｂ．dependant「依存している」
　　ｃ．imaginary「想像上の」　　　　　ｄ．rival「競争相手（の）」
　　ｅ．social「社交的な」
　　associated は「関連した，同族の」という意味で，associated company とは「関

連会社」のこと。aの connected が最も意味が近い。

6．「そのコースは，19 世紀のアメリカ文学の包括的概観を提供している」

  a．a complicated「複雑な」   b．a contemporary「現代的な」

  c．a simple「簡単な」   d．a wide-ranging「広範囲にわたる」

  e．an understandable「理解できる」

この comprehensive は「包括的な，広範囲の」という意味であり，dの a wide-ranging が最も意味が近い。

7．「悪状況のため，打ち上げは当面延期された」

  a．eventually「結局は」   b．for good「永久に」

  c．irreparably「修復できないほどに」 d．occasionally「時おり」

  e．temporarily「一時的に，当面」

for the time being は「さしあたり，当面」という意味のイディオムであり，eの temporarily が最も意味が近い。

8．「大統領は,後に国会が否決することになるいくつかの税の改革方策を提案した」

  a．received「～を受け入れた」   b．reduced「～を減らした」

  c．rejected「～を拒絶した」   d．reviewed「～を再検討した」

  e．revised「～を改正した」

turn down ～ は「～をはねつける，～を拒絶する，～の音量を下げる」などの意味をもつイディオムだが，ここではcの rejected が最も意味が近い。

9．「結果として，連合軍は自分たちがはるかに強い立場にいるとわかった」

  a．consequence「結果，成り行き」 b．derivative「派生したもの」

  c．fact「事実」   d．goal「目標」

  e．implication「含意」

outcome は「結果，成果」という意味で，ここでは The outcome is that SV の形で「その結果，～」という意味になる用法。aの consequence が最も意味が近い。

10．「地球の引力という概念をアイザック＝ニュートンが理解し始めたのは，1665 年のことだった」

  a．came to ～「～の頭に浮かんだ」 b．came up with ～「～を思いついた」

  c．depended on ～「～に依存した」 d．excited「～を興奮させた」

  e．stroked on ～「～に一撃を加えた」

dawn on ～ は「～に理解され始める」という意味で，on の後には文の主語を理解したり，思いついたりした人が続く。aの came to ～ が最も意味が近い。

1－c　2－e　3－e　4－d　5－a　6－d　7－e　8－c　9－a
10－a

18

次のA〜Lに示された1と2の英文の組み合わせのうち，1の文で説明されている内容から判断して2の文の内容が妥当と考えられるものを<u>4つだけ</u>選び，その記号をマークしなさい。例を参照のこと。(12点)

（例）　1：I'm 18 years old and Takeshi is 10 years old.

　　　　2：I'm much older than Takeshi.（妥当）/I'm a little younger than Takeshi.（誤っている）

A.　1：Even after asking for directions, the hotel was hardly easy for me to find.

　　2：Once someone had told me how to get there, I was able to find the hotel without difficulty.

B.　1：It was a shame I couldn't afford to buy the watch I wanted.

　　2：The watch that I bought was not worth the money I paid for it.

C.　1：The waiter left the menu on the table in case the man changed his mind about not ordering another dish.

　　2：Although the man said he didn't want another dish, the waiter left him with the menu just in case.

D.　1：We'd better hurry if we still want to catch the 9 am train.

　　2：Even if we rush, we won't be on time for the train at 9 am.

E.　1：If I had concentrated more, I could have passed that exam easily.

　　2：The exam was so easy for me to pass that I did not even have to concentrate.

F.　1：No matter what we did, we couldn't seem to come up with a solution to the problem.

2：After a long time, we finally solved the problem thanks to all the efforts we made.

G. 1：Instead of taking the train, it would be quicker if we took a taxi to the stadium.

2：The taxi is not likely to be as quick as the train for getting to the stadium.

H. 1：I seldom find time to play tennis anymore now that I have started to work.

2：Before I started my job, I used to have more opportunities to play tennis.

I. 1：Even though it was hard, I don't think you'll regret having given up smoking.

2：You should think about quitting smoking even if it's difficult.

J. 1：This lake is one of the most beautiful in the world.

2：There are no lakes as beautiful as this one in the world.

K. 1：He is the last person I want to vote for after what he said yesterday.

2：I don't want to vote for him because of the things he said yesterday.

L. 1：Rising sea levels are thought to be one consequence of global warming.

2：One of the effects of increasing global temperatures is believed to be a rise in sea levels.

解 説

A. 1.「行き方を聞いてからも，そのホテルは私には簡単には見つけられなかった」

　　2.「誰かが私に行き方を教えてくれたらすぐ，そのホテルを難なく見つけることができた」

　1の文中の hardly easy「とても簡単ではない」は easy を否定する表現であり，2の文中の without difficulty「難なく」という表現とは不一致。

B. 1.「私には欲しい時計を買う余裕がなくて残念だった」

　　2.「私が買った時計は，それに支払ったお金の価値はなかった」

　1の文中の cannot afford to *do* は「（金銭的・時間的に）～する余裕がない」という意味であり，時計は買えていないので，2の文とは不一致。It's a shame（that）SV「SがVするのは残念だ」be worth ～「～の価値がある」

C. 1.「ウェイターは男性の気が変わってまた別の料理を注文するといけないから，メニューをテーブルの上に置いたままにした」

　　2.「男性は別の料理はいらないと言ったが，ウェイターは念のためにメニューを残しておいた」

　1の文中の in case SV は「SがVするといけないから」という表現。この部分は直訳すると「男性が別の料理を注文しないということについて考え直すといけないから」という意味。2の文中の just in case は「念のため」という意味のイディオムで，1の文の内容と一致。

D. 1.「まだ午前9時の電車に乗りたいと思ってるなら急いだほうがいいよ」

　　2.「急いだところで，午前9時の電車には間に合わないだろう」

　1の文中の We'd better は We had better の省略形で「～するほうがいい」という意味であり，急げば間に合うという発言と解釈できる。2の文中の be on time for ～ は「時間通りに～にいる」という意味だが，否定文なので，1の文の内容と不一致。

E. 1.「もし私がもっと集中していたら，その試験には簡単に合格できただろうに」

　　2.「その試験は，私が集中する必要さえないほど合格しやすいものだった」

　1の文は仮定法過去完了であり，実際は試験には合格していないことがわかる。2の文は so ～ that SV「非常に～なのでSはVする，SがVするほど～」という構文で，試験には合格していると判断できるので，1の文の内容と不一致。

F. 1.「私たちが何をやっても，その問題の解決策は思い浮かびそうになかった」

　　2.「長時間たって，私たちは努力を重ねたおかげでついにその問題を解決した」

　1の文中の come up with ～ は「～を思いつく」という意味のイディオム。2の文では問題を解決したと述べており，1の文の内容と不一致。

G. 1.「電車に乗る代わりに，スタジアムまでタクシーに乗ったほうが速いだろう」

　　2.「スタジアムに行くには，タクシーだと電車ほどは速くなさそうだ」

　1の文ではタクシー，2の文では電車のほうが速いという内容であり，不一致。1の文中の instead of *doing* は「～する代わりに」という意味のイディオム。

H. 1.「もう働き始めたから，これからはテニスをする時間はめったにない」

　　2.「仕事を始める前は，テニスをする機会がもっとあった」

　1の文中の now that SV は「もう～だから」という意味の構文で，seldom「めったに～ない」は否定の意味の副詞。2の文中の used to *do* は「以前は～だった（が今は違う）」という意味なので，1の文の内容と**一致**。

I. 1.「辛かったとしても，僕は，君が禁煙したことを後悔することはないと思う」

　　2.「たとえ辛くても，君は禁煙することを考えるべきだ」

　1の文中の regret having *done* は「～したことを後悔する」という意味で，禁煙していることがわかる。2の文では禁煙はこれからの話なので，不一致。give up smoking と quit smoking はいずれも「禁煙する」という意味。

J. 1.「この湖は世界で最も美しい湖の一つだ」

　　2.「世界でこの湖ほど美しい湖はない」

　1の文ではこの湖は one of the most beautiful（lakes は省略）「最も美しい湖の一つ」だが，2の文ではこの湖が一番美しいという内容なので，不一致。

K. 1.「彼の昨日の発言のあと，私は彼にだけは投票したくないと思っている」

　　2.「彼が昨日言ったことのせいで，私は彼には投票したくないと思っている」

　1の文中の the last person はその後に to 不定詞や関係代名詞節が続いて，「～する最後の人」つまり「決して～しない人」という意味になる。vote for ～ は「～に（賛成の）票を投じる」という意味なので，2の文は1の文の内容と**一致**。

L. 1.「海面の上昇は地球温暖化の一つの結果だと考えられている」

　　2.「地球の温度上昇の影響の一つが海面の上昇だと考えられている」

　1の文中の consequence「結果」に相当する語が，2の文中の effect「影響，結果」だと考えられる。他にも，rising sea levels が a rise in sea levels に，are thought to be が is believed to be に言い換えられているが，同じ内容であり，2の文は1の文の内容と**一致**。

C・H・K・L

解答

〈5〉 語句整序　問題 19～24

[傾向] 法・経済・商・文・理工学部で出題されている。法学部では近年，2016年度を除いて出題されていなかったが2021年度に復活した。また，理工学部では2010年度以降出題がなかったが，2017・2018年度で再び出題された。商学部については，2021年度以降は出題されていない。設問は，**日本文と同じ意味になるように英語の語句を並べ替えて英文を完成させるもの**が中心で，熟語・構文・文法力が問われる。ただし，学部によっては，設問のタイプがやや異なる問題もある。

●設問のタイプ（※＝3年〈2021～2023〉以上出題なし）

●**法学部**：語句を並べ替えて英文を完成させる際に，不足している1語を答える（5問・10点） ⇨問題24
※ 2016・2021年度は記述式

●**経済学部**：語句を並べ替えて指定された箇所（2カ所）にくる語の記号を答える（5問・20点） ⇨問題20

●**商学部**：語句を並べ替えて指定された箇所（2カ所）にくる語の記号を答える（6問・18点）※ ⇨問題23

●**文学部**：語句を並べ替えて英文を完成させる際に，不足している1語を語群から選ぶ（5問・15～20点） ⇨問題21・22

次の英文の（　　）内の語群に1語を補って並べかえると，日本語の文に相当する英文ができます。補うべき最も適切な1語を下の㋐～㋞の中から選び，マーク解答用紙にその記号をマークしなさい。ただし，同じ語を2回以上選んではいけません。（2023年度）

（例） You（have, imagination, letting, stop, to, your）wild.
想像力をあまり働かせすぎないようにしないといけないよ。

㋐	agreement	㋑	along	㋒	course	㋓	deal	㋔	manage
㋕	meet	㋖	move	㋗	on	㋘	run	㋙	sense
㋚	stimulate	㋛	treaty	㋜	understand	㋝	up	㋞	way

［答］㋘

●**理工学部**：語句を並べ替えて指定された箇所（2カ所）にくる語の記号を答える（3～4問・12～16点）※ ⇨問題19

対策　空所補充と同様，バランスのとれた学習が必要。和文英訳の練習にもなるので，志望学部にかかわらず，すべての問題に取り組んでおくとよい。

法　経済　商　文　理工

19

　次の1～3の英文が日本文の意味になるようにA～Fの語のうち5つを使って空所を補い，最も適当な文を完成させなさい。ただし，同じ語を繰り返して使用することはできない。答えは，空所（　ア　）（　イ　）に入る語の記号のみをマークしなさい。(12点)

1．彼は正当な理由があるにもかかわらずその報酬を受け取ることは良心に反すると思っている。

　　He thinks it（　　　）（　ア　）his conscience to accept the（　　　）（　イ　）
（　　　）there being a good reason.

　　A．prohibits　　B．reward　　C．regardless　　D．goes　　E．of

　　F．against

2．その会社は優秀な人材を確保するためには労力も費用も惜しまないだろう。

　　The company will（　ア　）neither（　　　）（　イ　）expense（　　　）
（　　　）top-rate talent.

　　A．trouble　　B．spare　　C．acquire　　D．nor　　E．to　　F．value

3．彼の父の要請により，我々はそこで起こったことを徹底的に調査した。

　　At the（　　　）of his father, we conducted a（　ア　）（　　　）（　　　）
（　イ　）happened there.

　　A．every　　B．what　　C．inquiry　　D．request　　E．into

　　F．thorough

解　説

1. He thinks it (goes) (against) his conscience to accept the (reward) (regardless) (of) there being a good reason. （D－F，B－C－E）

it は thinks の目的語である that 節（that は省略）の主語であり，真主語である to accept 以下の to 不定詞句を受けた形式主語となっている。go against 〜 は「〜に反する」，regardless of 〜 は「〜にかかわらず」という意味のイディオムである点を見抜けば正解に至る。there being 以下は前置詞の後に続くので動名詞句の形となっている。A の prohibits「〜を禁止する」は不要語。

2. The company will (spare) neither (trouble) (nor) expense (to) (acquire) top-rate talent. （B，A－D，E－C）

spare には「〜（時間など）を割く」のほかに「〜（努力や労力など）を惜しむ」という意味があり，英文の述語動詞となっている。目的語は trouble「労力」と expense「費用」だが，その2つが neither A nor B「A と B のどちらも〜ない」というイディオムでつながる形となっている。to acquire 以下は目的を表す to 不定詞句。F の value「価値」は不要語。

3. At the (request) of his father, we conducted a (thorough) (inquiry) (into) (what) happened there. （D，F－C－E－B）

request「要請，依頼」と inquiry「質問，調査」という2語の意味がわかれば，文頭は At the request of 〜「〜の要請で」となり，「〜を調査する」は conduct an inquiry into 〜 となることがわかる。「徹底的に」は inquiry を修飾する形で形容詞の thorough「徹底的な」を inquiry の前に置く。「そこで起こったこと」は関係代名詞の what を主語とする関係代名詞節の形で into に続ける。A の every は不要語。

1．アーF　イーC　2．アーB　イーD　3．アーF　イーB

20

　次の各日本文とほぼ同じ意味になるように，かっこ内の語を並べ替えてもっとも自然な英文を完成させるとき，かっこの中で<u>3 番目と 5 番目にくるもの</u>を選び，その番号をマーク解答用紙にマークしなさい。(20 点)

⑴　何かを果たすために，ほかの人に頼らなければならない時もあります。
　　There are times (①　have　②　on　③　rely　④　to　⑤　when　⑥　you) others to get things done.

⑵　一部の若者は道徳を束縛と考える傾向にある。
　　Some young people are (①　as　②　inclined　③　morality　④　of　⑤　think　⑥　to) a restraint.

⑶　データは改変できないような形で保存されています。
　　The data is stored (①　a　②　be　③　cannot　④　in　⑤　that　⑥　way) altered.

⑷　現代医学でも，彼の病気を治すことはできないように思われる。
　　It seems that even modern (①　curing　②　him　③　incapable　④　is　⑤　medicine　⑥　of) of that disease.

⑸　正直が割に合わない事例が多い。
　　There are a lot of (①　cases　②　does　③　honesty　④　in　⑤　not　⑥　which) pay.

解 説

⑴　There are times (when you <u>have</u> to <u>rely</u> on) others to get things done.

「～に頼らなければならない時」という日本文の「時」を表す times があり，与えられた語の中に when があることから，times の後には関係副詞節が続き，times を修飾していると判断できる。when の後には，主語として you が続き，「～しなければならない」という意味の have to の後に「～に頼る」という意味の rely on が続く。したがって，3番目は①の have，5番目は③の rely が正解。get things done は get *A done* の形でその行為を完了させることを表す用法で，「物事を成し遂げる」という意味。

⑵　Some young people are (inclined to <u>think</u> of <u>morality</u> as) a restraint.

「～する傾向にある」という日本文から，be inclined to *do*「～する傾向がある，～したいような気がする」というイディオム，「道徳を束縛と考える」という日本文から，think of *A* as *B*「*A* を *B* と考える，*A* を *B* と見なす」というイディオムを見抜けば，3番目は⑤の think，5番目は③の morality が正解。

⑶　The data is stored (in a <u>way</u> that <u>cannot</u> be) altered.

日本文では「～できないような形で」となっているが，与えられた語の中には way と前置詞の in があることから，in a way とつないでから，「改変できないような」という部分は，that を主格の関係代名詞として用いて，「改変されることができないような」と考えれば，この後に cannot be altered と続ければよいとわかるだろう。したがって，3番目は⑥の way，5番目は③の cannot が正解。

⑷　It seems that even modern (medicine is <u>incapable</u> of <u>curing</u> him) of that disease.

「現代医学」は modern medicine なので，これが最初の語。「～することはできない」という日本文は，与えられた語に incapable があることから，be incapable of *doing*「～することができない」という表現であることがわかれば，この後に curing という動名詞形を続ければよいと判断できる。したがって，3番目は③の incapable，5番目は①の curing が正解。cure *A* of *B* は「*A*（人）の *B*（病気など）を治す」という表現。

⑸　There are a lot of (cases in <u>which</u> honesty <u>does</u> not) pay.

「事例が多い」という日本文から，a lot of の後には cases が続く。「正直が割に合わない」という部分は case を説明する部分であり，関係詞節で case を修飾する形になる。「正直が割に合わない」という部分と「事例」との関係は「そういう事例では正直が割に合わない」ということなので，in which の後に honesty does not pay「正直が割に合わない」という表現が続いていることがわかる。したがって，3番目は⑥の which，5番目は②の does が正解。pay はここでは「割に合う，利

益になる」という意味の自動詞として用いられている。

21

2017年度 文学部〔2〕

目標解答時間 7分

次の(1)〜(5)の（　　）内の語群に1語を補って並べかえると，それぞれの日本語の文に相当する英文ができます。補うべき最も適切な1語を下の㋐〜㋞の中から選び，その記号をマークしなさい。（文頭に来る語も小文字にしてあります。）(15点)

(1) あの人とはいっさい関わりをもたないのが一番です。
(best, do, have, is, it, not, person, that, to, to, with).

(2) 彼は着るものにうるさい。
(about, he, he, is, wears, what).

(3) あとはこのボタンに触れるだけです。
(all, button, do, is, now, to, to, touch, this, you).

(4) 彼と張り合うなんて浅はかだった。
(compete, have, him, I, known, should, than, to, with).

(5) この町ではすべてがかつてのまま残っている。
(everything, in, it, just, remains, this, town, was).

㋐ ago	㋑ anything	㋒ as	㋓ before	㋔ better
㋕ fashion	㋖ fool	㋗ have	㋘ last	㋙ loud
㋚ nothing	㋛ only	㋜ particular	㋝ shallow	㋞ something

解 説

(1) It is best not to have anything to do with that person.

「関わりをもたない」という日本文から，have nothing to do with ～「～と関係がない」というイディオムを not to have anything to do with ～ の形で用いるという点に気づくことがポイントであり，**[イ]の anything を補う**。この表現は nothing の部分を something，much，little などに置き換えることで「～と関係がある」,「～と大いに関係がある」,「～とほとんど関係がない」など，さまざまな応用形がある。

(2) He is particular about what he wears.

「～にうるさい」という日本文は be particular about ～「～についての好みがうるさい，～に細心の注意を払う」という表現で表すことができるので，**[ス]の particular を補う**。

(3) All you have to do now is to touch this button.

「あとは～するだけです」という日本文を，「あなたは～しさえすればよい」と置き換えると，All you have to do is (to) *do* という構文を利用できることがわかるので，**[ク]の have を補う**。この構文は，You have only to *do* の形で表現することもできる。

(4) I should have known better than to compete with him.

日本文の「～するなんて浅はかだった」を「～しないだけの分別をもつべきだった」と考え，know better than to *do* は「～しないだけの分別がある ,～するような馬鹿ではない」というイディオムに気づけば，**[オ]の better を補う**ことがわかる。should have *done* は「～すべきだったのに，～したらよかったのに」という意味になっている。

(5) Everything remains just as it was in this town.

接続詞として用いる as には「～なので，～するとき，～ように，～ままに」など，さまざまな意味があるが，ここでは as S be の形で「S のあるがままに，そのまま」という意味となっており，**[ウ]の as を補う**とよい。it は everything を受けている。

解答

(1)―[イ] (2)―[ス] (3)―[ク] (4)―[オ] (5)―[ウ]

22

2023年度 文学部〔2〕

[目標解答時間] 10分

次の(1)~(5)の（　　）内の語群に1語を補って並べかえると，それぞれの日本語の文に相当する英文ができます。補うべき最も適切な1語を下の㋐~㋡の中から選び，マーク解答用紙にその記号をマークしなさい。ただし，同じ語を2回以上選んではいけません。(20点)

(1) You (have, imagination, letting, stop, to, your) wild.
想像力をあまり働かせすぎないようにしないといけないよ。

(2) We shouldn't turn our back on them just because (expectations, failed, have, live, our, they, to, to).
わたしたちの期待に沿うことができなかったからといって，彼らのことを見捨ててはいけない。

(3) You're (I, just, make, of, to, told, trying, what, you).
ぼくが君にたったいま言ったことを，理解しようとしてるんだね。

(4) We had better (a, is, make, papers, she, sign, still, the, to, while, willing).
彼女が取引に応じようとしているうちに，書類にサインしたほうがいい。

(5) So (available, choice, is, its, let, nature, only, take, the, to).
だから残されたのは，成りゆきに任せることだけだ。

㋐	agreement	㋑	along	㋒	course	㋓	deal	㋔	manage
㋕	meet	㋖	move	㋗	on	㋘	run	㋙	sense
㋚	stimulate	㋛	treaty	㋜	understand	㋝	up	㋞	way

解 説

(1)　You (have to stop letting your imagination <u>run</u>) wild.

「想像力をあまり働かせすぎない」という日本文から，let *A do*「*A* に～させる，*A* に～させてやる」という使役動詞としての let の語法だとわかれば，your imagination の後に動詞の原形を用いることがわかる。run wild は「暴走する，野放しになる」という意味の表現で，let *one's* imagination run wild の形で「想像をたくましくする」という意味になり，日本文とほぼ同じ内容になるので，㋖の run を補う。

(2)　We shouldn't turn our back on them just because (they have failed to live <u>up</u> to our expectations).

「～の期待に沿う」という日本文から，live up to ～「(期待などに) 沿う」という意味のイディオムであることに気づけば，㋜の up を補うことがわかる。turn *one's* back on ～「～に背を向ける，～を見捨てる」　fail to *do*「～することができない」

(3)　You're (trying to make <u>sense</u> of what I just told you).

make sense of ～ は「～の意味を理解する，～を解明する」という意味のイディオムであることに気づけば，㋙の sense を補うことがわかる。

(4)　We had better (sign the papers while she is still willing to make a <u>deal</u>).

make a deal で「取引をする」という意味になることから，㋛の deal を補う。be willing to *do*「～する意思がある，喜んで～する」

(5)　So (the only choice available is to let nature take its <u>course</u>).

日本文の「残されたのは，成りゆきに任せることだけだ」という部分を「利用できる唯一の選択肢は自然の成りゆきに任せることだ」と置き換えて考えるとよい。let nature take its course は「(自然の) 成りゆきに任せる」という意味の表現であり，㋟の course を補う。

(1)―㋖　(2)―㋜　(3)―㋙　(4)―㋛　(5)―㋟

23

　次の1〜6の日本語に合うように、それぞれ下にある(A)〜(F)の語句を並べかえて空所を補い、英文を完成させなさい。ただし、解答は(1)〜(12)に入るべき語の記号のみをマークしなさい。なお、文頭に来る語も小文字で記してある。(18点)

1. 空気がなければ全ての動物は死ぬだろう。

　　_____ ___(1)___ _____ ___(2)___ _____ _____, all animals would die.

(A) for　(B) it　(C) not　(D) if　(E) air　(F) were

2. トーマス・エジソンは、電球だけでなく、電話機も発明した。

　　Not _____ ___(3)___ _____ ___(4)___ _____, he _____ the telephone as well.

(A) did　(B) the light bulb　(C) only　(D) invent　(E) invented
(F) Thomas Edison

3. その教授は、人格者として学生達から尊敬された。

　　The professor was _____ _____ ___(5)___ _____ _____
　　___(6)___ .

(A) as a man　(B) looked　(C) of　(D) to　(E) character　(F) up

4. あのニュースが本当だったら、私達の先生は喜んだでしょうに。

　　___(7)___ _____ _____, our teacher _____ ___(8)___
　　_____ .

(A) had　(B) delighted　(C) the news　(D) would have　(E) been true
(F) been

5. あなたが見ている本は，村上春樹の作品の1つです。

_____ (9) _____ is _____ _____ (10) _____.

(A) one (B) at which (C) Haruki Murakami's (D) the book

(E) you are looking (F) of

6. 向こうから来る人を姉と間違えて，私は大声で呼んでしまった。

I mistook _____ (11) _____ (12) _____ and _____

_____ to her.

(A) called out (B) the person (C) my sister (D) loudly (E) for

(F) approaching me

解 説

1. (If <u>it</u> were <u>not</u> for air), all animals would die.
((D)—(B)—(F)—(C)—(A)—(E))
If it were not for ~ は「もし~がなければ」という意味の仮定法過去の条件節で使われる構文。この構文は Were it not for ~ の語順も可能である。

2. Not (only <u>did</u> Thomas Edison <u>invent</u> the light bulb), he (invented) the telephone as well.　((C)—(A)—(F)—(D)—(B), (E))
not only A, B as well は「A だけでなく B も」という意味のイディオム。not only が文頭に出ると，後続文は倒置形となるので did がこの後に続く。

3. The professor was (looked up <u>to</u> as a man of <u>character</u>).
((B)—(F)—(D)—(A)—(C)—(E))
look up to ~「~を尊敬する」というイディオムが受動態で用いられている。a man of character は of の後に人の特性を表す語が入る表現で，「人格者」という意味になる。

4. (<u>Had</u> the news been true), our teacher (would have <u>been</u> delighted).
((A)—(C)—(E), (D)—(F)—(B))
仮定法過去完了の構文であるが，与えられた語句に接続詞の if がないことから，条件節にあたる部分は If が省略された倒置形とわかる。delight「~を喜ばせる」を「喜ぶ」の意味で用いるときは受動態となる。

5. (The book <u>at which</u> you are looking) is (one of <u>Haruki Murakami's</u>).
((D)—(B)—(E), (A)—(F)—(C))
at which 以下は The book を先行詞とする関係代名詞節で，you are looking at it（= the book）の it が関係代名詞の which となって，前置詞と共に前に移動した形。Haruki Murakami's は Haruki Murakami's books のこと。

6. I mistook (the person <u>approaching</u> me <u>for</u> my sister) and (called out loudly) to her.　((B)—(F)—(E)—(C), (A)—(D))
まず，mistake A for B「A を B と間違える」というイディオムが用いられている点に注目する。「向こうから来る」という部分は「私に近づいて来る」と考えて，分詞句の approaching me の形で the person を修飾している。

---

1. (1)—(B) (2)—(C)　2. (3)—(A) (4)—(D)　3. (5)—(D) (6)—(E)
4. (7)—(A) (8)—(F)　5. (9)—(B) (10)—(C)　6. (11)—(F) (12)—(E)

24

　与えられた書き出しにしたがって，（　　　）内の単語を並べ替えて，1語を補う
と，日本語の文と一致する英文が完成します。補うべき単語を解答欄に書きなさい。
（10 点）

1　スピーカーから聞こえているのは，誰の声だか分かりますか。

　Do（are / from / know / listening / speaker / the / voice / whose / you / you）?

2　見ていると，あの人はいつだって必ず忘れ物をして学校に来る。

　I（behind / come / her / leaving / school / see / something / to / without）.

3　トムはようやく 30 分おきにスティーヴ・ジョブズの言葉を引用する癖が抜けた
　　ようだ。

　Tom（custom / departed / finally / from / have / Jobs / minutes / of / quoting / seems / Steve / the / thirty / to）.

4　人の悪口ばかり言っている人は，人望を失って当たり前だ。

　It（if / ill / is / lose / natural / often / others / people / popularity / speak / that / their / they / will）.

5　ずいぶんと節約したけれど，メアリは欲しくて仕方がなかったその上着を買えな
　　かった。

　For（buy / could / dreamed / had / her / jacket / Mary / not / of / saving / she / the / that）.

解 説

1. Do (you know whose voice you are listening <u>to</u> from the speaker)?
問題文の「スピーカーから聞こえているのは，誰の声だか」という部分を「あなたはスピーカーからの誰の声に耳を傾けているか」と考えると，know の目的語が whose voice で始まる疑問詞節だとわかる。listen は自動詞であり，「～に耳を傾ける」という意味では to が必要なので，**補うべき単語は to** である。

2. I (<u>never</u> see her come to school without leaving something behind).
問題文を「彼女が何か忘れ物をせずに学校に来るのを見ることは決してない」と考えて単語を並べる必要がある。never〔cannot〕*do* without *doing* は「…しないで～することはない〔できない〕」という意味から転じて「…すれば必ず～する」という意味のイディオムとなるので，**補うべき単語は never** だとわかる。leave *A* behind「*A* を忘れてくる，*A* をあとに残す」

3. Tom (seems to have finally departed from the custom of quoting Steve Jobs <u>every</u> thirty minutes).
数詞を伴った名詞の前に置かれた every は「～ごとに，～おきに」という意味になるので，**補うべき単語は every** である。depart from ～「～から離れる」

4. It (is natural that people will lose their popularity if they often speak ill <u>of</u> others).
speak ill of ～ が「～の悪口を言う」というイディオムであることに気づけば，**補うべき単語は of** であるとわかる。

5. For (<u>all</u> her saving Mary could not buy the jacket that she had dreamed of).
for all ～ が「～にもかかわらず」というイディオムであることに気づけば，**補うべき単語は all** であるとわかる。

1. to 2. never 3. every 4. of 5. all

〈6〉 誤り指摘　　　　　　　　問題 25〜30

傾向 法学部では英文中の誤りを指摘する問題が例年出題され，文法・語法・内容上の正誤を問うもので難度は高い。同じようなタイプは文・国際経営学部でも出題されており，2015 年度と 2017 年度以降は 6 学部共通選抜（旧 統一入試）でも出題されている。なお，商学部では 2013 年度以降，出題が途絶えていたが，2021 年度は同タイプの問題が出題された。また，総合政策学部と 6 学部共通選抜（旧 統一入試）では，英文のグループのうちから不適切な文を選ぶ問題が出題されている。

● 設問のタイプ

● **法学部**：英文中の下線部から文法・語法・内容（意味）上の誤り箇所を指摘
　　　　　（5〜10 問・10〜30 点）　　　　　　　　　　　　　⇨問題 25

● **商学部**：英文中の下線部から文法・語法・内容（意味）上の誤り箇所を指摘
　　　　　（6 問・18 点）

● **文学部**：英文中の下線部から適切でない箇所を指摘（5 問・15〜20 点）
　　　　　　　　　　　　　　　　　　　　　　　　　　⇨問題 26・27

● **総合政策学部**：英文のグループのうちから誤文を選択（5 問・10〜15 点）
　　　　　　　　　　　　　　　　　　　　　　　　　　⇨問題 28

● **国際経営学部**：英文中の下線部から文法的に誤りがある箇所があれば指摘
　　　　　　（2 問）　　　　　　　　　　　　　　　　⇨問題 30
　　　　　　※「誤り無し」の選択肢を含む。
　　　　　　※誤り指摘のほか，日本語訳に合う最も適切な英文を選択肢から選ぶといった設問も含まれる。

● **6 学部共通選抜（旧 統一入試）**：
　　・英文中の下線部から文法・語法・内容（意味）上の誤り箇所を指摘
　　（5 問・10 点）
　　・英文のグループのうちから誤文を選択（5〜10 問・15〜30 点）　⇨問題 29

対策 英文中の誤りを指摘する問題も，英文のグループから誤文を指摘する問題も，語法力，熟語力，構文力，文法力という総合的な学力が必要になる。特に誤文指摘問題は英文を読むだけでも時間がかかる上，多角的に見る必要があり，ポイントを絞りにくい。明らかな誤りが見つかれば，他の英文に深入りしないこと，すぐに誤りが見つからない場合は時間をかけすぎないようにすることが肝心。また，こうした正誤問題に多くあたり，語法・文法上の重要ポイントを整理しておくことが大切である。

法　商　文　総合政策　国際経営

6学部共通選抜

25

次の1～5の下線部(a)～(d)には，文法・語法・内容などの誤りを含むものが1つあ
ります。その記号をマークしなさい。(10点)

1　Critics say the company relied for too long on sales of sport utility vehicles
　　　　　　　　　　　　　　(a)
　　for its profits, and was not prepared a drastic market shift when gasoline
　　(b)　　　　　　　　　　(c)
　　prices shot up last year.
　　　　　(d)

2　Destroyed in 1193, Nalanda University in northern India was a center of
　　(a)
　　learning, drawing scholars from across Asia hundreds of years since the
　　　　　　　(b)　　　　　(c)　　　　　　　　　　　　　　　(d)
　　oldest university in Europe was even founded.

3　The writer was believed to destroy　most of her letters and ordered that any
　　　　　　(a)　　　　　　　　　　(b)
　　surviving correspondence never be published or quoted, a wish her family
　　　　　　　　　　　　　　(c)　　　　　　　　　　　　　　　(d)
　　followed rigidly.

4　Whether the controversial membership policy of the prestigious golf club will
　　　　　　　　　　　　　　　　　　　　　　　　　　　　　　　　(a)
　　be modified　so that women can join as regular members depend on the size
　　　　　　　　(b)　　　　　　　　　　　　　　　　　　　(c)
　　of the profit they would bring to the club.
　　　　　　　　　(d)

5　She accused lawmakers who opposed new laws in hypocrisy, saying their
　　　　　　　　　　　　(a)　　　　　　　(b)　　　　(c)
　　decisions were actually based on cold calculation about money offered by
　　　　　　(d)
　　some special business interests.

解 説

1．「批評家たちは，その会社があまりに長い期間，利益目的でスポーツ用多目的車
の販売に依存しすぎ，昨年ガソリンの価格が高騰したときに起こった市場の劇的な
変化に対する備えがなかったと言っている」

prepare は他動詞としては「～を準備する，～に…する準備をさせる」という意味
であり，prepare A for B の形で「A に B の準備をさせる」という意味になる。し
たがって，「～に備える，～に対応するよう準備する」という意味で用いるには be
prepared for ～ という表現になるので，(c)の not prepared a drastic market shift
は prepared の後に for を置くのが正しい形。(a)の relied for too long は rely on ～
「～に依存する」というイディオムの on の前に，for too long「あまりにも長い
間」という前置詞句が割り込んだ形。(b)の for は目的を表す。(d)の shot up は
shoot up「急上昇する」という表現で，いずれも正しい。

2．「1193 年に破壊された北インドのナーランダ大学は，ヨーロッパ最古の大学が設
立される数百年も前に，アジア中から学者を引き寄せる学問の中心地であった」

「ヨーロッパ最古の大学が設立もされていないうちからナーランダ大学は学問の中
心地だった」という文脈と考えられる。数詞＋years before S V で「S が V する～
年前」という意味であり，(d)の since を before とすると，文脈上適切になる。接
続詞の since は「～以来，～よりずっと」という意味で主節に述べられている動作
や状態の起点を表し，主節では原則完了形を用いてその動作や状態の継続や経験を
述べる。ここでは，過去のある事実が述べられているだけと考えられる。(a)の
Destroyed in と(b)の drawing はいずれも Nalanda University を意味上の主語とす
る分詞句で，正しい語形。(c)の from across ～ は「～中から」という表現で正しい。

3．「その作家は，自分の手紙の大半を廃棄し，残った書簡が決して公開，引用され
ることがないよう命じたと考えられているが，それは彼女の家族が厳格に従った意
向でもあった」

be believed to do は「～すると考えられる」，be believed to have done は「～した
と考えられる」という表現であるが，この文では was believed という過去の時点
よりも，destroy「～を破棄する」という行為が行われた時点の方が前なので，(a)
の was believed to destroy は was believed to have destroyed が正しい形。この後
の and に続く ordered は was believed to have からつながる過去分詞と考えられる。
なお，a wish 以下は，文の前半の内容を言い換えた同格表現。(b)の most of ～ は
「～の大半」という表現で正しい。(c)の never be は命令を表す order という動詞
の目的語となる that 節の中では動詞の前に should を置くか，動詞の原形を用いる
ので正しい形。(d)の her family followed は，この前に関係代名詞の目的格が省略さ
れた関係代名詞節であり正しい。

4.「その名門ゴルフクラブの物議を醸す会員資格の方針が，女性が正規会員として入会できるように修正されるかどうかは，女性たちがクラブにもたらすであろう利益の大きさによって決まる」

文全体は Whether … members までの名詞節が主語，depend が述語動詞という形。名詞節は三人称単数扱いなので，(c)の depend on は depends on が正しい形。(a)の will be modified は policy を主語としており正しい。(b)の so that 以下は目的を表す節であり，正しい表現。(d)の would はまだ女性の正規会員がいない状況での不確実な推量を表す用法であり正しい。

5.「彼女は，新しい法律に反対する議員を偽善であると批判し，彼らの決定は，実は一部の企業利益団体が供与する金に関する冷徹な計算に基づくものだと言った」

accuse A of B は「A を B のことで非難する」という意味のイディオムであり，(b)の in hypocrisy は of hypocrisy が正しい形。(a)の oppose は「~に反対する」という意味の他動詞であり，正しい形。(c)の saying 以下は She を意味上の主語とする分詞構文であり，and said と考えて訳すとよい。(d)の be based on ~ は「~に基づいている」という表現であり正しい。

1—(c) 2—(d) 3—(a) 4—(c) 5—(b)

26

2018年度 文学部〔3〕

[目標解答時間] 10分

次の(1)~(5)の英文には，それぞれ1つだけ適切でない箇所があります。その箇所を㋐~㋓の中から選び，マーク解答用紙にその記号をマークしなさい。(15点)

(1) There is ㋐no evidence that the suspect ㋑knew the victim, as police previously ㋒suggest, according to ㋓the most recent news.

(2) In recent decades, scientists ㋐have taken up the challenge of ㋑studying scientifically ㋒how really makes people ㋓happy.

(3) The unique feature of human language is ㋐their ability to ㋑convey information about things that ㋒do not exist ㋓at all.

(4) The new secretary ㋐ran away some problems ㋑that he could not ㋒handle without the ㋓director's assistance.

(5) A child's first birthday is ㋐cause for special celebration in ㋑most culture, as it is ㋒a sign of survival and ㋓growth.

解説

(1) 「最新のニュースによると，警察が以前示唆したように，その容疑者が被害者と面識があったという証拠はない」
previously「以前」という副詞の後の動詞は過去時制のはずであり，**㋒の suggest が誤り**で，suggested が正しい形。evidence「証拠」の後の that 節は同格の節。㋑の knew は「～と知り合いだった」という意味と考えられる。

(2) 「ここ数十年の間に，科学者たちは何が実際に人々を幸せにするのかを科学的に研究するという難題に立ち向かうようになった」
take up the challenge of ～「～という難題に立ち向かう」という表現に注目する。of の後には challenge の内容を説明する名詞，名詞句，名詞節が続くはずである。**㋒の how** は副詞なので makes の主語になることはできない。what にすれば正しい文になる。

(3) 「人間の言語の他に類のない特徴は，まったく存在しないものに関する情報を伝えることができることだ」
㋐の their ability の their は human language を指すと考えられるので，its が正しい語形であり，これが誤り。information は不可算名詞なので㋑は正しい形。

(4) 「新任の秘書は，重役の力添えがないと自分では手に負えないいくつかの問題から逃げ出した」
㋐の ran away はこのままだと「逃げた」となって，some problem を後ろにとることができないので，この後に from が必要であり，これが誤り。㋑の that は関係代名詞。

(5) 「子どもの最初の誕生日は，生存と成長のあかしなので，ほとんどの文化圏で特別に祝う理由となっている」
㋑の culture「文化，文化圏」はある土地や社会の人々の生活・習慣・考え方を総称する語で，可算名詞としても不可算名詞としても用いられるが，ここでは most「大抵の，大部分の」の後なので数えられる概念として用いられており，cultures が正しい形で，これが誤り。㋐の cause は cause for ～ で「～の理由」という意味だと不可算名詞扱い，of が続くと「原因」の意味で可算名詞扱いとなる。

解答
(1)―㋒ (2)―㋒ (3)―㋐ (4)―㋐ (5)―㋑

27

2016年度 文学部〔3〕

目標解答時間 10分

次の(1)～(5)の英文には，それぞれ1つだけ適切でない箇所があります。その箇所を㋐～㋔の中から選び，マーク解答用紙にその記号をマークしなさい。(15点)

(1) While humans have observed ㋐objects in space for several ㋑thousands years, it was the development of large and relatively efficient rockets during ㋒the early 20th century that ㋓allowed physical space exploration to become ㋔a reality.

(2) Since the invention ㋐of touch screen technology, we have seen all ㋑sorts of human interaction ㋒with our devices ㋓acquired an interface that ㋔feels entirely natural.

(3) The children greeted ㋐upon their arrival ㋑by their teacher ㋒happily entered their new classroom, ㋓exciting about ㋔starting the new year.

(4) Loss of political stability consistently leads ㋐in safety and security issues ㋑that endanger not only ㋒the citizens of the country in trouble but ㋓also those ㋔in neighboring countries.

(5) Dogs ㋐walked early in the morning run less ㋑risk of getting ㋒bitten by insects ㋓carry dangerous ㋔diseases.

解説

(1) 「人は数千年もの間，宇宙の物体を観察してきたが，実際の宇宙探査が現実のものとなったのは，20 世紀の前半に大型で比較的性能のよいロケットが開発されたおかげだった」

桁を表す単語の hundred，thousand，million などは，hundreds of ～「何百もの～」というように，of を伴う成句になる場合以外は単数形で用いるので，**[イ]の thousands** は thousand が正しい形。[ア]の objects はこの文では「物体」という意味の可算名詞。[ウ]の the については，in the 20th century「20 世紀に」や in the 1960s「1960 年代に」のように，時代を表す語句には定冠詞が必要。[エ]の allowed は allow *A* to *do*「*A* が～するのを許す」という用法だが，無生物主語構文では「(主語) のおかげで *A* は～できる」という意味になる。[オ]については，reality がこの文では「現実のもの」という可算名詞扱いとなっており，[イ]以外はいずれも正しい。physical はここでは「現実の，実際の」という意味。

(2) 「タッチスクリーン技術が発明されて以来，私たちは，装置と人とのあらゆる種類のやりとりが，まったく自然な感じがするインターフェースを獲得するのを目にしてきた」

[エ]の acquired は，we に続く述語動詞の see が see *A do*〔*doing*〕「*A* が～するのを〔～しているのを〕見る」という意味の知覚動詞として用いられており，all から devices までの目的語に対する補語としては原形，または分詞の形が正しい。この文では acquired の後ろに an interface という acquired の目的語が続いていることからも，acquire または acquiring が正しい形。[ウ]の interaction with ～は「～とのやりとり，～との相互作用」という意味。[オ]の feels は関係代名詞で主語の働きをする that の後で用いられ，先行詞は an interface なので feels は正しい形。この feel は自動詞で「～の感じがする」の意味。

(3) 「到着するとすぐ教師の出迎えを受けた子供たちは，新学年が始まることでわくわくしながら，うれしそうに新しい教室に入った」

[エ]の exciting はコンマの後で接続詞を用いずに分詞形が続いているため，分詞構文の用法と判断できるが，動詞の excite は「～を興奮させる」という意味であり，「興奮して，わくわくして」という意味では受動態なので，excited が正しい形。[ア]の upon は on〔upon〕+名詞（または動名詞）の形で「～のすぐ後に」という意味になる用法。[イ]の by は greet「～を出迎える」が受動態となり，過去分詞形で children を修飾する用法の一部なので，正しい。[オ]の starting は前置詞 about の後なので動名詞形で用いられている。

(4) 「政治的安定を失うと確実に，苦境に陥っているその国の国民だけでなく，近隣諸国の国民をも危険にさらす安全保障上の問題につながる」

この文は Loss of political stability を主語とする無生物主語構文であり，主語は原因を表し，lead は lead to ～「～につながる」という形で用いて，この後に結果を表す表現が続く。したがって，㋐の **in が誤り**で，to が正しい形。㋑の that は issues を先行詞とする関係代名詞，㋓の also は not only A but also B「A だけでなく B も」というイディオムの一部であり，いずれも正しい。

⑸　「朝早く散歩させてもらえる犬は，危険な病気を伝染させる昆虫にかまれる危険性が少なくなる」

この文は Dogs が主語，run が述語動詞なので，㋓の **carry 以下は insects を修飾**する句となっているはずであることと，dangerous diseases が carry の目的語であることから，現在分詞形の carrying が正しい形。㋐の walked から morning までは，「～を散歩させる」という意味の walk が過去分詞形で Dogs を修飾する句となったもので正しい形。㋑の risk は run a risk「危険を冒す」という表現で用いるのが普通だが，run the risk of *doing*「～という危険を冒す」のように定冠詞を用いたり，much, more, little, less などの語と共に用いることもあるので正しい。㋒の bitten も bite「～をかむ，～を刺す」の過去分詞形で get の補語となっており，正しい形。disease「病気」は可算名詞，不可算名詞の両方の用法があるが，個々の具体的な病気を指すときは可算名詞として用いることができるので，㋔の diseases は正しい形。

28

Select the sentence that is grammatically incorrect in each group.　(15 points)

1．a．Basketball, invented in 1891 by James Naismith, a physical educator in Massachusetts, is now one of the main U.S. sports along with baseball and American football.

　　b．Owing to the popularity of YouTube cooking shows, the number of people who cook at home is increasing.

　　c．The people who live on that island are very welcoming to anyone who goes there to experience their culture.

　　d．The variety of animals, ranging from monkeys to penguins, are impressive considering the size of the zoo.

2．a．From the time she has become a high school student, Jessica has been interested in theater and dance performances.

　　b．Leonardo Da Vinci would have been the greatest inventor who ever lived if the technology his inventions required had existed back then.

　　c．Though he felt nervous speaking in front of such a large audience, he was able to deliver his speech without a single mistake.

　　d．While Japanese is difficult to learn to write because it has three writing systems, it is not so difficult to learn to speak.

3．a．All I wanted to do was watching TV at home, but my friends insisted on going out to eat somewhere.

　　b．Dogs, the very first species to be domesticated by humans, have evolved over time to become "man's best friend."

　　c．The Arctic Circle is home to breathtaking landscapes, amazing wildlife, and enchanting wonders that cannot be found outside of it.

d. Traveling alone in an unfamiliar place can be frightening at first, but the freedom to explore makes it an enjoyable experience.

4. a. Hans Rottenhammer was the first German artist to specialize in so-called "cabinet paintings."

b. I have always wondered, during walking around Prague, what is behind the curtained windows of the romantic buildings.

c. There is new evidence indicating that the first human beings arrived in North America tens of thousands of years earlier than previously thought.

d. When she saw the snake on the ground in front of her, she froze in an instant, unable to move.

5. a. After several attempts to get the car started, I gave up and decided to have it taken in for repairs.

b. Because of existing technology, vaccines were quickly produced, and testing started immediately.

c. By using smartphones for hours a day, people's eyes, especially that of children, can be damaged from the blue light.

d. While we were in New York City, we went sightseeing in Times Square, ate famous New York pizza, and walked in Central Park.

解 説

1．a．「バスケットボールは，1891 年にマサチューセッツ州の体育の教師，ジェームズ=ネイスミスによって考案され，野球やアメリカンフットボールとともに，今や米国の主要なスポーツの一つとなっている」

b．「ユーチューブの料理番組が人気のおかげで，家庭で料理をする人の数が増えている」

c．「その島で暮らす人たちは，自分たちの文化を体験するためにそこを訪れる人なら誰でも大歓迎だ」

d．「その動物園の規模を考慮すると，サルからペンギンにいたるまで，多様な動物がいるのは素晴らしい」

英文 d の主語は The variety「多様さ」であることから，動詞の are は is が文法的に正しい形であり，d が誤り。英文 a の主語は Basketball で単数扱い，英文 b の主語は the number で単数扱い，英文 c の主語は The people で複数扱いであり，いずれも正しい文。

2．a．「ジェシカは高校生になったときからずっと，演劇とダンス演技に興味がある」

b．「レオナルド=ダ=ヴィンチは，当時，彼の発明に必要な科学技術があったなら，史上最高の発明家となっていただろう」

c．「彼はそれほどの大観衆の前で話すのに不安を覚えたが，一つの間違いもなくスピーチをすることができた」

d．「日本語には 3 通りの表記体系があるので，書けるようになるのは難しいが，話せるようになるのはそれほど難しくはない」

英文 a において，「高校生になった」のは過去のある時点での出来事であり，現在完了時制で用いることはできず，has become は became が正しい形であり，a が誤り。英文 b は仮定法過去完了であり，正しい文。英文 c は過去の出来事に関する文，英文 d は現在の事実を述べた文で，いずれも正しい文。

3．a．「私は家でテレビを観たかっただけだが，友人たちはどこかで外食しようと強く主張した」

b．「犬は，人が飼い慣らした一番最初の種で，時の経過とともに進化し，『人の最良の友』となっている」

c．「北極圏には，他の所では見られない，息を呑むような風景や素晴らしい野生の生き物，そして魅力あふれる奇観が存在している」

d．「見知らぬ場所を一人で旅するのは，最初は怖いかもしれないが，自由に探索できることで，それが楽しい経験となる」

英文 a は All I wanted to do was (to) do という形の構文で，直訳すると「私がや

りたかったすべては，～することだった」だが，「私がしたいのは～することだけ
だった，私は～したかっただけだ」が自然な訳。この構文では，All が主語，was
の後には補語として，to 不定詞か，to が省かれた形で動詞の原形が続くので，
watching は to watch または watch が正しい形であり，**a が誤り**。

4. a.「ハンス=ロッテンハンマーは，ドイツ人で初めていわゆる『キャビネット
　　　画』を専門にした画家だった」

　　b.「私は，プラハを歩き回っている間は，いつもロマンチックな建物のカーテ
　　　ンのかかった窓の奥には何があるのだろうと思っている」

　　c.「最初の人類は，これまで考えられていたよりも何万年も早い時期に北アメ
　　　リカに到達していたことを示す新たな証拠がある」

　　d.「彼女は目の前の地面にヘビがいるのを見て，一瞬ですくみ上り，身動きで
　　　きなかった」

英文 b の文中にある前置詞の during には「～の間に，～の間中」という意味があ
るが，この後には定冠詞や所有格の代名詞などで始まる特定の期間を表す名詞が続
く。「～している間に」という動作を伴う表現では while *doing* の形になるので，
この during は while が正しい形であり，**b が誤り**。

5. a.「私は何度も車のエンジンをかけようと試みたが，さじを投げて，それを修
　　　理に出すことにした」

　　b.「既存の科学技術のおかげで，ワクチンが速やかに製造され，検査もすぐ始
　　　まった」

　　c.「スマホを一日に何時間も使用することで，人の目，特に子供たちの目が，
　　　青色光によって損傷を受ける可能性がある」

　　d.「私たちはニューヨーク市に滞在中に，タイムズスクエアを観光し，有名な
　　　ニューヨーク風ピザを食べ，セントラルパークを散歩した」

英文 c の文中における that of children の that は eyes を受ける代名詞のはずで，
目は二つあることからも複数形の those が正しい形であり，**c が誤り**。

1-d　2-a　3-a　4-b　5-c　

29

次の 1 ～ 10 の文章の(a)～(d)には，文法・語法の誤りを含む，または筋の通らない文が 1 つあります。その記号をマークしなさい。(30 点)

1. (a) The world's most popular sport, football, is sometimes called 'the beautiful game'. (b) But why is it that makes this sport so attractive? (c) For some people, it is the teamwork and passing that is exciting. (d) For others, it is the way that a game can be won by a moment of individual genius.

2. (a) Nearly a billion people entered the twenty-first century unable to read a book or write their names. (b) And every day more than 72 million children cannot go to school. (c) Providing schooling for all these children would not be so expensive. (d) Less than one percent of the money that the world is spent on weapons in a year would make it possible for every child to have an education.

3. (a) A major international agreement on women's rights was passed by the world's nations in Beijing, China, in 1995. (b) Before then, there have been many successes in giving women more power and equality. (c) But gender discrimination still exists in many areas of life. (d) For example, women often work more than men, yet are paid less and have fewer opportunities for promotion.

4. (a) Global sales of personal computers fell by 14% in the first three months of the year, in accordance with a report by a research company. (b) This is the biggest drop since the company started keeping records in 1994. (c) One reason is that smartphones have become a major alternative to personal computers. (d) But economic difficulties around the world have also reduced the demand from businesses for new computers.

5. (a) Toronto is a great city to live and work in, or just to visit. (b) It has a high quantity of life and reliable services, and is amongst the safest cities in North America. (c) Toronto's population is one of the most diverse in the world. (d) More than 100 languages and dialects are spoken by people living in the city.

6. (a) The Louvre Museum in Paris was the most visited art museum in the world in 2012. (b) Many of the other top twenty art museums were also in Europe, or North America. (c) But museums in Brazil and China were also belong to the twenty most popular. (d) And the single exhibition with the highest number of visitors was in Tokyo.

7. (a) The world's largest companies have a great impact on people in developing countries. (b) They can play a positive role in these countries or they can do more harm than good. (c) They have the potential to create jobs for people, train them in new skills and enable their communities to escape from poverty. (d) But some companies don't pay its workers enough to live on and make them work in dangerous conditions.

8. (a) Japanese technology companies have been struggled to make profits recently. (b) One reason has been the strength of the Japanese currency, the yen, which has made Japanese products more expensive overseas. (c) Another has been tough competition from Korean companies such as Samsung and LG. (d) But Japanese companies hope to make a comeback with new products such as 90-inch TVs.

9. (a) Children's sleep needs vary between 12 and 18 hours depending on their age and individual needs. (b) This amount decreases to about 9 hours as far as they reach their teens. (c) Adults are typically said to require between 7 and 9 hours of sleep each night. (d) However, some research suggests that 6 to 7 hours of sleep are sufficient, if not best.

10. (a) It's only natural for very young children to be primarily concerned with themselves. (b) Babies think the world revolving around them and that other people exist to meet their needs. (c) This selfishness is natural at their stage of development. (d) The understanding that others have needs as important as their own develops slowly and gradually as children mature.

解　説

1.「(a)世界で最も人気のあるスポーツのサッカーは,『美しい競技』と呼ばれることがある。(b)しかし, 一体どうしてこのスポーツにそれほどの魅力があるのだろう? (c)一部の人にとっては, それはチームワークとパス回しが人を興奮させるものだからだ。(d)また人によっては, 一瞬の天才的な個人技で試合に勝利することもある, その試合運びゆえである」

(b)は疑問詞を強調する形の強調構文だが, that の後に続く makes という動詞から判断して, is it that を取り除くと, この文の主語がなくなるので, **この文が誤り**だとわかる。why の代わりに what を置けば無生物主語構文で, 「何がこのスポーツをそれほど魅力あるものにするのか」→「なぜこのスポーツにそれほど魅力があるのか」という意味になり, 文意も通じる。(c)は強調構文とも考えられるが, (d)の it is 以下は it is the way that S V の形で「それは S が V するやりかただ」という表現であり, (c)と(d)のいずれの it も(b)の what を受けて, サッカーの魅力の原因を指すと考えられる。

2.「(a)ほぼ 10 億の人たちが, 21 世紀に入っても, 本を読んだり, 自分の名前も書けないままだ。(b)さらに, 毎日 7200 万人の子供たちが学校に通うことができない。(c)子供たち全員に学校教育をほどこすとしても, それほど多額の費用はかからないだろう。(d)世界で 1 年間に武器に費やされるお金の 1 パーセント足らずがあれば, どの子も教育が受けられるようになるだろう」

(d)の文中の the world から in a year までは money を先行詞とする関係代名詞節であり, the world という主語に対して money は spend の目的語にあたるので, is spent は spends が正しい形であり, **この文が誤り**。(a)の文中の unable 以下はこの前に being が省かれた形の付帯状況を表す分詞構文と考えることができる。(c)は Providing 以下の動名詞句が主語であり, これが条件節の役割を果たしているため, would が用いられている。同じ用法の would は(d)でも用いられている。

3.「(a)女性の権利に関する重要な国際協定が，1995年，中国の北京で世界の国々によって可決された。(b)それ以前にも，女性により多くの権限と平等な扱いを与えることでは，多くの成功例があった。(c)しかし，性別による差別は今もなお生活の多くの面で存在する。(d)例えば，女性が男性より仕事量が多いのに，給料が安く，昇進の機会も少ないのはよくあることだ」

(b)は Before then「その時より前に」で始まっており，後続文は過去のある時点よりもさらに前の話なので，have been は had been が正しい形であり，**この文が誤り**。(a)の文中にある pass は自動詞としては「(議案などが) 通過する」という意味だが，他動詞として「(議案など) を可決する」という意味もあり，受動態は正しい形。

4.「(a)ある調査会社の報告書によると，全世界のパソコンの売れ行きはその年の最初の3カ月でみると14％下落した。(b)これは同社が記録を取り始めた1994年以来，最大の下げ幅である。(c)理由の一つは，スマートフォンがパソコンの主たる代替品となっていることである。(d)しかし，世界を取り巻く困難な経済状況も，ビジネスから新たなコンピュータに対する需要を引き下げる原因となっている」

(a)の文中にある in accordance with ～ は「～に従って，～に一致して」という意味のイディオムだが，この前にある文は調査会社の報告書の内容なので，according to ～「～によると」が文脈上正しい表現であり，**この文が誤り**。(a)の文中の by は「～ぶん，～の差で」という意味。(c)の文中の alternative to ～ は「～の代替品，～の代用品」という意味。

5.「(a)トロントは，住むにも，そこで働くにも，あるいは訪れるだけでも素晴らしい都市である。(b)そこには，生活の質の高さと，信頼できるサービスがあり，北米で最も安全な都市の一つとなっている。(c)トロントの住民は，世界で最も多種多様な人たちの集まりの一つだ。(d)その都市に住む人々は，100以上の言語や方言を話している」

(b)で a high quantity of life という部分は，quantity「量」という語が life との関連で述べるには不自然なので，**この文が誤り**。トロントの住みやすさを論じる文脈上，「生活の質の高さ」を話題にすべきであり，quantity は quality「質」とするのが適切。(c)の文中の one of the most diverse は one of the most diverse populations と考えるとよい。

6.「(a)パリのルーブル美術館は，2012年に世界で最も多くの人が訪れた美術館だった。(b)他の上位20に入る美術館の多くもヨーロッパか北米にあった。(c)しかし，ブラジルや中国の美術館も，その最も人気のある20の美術館の一つだった。(d)さらに，一つの展覧会で最も多くの人が訪れたのは，東京で開催されたものであった」

(c)の文中の were also belong という部分は，belong が自動詞であることから also belonged が正しい形であり，**この文が誤り**。この belong は belong to ～ の形で

「〜の一つである」という意味で用いられている。the twenty most popular はこの後に art museums を補って考えるとよい。(d)の文中の the highest number of visitors は「最多数の訪問者」という意味。

7．「(a)世界の大企業は発展途上国の人々に大きな影響力を持っている。(b)そういう企業はこれらの国々で積極的な役割を果たすこともあるが，益するよりもむしろ害を及ぼすこともある。(c)大企業は，人々に雇用を創出し，新たな技能を身につけさせ，途上国の地域社会が貧困から抜け出せるようにする可能性がある。(d)しかし，中には，労働者に生計を立てられるだけの賃金を払わず，危険な状況で働かせる企業もある」

(d)の文中にある its workers の its は，主語の some companies を受けるはずであり，their workers が正しい形なので，**この文が誤り**。(a)の文中にある have a great impact on 〜 は「〜に重大な影響を及ぼす」という意味。(b)の文中の play a positive role は「積極的な役割を果たす」，do more harm than good は「益になるというよりむしろ害になる」という意味。

8．「(a)日本の技術系企業は最近，利益をあげるのに悪戦苦闘している。(b)理由の一つは，日本の通貨の円が高くなっていることであり，そのために日本の製品が海外でさらに割高になっているのだ。(c)もう一つの理由は，サムスンや LG 電子のような韓国企業との競争が激化していることである。(d)しかし，日本企業も 90 インチ型テレビのような新製品で巻き返しを狙っている」

(a)の文中にある have been struggled で用いられている struggle は自動詞であり，struggle to *do* の形で「〜しようと必死になる，〜しようと四苦八苦する」という意味になるので，この部分は受動態ではなく，継続を表す現在完了進行形が正しいと判断できる。したがって，struggled は struggling が正しい形であり，**この文が誤り**。(b)の文中の which は前の文の内容（ここでは円高になっていること）を先行詞とする関係代名詞の which の継続用法。(d)の文中の make a comeback は「復活する，盛り返す」という意味の表現。

9．「(a)子供たちに必要な睡眠時間は，その子の年齢や個人差によって 12 時間から 18 時間の間でばらつきがある。(b)この必要量は，子供たちが 10 代になる頃には約 9 時間に減少する。(c)大人はおおむね，毎晩，7 時間から 9 時間の睡眠が必要だと言われている。(d)しかしながら，ある研究の示唆するところでは，6 時間から 7 時間の睡眠時間で，ベストとは言わないまでも十分だという」

(b)の文中にある as far as S V という表現は「S が V する限り」という意味であり，文脈上，筋が通らない。「子供たちが 10 代になる頃には」とか「子供たちが 10 代になるまでには」と考えて，as far as は when や by the time などで置き換える必要があり，**この文が誤り**。(a)の文中の needs は「必要なもの」という意味の名詞として用いられている。(d)の文中の if not 〜 は「〜とは言わないまでも」という表

現。

10. 「(a)幼児がまず自分のことだけを気にかけるのはごく当然である。(b)赤ちゃんは
世界は自分を中心に回っており，他の人たちは自分の要求を満足させてくれるため
に存在すると考える。(c)この身勝手さは，幼児の発達段階では当然なのだ。(d)他の
人たちにも必要とするものがあり，それは自分のものと同じくらい大切なのだとい
うことは，子供が成熟するにつれ，ゆっくりと時間をかけて理解できるようにな
る」

(b)の文中にある the world revolving around them という部分は，この後に and
that 〜 というように that 節が続いていることから，think の目的語として 2 つの
that 節があったものと判断できるので，that the world revolves around them が正
しい形であり，**この文が誤り**。(a)は形式主語構文で，to 不定詞以下が真主語。(d)
の The understanding に続く that 節は understanding「理解」の内容を表す同格
の that 節。

1 —(b)　2 —(d)　3 —(b)　4 —(a)　5 —(b)　6 —(c)　7 —(d)　8 —(a)　9 —(b)
10—(b)

30

目標解答時間 15 分

次の問１，問２について答えなさい。

問1　次の文章1，2について，**文法的に誤りのある箇所があれば**指摘し，解答とし
て最も適切なものを(A)〜(F)から一つずつ選び，その記号をマークしなさい。

1.

Old people seldom talk about death, and their dim eyes <u>seem unwilling to</u>
(1)
<u>focus</u> on anything but the past and the present.　Gradually, <u>as their memory</u>
(2)
<u>weaken</u>, even the past becomes more and more indistinct, and they live almost
entirely in the present.　That is why, provided their days are tolerably exempt
from bodily suffering as nature meant them to be, old people <u>will be</u> generally
(3)
less unhappy than young people would expect them <u>to be</u>.
(4)

From *The Story of San Michele* by Axel Munthe, John Murray Publishers

(A)　誤り無し　　　　　(B)　(1)　　　　　　　(C)　(1), (2)

(D)　(2)　　　　　　　(E)　(3), (4)　　　　　(F)　(4)

2.

The rise of farming was a very gradual affair <u>spread over centuries and</u>
(1)
<u>millennia</u>.　A band of human beings gathering mushrooms and nuts, and hunting
<u>deer and rabbits</u> did not all of a sudden settle in a permanent village, plowing
(2)
fields, sowing wheat and carrying water from the river.　The change proceeded
in <u>stage</u>, <u>each of which</u> involved just a small alteration in daily life.
(3)　　(4)

From Sapiens by Yuval Noah Harari, HarperCollins Publishers

(A)　誤り無し　　　　　(B)　(1), (2)　　　　　(C)　(2)

(D)　(2), (3)　　　　　(E)　(3)　　　　　　　(F)　(1), (3), (4)

問2　次の日本語訳に合う最も適切な英文を(A)〜(D)から一つずつ選び，その記号をマ
ークしなさい。

1. その2つの主要な銀行は合併して世界最大の金融機関の1つになるだろう。

(A) The two major banks will merge to become to be one of the world's greatest financial institutions.

(B) The merging of the two major banks will create one of the world's largest financial institutions.

(C) The two major banks will merge to become one of the world's large financial institution.

(D) The merging of the two major banks will become to be one of the world's greatest financial institutions.

2. わが社はカリフォルニアで最も歴史ある家具会社の1つで，高品質家具と迅速な配達の評判があります。

(A) Since we sell high-quality furniture and deliver them quickly, our company has a reputation of one of the oldest furniture companies in California.

(B) We have a reputation of selling the best-known furniture with quick delivery, which makes us one of the most historic furniture companies in California.

(C) Our company is one of the oldest and best-known furniture companies in California, with a reputation for high-quality furniture and quick delivery.

(D) The best-known furniture company in California is our company, as we have reputations of high-quality furniture with quick delivery.

3. 夜になるとそのホームレスの男は，ますます増加する不景気の他の犠牲者たちとともに，駅の階段で段ボールの中に入って眠る。

(A) At night, the homeless man sleeps in a cardboard box on the steps of the station along with a growing number of other victims of the recession.

(B) The homeless man sleeps on the steps of the station in a cardboard box along with a growing number of other victims of the recession at every night.

(C) On every night the homeless man sleeps in a cardboard box on the steps of the station together with a growing number of another victim of the recession.

(D) At night, the homeless man sleeps on the steps of the station in a cardboard box along with a growing numbers of another victims of the recession.

解 説

問1.

1.「高齢者はめったに死について語らず，視力の衰えた目を過去と現在にしか向けたがらないようだ。徐々に記憶力が衰えるにともない，過去のことさえますますあいまいになり，高齢者はほぼ完全に今を生きることになる。そういうわけで，もし自然界ではそう定められているような肉体的苦痛を，日々，耐えられる程度にしか感じずに過ごしているのであれば，高齢者はたいてい，若い人たちが思うほど不幸ではないだろう」

下線部(2)は their memory「彼らの記憶力」が主語，weaken「弱くなる」が述語動詞なので，weaken は weakens が正しい語形であり，(D)の(2)が正解。下線部(1)の seem の後の unwilling は seem の補語で，(be) unwilling to *do* は「〜したがらない，〜しようとしない」という意味。下線部(3)の will は推量を表す用法。下線部(4)は to be の後に unhappy が省略された形となっており，いずれも正しい形。

2.「農業の起こりは，何百年，何千年にわたって広まった，非常に段階的に生じた出来事だった。キノコや木の実を集め，シカやウサギを狩っていた人間の集団が，突然，定まった村に定住し，野原を耕し，小麦の種をまき，川から水を運ぶようになったわけではなかった。その変化は段階的に進み，どの段階でも日々の暮らしに生じた変化はごくわずかだった」

下線部(3)はこの後の下線部(4) each of which「その一つ一つ」の先行詞であることから stages が正しい語形であり，(E)の(3)が正解。下線部(1)の中の millennia は millennium「千年紀，1000年」の複数形。下線部(2)の中の deer は単複同形の名詞。

問2.

1.(A)と(D)は，become が to 不定詞を補語にすることはできず，(A)は merge to be 〜で「合併して〜になる」という意味になり，(D)も will be 〜 で「〜になるだろう」という意味になるので，いずれも become to は不要。(C)は one of the world's large financial institution「世界最大の金融機関の1つ」は institution が可算名詞なので institutions が正しい語形。したがって，正しい文である(B)が正解。

2.(A)は deliver の目的語が furniture であり，furniture は不可算名詞なので，them は it が正しい語。(B)は historic は「歴史上の，歴史上有名な」という意味であり，「歴史ある」という意味では historical を用いる。(D)は「カリフォルニアで最も歴史ある家具会社の1つ」という日本語訳が，英文では「カリフォルニアで最も有名な会社は当社だ」となっており，不適。したがって，正しい文である(C)が正解。

3.(B)と(C)はいずれも every night の前の前置詞は不要。(D)は a growing number of 〜 で「ますます増加する〜」という意味になるので，numbers は number が正しい形。したがって，正しい文である(A)が正解。

問 1 . 1 —(D)　2 —(E)
問 2 . 1 —(B)　2 —(C)　3 —(A)

解　答

第 2 章

英作文

英作文　　　　　　　　　　　　　　　問題 31〜40

[傾向]　ほとんどが記述式で，大問としては法・経済・商・文学部で出題されている。設問のタイプは**和文英訳**と**自由英作文**。商学部では例年，自由英作文が出題されている。なお，文学部は 2021 年度以降，出題されていない。

●設問のタイプ（※＝ 3 年〈2021〜2023〉以上出題なし）

1．和文英訳　　　　　　　　　　　　　　　　　　　　⇨問題 31〜38

●**法学部**：30〜70 字程度の和文英訳 1・2 問（15〜30 点）
　　　　　　※ 2020 年度以降は書き出し語句の指定あり。

●**経済学部**：30〜60 字程度の和文英訳文の空所補充 1 問（10 点）
　　　　　　　25〜50 字程度の和文英訳 1 問（10 点）※

●**文学部**：30〜50 字程度の和文英訳 1 問（10〜15 点）※
　　　　　　30〜40 字程度の和文英訳文の空所補充 1・2 問（10〜14 点）*※
　　　　　　＊ 2017 年度は空所に入る単語のスペリングをマークする方式であった。

2．自由英作文　　　　　　　　　　　　　　　　　　　⇨問題 39・40

●**商学部**：80 語以上の自由英作文（10〜15 点）

[対策]　商学部以外の各学部の英作文は，25〜70 字程度の和文を英訳するものであり，頻出熟語や構文を組み合わせることで書ける問題も多い。それだけに，単語力はもちろん，熟語・構文の暗記を最優先することが最良の対策となるだろう。時制や動詞の語形などで文法上のミスを犯さない注意力も必要。語彙に関しては，インターネット，携帯電話，コンビニなど，時事英語や口語的な慣用表現も覚えておこう。

　商学部の自由英作文は，英文や日本文の質問や指示に答える形式が多い。書いているうちに，内容が質問や指示から次第にそれてしまうという失敗はよくあるものである。書こうと思うポイントへの語数の配分に注意しながら，わかりやすい英文で書き進むこと。その際，熟語や構文をうまく利用し，ミスの少ない英文を心がけよう。

法　経済　商　文

31

次の日本文を英訳した文を，英文の空欄に英語を補って完成させなさい。なお，
（　　　）の中には 1 語，[　　　　]の中には 2 語以上を入れること。答えは記述解
答用紙の該当する欄に記入しなさい。(10 点)

ヨーロッパはまもなく冷戦期よりも多くの壁を国境に持つことになるだろう。

Europe [　　　　　　　　　　　　　　　　　] on its national (　　　)
than it [　　　　　　　　] the Cold War.

解 説

▶「まもなく多くの壁を持つことになるだろう」

● 「まもなく」は副詞の soon を用いるが，「～だろう」という意味の助動詞の will
を用いると，位置はこの後である点に注意が必要。

● 「多くの壁を持つ」は，問題文に「～よりも」という語句があるので，比較級で表
現する。そのまま have more walls とするとよいが，「多くの壁を築く」と考える
と，build more walls や put up more walls と表現することも可能。

▶「国境に」

● borderline「境界線」や，boundary「境界，限度」などの語もあるが，「国境」は
national border(s) とするのが一般的。ヨーロッパでは複数の国と国境を接するの
で，on its national borders のように複数形で用いること。

▶「冷戦期よりも」

● この部分は it（＝Europe）という主語があるので，空所には「それ（＝ヨーロッ
パ）が冷戦期に持っていたより」と考え，動詞は had にするとよい。「冷戦期」は
「冷戦の間に」と考えると，前置詞の during を用いることになる。

(Europe) will soon have more walls (on its national) borders (than it) had
during (the Cold War.)

32

目標解答時間 5分

次の日本文とほぼ同じ意味になるように，空所に語句を補って英文を完成させなさい。なお，☐☐☐☐の中には1語のみ，（　　　　　）の中には3語以上を入れること。答えは，記述解答用紙の該当する欄に記入しなさい。(10点)

言うまでもなく，このプレゼンテーションで出された様々な提案は，必ずしもこの会社の公式見解を反映するものではありません。

It goes ☐☐☐☐ saying that the various ☐☐☐☐ made in this presentation
（　　　　　） the official views of this company.

解 説

▶「言うまでもなく」

● It goes で始まる「言うまでもなく」という表現は It goes without saying that SV という構文であり，最初の空所には without が入る。

▶「様々な提案」

●「提案」には suggestions か proposals が考えられるが，proposal には「計画，案」という意味もあり，suggestion より正式な「提案」を指す場合が多いので，ここでは suggestions が適切であろう。いずれも可算名詞なので，複数形で用いること。

▶「必ずしも～を反映するものではありません」

● この部分は「必ずしも～を反映しない」と考え，部分否定の形で the official views を目的語とする動詞を入れることになる。「必ずしも～ない」は not necessarily や not always の形で表現するが，not always だと「いつも～するとは限らない」という意味となり，ここでは必ずしも公式見解を反映するものではないというのだから，not necessarily が適切。「～を反映する」は他動詞の reflect を用いるとよい。

(It goes) without (saying that the various) suggestions (made in this presentation) do not necessarily reflect (the official views of this company.)

33

目標解答時間　5 分

次の日本文を英訳し，記述解答用紙に記入しなさい。(10 点)

　日本の人口減少をもっとも重要な問題だと考える人の大半が，その提案に反対している。

解　説

　全体の構成としては，「人の大半が，その提案に反対している」という部分を主節として，「日本の人口減少をもっとも重要な問題だと考える」という部分を，「人」を修飾する関係代名詞節の形で後置するとよい。

▶「日本の人口減少をもっとも重要な問題だと考える人の大半が」

● 「〜する人の大半」は most of those who 〜 や most of the people who 〜 とする。

● 「日本の人口減少をもっとも重要な問題だと考える」は「A を B と考える」という部分を think (that) A is B のように that 節で表現できるが，think〔consider〕A to be B，see〔regard〕A as B，think of A as B，consider A as B などの形で表すこともできる。「日本の人口減少」はそのまま Japan's population decrease〔decline〕としてよいが，population decrease〔decline〕in Japan としたり，the decreasing population of Japan としてもよい。「問題」は「経済的・社会的問題」のニュアンスがある issue が適切だが，「困った問題」という意味の problem でもよい。また，「重要な」は important 以外に，critical「重大な」や serious「深刻な」も文意には合う。「もっとも重要な問題」を a matter of the greatest importance のように表現してもよい。

▶「その提案に反対している」

● 「〜に反対している」は be against 〜 や be opposed to 〜 など，be 動詞を用いて表現するとよいだろう。

● 「提案」は proposal や suggestion とする。

Most of those who see the decreasing population of Japan as the most important issue are against that proposal.
〈別解〉Most of the people who consider population decline in Japan to be a matter of the greatest importance are opposed to that suggestion.

34

目標解答時間　5分

次の文を英語に直して，記述解答用紙の解答欄に記入しなさい。（10点）

　私たちに大切なことは，一緒に働いている人たちと良好な関係を維持することです。

解　説

▶「私たちに大切なことは…することです」

● 「私たちに大切なこと」という部分は問題文の主語。「私たちにとって大切なこと」という意味であり，名詞を用いて，the important thing to〔for〕us とするか，関係代名詞の what を利用して，what is important to〔for〕us とするとよい。

● 「…することです」という述語部分は「…すること」が補語となっているので，to 不定詞で表現するとよい。

▶「一緒に働いている人たちと良好な関係を維持する」

● 「～と良好な関係を維持する」という部分は，「～を維持する」を keep や maintain を使い，「良好な」を good, smooth, comfortable, harmonious といった形容詞，「関係」を relations, relationship という名詞を用いて，keep good relations with ～, maintain a good relationship with ～ というように表現できる。

● 「一緒に働いている人たち」はそのまま英訳すると those who work with us となるが，「同僚たち」のことなので，coworkers や colleagues という名詞一語で表現するとすっきりした答案になる。

What is important to us is to keep good relations with our coworkers.
〈別解〉The important thing for us is to maintain a good relationship with our colleagues.

35

次の文を英語に直して，記述解答用紙に記入しなさい。(15 点)

　最近，子どもたちは放課後のさまざまな活動で忙しいので，夕食を食べる時間が遅くなっている。

解　説

▶「最近」

nowadays または（in）these days とする。

▶「子どもたちは放課後のさまざまな活動で忙しいので」

● この部分は，as や since などの理由を表す接続詞を用いることもできるが，so ～ that … 「非常に～なので…」の構文を用いると，後半部分にスムーズにつながる。また，この部分全体を「（ますます）忙しくなるにつれて」と考えて，接続詞の as を用いて，as children get busier としてもよいだろう。

●「さまざまな活動で忙しい」は be busy の後ろに前置詞句を用いて with various activities と続けるか，be busy *doing* 「～するのに忙しい」という表現を用いて，doing various activities と続ける。

●「放課後の」は単に「放課後」と考えて，after school を付け足すとよい。

▶「夕食を食べる時間が遅くなっている」

● この部分は「夕食の時間が（ますます）遅くなりつつある」と考えて，dinnertime is getting later（and later）と，直訳に近い形で表してもよいが，「夕食を夜（ますます）遅くに食べるようになっている」と考えて，they eat supper later（and later）in the evening というように表現することもできる。

These days, children are so busy with various activities after school that their dinnertime is getting later（and later）.
〈別解〉Nowadays, as children get busier doing various activities after school, they eat supper later（and later）in the evening.

36

目標解答時間　10 分

次の日本文(a)と(b)を英語に訳しなさい。(20 点)

(a)　教育のもっとも重要な役割のひとつは，若い人が社会のどのような変化に対して
　　もうまく対応できるように準備させることである。

(b)　おもしろい本や映画は，友達と感想や意見を交換することによって，さらに強い
　　印象を残すと私は思う。

解　説

(a)　問題文の中心は「役割のひとつは…させることである」という部分で，to 不定
詞を補語とする第 2 文型の形で書けばよい。

▶「教育のもっとも重要な役割のひとつは」
「教育のもっとも重要な役割」the most important roles of education は，one of の
後に続くので，roles と複数形にすること。one が主語なので be 動詞は is となる。

▶「若い人が〜に対してもうまく対応できるように準備させること」

● 「A が〜できるように準備させる」は prepare A to do という表現を利用できるか
どうかがポイント。make〔get〕〜 ready to do とすることも可能。

●「〜に（対しても）うまく対応する」は「〜に対応する」という部分を cope with
〜 や deal with 〜，または respond to 〜などで表す。「うまく」の部分は well や
successfully という副詞を cope well with 〜や respond successfully to 〜 のよう
に用いるとよい。

▶「社会のどのような変化（に対しても）」
この部分は「どのような〜でも」という意味を持つ any を用いて，any changes in
society とするか，「どのような社会的な変化」と考えて any social changes として
もよい。「若者が社会で直面するいかなる変化」と考え，複合関係形容詞の what-
ever を用いて，whatever changes they will face のように節で表現することも可能。

(b) 問題文の中心は「本や映画は，…印象を残すと私は思う」という部分。さらに，「と私は思う」という部分を切り離して考え，「…を交換することによって」という部分を修飾語句として適切な位置に置く，という方針を立ててから書くとよい。

▶「～と私は思う」

本来はこの部分が主語と述部なのだが，この問題では，目的語にあたる部分が英訳の中心なので，I think (that) … と書き始めるか，この部分を「私の考えでは」と考えて，In my opinion という前置詞句を文頭に置くとよい。

▶「おもしろい本や映画は，…さらに強い印象を残す」

● この問題における「おもしろい本や映画」の「おもしろい」は「人の関心を引く」という意味で interesting が最適。exciting だと「わくわくするような」という意味で，やや文脈にそぐわず，funny だと「おかしい，妙な」という意味で不適。

●「さらに強い印象を残す」は，impress「～に好印象を残す，～を感動させる」を用いて impress you more strongly〔deeply / greatly〕としたり，名詞形にして，leave a stronger impression のように表現することができる。

▶「友達と感想や意見を交換することによって」

●「～することによって」は by doing という表現を用いるとこの動作の意味上の主語が interesting books and movies になるので，「～すると」と考えて，接続詞の when や if を用い，you を主語にして書くとよい。「～した後で」と考えて after を用いて表現することも可能。

●「友達と感想や意見を交換する」は exchange A with B「A を B と交換する」という表現を利用するとよい。「感想」は impressions，「意見」は opinions や views を用いる。この部分全体を「友達とそれら（本や映画）について話し合うことによって」と考えて discuss them with your friends というように表現してもよいだろう。discuss は他動詞なので，この後に about などの前置詞を置かないこと。

(a) One of the most important roles of education is to prepare young people to cope well with any changes in society.

〈別解〉One of the most important roles of education is to prepare young people to respond successfully to whatever changes they will face in society.

(b) I think interesting books and movies impress you more deeply when you exchange your impressions or opinions〔views〕about them with your friends.

〈別解〉In my opinion, interesting books and movies leave a stronger impression after you discuss them with your friends.

37

2015年度　法学部（法律／国際企業関係法）〔2〕

目標解答時間 10分

次の日本文(a)と(b)を英語に訳しなさい。(20点)

(a) 居住空間は生活に大きな影響を与えるのだから，後で後悔しないように，最も気に入ったデザインを見つける努力をすべきだ。

(b) 彼の新刊は，政府がめざしてきたことと，いま社会で実際に起きていることとの距離を明確に論じている。

解 説

(a)　全体の構成としては，「〜を与えるのだから」という部分を理由を表す副詞節で文頭に置き，「〜を見つける努力をすべきだ」を主節として，「後で後悔しないように」を最後に付け加える形にするとよい。

▶「居住空間は生活に大きな影響を与えるのだから」

●この部分は，理由を表す接続詞の since や as を用いて表現できるが，such 〜 名詞 that …「非常に〜な（名詞）なので，…」の構文を利用して表現することも可能。

●「居住空間」は living space や living environment とする。

●「〜に大きな影響を与える」have a great effect〔influence〕on 〜

▶「最も気に入ったデザインを見つける努力をすべきだ」

●「最も気に入ったデザイン」は関係代名詞節を用いて，the design（which）you like（the）best とするか，「大好きな」という意味の favorite を用いて your favorite design とする。favorite は比較級や最上級にはしない点に注意する。

●「〜を見つける努力をすべきだ」の「すべきだ」は助動詞の should を用いるか，「〜する必要がある」と考えて，have〔need〕to do を用いる。「努力をする」は make efforts や make an〔every〕effort，try hard などとする。

▶「後で後悔しないように」

●「〜しないように」という部分を目的を表す in order to do というイディオムを用いるか，so that S don't〔won't〕do という目的を表す副詞節を用いるとよい。

●「後で後悔する」は regret を名詞で用いて have や feel の目的語として用いたり，自動詞として用いてもよいが，他動詞として用いる場合は，目的語として「デザイン」を受ける it や「あなたが選んだもの」と考えて，your choice を置くとよい。

(b)

▶「彼の新刊は〜を明確に論じている」

● 「彼の新刊」は his latest book や his new book でよい。

● 「〜を明確に論じている」の「明確に」は clearly や definitely，obviously などを用いる。「〜を論じる」は他動詞の discuss を用いるとよいが，「（問題やテーマなど）を扱う」と考えて，deal with 〜 を用いてもよい。

▶「A と B との距離」

● 「距離」はそのまま distance を用いることもできるが，この問題の「距離」は「差」や「違い」と考えられるので，gap や difference を用いる方がよいだろう。

● 「A と B との」は between A and B とする。

▶「政府がめざしてきたこと」

● 「こと」という部分は関係代名詞の what を用いて，全体を名詞節で表す。

● 「政府」は the government でもよいが，自分たちの政府のことなので，our government とするとよいだろう。our を用いる場合は，このあとの「社会で」の部分でも our を用いるとよい。

● 「めざしてきた」は aim at や aim for を現在完了時制で用いる。「手に入れようとする」と考えて，try〔strive〕to reach for などと表現することもできる。

▶「いま社会で実際に起きていること」

● 「実際に」は really や actually を用いる。

● 「起きていること」はそのまま what is happening や what is going on を用いる。

● 「社会で」は in society や in our society とする。

(a) Since your living space has a great effect on your life, you should make every effort to find the design（which）you like（the）best in order not to regret it later.

〈別解〉Your living environment has such a great influence on your life that you have to make efforts to find your favorite design so that you don't〔won't〕have any regrets later.

(b) His latest book clearly discusses the gap between what our government has aimed at and what is really happening in our society now.

〈別解〉His new book clearly deals with the difference between what the government has strived to reach for and what is actually going on in society now.

38

次の英文にある日本語の文を，<u>与えられた書き出しにしたがって</u>，英語に訳しなさい。(15点)

　　Looking globally, the landscape of language is complex, one estimate suggesting that there are more than 7,000 languages divided into more than 150 language families.　[英語は中国語ほどネイティブ・スピーカーが多くないかもしれないが，それは世界で断然最も広く話されている言語であり，また第二言語として最も選ばれている。] It began its rise with British colonialism, then expanded on the back of American culture, and has more recently been given a boost by the internet.　It is often the language of diplomacy, business, and mass communication, although there are still many people in the world (about six out of seven by most estimates) who cannot speak English.

　(書き出し) English may not have …

出典追記：Introduction to Global Studies by John McCormick, Red Globe Press

解 説

　全体の構成としては，「〜かもしれないが」までの前半部分と，「それは〜」以降の後半部分を接続詞の but でつなぐとよい。また，後半部分は，主語の「それは」に対して，述部が「話されている言語であり」と「最も選ばれている」の二つの部分を and also でつなぐ形となる。

▶「英語は中国語ほどネイティブ・スピーカーが多くないかもしれないが」

● この部分は書き出しが指定されているので，「中国語ほど多くないネイティブ・スピーカー」が have の目的語となる。

●「ほど〜ない」は not as … as 〜 の形で表現するので，「中国語ほどネイティブ・スピーカーが多くない」は not have as many native speakers as Chinese となる。

▶「それは世界で断然最も広く話されている言語であり」

●「断然」は by far を最上級の形容詞の前に置く。

●「最も広く話されている言語」は，「最も広く話されている」という部分を「言語」の前に置いて，most widely spoken language とするか，後に置いて，the language (that is) spoken most widely とする。

●「世界で」in the world

▶「また第二言語として最も選ばれている」

●「また〜」は and also 〜 の後に続けるとよいが，この部分を「最も選ばれている第二言語でもある」と考えて，最後に as well を置く形でもよい。

●「最も選ばれている」という部分は，「A を B に選ぶ」choose A as B という表現を受動態の形で用い，A is chosen as B とする。この場合，「最も」は「選ばれている」を修飾する副詞なので，chosen の直前に置くと修飾関係が明確になる。

●「第二言語として」as the [a] second language

●「最も選ばれている第二言語でもある」と考えた場合，「最も選ばれている」という部分は，the most chosen second language のように名詞の前に置くとよいだろう。

(English may not have) as many native speakers as Chinese, but it is by far the most widely spoken language in the world, and (it is) also most chosen as the second language.

〈別解〉(English may not have) as many native speakers as Chinese, but it is the language (that is) spoken by far the most widely in the world, and the most chosen second language as well.

39

目標解答時間 15 分

　あなたは，高校で制服が必要だと思いますか。それとも不要だと思いますか。その理由も含めて，あなた自身の経験に即して，80 語以上の英語で答えなさい。解答は記述解答用紙に書きなさい。(10 点)

解 説

■解答例 1

　高校で制服が必要だという立場で述べた解答例である。

①主張：制服を着用することには大賛成だ。

②理由1：制服を着ていると責任感が持て，学習にも集中できる。

③理由2：皆が同じ服装をすることで一体感や帰属感が得られ，落ち着ける。

④理由3：毎朝，何を着ていこうかと悩むことがないし，時間もお金も節約できる。

⑤主張の確認：これらの理由から，生徒は制服を着用すべきだと思う。

　以上のような項目で，関連する表現を挙げてみよう。

● 「〜に賛成している」be in favor of 〜

● 「一体感と帰属感」a sense of unity and belonging

● 「(その場の) 一員だと感じる」feel included

■解答例 2

　高校で制服は不要だという立場で述べた解答例である。

①主張：制服の着用には反対である。

②理由1：制服は生徒の自己表現の自由を制限する。

③理由2：数種類の制服を買うと，私服を買うより高くつくこともある。

④理由3：学校が生徒を監視し，処罰するようになり，生徒に悪影響を及ぼす。

⑤主張の確認：したがって，制服の着用の強制は益より害のほうが多いと思う。

　以上のような項目で，関連する表現を挙げてみよう。

● 「〜に反対である」be in opposition to 〜，don't like the idea of 〜

● 「自己表現の自由」freedom of self-expression

● 「最後に付け加えるが，最後になるが」last but not least

● 「自尊心」self-esteem

● 「益するよりむしろ害になる」do more harm than good

〈解答例 1 〉 I'm very much in favor of wearing school uniforms. First, we feel responsible in our uniforms. By behaving properly, I can concentrate on my schoolwork. Second, when we are all dressed alike, we share a sense of unity and belonging. It makes me feel like my school is one big team, and there, I feel included and relaxed. Finally, I don't have to worry about what to wear to school every morning or spend much money on my clothes. In short, wearing uniforms saves me time and money. For these reasons, I think students should wear school uniforms. (98 words)

〈解答例 2 〉 I'm in opposition to wearing school uniforms. First, uniforms limit students' freedom of self-expression, because teenagers can express their emotions and tastes through clothing. In addition, school uniforms can be more expensive for parents than buying regular clothes. Actually, my school uniforms cost more than fifty thousand yen! Last but not least, uniforms often lead to teachers supervising students excessively. If teachers monitor students' clothing and punish them for violating a uniform policy, it could have negative effects on their self-esteem or attitudes toward the school. Thus, I think forcing students to wear uniforms does more harm than good. (99 words)

40

　"Things do not always go as planned or expected."（物事は必ずしも計画どおり
または期待したとおりに運ぶわけではない。）

Do you agree or disagree with this statement?　Explain using an example or
examples from your experience.　Write more than 80 words in English on the
answer sheet.（15 点）

解 説

■解答例１

　この発言に同意する立場で述べた解答例である。

①主張：この発言に同意する。

②具体例：高１後の夏休みにアメリカ留学の計画を立てた。

③経過：コロナ禍が長引き，留学はできなかった。

④結果：大学生になってから留学することにした。

　以上のような項目で，関連する表現を挙げてみよう。

● 「短期滞在」short-stay

● 「パンデミックのせいで」because of the pandemic

● 「～せざるを得ない」be forced to *do*

● 「～を延期する」put off ～

● 「予想外に」unexpectedly

● 「～を断念する」give up ～

● 「短期留学」short-term study abroad

■解答例２

　この発言に同意しない立場の解答例である。

①主張：この発言には同意できない。

②具体例：クラスで，文化祭で人形劇を上演することにした。

③経過：みんなで準備する作業を楽しみ，やりがいがあった。

④結果：文化祭での上演は好評だった。

⑤主張の確認：何か事を始めるときは，結果の心配をしすぎず，準備の過程そのもの
を楽しむべきだ。

　以上のような項目で，関連する表現を挙げてみよう。

- 「人形劇を上演する」do a puppet show
- 「人形の操作」puppet manipulations
- 「やりがいがある」rewarding
- 「予想以上の多くの人たち」more people than expected
- 「好評である」be well received

〈解答例1〉I agree with this statement. When I entered high school, I had a plan to go to America to study during the summer vacation after 7th grade. I thought even a short-stay in America would enable me to encounter American culture. However, because of the pandemic, I was forced to put off my plan till the next summer. I expected the coronavirus would end soon, but unexpectedly, it kept on spreading all over the world. Finally, I gave up my plan for short-term study abroad. I hope I will be able to study in the USA when I'm a university student. (101 words)

〈解答例2〉I disagree with this opinion. In my class, we decided to do a puppet show at this year's school festival. We all shared the work — making the puppets, painting the backgrounds, and practicing the puppet manipulations over and over again. The whole process of working together was a lot of fun and rewarding, and on the day of the festival, more people than expected came to see the show and it was well received. Therefore, I believe that, when starting something, it is important to enjoy the process itself without worrying much about the result. (95 words)

第3章

会話文

会話文　　　　　　　　　　　　　問題 41〜49

傾向　会話文は総合政策学部以外の全学部および統一入試で出題されていたが，近年，法学部や理工学部（2016 年度は出題あり），6 学部共通選抜（旧 統一入試）など，出題されない学部が増えている。設問はほとんどが**空所補充問題**であるが，理工学部では，空所補充のほかに同意表現，内容一致英文の完成も出題されていた。

●**設問のタイプ**（※＝7 年〈2017〜2023〉以上出題なし）
●**経済学部**：各会話文において空所に適するものを選択肢（文・節）から選ぶ
　　　　　　（5 問・20 点）　　　　　　　　　　　　　　　　⇨問題 46
●**商学部**：会話文中の 10 カ所の空所に適する語句を選ぶ（20 点）⇨問題 41〜44
●**文学部**：各会話文において空所に適するものを選択肢（語句）から選ぶ
　　　　　　（10 問・30〜40 点）　　　　　　　　　　　　　⇨問題 47・48
●**国際経営学部**：
　　・各会話文において空所に適するものを選択肢（文）から選ぶ（2〜5 問）
　　・会話文中の 3 カ所の空所に適するものを選択肢（文）から選ぶ（1 問）
●**国際情報学部**：各会話文において空所に適するものを選択肢（文）から選ぶ
　　　　　　（5 問・20 点）　　　　　　　　　　　　　　　　⇨問題 45
●**理工学部**：長めの会話文中の空所補充（選択肢から適語や文を選ぶ）や同意表
　　　　　　現，内容一致英文の完成などの多様な小問からなる問題
　　　　　　（24 点）※　　　　　　　　　　　　　　　　　　⇨問題 49

対策　語句を補充するタイプは，会話の流れから判断する問題も多いが，文法・語彙問題と言えるものも多く，対策としては，第 1 章の文法・語彙と同様である。経済・国際経営・国際情報学部のように空所にふさわしい文を選ぶ問題では，会話の流れを読み取ることが最も大切。会話特有の表現が問われることは少なく，読解問題に近い。空所を補充しつつ，会話文を読み進める練習をしておこう。

経済　商　文　国際経営　国際情報　理工

41

次の対話を読み，空所（　1　）〜（　10　）に入る最も適切な語句をそれぞれ(A)〜(D)から一つずつ選び，その記号をマークしなさい。（20 点）

Miwa: Why do you want to sit so close to the other people?

Carlos: That's what we always do in Brazil when we go to a restaurant.

Miwa: But don't they feel uncomfortable having（　1　）sitting so close to them?

Carlos: No — we feel that it's（　2　）choosing to sit far away from people. （　3　）think we think there's something wrong with them.

Miwa: Of course they wouldn't think that — they'd just think we wanted some （　4　）.

Carlos: But we don't need that — we're not planning to talk about anything very （　5　）are we?

Miwa: You don't know that — we might. You have no idea what I'm going to （　6　）.

Carlos: Well, let's try to avoid（　7　）subjects in public places then. We can discuss them at home.

Miwa: No we can't! The walls are so thin, the neighbors can hear everything we say.

Carlos: Well — we know all about their private（　8　）— why does it （　9　）if they know ours?

Miwa: You might not care, but I（　10　）do!

1. (A) strangers　　　　　　　　　(B) outsiders
　 (C) unknown person　　　　　　(D) difficult people

2. (A) unfair　　　(B) unrealistic　　(C) unfriendly　　(D) unbalanced

3. (A) They　　　(B) They'll　　(C) They don't　　(D) They won't

4. (A) loneliness　　(B) personality　　(C) sensitivity　　(D) privacy

5. (A) boring　　(B) complicating　　(C) secret　　(D) unknown

6. (A) raise　　(B) think　　(C) make up　　(D) decide

7. (A) shaming　　(B) ashamed　　(C) embarrassed　　(D) embarrassing

8. (A) living　　(B) thing　　(C) business　　(D) works

9. (A) care　　(B) matter　　(C) bother　　(D) concern

10. (A) relatively　　(B) hardly　　(C) never　　(D) certainly

全 訳	≪プライバシーの意味≫

ミワ　　　：なぜ他の人のそんな近くに座りたがるの？

カルロス：ブラジルではレストランに行くといつもやっていることなんだけど。

ミワ　　　：でも見知らぬ人が自分のそんなに近くに座っていて居心地が悪くないの？

カルロス：ないよ――僕たちは人から離れて座ろうとするのは友好的じゃないと感じるんだ。その人たちに何かまずい点があると僕たちが思っていると，思うだろうからね。

ミワ　　　：もちろんその人たちもそんなふうに考えたりしないわよ――私たちがプライバシーを望んでいると考えるだけでしょうに。

カルロス：でも僕たちにはそれは必要ないんだよ――何か他言無用のことを話し合うつもりなんかないだろ？

ミワ　　　：そんなのあなたにわからないでしょう――するかもしれないんだから。私が話題にしようとしていることなんて，あなたにわからないじゃない。

カルロス：あのね，それじゃ公の場所ではやっかいな話題を避けるようにしようよ。家で話し合えるんだからさ。

ミワ　　　：いえ，できないわ。壁がとても薄いから，隣の人に私たちが言っていることがすべて聞こえちゃうもの。

カルロス：それじゃ――僕たちも彼らのプライベートな事柄を全部知ってるってことだね――彼らが僕たちのことを知ってたらなぜ問題なわけ？

ミワ　　　：あなたは気にならないかもしれないけど，私は本当に気になるの！

解 説

1. (A)　strangers「見知らぬ人たち」　　　(B)　outsiders「部外者たち，よそ者」

　　(C)　unknown person「無名の人」　　　(D)　difficult people「扱いにくい人たち」

空所を含む have A *doing* は「A が～している状態である」という意味。空所に入る語は，ミワの第1発言にある the other people「他の人たち」を言い換えた語であり，レストランで初めて会う人たちのことだと判断できるので(A)の strangers が正解。(C)の unknown person は単数形なのに冠詞がないので不適。他の選択肢は文脈上不適。

2. (A)　unfair「不公平な，不正な」　　　(B)　unrealistic「非現実的な」

　　(C)　unfriendly「非友好的な」　　　(D)　unbalanced「不安定な，取り乱した」

空所の直前の it's の it は choosing 以下の動名詞句を指す形式主語。カルロスは第1発言で，ブラジルではレストランに行くと，他の人たちの近くに座ると述べており，「人から離れて座ることを選ぶ」のはどう受け止められると感じるかを考えると，(C)の unfriendly が適切。他の選択肢は文意に合わない。

3. 空所を含む発言は，自分たちは人から離れて座るのは友好的ではないと感じると述べた後の発言であり，離れて座られた側はどう感じるだろうか，という推測を述べていると考えられる。したがって，推量を表す助動詞の will を用いた(B)の **They'll が正解**。ミワがこの後，Of course they wouldn't think that と応じているのもヒントになる。there's something wrong with ~「~にはどこか不具合がある，~にはまずい点がある」

4. (A) loneliness「寂しさ，孤独」 (B) personality「人柄，人格」
　 (C) sensitivity「感受性」 (D) privacy「プライバシー」
ミワは第3発言で，離れて座られた側は自分たちにどこかまずい点があるとは思わないだろうと述べているので，別の理由を挙げたと考えられる。自分たちの側に問題がないのであれば，相手は何を望んで離れて座ったのかを考えると，(D)の **privacy が文脈上適切**。

5. (A) boring「退屈な，つまらない」 (B) complicating「複雑な」
　 (C) secret「秘密の」 (D) unknown「未知の」
カルロスは空所の直前で，自分たちにプライバシーは不要だと述べていることから，どんなことを話そうとしているわけではないと述べているのかを考えると，何か秘密の話であれば文脈上適切であり，(C)の **secret が正解**。

6. (A) raise「~を話題にする」 (B) think「考える，思う」
　 (C) make up「~を作り上げる」 (D) decide「~を決定する」
空所直前の You don't know that の that はカルロスの we're not planning to talk about anything very secret という発言を受けており，相手が何について話そうとしているのかはわからないという意味合いの発言と判断できる。したがって，what を目的語とする動詞としては(A)の **raise が適切**。(B)の think だとこの後に about が必要であるだけでなく，考えることであれば他者がそばにいてもプライバシーは問題にならないので不適。(C)・(D)も文脈上不適。

7. (A) shaming「恥ずべき，不名誉な」 (B) ashamed「恥ずかしい」
　 (C) embarrassed「当惑して」 (D) embarrassing「当惑させる，厄介な」
ミワとカルロスは意見が対立しており，空所直後の in public「人前で」という表現から判断してカルロスはどういう話題を避けようと提案しているかを考えると，(D)の **embarrassing が適切**。(A)は文脈上不適。(B)と(C)は subject を修飾する語としては不適。

8. (A) living「生計，暮らし」 (B) thing「こと，事柄」
　 (C) business「取引，(個人的な)事柄」 (D) works「作品」
カルロスのこの発言は，壁が薄いから自分たちの話すことが隣人にまる聞こえだという直前のミワの発言を受けたもの。だとすると，自分たちにも隣人の話が聞こえているはずであり，自分たちは隣人の private「個人的な」に修飾される何を知っ

ていると発言しているかを考えると，「事柄」という意味をもつ(C)の business が正解。(B)の thing は「事柄」の意味では複数形で用いるので不適。work は「仕事」という意味では不可算名詞であり，(D)の works は「作品」という意味で不適。

9. (A)　care「気にする」　　　　　　(B)　matter「重要である，問題である」

　　(C)　bother「気にする」　　　　　(D)　concern「〜に関係する」

why does it（　　）? は疑問文の形であるが，この後のミワの応答から修辞疑問文で，it doesn't（　　）と同意であると判断できる。空所の後の if they know ours は if the neighbors know our private business という内容であり，後続のミワの発言から，カルロスは気にかけないと考えられる。(B)の matter だと，it matter if 〜 で「〜だとしたら問題である」という意味になり，文脈上も適切。(A)と(C)は人が主語になり，(D)は他動詞であり，目的語が必要なので不適。

10. (A)　relatively「比較的，相対的に」　(B)　hardly「ほとんど〜ない」

　　(C)　never「決して〜ない」　　　　(D)　certainly「確かに，まったく」

空所直後の do はこの発言の前半の care の代動詞。You might not care, but 〜 というつながりから，ミワは気にしているはずであり，(D)の certainly が正解。

---

1 ─(A)　2 ─(C)　3 ─(B)　4 ─(D)　5 ─(C)　6 ─(A)　7 ─(D)　8 ─(C)　9 ─(B)
10 ─(D)

42

次の対話を読み，空所（　1　）～（　10　）に入る最も適当な語句を(A)～(D)から一つずつ選び，その記号をマークしなさい。(20 点)

Bjarke:　Hi Jules, how are you doing?

Jules:　Not bad, but I'm really tired ― I've（　1　）got back from Japan.

Bjarke:　Was it good?

Jules:　It was amazing ― take a look at some of these pictures. Here's Mt. Fuji and this is a geisha in Kyoto. It's going to take me（　2　）to upload them to social media. But it'll be worth it because I think everybody at work will be really interested in them.

Bjarke:　I really（　3　）not doing that. In Denmark, we don't like it when people show everybody how great they are.

Jules:　But I'm not（　4　）― I just think people will enjoy looking at them.

Bjarke:　Danish people aren't like that ― they'll think that you want everybody to know that you've had a great vacation and they haven't.

Jules:　Really? You think they'll be（　5　）?

Bjarke:　It's not（　6　）that. It's more they will think that you're trying to show that you're（　7　）from them. We're basically happiest feeling that everyone is on the same level. We know that we're not, but we like to（　8　）that we are. If you want to get（　9　）in Denmark, or any Scandinavian country, you really need to remember that.

Jules:　Thanks for telling me. To me that seems so strange, but I guess I need to（　10　）the way you all think while I'm living here.

1．(A)　now　　　　(B)　yesterday　　(C)　just　　　　(D)　lately

2．(A)　ages　　　　　　　　　　　(B)　long time

　　(C)　so little time　　　　　　 (D)　hardly any time

3. (A) think (B) recommend (C) advice (D) consider

4. (A) interested (B) showing
   (C) doing like that (D) boasting

5. (A) jealous (B) bored
   (C) uninterested (D) surprised

6. (A) all (B) exactly (C) nearly (D) similar to

7. (A) similar (B) equal (C) different (D) unlike

8. (A) act (B) behave (C) hide (D) pretend

9. (A) over (B) under (C) along (D) through

10. (A) respect (B) do (C) like (D) agree

全訳

≪デンマーク人の行動様式に関する2人の男性の会話≫

ビャルケ：やあ，ジュール，元気かい？

ジュール：まあまあだけど，すごく疲れているんだ —— ちょうど日本から戻って
きたばかりでね。

ビャルケ：よかったかい？

ジュール：すばらしかったよ —— この写真を何枚か見てごらんよ。富士山がある
だろう，で，これが京都の芸者だよ。こういうのをソーシャルメディア
にアップロードするにはすごく時間がかかるだろうなあ。でもその価値
はあるよ。職場のみんながとてもそれに興味を持つだろうからね。

ビャルケ：それは絶対やめたほうがいいよ。デンマークでは，人が自分がいかにす
ごいか，みんなに見せびらかすのは好きじゃないんだ。

ジュール：だけど自慢してるわけじゃないんだ —— 人がそういうのを見て楽しん
でくれると思うだけさ。

ビャルケ：デンマーク人はそんなふうじゃないんだ —— 君が，自分はすばらしい
休暇を取ったが彼らは取っていないということをみんなに知ってほしい
と思っている，と考えるだろうね。

ジュール：本当かい？　君は彼らが嫉妬すると思うんだね？

ビャルケ：それとはちょっと違うな。むしろ，君が彼らとは違うということを示そ
うとしていると考えるんだ。つまり，ぼくたちはみんな同じレベルにい
ると感じる時が一番幸せなんだよ。同じレベルじゃないことはわかって
いるんだけど，そうだというふりをしたいんだ。デンマークやスカンジ
ナビアのどこの国でもうまくやっていきたいのなら，それを本当に覚え
ておく必要があるよ。

ジュール：教えてくれてありがとう。僕にはとても変に思えるけど，ここで暮らし
ている間はみんなの考え方を尊重する必要があるだろうね。

解説

1. (A)　now「今」　　　　　　　　　　(B)　yesterday「昨日」
　(C)　just「ちょうど」　　　　　　　(D)　lately「最近」

空所の直前に「すごく疲れている」と述べていることから，ジュールは日本から帰
国したばかりだと考えられるので，現在完了時制で用いて完了を表す(C)の just が
正解。(A)の now は今，帰国したというわけではないので不適。(B)の yesterday は
過去時制と用いる。(D)の lately は現在完了時制で用いると，経験を表すので不適。

2. (A)　ages「長時間」　　　　　　　　(B)　long time「長い時間」
　(C)　so little time「ごく短時間」　　(D)　hardly any time「ほとんど時間がない」

空所の後，「でもその（時間の）価値はある」と述べていることから，時間はかか
るがその価値があるということだと判断できる。It takes *A* ages to *do* は「*A* が〜

するのにすごく時間がかかる」という表現であり，(A)の **ages** が正解。(B)だと冠詞のaが必要。(C)と(D)ではいずれも時間がかからないことになり，不適。

3. (A) think「〜だと思う」 (B) recommend「〜を勧める」

(C) advice「助言」 (D) consider「〜を考慮する」

空所の後には否定形の動名詞句が続いており，後続文に「デンマークではそういうことは嫌がられる」と述べていることから，not doing that は忠告として述べたものと判断でき，(B)の **recommend** が正解。(A)の think は動名詞句を続けるためには of が必要であり，(D)の consider と共に，そういうことをしないのは主語のビャルケになるのでいずれも不適。(C)の advice は名詞であり不適。

4. (A) interested「興味があって」 (B) showing「示して」

(C) doing like that「そのようにして」 (D) boasting「自慢して」

そういうことをするとみんなに自分のすごさを見せびらかすことになると言われたのに対して抗議したと判断でき，「自慢してるわけじゃない」となる(D)の **boasting** が正解。(A)の interested だと in が必要であり，会話の流れからも不適。(B)の showing だと目的語が必要であり不適。(C)だと like が不要であり不適。

5. (A) jealous「嫉妬して」 (B) bored「退屈して」

(C) uninterested「興味がなくて」 (D) surprised「驚いて」

この発言の前にビャルケは，デンマークの人たちはジュールがすばらしい休暇を取ったが，自分たちは取っていないと思うだろうと述べていることから，その人たちはジュールのことをうらやましく思うはずであり，(A)の **jealous** が正解。他の選択肢は会話の流れに合わないので不適。

6. 空所以外の It's not that.「そうではない」という内容と，直後の It's more 〜「むしろ〜」とのつながりを考える。It's not exactly that. だと部分否定的に「それとはちょっと違う」という意味になり，会話の流れに合うので，(B)の **exactly** が正解。(A)の all だと It's not all that の後に形容詞が続くと「それほど〜ではない」という意味になるが，このままでは意味がつながらない。(C)の nearly だと not nearly で「〜どころではない」という強い否定になり不適。(D)の similar to だと「それとは似ていない」となって会話の流れに合わないので不適。

7. (A) similar「同様の」 (B) equal「等しい」

(C) different「違う，異なる」 (D) unlike「似ていない」

空所の直後の from とのつながりを考えると，(C)の **different** が正解。(A)の similar と(B)の equal だと前置詞は to が続き，会話の流れにも合わない。(D)の unlike は形容詞の場合も後ろに前置詞句は続かず不適。

8. (A) act「行動する，〜を演じる」

(B) behave「ふるまう」

(C) hide「隠れる，〜を隠す」

⑴　pretend「～だと見せかける，ふりをする」

we know that we're not「自分たちはそうではない（同じレベルではない）とわかっている」と述べた後，that we are「自分たちはそうだということ」を目的語にとる動詞としては，会話の流れから判断して，⒟の pretend が正解。他の選択肢は that 節を目的語にできず，会話の流れにも合わないので不適。

9. 空所の前の get という動詞とのつながりと，会話の流れから判断して，get along で「うまくやっていく」という意味になる⒞の along が正解。⒜だと get over ～「～を克服する」，⒝だと get under ～「～の下に入る」，⒟だと get through ～「～を通過する，～を乗り切る」という意味になり，いずれも会話の流れに合わないので不適。

10. ⒜　respect「～を尊重する」　　　⒝　do「～をする」

　　⒞　like「～を好む」　　　　　　⒟　agree「同意する」

外国で自国とは違う文化や国民性にふれた場合は，その考え方にどうするようになる必要があるかを考えると，⒜の respect が適切。⒝の do だと，do in the way とするべきであり不適。⒞の like は個人の感情であり，心がけで変わるものではないので不適。⒟の agree はこの後に前置詞の to が必要であり，不適。

1─⒞　2─⒜　3─⒝　4─⒟　5─⒜　6─⒝　7─⒞　8─⒟
9─⒞　10─⒜

43

次の対話を読み，空所（　1　）～（　10　）に入る最も適切な語句を(A)～(D)から一つずつ選び，その記号をマークしなさい。(20 点)

Al:　　　Hi, Mieko! Long time, no see!

Mieko:　Hi, Al. It is great to see you! Yes, it has been two years, (　1　) it?

Al:　　　Yes, I think that's right.　A long time!　Since it's our first day back on campus, I thought we (　2　) see the cherry blossoms (　3　).　But they are all gone!

Mieko:　I know.　I'm really (　4　) about that.　Oh well, let's think about (　5　) good.　What are you looking forward to, (　6　) we are back on campus?

Al:　　　Well, it's exciting to start classes again, and it's also great (　7　) everyone again.

Mieko:　That's right!　I feel the (　8　).　How many classes do you have today?

Al:　　　I only have two today.　What about you?

Mieko:　I have only English class today and will be finished by 3:00. I (　9　) if you have time after that to have a coffee or tea together and chat?

Al:　　　How about meeting (　10　) the entrance of the coffee shop at 3:30?　Is that good for you?

Mieko:　Yes, it's perfect. I'll see you there, at 3:30.

1．(A)　isn't　　　　(B)　wasn't　　　(C)　doesn't　　　(D)　hasn't

2．(A)　certainly　　(B)　would　　　(C)　surely　　　(D)　will

3．(A)　blooming　　　　　　　　　(B)　to bloom
　　(C)　will bloom　　　　　　　　(D)　are blooming

4. (A) disappoint   (B) disappointed

    (C) disappointment   (D) disappointing

5. (A) topic   (B) subject   (C) something   (D) thing

6. (A) even though   (B) once that   (C) now that   (D) after which

7. (A) see   (B) to seeing   (C) to see   (D) that see

8. (A) similar   (B) same   (C) exact   (D) like you

9. (A) think   (B) ask   (C) hope   (D) wonder

10. (A) at   (B) into   (C) next   (D) between

全 訳	≪キャンパスに戻った男女の会話≫

アル　：やあ，ミエコ！　久しぶりだね！

ミエコ：やあ，アル。会えて嬉しいわ！　そう，2年になるかしら？

アル　：そう，そうだと思うよ。長かったね！　キャンパスに戻る最初の日だから，
　　　　桜の花が咲いているのが見られると思っていたんだ。だけど全部散ってる
　　　　ね！

ミエコ：そうよね。それには本当にがっかりしているわ。しかたがないから，何か
　　　　いいことを考えましょうよ。もうキャンパスに戻っているんだし，何を楽
　　　　しみにしているの？

アル　：そうだね，また授業を始められるのはわくわくするし，みんなにまた会え
　　　　るのも嬉しいね。

ミエコ：その通りね！　同じ気持ちよ。今日は授業がいくつあるの？

アル　：今日は2つだけだ。君はどうなの？

ミエコ：今日は英語の授業だけで3時には終わるわ。その後一緒にコーヒーかお茶
　　　　を飲んでおしゃべりをする時間はあるかしら？

アル　：3時半に喫茶店の入り口で待ち合わせるのはどう？　君はそれでいい？

ミエコ：ええ，それでいいわ。3時半にそこで会いましょう。

解 説

1．空所を含む部分は付加疑問文の形。直前の文が it has been ～ であることから，
ここでは has を用いた付加疑問文となり，主節が肯定文なので，付加疑問文は否定
形となることから，(D)の hasn't が正解。

2．主節の動詞が thought と過去形であること，空所の直後に see という形の動詞が
続いていることから判断する。we 以下は thought の目的語となる that の省かれた
名詞節であり，時制の一致を受けることから，空所を含む部分と see とで過去形と
なるはずであり，(B)の would が正解。(A)の certainly と(C)の surely はいずれも「確
かに，きっと」という意味の副詞で，この後の see が過去形でないために不適。(D)
の will は過去形でないので不適。

3．空所の前にある動詞の see は知覚動詞として用いることができる。直後に目的語
の the cherry blossoms があることから，see A doing「Aが～しているのを見る」
という知覚動詞としての用法で用いられていると判断でき，(A)の blooming が正解。

4．空所の前が I'm ～ となっており，be 動詞がある点に注目する。disappoint は「～
をがっかりさせる」という意味の他動詞で，人が主語の場合は受動態で用いて「が
っかりする」という意味になることから，(B)の disappointed が正解。

5．(A)　topic「話題」　　　　　　(B)　subject「主題，話題，主語」

　　(C)　something「何か」　　　　(D)　thing「こと，物」

空所の直後に good という形容詞があり，選択肢の中で，後ろに置かれた形容詞で修飾できるのは something だけであり，(C)の **something が正解**。

6. (A) even though「～であるにしても」 (B) once that「一度それ」

(C) now that「今は（もう）～なのだから」 (D) after which「その後」

空所の前に疑問文，後に完全文があることから，空所にはこの2文をつなぐ接続詞が入ると判断できる。この二人はキャンパスで出会って会話をしている状況であり，(C)の **now that** であれば，「自分たちは今はキャンパスに戻っているのだから」となり，前文ともうまくつながるので，これが正解。(A)は会話の流れとして不適。(B)と(D)は接続詞として使う表現ではないので不適。

7. 空所の前にある it's also great に注目すると，この it は形式主語で，この後には真主語となる to 不定詞が続いていると判断でき，(C)の **to see が正解**。

8. (A) similar「同様の，似ている」 (B) same「同じ，同じもの」

(C) exact「正確な」 (D) like you「あなたのように」

空所の直前に定冠詞の the があり，後には何も続いていない点に注目する。選択肢の中で the の後に用いて，feel の補語になれる語は same だけであり，(B)の **same が正解**。feel the same「同じ気持ちである」

9. (A) think「思う」 (B) ask「尋ねる」

(C) hope「望む，期待する」 (D) wonder「いぶかしく思う」

空所の直後に if で始まる名詞節が続いている点に注目する。wonder であれば，I wonder if you have time to *do* は「あなたに～する時間があるかしら」という意味から転じて，丁寧に人を誘う表現となることから，(D)の **wonder が正解**。(A)の think と(C)の hope は後に that 節が続くので不適。(B)だと I ask if ～ で「私は～かどうかを尋ねる」となって，文脈上不適。

10. 空所の直後に the entrance of the coffee shop「喫茶店の入り口」という狭い場所を表す語が続いていることから，前に置く前置詞としては(A)の **at が正解**。(B)の into だと「～の中へ」という移動を表すので不適。(C)の next の後には定冠詞のついた名詞は続かないので不適。(D)の between は二つのものの間を表す前置詞なので不適。

1—(D) 2—(B) 3—(A) 4—(B) 5—(C) 6—(C) 7—(C) 8—(B)
9—(D) 10—(A)

44

次の対話を読み，空所（　1　）～（　10　）に入る最も適当な語句をそれぞれ(A)～(D)から一つずつ選び，その記号をマークしなさい。(20 点)

Bywell: Hello, Selby. I haven't seen you since you started that course in marketing. How is it? It sounded very boring.

Selby: It's not boring at all; in fact, it's very （　1　）.

Bywell: For you, maybe. But I've never understood numbers …

Selby: It's not about numbers. It's about how people （　2　） and why. I （　3　） it's like your course in psychology.

Bywell: I find that hard to believe.

Selby: Let me give you an example. When a university wanted its students to eat healthier food, it tried some changes in its restaurant. When fruit was included in the price of the lunch, but cookies were extra, 71% more fruit was chosen and 55% （　4　） cookies. When the chocolate milk was placed behind the plain milk, so that it was harder to （　5　）, more students chose plain milk.

Bywell: That's pretty obvious.

Selby: Okay, let me try something less obvious. A fruit-juice company changed its packaging, but not the juice or the brand name. The old package showed a picture of an orange with green leaves, as if it had just been （　6　）; the new package showed a glass full of juice. The old picture suggested freshness; the new one did not. The company lost €30 million in two months.

Bywell: That's still pretty obvious.

Selby: All right then, let me tell you something you may find hard to believe, but which is quite true. A company selling clothes sent out three versions of a catalogue, in which the same item was priced at $34, $39 or $44. Which price do you think sold most?

Bywell:　$34, of course.

Selby:　　No, it was $39. This was seen as less than $40, where $34 was seen as more than $30. People (　7　), not to the actual price but to the feeling of "less" or "more." In marketing, we don't (　8　) to people's ideas, but to their feelings.

Bywell:　But that's crazy!

Selby:　　I told you it would sound like your psychology course.

Bywell:　What I mean is, I can't believe that these are normal people. The kind of person the researchers test must be hopelessly stupid.

Selby:　　You know that bottled water you like so much?

Bywell:　The one that (　9　) in a glass container?

Selby:　　And not a plastic one, right. It looks more expensive, so you think it must be better. And that's why you buy it. You don't buy the product, you buy the package.

Bywell:　The reason I like it is that it tastes better.

Selby:　　Researchers have shown that when people believe something *ought* to taste better, it *does* taste better to them. They have also shown that the bottled water you like so much is (　10　) the water that comes out of your tap!

1. (A) informed　　(B) intelligent　　(C) interesting　　(D) industrious

2. (A) bargain　　(B) behave　　(C) believe　　(D) balance

3. (A) illustrate　　(B) instruct　　(C) imitate　　(D) imagine

4. (A) few　　(B) smaller　　(C) lesser　　(D) fewer

5. (A) reach　　(B) drink　　(C) return　　(D) hide

6. (A) produced　　(B) picked　　(C) packed　　(D) painted

7．(A)　responded　　(B)　resolved　　(C)　replied　　(D)　requested

8．(A)　approach　　(B)　appear　　(C)　attract　　(D)　appeal

9．(A)　goes　　(B)　stays　　(C)　comes　　(D)　accompanies

10．(A)　just same as　　　　　　　(B)　no different from

　　(C)　exactly similar with　　　　(D)　quite equal to

全 訳

≪マーケティングとは何か≫

バイウェル：やあ，セルビー。君がマーケティングのあの講座をとり始めてから会ってなかったね。あの講座，どうだい？　とても退屈そうだったけど。

セルビー　：全然，退屈じゃないわよ。それどころか，とてもおもしろいのよ。

バイウェル：たぶん，君にとってはね。でも僕は数字のことは昔からさっぱりわからないし……

セルビー　：数字についてじゃないの。人の行動の仕方とその理由についてなのよ。あなたのとっている心理学のようなものだと思う。

バイウェル：それは信じがたいな。

セルビー　：例を挙げてみましょうか。大学が学生にもっと健康的な食べ物を食べてもらいたくて，その食堂でいくつか変更をしようとした。果物はランチの価格に含めてクッキーを別料金にすると，果物を選ぶ率が 71％増えて，クッキーは 55％減った。手が届きにくくするためにチョコレート入りミルクをただのミルクの後ろに置くと，ただのミルクを選ぶ学生が増えた。

バイウェル：それはかなりわかり切ったことじゃないか。

セルビー　：じゃあ，もっとわかりにくいものを挙げてみましょう。フルーツジュースの会社が容器を変えたが，ジュースと商標名は変えなかった。以前の容器にはまるで摘みたてみたいに緑色の葉がついたオレンジの絵が描かれ，一方，新容器にはジュースがいっぱい入ったコップが描かれていた。以前の絵は新鮮さを連想させ，新容器はさせなかった。その会社は 2 カ月で 3 千万ユーロの損失が出た。

バイウェル：それだって，かなりわかり切ったことじゃないか。

セルビー　：わかった。それじゃ，あなたには信じがたいかもしれないけど，まったくの真実を話すわ。衣類を販売する会社が 3 タイプのカタログを出し，それぞれのカタログで同じ製品が 34 ドル，39 ドル，44 ドルの価格がついていた。どの価格が一番売れたと思う？

バイウェル：もちろん，34ドルだろ。

セルビー　：いいえ，39ドルのだったの。39ドルは40ドルより安いと見なされ，一方，34ドルは30ドルより高いと見なされたの。人は実際の価格ではなくて，「より安い」とか「より高い」という印象に反応したわけ。マーケティングでは，人々の考え方ではなく，印象に訴えかけるのよ。

バイウェル：でもそれはばかげているよ！

セルビー　：あなたの心理学の講座に似ているようだと言ったでしょう。

バイウェル：僕が言いたいのは，その人たちが普通の人だとは信じがたいってことさ。研究者が調べるような人は救いがたいバカにちがいないよ。

セルビー　：ほら，あなたが大好きなあのボトル入りの水，わかるわよね？

バイウェル：ガラスビン入りで売られているやつかい？

セルビー　：そう，プラスティック製ではない方ね。それはもっと高そうだから，もっといいものに違いないと思っているでしょ。だからそれを買うのよね。製品を買っているんじゃなくて，容器を買っているの。

バイウェル：そっちの方が好きなのは味がいいからさ。

セルビー　：研究者によると，人が何かがよい味が「するはずだ」と信じるときは，その人にとってはよい味が「する」のよ。また，研究者によれば，あなたがとても気に入っているボトル入りの水は，蛇口から出る水とまったく変わらないそうよ！

解 説

1.　(A)　informed「情報に通じた」　　　(B)　intelligent「知性がある，賢明な」
　　(C)　interesting「おもしろい」　　　(D)　industrious「勤勉な」
直前で「まったく退屈ではない」と述べているので，boring の反意語となる(C)の interesting が正解。直前の in fact は「それどころか」の意味で用いられている。

2.　(A)　bargain「商談をする」　　　　(B)　behave「行動する」
　　(C)　believe「信じる」　　　　　　(D)　balance「平衡を保つ」
直後で「心理学のようなもの」と述べていることから，セルビーが学んでいる講座は人の行動を分析し理解する内容のものと考えられるので，(B)の behave が正解。

3.　(A)　illustrate「(図などで) 説明する」　(B)　instruct「～に指示する」
　　(C)　imitate「～を真似る」　　　　(D)　imagine「～と思う，推測する」
主語は I，空所の後には that の省かれた名詞節が続いていることから，その that 節を目的語とする動詞として文脈上どれが適切かを考えると，(D)の imagine が正解となる。(C)の imitate は that 節を目的語にすることはできないので不適。

4.　果物をランチの価格に含め，クッキーを別料金にすると，果物を選ぶ率が71％増えた，という文脈の後であり，クッキーは当然その逆の結果になったと予想され

る。クッキーは可算名詞なので，more の反対の語としては(D)の fewer が正解。

5 ．(A)　reach「手が届く，手を伸ばして取る」　　(B)　drink「～を飲む」
　　(C)　return「～を返す」　　　　　　　　　(D)　hide「～を隠す」
直前に「チョコレート入りミルクをただのミルクの後ろに置く」と述べられており，その結果は当然，チョコレート入りミルクには手が届きにくくなったはずだから，(A)の reach が正解となる。so that ～ は，ここでは「その結果～」という意味。

6 ．(A)　produced「製造された」　　(B)　picked「摘まれた，取り上げられた」
　　(C)　packed「包装された」　　　(D)　painted「塗られた，描かれた」
「緑色の葉がついたオレンジの絵」は，オレンジがどのように見えるかを考えると，摘みたてのように見えるはずであり，(B)の picked が正解。

7 ．(A)　responded「反応した」　　(B)　resolved「決心した」
　　(C)　replied「返事した，答えた」　　(D)　requested「要求した，頼んだ」
空所の後の「実際の価格ではなく，『より安い』とか『より高い』という印象に」という表現へのつながりを考えると，(A)の responded が適切。(B)の resolve は自動詞として後に to を伴う用法はなく，(D)の request は他動詞なので不適。

8 ．(A)　approach「近づく」　　(B)　appear「現れる，～のように見える」
　　(C)　attract「引きつける」　　(D)　appeal「訴える」
前文で「人は実際の価格ではなく印象に反応した」と述べられていることから，ここは，マーケティングでは人々の感情に訴えるという文脈のはずであり，(D)の appeal が正解となる。(A)の approach は他動詞であり不適。(B)や(C)は文脈上不適。

9 ．(A)　goes「行く」　　　　　　　(B)　stays「とどまる」
　　(C)　comes「～の状態で売られている」　(D)　accompanies「～に伴って生じる」
The one は that bottled water を指す。それはガラスビンに入れられて販売されているはずであり，(C)の comes が正解。なお，この come は「～の状態で売られている」という意味であるが，その意味を知らなくても，後の動詞は文脈に合わないことから正解には至るだろう。

10．文脈から，バイウェルが好きなボトル入りの水と蛇口から出てくる水とは同じだという主張がなされていると判断できる。したがって(B)の no different from「～とまったく同じで」が正解。(A)は just the same as であれば正しいが，the がないので不適。(C)は exactly similar to であれば正しいが with なので不適。(D)の quite equal to は「（数量・大きさなどが）～に等しい」という意味であり，文脈上不適。

1 ―(C)　2 ―(B)　3 ―(D)　4 ―(D)　5 ―(A)　6 ―(B)　7 ―(A)　8 ―(D)　9 ―(C)
10―(B)

45

From the choices 'a' — 'd' below, select the best answers to fill blanks (1) — (5).

1. A: Wow, it's already 23:45!

   B: Oh, no! (1)

   A: You'd better hurry to the station then!

   　a. The last train leaves in 10 minutes.

   　b. I want to stay here longer.

   　c. My food hasn't arrived yet.

   　d. I have something to tell you.

2. A: Why did you miss the start of the business conference yesterday?

   B: (2)

   A: You should really buy a new one.

   　a. My mother never woke me up.

   　b. The train was delayed by over an hour.

   　c. I wanted to eat something before the conference.

   　d. The alarm clock never went off.

3. A: Today is supposed to be the coldest day so far this winter.

   B: It must be. I'm freezing!

   A: Why don't you turn the heater on?

   B: (3)

   　a. Sure, go ahead.

   　b. That's a good idea.

   　c. No, I'm okay.

   　d. Yes, of course not.

4．A： I can't believe that I failed the business economics exam!

　　B： I know you've attended all of the classes.　How long did you study for it?

　　A： I studied for at least 30 minutes the day before the test.

　　B： （　4　）

　　　　a． I bet I know!

　　　　b． It sounds like you didn't get much sleep.

　　　　c． No chance of passing the test with that much!

　　　　d． Half an hour is a really short test.

5．A： I heard that you just got back from London.　Did you enjoy your trip?

　　B： Yes, but I ran into a problem while I was there.

　　A： Oh, really?　What happened?

　　B： （　5　）

　　　　a． The weather was absolutely awesome!

　　　　b． I had a terrible seat on the flight back.

　　　　c． The subway system was shockingly efficient.

　　　　d． I lost my camera somewhere in the city.

全訳

1.
A：あっ，もう23時45分だ！
B：なんてこった！ 終電は10分後に出るよ。
A：じゃあ，駅に急いだほうがいいよ！

2.
A：どうして昨日の営業会議の開始時間に間に合わなかったの？
B：目覚まし時計が全然鳴らなかったんだ。
A：新しいのを買ったほうがいいよ，ほんとに。

3.
A：今日はこの冬で一番寒い日になるらしいよ。
B：間違いないね。凍えそうだよ！
A：暖房をつけたらどう？
B：それはいい考えだね。

4.
A：経営学の試験に僕が落ちたなんて信じられない！
B：君は授業に毎回出てたのにね。試験勉強はどれくらいの時間やったの？
A：試験の前日に少なくとも30分はやったよ。
B：それっぽっちで試験に通るわけないよ！

5.
A：ロンドンから戻ったばかりなんだってね。旅行は楽しかった？
B：うん。でも滞在中に，問題があってさ。
A：へえ，そうなの？ 何があったの？
B：市内のどこかでカメラをなくしたんだ。

解 説

1．a．「終電は10分後に出るよ」
　　b．「ここにもっと長くいたい」
　　c．「僕の食べる物がまだ来てないんだ」
　　d．「君に言うことがある」
この会話がなされている23時45分という時間と，この後，Aは駅へ急ぐよう勧めていることから判断して，aの The last train leaves in 10 minutes. が正解。他の選択肢はすべて会話の流れに合わないので不適。

2．a．「お母さんが全然起こしてくれなかったんだ」
　　b．「電車が1時間以上も遅れたんだ」
　　c．「会議の前に何か食べたかったんだ」
　　d．「目覚まし時計が全然鳴らなかったんだ」
Aはこの後 a new one を買ったほうがいいと勧めており，Bの発言の中には one

に相当するもので, 購入できる名詞が入っているはずである。dの The alarm clock never went off. が正解。go off は「突然鳴る, 作動する」という意味のイディオム。

3. a.「いいとも, どうぞ」
　　b.「それはいい考えだね」
　　c.「いや, 大丈夫だよ」
　　d.「うん, もちろんつけないよ」

「凍えそうだ」と言っているBに対して, Aは暖房をつけるように提案しているので, Bは当然その提案を受け入れたはずであり, bの That's a good idea. が正解。aの Sure, go ahead. だと, BがAに対して暖房をつけることを許可しているので不適。cとdは会話の流れに合わないので不適。

4. a.「わかった！」
　　b.「あまり寝てなかったみたいだね」
　　c.「それっぽっちで試験に通るわけないよ！」
　　d.「30分とは短い試験だね」

Aは試験勉強を30分しかしておらず, それに対するBの発言としては, cの No chance of passing the test with that much！が適切。No chance of ～ は「～の可能性はない, ～は無理だ」という意味の表現で, that は「それほど」という意味。他の選択肢はすべて会話の流れに合わないので不適。

5. a.「天気が本当に素晴らしかったんだ！」
　　b.「帰りの便の席がひどくってさ」
　　c.「地下鉄が驚くほど効率がよかったんだ」
　　d.「市内のどこかでカメラをなくしたんだ」

Bはロンドン滞在中に ran into a problem「問題にぶつかった」と述べており, 選択肢の中で, ロンドン滞在中に生じる可能性のある問題としては, dの I lost my camera somewhere in the city. が適切。aの awesome には「素晴らしい」という意味以外に「ひどい」という意味もあるが, 天気の良し悪しは run into a problem「問題に遭遇する」という状況とは言い難く, 不適。bはロンドンでの問題ではないので不適。cは会話の流れに合わないので不適。

1－a　2－d　3－b　4－c　5－d　解答

46

次の各組の会話文において，空所に入るもっとも適切なものを1～4の中から一つ
ずつ選び，その番号をマーク解答用紙にマークしなさい。(20点)

(1)

A: Barry, Linda's seventeenth birthday is this Thursday and I can't think of a
good present to get her.

B: I can't, either. I have no idea what a teenager would want these days.

A: Do you think it would be all right to just give her some money? That way,
she could buy whatever she wants.

B: I think that's a great idea. Last year, when we got her a sweater, she smiled
and thanked us, but I couldn't help feeling that she (　　　　).

A: Yeah, she was definitely disappointed. How much do you think we should
give her?

B: I think fifty dollars would be perfect.

1　was really thrilled

2　got exactly what she had wanted

3　was just pretending to be happy

4　thought we had made the ideal decision

(2)

A: Susan, what happened to your glasses?

B: Well, I noticed that the frame was slightly bent, so I tried to bend it back
into shape, and all of a sudden the bridge broke.

A: The bridge?

B: You know, the part in the middle that sits on your nose.

A: What are you going to do?

B: I went to the store where I bought the glasses and was told that
(　　　　), so I ordered a new one that is supposed to be stronger than the

one that broke.

1 I was lucky that I hadn't damaged anything

2 fixing the frame would cost more than buying a new one

3 I had somehow broken the most durable frame in existence

4 the bridge of my nose would heal in about a month

(3)

A: Hello.

B: Hi, Jane. It's Barbara.

A: Hi, Barbara. What's up?

B: I'm sorry, but Joe and I won't be able to go to your party tonight. Joe's not feeling well.

A: I'm sorry to hear that. Is it something serious?

B: No, I think it's just a cold, but he does have a fever and I think (   ).

A: Yes, I think you're right. Thanks a lot for letting me know.

B: No problem. I would have called you earlier, but he felt fine this morning. It wasn't until after lunch that the symptoms started to appear.

1 he needs to socialize tonight

2 it could get worse if he doesn't get some rest

3 he's felt sick all day long

4 I'll just attend your party myself

(4)

A: Mr. Stuart.

B: Yes, Dr. Donaldson.

A: As I've told you in the past, you really have to lose weight.

B: I know, but I love to eat.

A: So does everybody, or almost everybody, but if you don't lose forty or fifty pounds, you are in danger of having a heart attack or getting one of any number of serious diseases.

B: Well, I suppose I could try to stop eating sweets and fast food.

A: What I recommend is that you eat what you like, but just (　　　　　).
You know, just avoid overeating.

B: All right. I'll try that.

1　cut down on quantity

2　stop eating hamburgers

3　eat like there's no tomorrow

4　eat at a more rapid pace

(5)

A: John.

B: Yes, Mr. Ford.

A: I just got off the phone with Wendy Winkler, and she was very unhappy about the report that you wrote about our new cleaning robot.

B: Did I make some mistakes?

A: No, but she said that the report contained many technical terms and complex calculations, so many people would have great difficulty understanding it. Remember that she has to distribute that report to a lot of people who know very little about robots.

B: I see. I'm terribly sorry and will (　　　　　).

A: Good. Please send me a revised copy before you send it to Wendy.

1　disregard the background of those who will read the report

2　check the calculations until I get them right

3　make the report more sophisticated

4　try to simplify the report

全訳

(1)

A：バリー，リンダの 17 歳の誕生日はこの木曜日よ。だけど，彼女に買ってあげるいいプレゼントを思いつかないの。

B：僕もだよ。近ごろのティーンエイジャーがどんなものを欲しがるのか，ちっともわからない。

A：お金をあげるだけでもいいと思わない？　そしたら，あの子が好きなものを買えるし。

B：それはいい考えだと思うね。去年，セーターを買ってあげたときは，微笑んでお礼を言ったけど，うれしそうなフリをしているだけだと，つい思ってしまったよ。

A：そうね，確かにがっかりしていたわ。いくらあげたらいいと思う？

B：50 ドルがちょうどいいだろうと思うよ。

(2)

A：スーザン，メガネをどうしたの？

B：えっとね，フレームがちょっと曲がっているのに気がついて，曲げて元に戻そうとしたら，突然，ブリッジが折れてしまったの。

A：ブリッジ？

B：そう，まん中にあって，鼻にかかるところよ。

A：どうするつもり？

B：メガネを買ったお店に持って行ったら，フレームを修理すると新しいものを買うよりも高くつくだろうと言われたのよ。だから，折れたものよりも頑丈そうなものを新しく注文したの。

(3)

A：もしもし。

B：もしもし，ジェーン。バーバラよ。

A：こんにちは，バーバラ。どうしたの？

B：ごめんなさい。ジョーと私は今夜のあなたのパーティーに行けないの。ジョーの気分が悪いの。

A：それは気の毒に。ひどいの？

B：いえ，ただのカゼだと思うけど，熱があるから，ちょっと休まないともっとひどくなるかもしれないと思うの。

A：そうね，あなたの言うとおりだと思うわ。知らせてくれてありがとう。

B：いえいえ。もっと早くに電話すればよかったんだけど，今朝はだいじょうぶだったから。昼食後に症状が出始めたの。

(4)

A：スチュワートさん。

B：はい，ドナルドソン先生。

A：前に言ったとおり，本当に体重を落とさないといけませんよ。

B：わかっているんですけど，食べることが大好きなんです。

A：皆そうですよ，まあ，ほとんどみんなね。でも，もし 40 ポンドか 50 ポンド減らさなければ，心臓発作を起こすか，そうでなくても数ある重病のどれかになる危険性がありますよ。

B：うーん，お菓子やファーストフードなら食べるのをやめられるかもしれません。

A：私がお薦めするのは，何でも好きなものを食べてもいいですが，とにかく量を減らしなさい。いいですか，ただ食べ過ぎを避けるんです。

B：わかりました。やってみます。

⑸

A：ジョン。

B：はい，フォードさん。

A：私はウェンディー=ウィンクラーとの電話を切ったところだが，彼女は，君がわが社の新しい掃除ロボットについて書いたレポートに関して極めて不満足だった。

B：何か間違いをしましたか？

A：いや，彼女によれば，君のレポートには専門用語や複雑な計算が多いから，多くの人にとって理解がたいへん難しいだろう，ということだ。彼女があのレポートを配布しなければいけないのは，ロボットに関してほとんど無知な多くの人たちなのだ，ということを忘れてはいけない。

B：わかりました。誠に申し訳ありません。レポートを簡素化するようにします。

A：よろしい。修正したものをウェンディーに送る前に私に送ってくれ。

解 説

⑴　1．「本当に大喜びした」
　　2．「まさに欲しがっていたものを手に入れた」
　　3．「うれしそうなフリをしているだけだ」
　　4．「私たちが理想的な決定をしたと思った」
娘と思われるリンダの誕生日のプレゼントに頭を悩ませている 2 人の会話である。Bはお金をあげるのはどうかというAの提案に賛成している点，また，空所の直後でAがリンダが確かにがっかりしていたと述べている点もヒント。去年セーターをあげたときに，リンダは口では感謝したが本心は違うと感じた，という流れと判断できる。3 の was just pretending to be happy が正解。cannot help *doing*「〜しないではいられない」 pretend to *do*「〜するフリをする」 他の選択肢はすべてプレゼントに対する肯定的な反応なので不適。

⑵　1．「何の損害もなくて私は運がよかった」
　　2．「フレームを修理すると新しいものを買うよりも高くつくだろう」
　　3．「私はどういうわけか既存の中で最も頑丈なフレームを壊してしまった」
　　4．「私の鼻梁なら 1 カ月くらいで治るだろう」

Bはメガネのブリッジの部分を折ってしまったという状況であり，メガネを買った店に持って行ったが，結果的に新しいフレームを買うことになったという流れから判断して，お店の人に何と言われたかを考えると，**2 の fixing the frame would cost more than buying a new one が正解**。1は文脈上不適。3は，この後もっと頑丈なフレームを買うことにしているので不適。4はこの会話の流れの中での bridge の意味が違うので不適。

(3)　1．「彼は今夜お付き合いする必要がある」
　　　2．「ちょっと休まないともっとひどくなるかもしれない」
　　　3．「彼は一日中気分が悪かった」
　　　4．「私自身はすぐあなたのパーティーに出席するつもりよ」

パーティーを開くA（ジェーン）にB（バーバラ）がジョーと自分の不参加を伝えている。空所は，Bがその理由を述べているところであり，「ただのカゼだと思うけど，熱がある」という発言に続く部分。したがって，**2 の it could get worse if he doesn't get some rest が正解**。1はジョーは出席できないので不適。3は，Bが最後に昼食後に症状が出始めたと述べているので不適。4はBが第2発言で自分も行けないと述べているので不適。

(4)　1．「量を減らしなさい」
　　　2．「ハンバーガーを食べるのをやめなさい」
　　　3．「明日はないかのように食べなさい」
　　　4．「もっと速いペースで食べなさい」

医者のA（ドナルドソン医師）と患者のB（スチュワート氏）との会話で，BはAから減量するよう強く勧められているという流れ。空所は「お菓子やファーストフードなら食べるのをやめられるかもしれない」というBに対して，Aは「何でも好きなものを食べてもいいですが」と前置きして，どう言ったかを考えると，「量を減らさないと減量はできない」と考えられるので，**1 の cut down on quantity が正解**。他の選択肢はすべて会話の流れにそぐわない。

(5)　1．「そのレポートを読むであろう人たちの背景を無視する」
　　　2．「計算が正しくなるまで，私がそれらをチェックする」
　　　3．「レポートをもっと高尚なものにする」
　　　4．「レポートを簡素化する」

新開発の掃除ロボットのレポートを書いたB（ジョン）と上司のA（フォード氏）の会話。空所はレポートを読んだウェンディー=ウィンクラーが，その内容について「専門用語や複雑な計算が多く，多くの人は理解しにくい」と述べているとAが伝えた後のBの返事であり，**4 の try to simplify the report が正解**。Aはレポートを配布する対象はロボットに関する知識がほとんどない人たちだとも述べており，他の選択肢はすべて，レポートを書き直す際の応答としては不適。

(1)— 3　(2)— 2　(3)— 2　(4)— 1　(5)— 4　　　**解　答**

47

2017年度　文学部〔1〕

[目標解答時間] 15分

次の(1)～(10)の対話文を完成させるために（　　　）に入れるべき最も適切な語句をそれぞれ㋐～㋓の中から1つ選び，その記号をマークしなさい。(30点)

(1) A：How did your sister's wedding go?

B：Oh, it was gorgeous. And I saw cousins I hadn't seen for years.

A：So it was (　　　　　　) the trip.

B：Yes, definitely.

㋐ worth

㋑ worthily

㋒ worthless

㋓ worthy

(2) A：I heard your son just got a new job. Congratulations!

B：Thank you. We are very (　　　　　　) of him.

A：You must be. When does he start working?

B：In a month or so.

㋐ delighted

㋑ happy

㋒ pleased

㋓ proud

(3) A：I don't speak Chinese, but a man spoke to me in Chinese at the station.

B：Oh, did you help him?

A：I tried to, but I couldn't understand him. I was (　　　　　　).

㋐ puzzle

[イ] puzzled

[ウ] puzzles

[エ] puzzling

(4) A : Hi, Susan. I was wondering if you could baby-sit my daughter next Saturday evening.

B : Sure. What time do you want me to come (　　　　　)?

A : Five would be great.

B : No problem. I'll be happy to do it.

[ア] on

[イ] over

[ウ] to

[エ] with

(5) A : Aren't you drinking too much coffee?

B : I need to study for the exam even though I'm tired. I have to stay (　　　　　).

A : I see. But too much coffee is bad for you.

[ア] awake

[イ] awoke

[ウ] awoken

[エ] wake

(6) A : If the weather is good on Sunday, would you like to join us for tennis?

B : I'd love to, but I've got a very important presentation on Monday. I'm too (　　　　　) to think about anything else.

A : The best thing to do is to get fresh air. It will relax you.

[ア] exciting

[イ] frighten

　㋒　tense

　㋓　worry

(7)　A：I think I'm getting old.

　　B：Why do you say that?

　　A：I don't dance as (　　　　　　) as I used to.

　　B：That's not true.

　　㋐　graceful

　　㋑　gracefully

　　㋒　graceless

　　㋓　much gracefully

(8)　A：Can I borrow some paper clips?

　　B：Sure.　How many do you need?

　　A：Just (　　　　　).

　　B：Here!　Take as many as you want.

　　㋐　a few

　　㋑　a little

　　㋒　couple

　　㋓　few

(9)　A：Were you always a history teacher?

　　B：No, I wasn't.

　　A：How long (　　　　　　) history then?

　　B：Since 2015.　Before then, I was an English teacher.

　　㋐　do you teach

　　㋑　have you taught

　　㋒　had you taught

　　㋓　would you teach

(10) A：Why is it so cold here?

B：I am sorry. The heating system in this building is ( ).

A：That's awful. It's snowing outside.

㋐ broken

㋑ losing

㋒ tired

㋓ troubled

全訳

(1)

A：お姉さんの結婚式どうだった？

B：ああ，豪華だったよ。それに長年会っていないいとこたちにも会えたしね。

A：じゃあ，遠出して行った甲斐があったね。

B：うん，まったくだよ。

(2)

A：息子さん，新しい仕事に就いたって聞いたよ。おめでとう！

B：ありがとう。自慢の息子なんだ。

A：だろうね。いつから働き始めるの？

B：1カ月くらいたったらのようだよ。

(3)

A：僕は中国語が話せないんだけど，駅で中国語で話しかけてくる男性がいたんだ。

B：で，彼の役には立てたの？

A：やってみたけど，彼の言うことがわからなくてね。困ったよ。

(4)

A：もしもし，スーザン。次の土曜の晩，娘の世話をお願いできないかと思ってるんだけど。

B：いいわよ。何時に行けばいいのかしら？

A：5時に来てくれると嬉しいわ。

B：わかったわ。喜んで。

(5)

A：ちょっとコーヒー飲み過ぎじゃない？

B：疲れてるんだけど，試験勉強しないといけないんだ。起きてなきゃいけないんだよ。

A：そうなんだ。でもコーヒーはあんまり飲み過ぎると身体によくないよ。

(6)

A：日曜日に天気がよかったら，一緒にテニスしない？

B：やりたいんだけど，月曜に重要なプレゼンがあるんだよ。緊張しててちょっと他のことは考えられないんだ。

A：そういうときは外の空気を吸うのが一番だよ。リラックスできるから。

(7)

A：そろそろ年だなって感じるよ。

B：どうしてそんなこと言うのさ？

A：前ほど優雅にダンスができなくなってねえ。

B：そんなのうそでしょ。

(8)

A：ペーパークリップをいくつか借りられるかな？

B：いいよ。いくついるの？

A：ほんの2，3個もあれば。

B：はい！　好きなだけ持って行きなよ。

(9)

A：ずっと歴史の先生をなさっていたのですか？

B：いいえ。

A：では，歴史を教えるようになってどのくらいになるのですか？

B：2015年からです。それ以前は英語の教師をしていました。

(10)

A：ここはどうしてこんなに寒いんだ？

B：すみません。この建物の暖房が壊れているので。

A：そりゃ，ひどい。外は雪が降っているというのに。

解　説

(1)　㋐　worth「〜の価値がある」　　　㋑　worthily「ふさわしく，立派に」
　　㋒　worthless「価値のない」　　　㋓　worthy「〜に値する」
空所の後には定冠詞のついた名詞が続いていることから，選択肢の中で，前置詞としての用法がある㋐の **worth** が正解。㋓の worthy は be worthy of 〜 という形で用いる。

(2)　㋐　delighted「喜んで」　　　　㋑　happy「幸せな，満足な」
　　㋒　pleased「喜んで，満足して」　　㋓　proud「誇りに思って，自慢に思って」
空所の後の of に注目すると，be proud of 〜 で「〜を自慢に思う」という意味になる㋓の **proud** が正解。㋐の delighted は be delighted at〔by〕〜「〜を喜ぶ」，㋑の happy は be happy about 〜「〜で楽しい」もしくは be happy with 〜「〜に満足している」，㋒の pleased は be pleased with 〜「〜に満足している，〜に喜んでいる」の形で用いる。

(3)　puzzle は「〜を当惑させる，〜を惑わせる」という意味の他動詞であり，人の感情を表す場合は受動態で用いて「当惑している，困っている」という意味になるので，㋑の **puzzled** が正解。

(4)　BはAの娘の世話を頼まれており，いつAの家に行けばよいかを尋ねている発言と判断できる。come over は「会いに来る，訪ねて来る」という表現であり，㋑の **over** が正解。㋒の to と㋓の with は前置詞なので，その後に名詞が必要であり，不適。㋐の on には副詞の用法があるが，come on だと「出場する，降りかかる」などの意味はあるものの，「訪ねて来る」という意味では用いないので不適。

(5)　テストがあるから起きていなければならない状況であり，動詞の stay は「〜のままでいる」という意味で用いられるときは，その後に補語となる形容詞が必要なので，形容詞としての㋐の **awake**「目が覚めて」が正解。㋑の awoke と㋒の

awoken は動詞としての awake「目が覚める，〜を起こす」の過去形と過去分詞形であり不適。㋷の wake「目が覚める，〜を起こす」も動詞なので不適。

⑹　㋐　exciting「ワクワクさせる，心躍る」　　　㋑　frighten「〜を怖がらせる」
　　㋒　tense「緊張して」　　　　　　　　　　　　㋓　worry「心配する」
　Bは重要なプレゼンを控えており，Aからリラックスする方法を教えてもらっているという状況から判断して㋒の tense が正解。㋐は excited の形であれば「(人が)ワクワクして」という意味になるが，それでも文脈に合わない。㋑と㋓は I'm の後で用いることはできないので不適。

⑺　空所の前後に as があることから，この文は同等比較の表現となっていることがわかる。したがって，空所には形容詞か副詞の原級が入るはずだが，dance を修飾する形にもなっているので，副詞である㋑の gracefully「優雅に」が正解。㋓の much gracefully は much は形容詞や副詞の比較級や最上級，動詞や過去分詞を強める語として用いることから不適。

⑻　Aはペーパークリップをいくつか借りようとしており，paper clips と複数形になっていることから，㋐の a few「2，3個」が正解。㋑の a little は可算名詞の前で用いることはできず，㋒の couple「一対」や㋓の few「ほとんど〜ない」は just「ほんの〜」の直後に無冠詞で用いることはできないので，文脈上不適。

⑼　How long 〜?「どれくらいの期間〜，いつから〜」は何らかの行為の持続期間や，開始時期を問う表現であり，この後には動作や状態の継続を表すため通常，完了時制や完了進行形時制を用いる。ここではAの第1発言の Were you 〜? やそれに答えるBの I wasn't という発言から，歴史を教えていたのは過去のことだとわかるので，㋒の had you taught が正解。

⑽　㋐　broken「壊れて，故障して」　　　　㋑　losing「失敗して，負けて」
　　㋒　tired「疲れて」　　　　　　　　　　㋓　troubled「問題を抱えた，不安げな」
　建物内が異常に寒いという状況で，建物の暖房システムがどうなっているかを考えると，㋐の broken が正解。

---

(1)—㋐　(2)—㋓　(3)—㋑　(4)—㋑　(5)—㋐　(6)—㋒　(7)—㋑　(8)—㋐　(9)—㋒
(10)—㋐

48

次の(1)〜(10)の対話文を完成させるために（　　　）に入れるべき最も適切な語句を，それぞれ㋐〜㋓の中から1つ選び，マーク解答用紙にその記号をマークしなさい。

(40点)

(1) A： Why didn't you like the movie?

　　B： The story was （　　　　　　） it was almost impossible to follow.

　　　㋐　much complicated that

　　　㋑　only complicated than

　　　㋒　slightly less complicated than

　　　㋓　so complicated that

(2) A： Are you planning on buying that computer?

　　B： Well, it is nice.

　　A： You might want to wait. The newer model （　　　　　） at a recent convention. I heard it will be faster and lighter than the current model.

　　　㋐　could be shown

　　　㋑　has shown

　　　㋒　was shown

　　　㋓　will be shown

(3) A： Where are you going tonight?

　　B： I have a reservation at that nice restaurant down by the beach. It's famous （　　　　　） its seafood dishes.

　　　㋐　as

　　　㋑　for

㋑ in

㋒ over

(4) A : What are you doing? You don't know that guy.

B : I'm going to tell him that smoking in public places is (　　　　　) the

law here.

㋐ against

㋑ break

㋒ contrary

㋒ out

(5) A : Tom has returned from his business trip.

B : Are you sure? He's supposed to be in Europe.

A : I saw him (　　　　) on the bus this morning.

㋐ catch

㋑ delay

㋒ get

㋒ take

(6) A : I didn't mean to rush you. It's my fault. I woke up late. I'm sorry.

B : That's okay. We arrived on time.

A : I'm so glad we did. We (　　　　) missed the train.

㋐ justly

㋑ nearly

㋒ relatively

㋒ shortly

(7) A : How is your arm?

B : Well, I still can't play baseball.

A： You should go see a doctor if it still （　　　　　　　） tomorrow.

㋐　consults

㋑　cures

㋒　hurts

㋓　troubles

(8)　A： It's nice to see you after all these years.　Everyone thought you were going to live in Paris.

　　B： Well, I （　　　　　） there if I hadn't attended college in California. The weather was so nice I ended up staying on the West Coast.　In fact, I never left the country!

㋐　did go

㋑　should go

㋒　went as far

㋓　would have gone

(9)　A： Did you hear about the office party on Friday?

　　B： Yes, but I'm not going.

　　A： Are you busy?

　　B： Not really.　The truth is I'd （　　　　　） not be seen with you there.

㋐　help

㋑　like

㋒　prefer

㋓　rather

(10)　A： I heard that most of the houses you sell are old.

　　B： In New England, many people choose them over newer apartments （　　　　　） repairing them can be quite expensive.

㋐　all that much

㋑　even though

㋒　opposed to

㋓　with which

全訳

(1)
A：どうしてあの映画は気に入らなかったの？
B：話が複雑すぎて，ほとんど筋が追えなかったんだ。

(2)
A：あのコンピュータを買うつもりなの？
B：まあ，いい感じだし。
A：待った方がいいんじゃないかな。このあいだの発表会でもっと新しいモデルがお披露目されたし。現行モデルより速くて軽いみたいだよ。

(3)
A：今夜はどこへ行くの？
B：海岸近くのあの素敵なレストランに予約してあるんだ。そこは海鮮料理で有名なんだよ。

(4)
A：何してるの？　あの人はあなたの知り合いじゃないでしょ。
B：公の場でたばこを吸うのは，ここでは法律違反だって教えてやるつもりさ。

(5)
A：トムが出張から帰ってきてるよ。
B：それ，確か？　彼ならヨーロッパにいるはずよ。
A：今朝，彼がバスに乗るところを見かけたんだ。

(6)
A：君をせかすつもりはなかったんだよ。僕のせいだね。寝坊しちゃったから。ごめんね。
B：大丈夫。私たち，時間通りに着いたし。
A：間に合ってほんと，よかった。危うく電車に乗り遅れるところだったね。

(7)
A：腕の具合はどう？
B：う～ん，まだ野球は無理かな。
A：もし明日まだ痛むんだったら，医者に診てもらった方がいいよ。

(8)
A：数年ぶりに君に会えてよかった。みんな，君はパリに住むつもりだって思ってたよ。
B：まあ，もしカリフォルニアの大学に行ってなければそこに行っただろうけど。気候がとてもよかったから，結局，西海岸に住むことにしたんだ。実のところ，国を出たこともないんだよ！

(9)
A：金曜日にある会社のパーティーのこと聞いた？
B：ええ，でも私は行かないつもり。
A：忙しいの？
B：そういうわけでもないの。本当は，そこであなたと一緒にいるところを見られ

たくないのよ。

(10)

A：売りに出している家は，大半が古いらしいじゃないか。

B：ニューイングランドでは，たとえ修理に多額の費用がかかっても，もっと新し
いアパートより古いのを選ぶ人が多いんですよ。

解 説

(1)　空所の後で，ほとんど筋が追えなかったと述べていることから，その話はとても
複雑だったと判断できる。㋑の so complicated that であれば，so ～ that … 「あま
りに～なので…」の構文となり，文脈上適切なので，**㋑の so complicated that が
正解**。

(2)　空所を含む文の主語が The newer model「もっと新しいモデル」であることか
ら，空所に入る動詞は受動態のはず。また，空所の後の，at a recent convention
「このあいだの発表会で」という語句から，新モデルがお披露目されたのは最近で，
時制は過去だとわかるので，**㋒の was shown が正解**。㋐の could be shown だと，
その新モデルのお披露目は企業側がきちんと準備して予定通り行うものであり，可
能の意味でも，現在や未来に対する推量を表す用法だとしても，話の流れからは不
適。㋑の has shown は能動態であり，しかも受動態でないので不適。㋓の will be
shown は時制が合わないので不適。

(3)　空所の直前の famous と，空所の直後の its seafood dishes「そこの海鮮料理」と
のつながりを考えると，be famous for ～「～で有名である」というイディオムだ
と判断でき，**㋑の for が正解**。

(4)　smoking in public places「公の場でたばこを吸うこと」と，空所の後の the law
「法律」とのつながりを考えると，「～に反して」という意味の前置詞である，**㋐
の against が正解**。㋑の break は空所の直前に is があり，しかも主語は人のはず
なので不適。㋒の contrary は「逆の，正反対の」という意味であり，この後に直
接名詞は続かないので不適。㋓の out は前置詞の場合，「～から外へ」という意味
であり，文脈上不適。

(5)　㋐　catch「～に間に合う，～をつかむ」　㋑　delay「～を遅らせる」
　　㋒　get「(get on で) ～に乗る」　　㋓　take「～に乗る」
空所の直後に on という前置詞があることから，get on ～で「～に乗る」という意
味になる，**㋒の get が正解**。他の選択肢はすべて他動詞なので不適。

(6)　㋐　justly「正当に，正しく」　　㋑　nearly「危うく，ほとんど」
　　㋒　relatively「比較的」　　㋓　shortly「間もなく，すぐに」
二人は時間通りに着いているので，電車には乗り遅れなかったはず。nearly であ

れば「危うく〜しそうになる」という意味で，実際にはそうなっていない事態について述べる表現なので文脈上適切であり，㋑の nearly が正解。他の選択肢はすべて文脈上不適切。

(7) ㋐ consults「〜に相談する」 ㋑ cures「〜を治療する」
㋒ hurts「痛む」 ㋓ troubles「〜に迷惑をかける」
空所に入る動詞は，主語が it（＝your arm）であり，空所の後に目的語がないことから，自動詞である，㋒の hurts が正解。他の選択肢は，他動詞であり，主語とのつながりからも不適。go see a doctor「医者に診てもらう」

(8) 空所の後に，if I hadn't attended college という仮定法過去完了時制の条件節が続いていることから判断して，空所を含む文はその条件節に対する帰結節となっているはずであり，助動詞の過去形の後に完了形の動詞が続いている，㋓の would have gone が正解。

(9) ㋐ help「〜を助ける」 ㋑ like「〜を好む」
㋒ prefer「〜の方を好む」 ㋓ rather「むしろ」
空所の直前の I'd は I would か I should か I had の省略形と考えられる。空所の後に続く not be seen という形から，would rather not *do* なら，would rather *do*「むしろ〜したい」の否定形として「むしろ〜したくない」という意味になり，パーティーへの参加を断る理由として適切な表現となるので，㋓の rather が正解。

(10) ㋐ all that much「それくらい」 ㋑ even though「たとえ〜だとしても」
㋒ opposed to「〜に反対して」 ㋓ with which「(〜) で」
空所の後は，repairing them「それらを修理すること」が主語となる完全な文が続いており，空所の前にも完全な文があることから，この2文は接続詞でつながっていると判断できる。したがって，選択肢の中で，接続詞として用いることができ，文脈上も適切な，㋑の even though が正解。他の選択肢はすべて接続詞として用いることはできないので不適。

解答
(1)—㋓ (2)—㋒ (3)—㋑ (4)—㋐ (5)—㋒ (6)—㋑ (7)—㋒ (8)—㋓ (9)—㋓ (10)—㋑

49

次の英文は，ある会社の重役である Green 氏を Miller 氏がインタビューしたとき
の会話を書き起こしたものである。二人の会話を読んで，設問に答えなさい。(24 点)

(イ)

Miller: What are your company's weaknesses?

Green: We've been very strong in microprocessors. I think we're very strong in networking controllers and we've been very strong in Flash products. And we have relationships with companies, many of which are here in Japan, to make sure that our technology and their technology work together.

Miller: Often in business, something new or innovative comes out and competitors copy it. Are you concerned about that?

Green: Sure, but we have spent a lot of money on research and development. We've spent it to have the most advanced silicon as well as the most cost-effective one. So it's easy to say you're going to copy but it's not just a matter of doing a great design. You also have to have the technologies that allow you to not only build something but build it cost-effectively for mass volume. So I wouldn't say, again, necessarily we're worried because we think we've made the advanced investments that give us a leadership position in terms of going from saying we can do this to actually demonstrating it and doing it.

(ロ)

Miller: How about the Japanese market overall? Is it a challenging market?

Green: Yeah. First of all, the sort of continued uncertainty with the underlying economy really makes it difficult for large IT customers in Japan to make investments on an uncertain future. The uncertainty that exists in our business doesn't preclude us from making pretty aggressive investments on the future. But
(1)
that does seem to be sort of a common sentiment here in Japan. People are very cautious about what they're going to invest today, including in IT technologies.

That's difficult here because there isn't this passionate commitment to growth the way there was in the post-war period.

Miller: What are the challenges that you find in managing and working with Japanese?

Green: One great challenge is to secure the commitment to having globalization and competition in any field, instead of sticking to the one thing that you can do well.

Miller: Japan has always been historically weak in innovation. Has that changed?

Green: I don't think Japan is at all weak in innovation. Japan is very strong at technical innovation. Japan is weak when it comes to business innovation. So taking things out of the lab and bringing them to market profitably, that link is weak in Japan.

Miller: What do you enjoy about living in Japan?

Green: Well, I've lived here five years now. I married a Japanese woman. I have a Japanese family. You know, I bought land, I built a house. I mean, I live here, and I think I've learned to not only survive and thrive in a new environment but
(2)
also to lead. I always lived more in the suburbs and this is the first time I've lived in a big city.

Miller: What don't you like about Japan?

Green: I think one of the biggest obstacles is when Japanese tell you, "*You don't understand. Japan is different.*" Well, of course Japan is different but that shouldn't be an obstacle. So even if I suggest, "OK, let's talk about what those differences are and then let's move on." Then, the Japanese will reply, "*No, no, no. Just wanting to get over them shows how much you don't understand how different we are. This is not only different but immovable.*" This kind of conversation happens a lot and it's that immovable element that frustrates us.

David Wagner 『ビジネスリーダーの英語』アルク

設　問

　　1．セクション(イ)とセクション(ロ)に見出しをつけるとしたら，どのようなものがよ
　　　　いか。最も適当なものをＡ～Ｅよりそれぞれ1つ選び，その記号をマーク解答用
　　　　紙にマークしなさい。

A．Meeting Customer Expectations

B．Delivering Advanced Technology

C．Empowering Japanese Staff

D．Challenging the Difficulties

E．Taking Radical Social Action

2．下線部⑴ preclude の意味として最も適当なものをA～Dより1つ選び，その
記号をマーク解答用紙にマークしなさい。

A．to stop something from happening

B．to have something in your mind as a plan

C．to accept something as true

D．to suggest something as a plan

3．下線部⑵ thrive の意味として最も適当なものをA～Dより1つ選び，その記
号をマーク解答用紙にマークしなさい。

A．to delay doing something that you ought to do at once

B．to be unwilling or unable to think about the future

C．to have a strong desire to do something

D．to become very successful

4．㈠, ㈡の英文が，Miller 氏のインタビューに対する Green 氏の答えの内容と
一致するように，空所に入る最も適当なものをA～Dよりそれぞれ1つ選び，そ
の記号をマーク解答用紙にマークしなさい。

㈠．What Mr. Green thinks about Japanese companies overall is that
（　　　）.

A．they have difficulty in making stock investments

B．they don't focus on one thing that they are good at

C．they don't have the enthusiastic commitment to growth as they used to

D．they don't have any interest in making an investment in technical
innovation

(い). What Mr. Green doesn't like about Japan is that (　　　).

A．people don't show any interests in innovation overall

B．people don't want to discuss the differences with foreigners

C．it is difficult for foreigners to survive in the Japanese market

D．it is difficult for foreigners to deal with ethical problems

≪グリーン氏へのインタビュー≫

全訳

ミラー　：あなたの会社の弱点はなんですか。

グリーン：マイクロプロセッサの分野はかなり強いですし，ネットワーキング・コントローラーは非常に強いと思いますし，フラッシュ製品はずっと強いですね。我が社と取引関係がある会社の多くはここ日本にあって，我が社の技術と彼らの技術がしっかりと協力できるようにしています。

ミラー　：ビジネスでは何か新しいものや革新的なものが現れると競争相手の他社が模倣するということがよくありますね。それは心配ではないですか。

グリーン：もちろんそれはありますが，我が社では研究開発に多額の投資を行ってきました。費用効果が最も高いシリコンだけでなく最先端のシリコンを作るのにお金を使ってきたのです。だからそれを模倣すると言うのは簡単ですが，それは単に立派なものを設計するという問題ではないのです。何かを作るだけではなくて，費用効果があるように大量に作ることができる技術もないといけないのです。だから，必ずしも，心配しているともう一度言わないのは，今こういうことができると言えるところから実際それを実証してさらにやるという点でリーダーシップ的な地位が得られるような先進的投資を我々は行ってきたからだと思います。

ミラー　：全体的にみて日本の市場はいかがですか。市場としては厳しいものですか。

グリーン：ええ。第一に，土台となる経済が常に不安定な状態なので，日本の顧客である大手 IT 企業が不透明な将来に投資することは困難な状況になっています。我々の業界にある不安定さが将来へのかなり積極的な投資を妨げるわけではありません。しかし，ここ日本ではそれはいくらか一般的な心理のように思われます。今日では人々は，IT 技術を含めて何に投資するかにとても慎重になっています。ここでは難しいのです。戦後の時代にあったような，成長を必ず成し遂げてやろうという情熱にあふれたやる気というものがみられないからです。

ミラー　：日本人を管理し，日本人と協力してやっていく上で難しい点にはどのようなものがありますか。

グリーン：一つ非常に難しい点は，自分がうまくできる一つのことに固執するのではなく，どんな分野でもそうですが，国際化と競争に対する主体性を確保することです。

ミラー　：日本は昔から常に歴史的には革新に弱いですね。それは変わりましたか。

グリーン：日本が革新に弱いとはまったく思いませんね。日本は技術革新の面ではとても強いですよ。日本が弱さをみせるのは，ビジネスでの革新ですね。だから研究室から出して市場収益性をもたらす，そのつながりが日本は弱いですね。

ミラー　：日本での生活はどうですか。

グリーン：今ではもう日本に暮らして 5 年になります。日本人の女性と結婚して日

本の家庭を築いています。土地も買い，家も建てました。そうですね，私の生活がここにある，ということですね。日本で生きていく術，新しい環境でうまくやっていく術を学んだだけではなく，人を引っ張っていく術も学んだと思いますよ。私はいつも郊外に住むことが多かったですから，大都会に住むのは今回が初めてですね。

ミラー　：日本はいかがですか。

グリーン：最大の障害の一つは彼らが「あなたはわかっていない。日本は違うんだ」と言うときですね。もちろん日本は違いますが，それが障害になってはいけない。だから，「わかりました。その違いについて話をしましょう。そしてそこから前へ進みましょう」と提案しても，「いや，いや，そのように違いを解決したがることが，我々がどれほど違うかわかっていないということなんです。これは違うということだけではなく，変わらないっていうことなんです」と彼らは答えるのです。この種の会話は多いですね。私がイライラするのはこのような変わらない要素ですね。

解　説

1．A.「顧客の期待を満足させること」
　　B.「先進技術を提供すること」
　　C.「日本人スタッフに権限を与えること」
　　D.「困難に挑むこと」
　　E.「急進的な社会行動に出ること」

(イ)　前半は，グリーン氏の企業が，いくつかの先進技術分野で強力な売れ筋商品を持っており，取引先の企業の多くが日本にあって，技術協力も推進している点と，研究開発に多額の投資をしてきたことで，最先端の技術を使った費用効果が高い製品を開発した点が述べられており，見出しとしては，**Bが適切**。

(ロ)　後半では，日本市場での問題点や，日本人を管理したり日本人と共に働いたりする際に難しい点が中心に語られている。したがって**Dが適切**。

2．A.「何かが起きるのを阻止すること」
　　B.「何かを計画として念頭に置くこと」
　　C.「何かを本当だと受け入れること」
　　D.「何かを計画として提案すること」

preclude は「～を起きないようにする，～を不可能にする」という意味であり，**Aの to stop something from happening が正解**。

3．A.「あなたがすぐにすべきことをするのを遅らせること」
　　B.「将来について考えたがらないか，考えられないこと」
　　C.「何かをしたいと強く望むこと」

D.「大成功すること」

thrive は「繁栄する」という意味であり，**D**の to become very successful が正解。

4.

㋐ 「グリーン氏の日本企業全般に関する考えは，（　　　）ということだ」

A.「株式投資をするのが難しい」

B.「得意としている一つのことに重点的に取り組まない」

C.「以前のような，なんとか成長しようという熱意のこもったやる気がない」

D.「技術革新への投資にまったく関心がない」

グリーン氏が日本企業全般をどう思っているかという点については，第3発言第2文で，日本の大手 IT 企業は不透明な将来に投資したがらないという点と，最終文で，成長を成し遂げようという，戦後の時代にはあったような情熱にあふれたやる気がみられないという点が述べられている。よって，**C**が発言内容に一致する。株式投資の話は述べられておらず，**A**は不適。第4発言では得意とする一つのことに固執するという点を批判的に述べており，**B**も不適。第5発言では技術革新の面では強いが，市場収益につなげるのが下手だと述べており，**D**も不適。

㋑ 「グリーン氏が日本について好ましく思っていないのは，（　　　）という点だ」

A.「人々が投資全般にまったく興味を示さない」

B.「人々が外国人との違いについて話し合うことをいやがる」

C.「外国人が日本の市場で生き残るのは難しい」

D.「外国人が倫理的問題を扱うのは難しい」

グリーン氏が日本について好ましく思っていない点については，グリーン氏の最終発言で述べられている。日本人は自分たちが他の国の人々とは違うという点に固執するだけで，その点について話を深めようとしない様子が述べられており，**B**が正解。

1. ㋑—B　㋺—D
2. A
3. D
4. ㋐—C　㋑—B

第4章

読 解

〈1〉 英文和訳　　　　問題 50〜53

[傾向]　ほとんどが記述式で，**下線部訳のみが問われる読解問題**が，法学部と文学部で出題されていた。なお，文学部では 2021 年度以降，出題されていない。

●**設問のタイプ**（※＝ 3 年〈2021〜2023〉以上出題なし）

●**法学部**：170〜320 語程度の英文中の下線部（2 カ所）を和訳する（30 点）

⇨問題 50〜53

●**文学部**：短めの英文中の下線部（1 〜 3 カ所）を和訳する（12〜30 点）※

　※ 2017 年度は選択式。

　※ 2019 年度は総合問題の設問の一部として出題された。

　※ 2020 年度は英文中の下線部（1 カ所）の日本語訳が提示され，その日本語訳の空所（2 カ所）に入る語句を解答する形式。(10 点)

[対策]　構文や語彙レベルとしてはごく標準的であり，それだけに学力差の出やすい問題となっている。下線部に頻出熟語や構文が含まれていないかよく注意しなければならないが，設問の多くは特殊な構文・熟語・語彙力を問うものではなく，あくまでも全体の文脈に沿った，日本語として自然な訳を求めるものである。したがって，対策としては，英文の短い英文和訳の問題集を利用して，必ず実際にペンをとって答案をまとめる練習をしておくこと。英文の言わんとすることはわかるが，適切な日本語表現が浮かばないなどということがないようにしたい。

法　文

50

2016 年度　法学部（法律／国際企業関係法）〔1〕

目標解答時間　15分

次の英文の下線部(a)と(b)を日本語に訳しなさい。(30 点)

　　Eating out is an ancient product of urbanism. <u>Its origins were not so much</u>
<u>a desire for "fast food" as a means of providing cooked dishes for the poorer</u>
<u>people who lacked the time and technologies to prepare food at the places where</u>
<u>they slept.</u> Ancient Rome had a population of more than a million by 100 BC.
Most of the city's people lived in tenements and had no access to the bulky ovens　　5
and hearths needed to bake bread or make porridges and gruels. The poor had
little choice but to purchase their food on the street or at the market or bazaar,
whereas for the wealthy the staging of a banquet in their own houses was a
vehicle for displaying their good fortune and their pretensions. <u>Much the same</u>
<u>applied in the cities of pre-modern Asia and the Middle East, where the better-off,</u>　　10
<u>especially those who could afford the large ovens and the labor of servants to</u>
<u>bake their own bread, preferred to eat at home.</u>

* urbanism　都市生活
* tenements　共同住宅
* porridges and gruels　麦で作ったかゆ

出典追記：How Food Made History by B. W. Higman, Wiley-Blackwell

全訳

≪外食の始まり≫

　外食は都市生活様式の大昔の産物である。(a)その始まりは,「ファーストフード」を食べたいという気持ちというよりむしろ,自分の眠る場所で食べ物を用意する時間や技術を持たない比較的貧しい人たちに調理済みの料理を提供する手段であった。古代ローマは,紀元前100年までには100万人以上の人口を抱えていた。この町の人々の大半は共同住宅に住み,パンを焼いたり麦で作ったかゆを調理したりするのに必要な巨大なかまどや炉床には手が届かなかった。貧民は通りや,市場やバザールで食べるものを買う以外にほとんど選択の余地がなかったが,金持ちにとっては,自宅で晩餐会を開くことが自身の豊富な富と見栄を示す方法であった。(b)ほぼ同じことが前近代のアジアや中東の都市にも当てはまったが,そういう所では,富裕層,特に自分たちのパンを焼くための大きなかまどや使用人の労働に払うお金のある人たちは,自宅で食事することを好んだ。

解　説

(a)

▶ Its origins were not so much a desire for "fast food" as a means of providing cooked dishes for the poorer people

● Its origin「その起源,その始まり」の It は Eating out「外食」を指すが,そのまま「その」と訳してよい。

● 補語となっている部分には,not so much *A* as *B*「*A* というよりむしろ *B*」というイディオムが用いられており,*A* が a desire,*B* が a means だが,それぞれ前置詞句で修飾された形となっている。

● a desire for "fast food"「『ファーストフード』を欲する気持ち,『ファーストフード』を食べたいという気持ち」

● a means of ～ の means はこの形で「手段」という意味の名詞であり,単複同形なので,ここでは単数形として用いられている。

● providing 以下は,provide *A* for *B*「*B* に *A* を提供する」という表現が動名詞形となっている。cooked dishes「調理済みの料理」

● the poorer people は比較の対照が示されていない絶対比較級の用法で「(他の人たち)より貧しい人々」という意味だが,「比較的貧しい人々」や「貧困層」というような訳が適切。

▶ who lacked the time and technologies to prepare food at the places where they slept

● who 以下は the poorer people を先行詞とする関係代名詞節。lack「～を欠いている,～がない」

● to prepare 以下は the time and technologies「時間と技術」を修飾する to 不定詞。

- where 以下は the places を先行詞とする関係副詞節。

(b)

▶ Much the same applied in the cities of pre-modern Asia and the Middle East

- 文全体は，Much the same「ほとんど同じこと」が主語，applied in ～「～に当てはまった」が述語動詞，where 以下に，the cities を先行詞とする関係副詞節が継続用法の形で続く形となっている。
- pre-modern「前近代の」

▶ where the better-off, especially those who could afford the large ovens and the labor of servants to bake their own bread, preferred to eat at home

- where 以下は，and there（＝in those cities）と考えて，後に付け足す形で訳すとよい。
- the better-off は the＋形容詞の形で「～な人々」という意味になる用法で，ここでは「（他の人たちより）裕福な人々，富裕層」という意味。コンマで挟まれた語句の後に続く preferred が述語動詞となっている。
- afford は「～を買うことができる，～に対する金銭的余裕がある」という意味。oven は前近代の話なので「かまど」という訳が適切。
- to bake their own bread は the large ovens と the labor of servants を修飾する to 不定詞だが，目的の意味も込めて「～するための」と訳すとよいだろう。

●語句・構文⋯⋯⋯⋯⋯⋯⋯⋯⋯⋯⋯⋯⋯⋯⋯⋯⋯⋯⋯⋯⋯⋯⋯⋯⋯⋯⋯⋯⋯⋯⋯⋯⋯
- □ *l*.5　have no access to ～「～を使えない，～が入手できない」
- □ *l*.5　bulky「大きい，かさばった」
- □ *l*.6　hearth「炉床，窯」
- □ *l*.6　have little choice but to *do*「～する以外にほとんど選択肢がない」
- □ *l*.8　the wealthy「金持ち，富裕層」
- □ *l*.8　staging of a banquet「宴会の開催，晩餐会を開くこと」
- □ *l*.9　vehicle「手段」
- □ *l*.9　pretension「自負，見栄，気取り」

(a) その始まりは，「ファーストフード」を食べたいという気持ちというよりむしろ，自分の眠る場所で食べ物を用意する時間や技術を持たない比較的貧しい人たちに調理済みの料理を提供する手段であった。

(b) ほぼ同じことが前近代のアジアや中東の都市にも当てはまったが，そういう所では，富裕層，特に自分たちのパンを焼くための大きなかまどや使用人の労働に払うお金のある人たちは，自宅で食事することを好んだ。

51

次の英文の下線部(a)と(b)を日本語に訳しなさい。(30点)

　　The stories of our lives, far from being fixed narratives, are under constant revision. The slender threads connecting cause and effect are re-woven and re-interpreted as we attempt to explain to ourselves and others how we became the people we are. As I listen to these tales of the past, I am impressed by the ways in
5　which people connect the things they experienced as children to who they are today.

　　So what do we owe our personal histories? Certainly we are shaped by them
(a)
and must learn from them if we are to avoid the repetitious mistakes that make us feel trapped in a long-running drama we wrote ourselves. This is why in the initial
10　stages of psychotherapy* it is important to listen to the patient's story uncritically. Contained in those memories are not just the events, but also the meaning they have for that particular person. Since the story is being told by someone who is
(b)
anxious, depressed, or otherwise dissatisfied with his or her own existence, the therapist is likely to hear about the misery and trauma that are presumably in
15　some way connected to current unhappiness.

　　* psychotherapy　心理療法

出典追記：Too Soon Old, Too Late Smart : Thirty True Things You Need to Know Now by Gordon Livingston, Hachette Books

≪絶えず修正される過去の記憶≫

全 訳

　私たちの人生の物語は，決して不変の物語ではなく，絶えず修正されている。私たちが自分自身や他の人に，自分がどのようにして現在の自分になったかを説明しようとするとき，原因と結果を結ぶ細い糸は，編み直され解釈し直される。こういう過去の話を聞くとき，人々が子供のころ経験したことを現在の自分に関連づける方法に私は感銘を受ける。

　では自分個人の歴史は私たちにどんな影響を与えているのだろうか。(a)確かに私たちは自分の個人の歴史によって形作られており，もし自分で書いた長く続くドラマの中に封じ込められたと自身に感じさせる，何度も繰り返す過ちを避けようと思えば，その歴史から学ばなければならない。このようなわけで心理療法の初期段階において患者の話を批判的にならずに聞くことは重要なのである。そうした記憶には，単に出来事だけでなく，ある特定の人に対してその人がもっている意味も含まれている。(b)その話は，不安であるか，落ち込んでいるか，そうでなくても自分自身の存在に満足していない人によって語られているものなので，おそらく何らかの点で現在の不幸と関係がある苦痛やトラウマについての話を療法士は聞く可能性が高い。

解 説

(a)

▶ Certainly we are shaped by them and must learn from them

● Certainly「確かに」は文頭にある場合，文全体の内容を修飾している。

● we という主語に対する述部は are shaped by them と must learn from them の2カ所。be shaped by ～ は「～に形成されている，～によって形作られている」という意味。them はこの後の learn from them の them と同様，下線部の直前にある our personal histories「自分の個人の歴史」を指すので，訳を明確にするため「それら」ではなく，きちんと訳すことが望ましい。

▶ if we are to avoid the repetitious mistakes

● we are to ～ の be to *do* の形は，予定，意図，義務，可能，運命などを表す用法であり，if 節中で用いられた場合，通常は意図を表し「～しようと思う」という訳になる。また，この条件節は must learn from them という部分を修飾していると考えられるので，are shaped by them の部分を訳した後で訳すことになる。

● the repetitious mistakes の repetitious は repetitive とほぼ同意で「何度も繰り返す」という意味。

▶ that make us feel trapped in a long-running drama we wrote ourselves

●この that 以下の節は mistakes を先行詞とする関係代名詞節で，節中の drama にさらに関係代名詞節が続く形となっている。

- make us feel 〜 は使役動詞としての make の用法で「私たちに〜と感じさせる」と訳す。feel trapped は trapped が feel の補語となっており「捕らわれていると感じる，封じ込められていると感じる」という意味。
- in a long-running drama「長く続くドラマに」という部分は trapped を修飾する前置詞句。
- we wrote ourselves「私たちが自分で書いた」はこの前に目的格の関係代名詞の that か which が省かれており，先行詞の drama は本来は wrote の目的語。

(b)

▶ Since the story is being told by someone who is anxious, depressed, or otherwise dissatisfied with his or her own existence

- この部分は理由を表す接続詞の Since「〜なので」に続く副詞節で，節中の someone に，これを先行詞とする関係代名詞節が続く形となっている。
- the story is being told by 〜 は進行形となった受動態で，反復的な動作を表すと考えられる。「〜によって語られている」と訳すとよいが，someone が主語のように「〜が語っている」という訳でもよい。
- 関係代名詞の主格の who と動詞の is に対し，補語は anxious「心配して，不安で」，depressed「落ち込んで，元気がなくて」と，or otherwise「そうでなくても」の後に続く dissatisfied with 〜「〜に満足していなくて，〜に不満で」の 3 つ。
- his or her own は someone を受けているので「自分自身の」とする。

▶ the therapist is likely to hear about the misery and trauma

- この部分が主節であり，misery and trauma を修飾する関係代名詞節が続く構成となっている。therapist「療法士」は第 2 段第 3 文（This is why …）の中にある psychotherapy「心理療法」に携わる療法士のこと。
- is likely to do は「〜する可能性が高い，〜しそうだ」という意味のイディオム。hear about 〜「〜について（の話を）聞く」 misery「不幸，（精神的）苦痛」 trauma「トラウマ」

▶ that are presumably in some way connected to current unhappiness

- that は関係代名詞の主格。presumably「たぶん，おそらく」
- in some way「何らかの点で」
- be connected to 〜「〜と関係がある，〜とつながりがある」
- current unhappiness の current は今あるという意味の「現在の」

●語句・構文‥‥

- ☐ l.1 far from 〜「〜どころではない，決して〜ではない」
- ☐ l.1 fixed narratives「固定した物語，不変の物語」
- ☐ l.1 under constant revision の under は「（行為などが）進行中で」という意味であり，

この部分は「絶えず修正されていて」という意味になっている。

□ *l.*3　as we attempt ～ における as は「～するとき」という意味の接続詞。4 行目の As I listen to ～ における As も，5 行目の as children「子供のころに」における as も同様の意味で用いられている。

□ *l.*3　the people we are は we の前に関係代名詞の who が省略されており，what we are 「現在の私たち，現在の自分たち」とほぼ同意。5 行目の who they are は「自分たちが何者か」という意味だが，「現在の自分」と訳してもよいだろう。

□ *l.*7　what do we owe our personal histories は直訳すると「私たちは自分の個人の歴史に何を負っているのか」という意味だが，後続文の we are shaped by them から判断して，「自分の個人の歴史が私たちにどう影響しているのか，私たちの何が個人の歴史によるものなのか」というような訳が考えらえる。

□ *l.*9　This is why ～「こういうわけで～」

□ *l.*10　uncritically「無批判に，批判的にならずに」

□ *l.*11　Contained in those memories are ～ は主語（the events と meaning の 2 つ）が長いために，倒置形となっている。

(a)　確かに私たちは自分の個人の歴史によって形作られており，もし自分で書いた長く続くドラマの中に封じ込められていると自身に感じさせる，何度も繰り返す過ちを避けようと思えば，その歴史から学ばなければならない。

(b)　その話は，不安であるか，落ち込んでいるか，そうでなくても自分自身の存在に満足していない人によって語られているものなので，おそらく何らかの点で現在の不幸と関係がある苦痛やトラウマについての話を療法士は聞く可能性が高い。

52

次の英文の下線部(a)と(b)を日本語に訳しなさい。(30点)

Across Europe it is populist parties that seem to be having their moment now. The word "populist" is a useful label, but it does not entirely explain the power of these movements. This cannot derive only from their most obvious feature, which is hostility to outsiders. There is also the sense of belonging that they produce by
5 combining religion and nationalism to imagine, and so create, communities.

This is a deep human instinct. Children spontaneously do it in play. That does not make nationalism or religion primitive, though: in the forms that we know them today both are products of modern society. Both reject the ideal of freedom or self-sufficiency which characterises the contemporary world. Both see that the
(a)
10 individual derives her value from being part of a larger whole, rather than from being a fundamentally autonomous figure who must choose as freely as possible. In this sense, both are profoundly illiberal.

Why is this vision so attractive to so many? The most obvious answer is that it is at least half true. In a world where the workings of the global economy are
(b)
15 entirely unaffected by the sufferings of any individual caught up in them, it is natural to understand that community and belonging are the only lasting sources of value. Two more assertions of the importance of community make the populist vision attractive to some. The first is that you can't easily choose to leave, or be thrown out. As with traditional families, membership in a populists' community is
20 not something you can ever wholly resign. The second point is that this kind of belonging isn't earned by any merit. Since the belonging that populist parties offer hasn't been earned, it must be awarded on other grounds that have nothing to do with merit, such as birth, skin colour, or religious faith. All three are tangled together in contemporary populism.

全訳

≪現代のポピュリズム≫

　　ヨーロッパ中で，今脚光を浴びていると思えるのはポピュリスト政党である。「ポピュリスト」という言葉は役に立つ呼称だが，こうした動きの持つ力を完全には説明していない。外部の人間に対する敵意という，そうした政党の持つ最も明らかな特徴だけから，これが生じているわけではない。共同体を想像するがゆえに，それを創造するために，宗教とナショナリズムを組み合わせることでそうした政党が生み出す，帰属意識というものもある。

　　これは人間に深く根付く本能である。子供は無意識のうちにそれを遊びにおいて行う。しかしだからといって，ナショナリズムや宗教が原始的なものになるわけではない。現在我々の知る形においては，そのどちらも近代社会の産物である。どちらも，現代世界を特徴付ける自由や個人の充足という理想を退けている。(a)そのどちらも，個人というものは，可能な限り自由に選択をしなければならない根本的に自立した人物であるということよりもむしろ，より大きな全体の一部であるということから自身の価値を引き出すものと見なしている。この意味において，どちらも非常に反自由主義的である。

　　なぜこのような幻想が，それほど多くの人にとってそれほどまでに魅力的なのだろうか？　最も明らかな答えは，それが少なくとも半分は真実だからということである。(b)世界経済の仕組みが，そこに捕らわれているいかなる個人の苦しみにもまったく影響を受けない世界においては，共同体と帰属が唯一の永続的な価値の源であると理解するのも当然である。共同体の重要性を説くさらなる2つの主張がポピュリストの幻想を，一部の人にとって魅力的なものにしている。その1つ目は，簡単に出ていく決断をしたり，追い出されたりすることはないということである。伝統的な家族と同様，ポピュリストの共同体への帰属は決して完全に抜け出すことはできないものである。2つ目の主張は，こういった類の帰属は何らかの功績によって得られるものではないということである。ポピュリスト政党が与える帰属は得られるものではなく，出自や肌の色や信仰といった，功績とはまったく無関係な他の根拠で授与されなければならない。3つすべてが，現代のポピュリズムにおいては複雑に絡み合っているのだ。

解 説

(a)

▶ Both see that the individual derives her value from being part of a larger whole,

● 主語の Both はここでは第2段第3文（That does not …）中の nationalism と religion を指すので，「（その）どちらも」や「両方」と訳すとよい。

● 述語動詞の see は，ここでは that 節が目的語であり「～と見なす，～と捉えている」という意味。

● the individual「個人」は that 節の主語で，動詞の derive は derive *A* from *B*「*B*

からAを引き出す」という意味で用いられており，Aが her value「自身の価値」，
Bにあたるのが being part of a larger whole「より大きな全体の一部であること」
となっている。

▶ rather than from being a fundamentally autonomous figure

● この部分も derive A from B の一部で，rather than ～「～よりむしろ」の後に，
2つ目のBに相当する being a fundamentally autonomous figure「根本的に自立
した人間であること」が続いている。
autonomous「自立した」 figure はここでは「人物」という意味。

▶ who must choose as freely as possible.

● この部分は figure を先行詞とする関係代名詞節。

● as freely as possible は as ～ as possible「できるだけ～」という表現が用いられ
ており，「できるだけ自由に」という意味。

(b)

▶ In a world where the workings of the global economy are entirely unaffected

● この部分からコンマまでは前置詞句で，where 以下 them までは a world を先行詞
とする関係副詞節。

● the workings of the global economy「世界経済の仕組み」は where 以下の関係副
詞節の主語。動詞の部分は are entirely unaffected by ～という形の受動態となっ
ている。working はここでは「仕組み，機能」という意味の名詞。

● entirely「まったく，完全に」 unaffected「影響を受けない」

▶ by the sufferings of any individual caught up in them,

● by the sufferings of any individual の sufferings は「苦しみ」という意味で，様々
な苦しみがあることから複数形となっている。any は単数形普通名詞の前では「ど
んな～でも」という意味。

● caught up in them は individual を修飾する過去分詞句。them は the workings（of
the global economy）を指し，caught up in ～ は「～に捕らわれている，～に囚わ
れている」という意味。

▶ it is natural to understand that community and belonging are the only lasting
sources of value.

● it is natural to understand ～ は形式主語構文で，to understand 以下の to 不定詞
句が真主語。that 節は understand の目的語となる名詞節。

● community and belonging は that 節の主語，are が動詞，sources（of value）が
補語となっている。community「地域社会，共同体」 belonging「帰属」

● lasting は「永続的な」という意味の形容詞。この部分は「永続的な価値の源，価
値を生み出す永続的な源」というような訳が考えられる。

●語句・構文‥‥‥‥‥‥‥‥‥‥‥‥‥‥‥‥‥‥‥‥‥‥‥‥‥‥‥‥‥‥‥‥‥‥‥‥‥

- □ *l*.1　Across Europe「欧州全体で」
- □ *l*.1　have *one's* moment「一時的に脚光を浴びる」
- □ *l*.2　it does not entirely ～「完全に～というわけではない」
- □ *l*.4　hostility「敵意」
- □ *l*.4　sense of belonging「帰属感」
- □ *l*.4　by combining は by *doing*「～することで，～することによって」の形。
- □ *l*.6　spontaneously「無意識のうちに，自発的に」
- □ *l*.7　that we know them today は forms の内容を表す同格の節。
- □ *l*.9　self-sufficiency「個人の充足，自給自足」
- □ *l*.12　illiberal「反自由主義的な」
- □ *l*.13　vision はここでは後続文の文意から判断して，「幻想」という意味。
- □ *l*.18　The first とは the first assertion「1つ目の主張」のこと。
- □ *l*.19　As with ～「～と同様に」
- □ *l*.20　not something you can ever wholly resign は直訳すると「あなたが決して完全に抜け出すことのできるものではない」だが，「あなたが完全に抜け出すことはできないものだ」という訳も可能。
- □ *l*.20　this kind of ～「この種の～，この類の～」
- □ *l*.21　merit はここでは，birth，skin colour，religious faith と対比する形で用いられているので，「利点，長所」より「功績」の意味と考えられる。
- □ *l*.22　ground「根拠」
- □ *l*.22　have nothing to do with ～「～とは何の関係もない」
- □ *l*.23　be tangled together「共に絡み合っている」

(a) そのどちらも，個人というものは，可能な限り自由に選択をしなければならない根本的に自立した人物であるということよりもむしろ，より大きな全体の一部であるということから自身の価値を引き出すものと見なしている。

(b) 世界経済の仕組みが，そこに捕らわれているいかなる個人の苦しみにもまったく影響を受けない世界においては，共同体と帰属が唯一の永続的な価値の源であると理解するのも当然である。

53

次の英文の下線部(a)と(b)を日本語に訳しなさい。(30点)

　　When people think of problems with nutrition in the developing world, they probably think of hunger.　But the number of young people in low- and middle-income countries who are overweight or obese is catching up with the number who are underweight.　In 1975, obese children were almost unknown outside the

5　rich world: just 0.3% of people in developing countries aged 5 to 19 had a body-mass index (BMI) more than two standard deviations* above the average for their age and gender, the World Health Organisation's definition of obesity.　That figure has soared to 7% today.　Meanwhile, the proportion of children who are underweight (with a BMI two standard deviations below average for their age and

10　gender) in low- and middle-income countries has declined, from 13% to 10%.　(a)According to the WHO, if current trends continue, the number of obese children worldwide will surpass that of the undernourished by 2022.

　　It might seem paradoxical that countries can have high levels both of hunger and of obesity.　But the two are linked.　Poor parents tend to seek the most

15　affordable meals they can find to fill up their children.　Thanks to the spread of convenience foods and energy-dense processed carbohydrates, (b)the cheapest foods often deliver extremely few nutrients relative to the calories they contain, putting children who eat a lot of them at risk of obesity.

　　As a result, countries where the number of underweight children falls sharply

20　often overshoot in the other direction.　South Africa, for example, slashed the share of its youngsters who are underweight from about 20% in 1975 to less than 5% today.　Over the same period, its childhood obesity rate went from roughly zero to more than 10%.

* standard deviation　標準偏差

出典追記：Seriously Curious: The Facts and Figures that Turn Our World Upside Down by Tom Standage, PublicAffairs

全 訳

≪肥満の子供が途上国でも増える理由≫

　開発途上諸国の栄養摂取に関する問題について考えるとき，人はおそらく飢餓について考えるだろう。しかし，低所得国や中所得国の若者で太りすぎ，あるいは肥満の人たちの数は，低体重の人たちの数に追いつきつつある。1975 年，肥満の子供は豊かな国の外側ではほとんど知られていなかった。開発途上国に住む 5 歳から 19 歳の人の中でわずか 0.3％が，世界保健機関（WHO）による肥満の定義である，年齢と性別による平均を上回る 2 つの標準偏差以上の BMI を示していた。その数字は今日 7 ％にまで急上昇している。一方で，低所得国や中所得国の体重不足である（年齢と性別による平均を下回る 2 つの標準偏差の BMI を持つ）子供の割合は，13％から 10％に減った。(a)WHO によると，もし現在の傾向が続くなら，2022 年までには全世界の肥満の子供の数は，栄養失調の子供の数を超えるだろう。

　国の中で飢餓と肥満の両方が高い値を示すことがあるというのは，逆説的に思えるかもしれない。しかし，その 2 つはつながっているのである。貧しい親は子供の腹を満たすため，自分達にとって最も安価に入手できる食べ物を求める傾向がある。便利な食べ物やエネルギーが豊富な加工炭水化物が広まったせいで，(b)最も安価な食べ物から得られる栄養素は，それに含まれるカロリーと比べて極端に少ないことが多く，そういう食べ物を多く食べる子供を肥満の危険にさらすことになる。

　その結果，体重不足の子供の数が急激に減った国は，しばしば反対方向に度を越してしまう。例えば南アフリカは，体重不足の子供の割合を，1975 年の 20％程度から今日の 5 ％未満にまで大幅に下げた。同期間にわたって，子供の肥満率はほぼ 0 ％から 10％を超えるまで上昇した。

解 説

(a)

▶ According to the WHO

● According to ～ は「～によると」というイディオム。

● WHO はそのまま用いてよいが，「World Health Organization（世界保健機関）」の頭文字をとったものという知識があれば，日本語訳にしてもよいだろう。

▶ if current trends continue

● この部分は，後続の主節に対する条件節「もし～するなら」となっている。

● current trends「現在の傾向，最近の動向」という主語に対し，条件節中では未来を表す will は使えないので，continue「続く」は現在形となっている。

▶ the number of obese children worldwide will surpass that of the undernourished by 2022

● この部分は，the number が主語の主節。節中の will「～だろう」は未来の事態に対する推定を表す。

● obese children worldwide は obese children「肥満の子供（たち）」を worldwide

「世界中で」という副詞が後ろから修飾する形となっており，「世界中の肥満の子供（たち）」と訳すとよい。

- surpass「～を超える」は他動詞。目的語は that of the undernourished だが，that は前述の the number の繰り返しを避けるために用いられる代名詞なので，「～の数」のように，何を指すかを明確にすること。

- the undernourished は，the＋形容詞または分詞の形で「～な人々」と訳す用法であり，前述の obese children との関係から，「栄養失調の子供（たち），栄養不足の子供（たち）」という訳が適切。

- by 2022 の by は期限を表し，「～までに，～までには」という意味。

(b)

▶ the cheapest foods often deliver extremely few nutrients relative to the calories they contain

- the cheapest foods が主語，deliver が述語動詞，few nutrients が目的語で，relative to 以下が，nutrients を修飾する構造となっている。

- the cheapest foods「最も安価な食べ物，最も低価格の食物」

- deliver は「～を配達する，～を伝える，～を与える」などの意味で用いられることが多いが，ここでは目的語が extremely few nutrients「極端に少ない栄養素」であり，直訳すると「(食べ物が) 極端に少しの栄養素を与える」だが，内容から判断して，「(食べ物が) 与える栄養素は極端に少ない」という訳がわかりやすい。また，無生物主語であることから，全体の訳を「(食べ物) から得られる栄養素は極端に少ない」のように，目的語を主語のように訳すやり方も可能。

- often は「しばしば」という意味の頻度を表す副詞だが，「～することが多い」というように文末で訳すと自然な訳になる。

- relative to ～ は「～と比べて」という意味のイディオム。

- the calories they contain は calories を目的格の関係代名詞が省かれた，they contain という関係代名詞節が修飾する形。この they は foods を指し，直訳すると「それらが含む」だが，無生物主語なので，「それに含まれる」という受動態の訳にすることも多い。

▶ putting children who eat a lot of them at risk of obesity

- putting 以下は分詞構文で，コンマの後に続いていることから，付帯状況を表すと考えるか，and put ～ と考えて訳すかだが，ここでは，この部分は前文で述べられている状況の結果なので，後者の訳がよい。

- put A at risk of B は「A を B という危険にさらす」という意味のイディオムで，A にあたる children who eat a lot of them の them は the cheapest foods を指す。B にあたる obesity は「肥満」という意味の名詞。

●語句・構文…………………………………………………………………………………………

- [ ] *l.*1　think of ～「～のことを考える，～について考える」
- [ ] *l.*1　nutrition「栄養，栄養摂取」
- [ ] *l.*1　the developing world「発展途上世界，発展途上（諸）国」
- [ ] *l.*2　low- and middle-income countries「低所得国や中所得国」
- [ ] *l.*3　overweight「体重過多，太りすぎ」
- [ ] *l.*3　catch up with ～「～に追いつく」
- [ ] *l.*4　underweight「低体重，やせすぎ」
- [ ] *l.*4　unknown「知られていない」
- [ ] *l.*5　body-mass index（BMI）「ボディマス指数，肥満度を表す体格指数のこと」
- [ ] *l.*7　obesity「肥満」
- [ ] *l.*7　figure「数字」
- [ ] *l.*8　soar「急上昇する」
- [ ] *l.*8　meanwhile「その一方で」
- [ ] *l.*8　proportion「割合」
- [ ] *l.*10　decline「減少する」
- [ ] *l.*13　paradoxical「逆説的な」
- [ ] *l.*14　link「結びつく，関連づけられる」
- [ ] *l.*15　affordable「手頃な価格の」
- [ ] *l.*15　fill up ～「～のお腹を一杯にする」
- [ ] *l.*15　thanks to ～「～のおかげで」
- [ ] *l.*16　convenience foods「便利な食べ物」とは解凍や温めるだけで手軽に食べられる包装された料理や食品のこと。
- [ ] *l.*16　energy-dense processed carbohydrates「エネルギーが豊富な加工炭水化物」
- [ ] *l.*19　as a result「結果として，その結果」
- [ ] *l.*20　overshoot「行き過ぎる，度を超す」
- [ ] *l.*20　in the other direction「反対方向に」
- [ ] *l.*20　slash「～を大幅に削減する」
- [ ] *l.*20　share「割合」
- [ ] *l.*22　over the same period「同じ期間に，同じ期間にわたり」

(a) WHO によると，もし現在の傾向が続くなら，2022 年までには全世界の肥満の子供の数は，栄養失調の子供の数を超えるだろう。

(b) 最も安価な食べ物から得られる栄養素は，それに含まれるカロリーと比べて極端に少ないことが多く，そういう食べ物を多く食べる子供を肥満の危険にさらすことになる。

〈2〉　空所補充　　　　　　　　問題 54〜61

[傾向]　法・経済・総合政策・国際情報・理工学部および6学部共通選抜（旧 統一入試）では，**英文中の空所に適切な語句や英文を補充する読解・空所補充問題**が出題されている。経済学部は，2022年度より出題されるようになった。なお，総合政策学部では2022・2023年度は出題されなかった。また，理工学部では2013〜2019年度は出題されず，2020年度に復活した。

●**設問のタイプ**（※＝3年〈2021〜2023〉以上出題なし）

●**法学部：**
　・英文中の10カ所の空所に対して，10個の選択肢（文・節・語句）の中から適切なものを選ぶ（20〜30点）
　・英文中の10カ所の空所に対して，それぞれ4つの選択肢（語句）から適切なものを選ぶ（20点）　　　　　　　　　　　　　　　⇨問題57

●**経済学部：**英文中の5カ所の空所に対して，それぞれ4つの選択肢（語）から適切なものを選ぶ（10点）　　　　　　　⇨問題56

●**総合政策学部：**2種類の英文の各5カ所の空所に対して，それぞれ5つの選択肢（節・語句）から適切なものを選ぶ（20点）　　⇨問題61

●**国際情報学部：**与えられた資料を読み取り，英文中の4・5カ所の空所に対して，それぞれ4つの選択肢から適切なものを選ぶ（15点）
　　　　　　　　　　　　　　　　　　　　　　　　　　　　⇨問題54

　※2019〜2021年度は空所補充のほか，資料の内容について当てはまるものを選択肢の中から選ぶといった設問も含まれる。

●**理工学部：**
　・英文中の7カ所の空所に対して，7個の選択肢（節・語句）の中から適切なものを選ぶ（14点）
　・2種類の英文の各5カ所の空所に対して，それぞれ4つの選択肢（文・節・語句）から適切なものを選ぶ（20点）　　　　⇨問題55

●**6学部共通選抜（旧 統一入試）：**
　・英文中の10カ所の空所に対して，10個の選択肢（語句）の中から適切なものを選ぶ（30点）※
　・英文中の10〜15カ所の空所に対して，それぞれ4つの選択肢（語句）から適切なものを選ぶ（30点）　　　　　　⇨問題58〜60
　※年度によって，いずれか一方が出題されたり，両方が出題されたりする。2015・2017・2018年度は後者のみが2題出題された。

対策 いずれも，前後の語句から類推して，文法や構文，語法上の手がかりから適切なものを選ぶものと，純粋に文脈から判断して選ぶものとに分かれる。わかりやすいものから順次選んで，残った選択肢のうちどれが空所に適するかを判断したい。最終的に，それぞれが文脈に沿ったものになっているかをチェックする方法で全問正解できるものが多い。

法　経済　総合政策　国際情報
理工　6学部共通選抜

54

Read the following passage and select the best answer for each question.

　　Japan's export in 2016 consisted of transport equipment, which accounted for the (1) portion of the total export value, 24.8 percent, followed by (2) and electrical machinery, making up 19.4 percent and 17.6 percent, respectively. One characteristic of Japan's exports is the large proportion of high value-added products manufactured with advanced technology, such as motor vehicles, iron and steel, and integrated circuits.

　　The leading import item category was mineral fuels, which represented (3) percent of the total value imported, followed by electrical machinery and (4), with 16.3 percent and 10.8 percent, respectively.

Component Ratios of Foreign Trade by Commodity (2016)

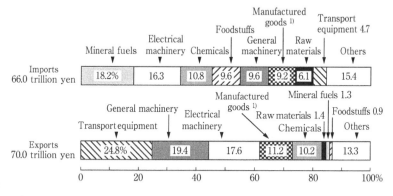

1) Consisting of iron and steel products, non-ferrous metals, textile yarn and fabrics, etc.

Source: Ministry of Economy, Trade and Industry.

1．Which best fits blank（　1　）?

   a．smallest

   b．second smallest

   c．largest

   d．second largest

2．Which best fits blank（　2　）?

   a．chemicals

   b．raw materials

   c．mineral fuels

   d．general machinery

3．Which best fits blank（　3　）?

   a．1.3

   b．6.1

   c．18.2

   d．66.0

4．Which best fits blank（　4　）?

   a．manufactured goods

   b．foodstuffs

   c．general machinery

   d．chemicals

5．What is the export value of "chemicals" in 2016?

   a．6.11 trillion yen

   b．7.14 trillion yen

   c．10.2 trillion yen

   d．10.8 trillion yen

≪日本の対外貿易の構成比率：商品別（2016年）≫

全訳　　2016年の日本の輸出品の内訳は，輸送設備が全輸出額で最大の24.8％を占めており，それに続くのは，一般機器，電気機器でそれぞれ19.4％，17.6％を占めている。日本の輸出品の1つの特徴は，高度な技術で作られた高付加価値製品が多いことである。例えば，自動車類，鉄鋼，集積回路などである。

　　輸入品の主な内訳は，鉱物燃料が全輸入額の18.2％を占めており，それに続くのは，電気機器，化学製品でそれぞれ16.3％，10.8％である。

解　説

1． a．smallest「最小の」　　　　　b．second smallest「2番目に少ない」

　　c．largest「最大の」　　　　　　d．second largest「2番目に大きい」

Exports「輸出品」の帯グラフを見ると，24.8パーセントを占めるTransport equipment「輸送設備」は最大の割合を占めているので，**c**の **largest** が正解。

2． a．chemicals「化学製品」　　　　b．raw materials「原材料」

　　c．mineral fuels「鉱物燃料」　　　d．general machinery「一般機器」

「輸出品」の帯グラフを見ると，19.4パーセントの部分は**d**の **general machinery** であり，これが正解。

3． Imports「輸入品」の帯グラフを見ると，Mineral fuels「鉱物燃料」の部分は18.2パーセントとなっており，**c**の **18.2** が正解。

4． a．manufactured goods「製造品」　　b．foodstuffs「食料品」

　　c．general machinery「一般機器」　　d．chemicals「化学製品」

「輸入品」の帯グラフを見ると，2番目がElectrical machinery「電気機器」，3番目がChemicals「化学製品」なので，**d**の **chemicals** が正解。

5．「2016年の『化学製品』の輸出額はいくらか？」

「輸出品」の帯グラフから総額は70.0 trillion yen「70兆円」であり，Chemicals「化学製品」はそのうちの10.2パーセントなので，$70.0 \times 0.102 = 7.14$ となり，**b**の **7.14 trillion yen** が正解。

●語句・構文……………………………………………………………………………………

☐ *l*.1　consist of ~「~から成る，~で構成されている」

☐ *l*.1　account for ~「~の割合を占める」

☐ *l*.2　followed by ~「次に~がある，（主語の）その後に~が続く」

☐ *l*.3　making up 以下は分詞構文。make up ~「~を占める，~を構成する」

☐ *l*.3　respectively「それぞれ」

☐ *l*.4　high value-added products「高付加価値製品」

☐ *l*.6　integrated circuits「集積回路」

☐ *l.7* leading「主要な」
☐ *l.7* represent「～を示す，～に相当する」

1−c 2−d 3−c 4−d 5−b 解 答

55

次の設問1，2に答えなさい。(20 点)

設　問

1．次の英文を読み，本文の空所 [　1　] ～ [　5　] に入る最も適当なものを
　A～Dよりそれぞれ1つ選び，その記号をマークしなさい。

NASA'S NEW MOON PROJECT

NASA has selected space firms SpaceX, Blue Origin, and Dynetics to build spacecraft that can carry astronauts to the moon by 2024, the space agency announced yesterday. The three companies, which include firms of tech billionaires Elon Musk and Jeff Bezos, will share $967 million from NASA, though the specific amount each company will receive is not yet [　1　]. Boeing also proposed a plan for a spacecraft but was not selected. "This is the last piece that we need in order to get to the moon," NASA official Jim Bridenstine told reporters. [　2　] the Apollo project that put astronauts on the moon for short trips nearly 50 years ago, NASA is planning for a long-term moon base that will eventually [　3　] humans to reach Mars. Picking three space companies allows NASA to have options [　4　] one company falls behind in development. Elon Musk, the CEO of SpaceX, commented, "I think we've got the potential for an incredibly exciting future in space with a base on the moon, and ultimately sending people to live on Mars." [　5　]. Boeing, on the other hand, could not be reached for comment at this time.

Reuters

1．A．concerned　　B．known　　　C．doubtful　　D．transferred

2．A．Unlike　　　B．Moreover　　C．Although　　D．Similarly

3．A．make　　　　B．let　　　　　C．commit　　　D．enable

4．A．in case　　　B．should　　　C．without　　　D．unless

5. A. Musk also said he was looking forward to working with Boeing on producing the spacecraft

B. Moreover, it is not clear yet whether reaching Mars will be achievable

C. Blue Origin CEO Jeff Bezos also expressed his excitement about the project

D. The moon project is a welcome boost for airline companies struggling after the coronavirus epidemic

2. 次の英文を読み，本文の空所 [1] 〜 [5] に入る最も適当なものを A 〜 D よりそれぞれ 1 つ選び，その記号をマークしなさい。

MEMORANDUM

To: All staff
From: Mary Lander, Head of Product Development
Subject: New product launch

I am happy to inform everyone that the long-awaited launch of our new line-up of environmentally-friendly beauty products, Beauty Earth, will [1] on December 14.

It has been a somewhat long road to get here, with several months of delays caused by issues with our supply chain in Asia. However, we have finally made it and, I have to tell you, I am very hopeful about the new line-up's potential. The packaging, which has been developed by our new team of design specialists in New York, looks absolutely fantastic, and the overall quality of the products themselves is top-class. I am [2] excited by the shampoo line-up, which takes advantage of the latest technology in hair strengthening while sacrificing [3] of the environmental principles that are key to the image of our brand.

Over the next few weeks, we will be launching an intensive advertising campaign, [4] all of the major promotion channels. These will include television, poster, magazine and, of course, online. I am thrilled to announce that the French actress Natalie Bisset has agreed to be the face of the poster campaign. I'm sure you'll all agree she will be a terrific ambassador for our brand.

We will be releasing more details about pricing and marketing shortly, which we will share with all the relevant departments. In the meantime, thank you all for your hard work in making these new products possible. [5].

1. A. carry out   B. take place   C. succeed   D. announce

2. A. happily   B. solely   C. particularly   D. drastically

3. A. none   B. many   C. a few   D. any

4. A. covering   B. cover   C. will cover   D. covered

5. A. Hopefully there will be no more delays to the launch

   B. We hope you agree that $7.99 is the right price for most of the products

   C. It has been a brilliant advertising campaign so far

   D. I am very confident it will prove to be worth it

1.《NASA の新月面計画》

NASA は月に宇宙飛行士を運ぶことができる宇宙船を 2024 年までに建造するために，航空宇宙企業スペース X，ブルーオリジン，ダイネティクスの 3 社を選んだと宇宙局が昨日発表した。技術分野の億万長者となったイーロン=マスクとジェフ=ベゾスの会社を含んだこれら 3 社は，それぞれの会社がいくら受け取るかはまだわからないが，NASA から受け取る総額 9 億 6 千万 7 百万ドルを分け合うことになっている。ボーイング社も宇宙船計画を提案したが，選ばれなかった。「これが月に行くために我々が必要としている最後のものだ」と NASA のジム=ブライデンスタイン長官は記者たちに語った。50 年近く前，短期間月面に宇宙飛行士を送ったアポロ計画と違って，NASA は今，人間を火星にまで送ることをやがて可能にする長期の月面基地を計画している。3 社を選ぶことによって NASA は 1 つの会社に開発の遅れが出た場合でも，他の 2 社の選択肢がある。スペース X の CEO であるイーロン=マスクは「我が社は月面に基地を作り，究極的には人間を火星に送って，そこで生活させるという信じられないほどワクワクする宇宙の未来を実現させる潜在的能力を持っていると思う」とコメントしている。また，ブルーオリジンの CEO であるジェフ=ベゾスもこの計画への心躍る気持ちを表明している。一方，ボーイング社については，現段階ではコメントが得られていない。

2.《新商品発売の案内通知》

メ　モ

To：すべてのスタッフに
From：商品開発部部長メアリー=ランダー
Subject：新商品発売

このたび，長らくお待たせした我が社の環境に優しい化粧品の新商品ラインナップ「ビューティ・アース」が 12 月 14 日に発売されることになったということを皆さんにお知らせできるのを嬉しく思います。

ここまでくるのは少々長い道のりでした。途中でアジアにおけるサプライチェーンの問題などにより数カ月の遅れがでました。しかしながら，とうとうやりました。お伝えしなければならないのは，新商品のラインナップの潜在力に対して私が非常に期待しているということです。包装紙は我が社の新たなニューヨークのデザイン専門家チームが開発したもので，まったく素晴らしいものです。また，商品自体の全般的品質はトップクラスです。特にシャンプーのラインナップにはワクワクさせられます。これらの商品は我が社のブランドイメージにとって非常に重要な環境を守る原則を少しも損なうことなく，髪を強化する最新技術を生かしています。

これから数週間にわたって，主要な販売促進手段をすべて使って，宣伝を集中的に

行っていく予定です。これらの方法には、テレビ、ポスター、雑誌、もちろん、オンラインもあります。フランス人女優ナタリー=ビセットさんが広告ポスターの顔になることに同意してくれて、私は本当にワクワクしています。彼女に我が社の商品の素晴らしい大使となっていただけることに皆さんも同意してくれると私は確信しています。

まもなく価格とマーケティングに関するもっと詳しいことをお知らせします。この情報は関連部門すべての人に共有してもらう予定です。それまでは、この新たな商品を可能にするために一生懸命働いてくれた皆さん全員に感謝の気持ちを捧げたいと思います。新商品開発が皆さんの頑張りに値するものであることがはっきりするだろうと私は大いに確信しています。

解 説

設問1.

1. A. concerned「関係していて」　　　B. known「知られていて」
   C. doubtful「疑わしい」　　　　　　D. transferred「移されて」
   文の前半では、スペースX社などの3社がNASAから受け取る総額は9億6千7百万ドルだと述べられており、空所を含む後半はthough「〜だけれども」という逆接の接続詞で始まっているので、各社の受け取る額は「わからない」と続いているはずであり、**Bのknownが正解**。

2. A. Unlike「〜とは違って」　　　　　B. Moreover「さらに、そのうえ」
   C. Although「〜だけれども」　　　　D. Similarly「同様に」
   文の前半では、50年前のアポロ計画でも宇宙飛行士を月へ送ったが、short trip「短い旅」だったと述べているのに対し、後半ではa long-term moon base「長期の月面基地」を計画していると述べていることから判断して、**AのUnlikeが正解**。

3. 空所に入れる動詞の後に、humans to reach Marsというようにto不定詞が続いている点に注目する。**Dのenable**であれば、enable A to do「Aが〜することを可能にする」という表現で用いることができ、文脈上も適切なので、これが正解。Aのmakeとのletはいずれも動詞の原形が続くので不適。Cのcommitには「〜と約束する、〜を犯す」などの意味があるが、誰かに何かをさせるという意味では用いないので不適。

4. 空所の後には主語と動詞のある文が続いており、空所には接続詞かその機能を果たす表現が入ると判断できる。**Aのin case**であれば「〜な場合に、〜するといけないから」という意味になり、NASAが月面計画のために3社を選んだ理由として「1社に開発の遅れが出るといけないから」と述べていると判断でき、文脈上も適切なので、これが正解。Bのshouldとのwithoutはこの位置に入る語として

不適。Dの unless「もし〜でなければ，〜しない限り」は文脈上不適。

5．A．「マスクは宇宙船の製造でボーイング社と仕事をすることを楽しみにしているとも語った」

B．「さらに，火星まで行くのが達成可能なことかどうかはまだはっきりしない」

C．「ブルーオリジンの CEO であるジェフ=ベゾスもこの計画への心躍る気持ちを表明している」

D．「月面計画はコロナウイルスの大流行後，苦境にあえぐ航空会社にとって歓迎すべき支援となる」

空所の前文では，イーロン=マスクが月面基地を作って火星に人を送る計画について incredibly exciting future in space「信じられないほどワクワクする宇宙の未来」と表現しており，この計画に参加する3社の一つであるブルーオリジンの CEO であるジェフ=ベゾスも同様の発言をしたと判断でき，**Cの Blue Origin CEO Jeff Bezos also expressed his excitement about the project が正解**。後続文では計画に入れなかったボーイング社からはコメントがとれていないと述べられている点も参考になる。他の選択肢はすべて文脈上不適。

設問2.

1．A．carry out「〜を実行する」   B．take place「（計画が）行われる」

C．succeed「成功する」   D．announce「〜を発表する」

空所を含む that 節の主語は the long-awaited launch「長く待たれていた発売」であり，このメールが新商品の発売を告げるものであることから判断して，**Bの take place が正解**。Aの carry out と Dの announce には目的語が必要で不適。Cの succeed は，販売はこれからなので文脈上不適。

2．A．happily「幸いにも，幸せに」   B．solely「もっぱら，単に，1人だけ」

C．particularly「特に」   D．drastically「劇的に，大幅に」

空所を含む文の前文では新商品の品質の素晴らしさについて言及しており，空所に続く部分では，具体的に the shampoo line-up だけを取りあげていることから判断して，**Cの particularly が正解**。他の選択肢はすべて文脈上不適。

3．空所には sacrifice「〜を犠牲にする」の目的語が入る。この会社にとって environmental principles「環境に関する原則」は，ブランドイメージにとって鍵（必須のもの）だと説明されていることから，それらの原則のどれも犠牲にしてはならないはずであり，**Aの none が正解**。他の選択肢はすべて文脈上不適。

4．空所を含む文の前半は文の要素がすべてそろった完全文であり，空所の前には接続詞がないことから，空所を含む部分は分詞構文になると判断できる。また，空所の後には目的語があることから，現在分詞形の，**Aの covering が正解**。この cover は「（範囲が）〜に及ぶ，〜を含む」という意味だが，ここではあらゆる販売促進手段を使って，という意味。

5．A．「発売にこれ以上の遅れがでないことを願います」
　　B．「私たちは，皆さんが7.99ドルが商品の大半に対する適正な価格であること
　　　　に賛同してくださるものと期待しています」
　　C．「これまでのところ，素晴らしい広告キャンペーンとなっています」
　　D．「それが皆さんの頑張りに値するものであることがはっきりするだろうと私
　　　　は大いに確信しています」

空所の前文では，新商品を可能にするために一生懸命働いてくれた人たちに感謝し
ており，その流れから判断すると，**D**の I am very confident it will prove to be
worth it **が正解**。confident「確信して」の後には接続詞の that が省略されており，
最初の it は前文の making these new products possible「これらの新商品を可能に
すること」すなわち「新商品開発」を指し，be worth 〜「〜に値する，〜の価値
がある」の後の it は your hard work を指すと考えられる。

●語句・構文……………………………………………………………………………………………

設問1.
□ *l*.1　space firm「航空宇宙企業」
□ *l*.2　space agency「宇宙局」
□ *l*.4　tech billionaire「技術分野の億万長者」 tech は technology の略語。
□ *l*.12　fall behind in 〜「〜で遅れをとる，〜が遅れる」
□ *l*.16　reach *A* for comment「コメントをもらうために *A* に連絡がつく」 ここではボー
　　　　　イング社からはコメントをもらえていないという状況を表している。

設問2.
□ *l*.4　launch は「発射，開始」という意味だが，ここでは（新商品の）発売のこと。
□ *l*.5　long-awaited「長く待たれてきた，お待ちかねの」
□ *l*.6　environmentally-friendly「環境に優しい」
□ *l*.6　beauty product「美容製品，化粧品」
□ *l*.10　make it「無事にやり遂げる」
□ *l*.14　take advantage of 〜「〜を活用する」
□ *l*.18　promotion channel「販売促進手段」
□ *l*.24　in the meantime「それまでの間（は）」

設問1.1－B　2－A　3－D　4－A　5－C
設問2.1－B　2－C　3－A　4－A　5－D

56

次の英文の意味が通るように，(1)～(5)の空所に入るもっとも適切なものを①～④の中から一つずつ選び，その番号をマーク解答用紙にマークしなさい。(10 点)

　　The United Kingdom of Great Britain and Northern Ireland is usually described politically as a parliamentary democracy with a constitutional monarchy. Democracy means control or power by the people. In a parliamentary democracy, the people （　1　） their control through the use of a parliament — meaning a place where people speak.　　　　　　　　　　　　　　　　　　　　　　5

　　The British parliament is the highest level of power in the United Kingdom. In fact, the British government is only allowed to govern with the （　2　） of parliament. Parliament consists of two distinct groups of lawmakers: the House of Commons and the House of Lords. The Commons is the more important because it can overrule the Lords. Each member of the Commons is elected by secret ballot　10 of British citizens at least once （　3　） five years.

　　In Britain, the monarch, currently King Charles Ⅲ, is head of state, but must follow the constitutional laws of the United Kingdom. Unlike many other countries, in Britain there is no single （　4　） that is the constitution. Some people say that Britain does not have a constitution, but in reality there are many separate laws　15 and conventions that together control the power of the monarch, government and politicians. The monarch is the head of the British parliament and must approve all laws made by parliament. Although this is not a written rule, no monarch has refused to do so since 1708. The monarch also appoints the 778 members of the House of Lords, following the advice of the prime minister, who is normally the　20 leader of the largest political party in the Commons. Parliament has the power to decide the rules （　5　） control who becomes the next monarch, to change the powers of the monarchy or even to remove the monarch.

(1) ① abolish   ② exercise   ③ diminish   ④ remove

(2) ① criticism   ② absence   ③ imagination   ④ consent

(3) ① among   ② all   ③ every   ④ always

(4) ① chart   ② instance   ③ document   ④ currency

(5) ① which   ② what   ③ when   ④ where

全 訳

≪英国の立憲民主制≫

　グレートブリテン及び北アイルランド連合王国は，政治的には，通常，立憲君主制による議会制民主主義国とされる。民主主義とは国民による統御もしくは主権のことである。議会制民主主義においては，国民は議会 ── 人が発言する場所を意味する ── を使うことをとおして支配力を行使する。

　英国議会は，連合王国において最高レベルの権力である。実際，英国政府は，議会の同意によってのみ統治することが許されているのである。議会は，二つの個別の立法府からなる。すなわち，下院と上院である。下院がより重要である。下院は上院の決定を覆すことができるからである。下院議員はすべて，少なくとも5年ごとに英国国民の無記名投票による選挙で選ばれる。

　英国では，君主，現在はチャールズ3世，は国家の長であるが，連合王国の憲法に従わなければならない。他の多くの国と異なり，英国では，憲法であるところの文書は一つもない。英国には憲法がないと言う人もいるが，実際は，個々に多くの法律や慣習があり，それらが連動して君主や政府，政治家の権力を制御している。君主は，英国議会の長であり，議会によるすべての立法を承認しなければならない。これは成文化された規則ではないが，1708年以来，これを拒んだ君主はいない。また，君主は778人の上院議員を首相の進言に従って任命するが，首相は，通常，下院の最大政党の長である。議会は，誰が次の君主になるかを制御する規則を決定し，君主の権力を変更し，あるいは君主を追放しさえする力を持っている。

解 説

(1)　①　abolish「〜を廃止する」　　　　②　exercise「（権力など）を行使する」
　　　③　diminish「減少する，〜を減らす」　④　remove「〜を除去する」
　空所を含む文では，議会制民主主義において，国民は何を行うかが述べられている。目的語の control「支配力，統制権」から判断して，②の exercise が正解。

(2)　①　criticism「批判」　　　　　　　②　absence「不在」
　　　③　imagination「想像，想像力」　④　consent「同意」
　空所を含む文では，英国議会の権限について述べられている。英国政府が，議会の何をもって統治することを許されているのかを考えると，④の consent が正解。

(3)　空所を含む文では，下院議員が国民の無記名投票による選挙で選ばれる仕組みについて述べられている。once（　　）five years は，その選挙が行われる頻度について述べた部分と考えられ，every five years で「5年ごとに」という意味になる，③の every が正解。

(4)　①　chart「図表」　　　　　　　　　②　instance「実例，実証」
　　　③　document「文書」　　　　　　　④　currency「通貨」
　最終段第1文（In Britain, the …）の後半には，君主も連合王国の憲法に従わなけ

ればならない，と述べられている。また，空所直後の同段第3文（Some people say …）では，英国には憲法がないと言う人もいる，と述べられていることから，空所を含む文では，英国には憲法となる何がないのかを考えると，選択肢の中では，③の document が文脈上適切であり，これが正解。

(5)　空所を含む文全体としては，Parliament has the power で完全な文となっており，この後に続く3つの to 不定詞句はいずれも，the power「力」の内容を説明する形容詞句としての用法と判断できる。to decide で始まる to 不定詞句は，空所の後が control who becomes the next monarch となっており，control が動詞として用いられ，who 以下の疑問詞節はその目的語とわかる。そこで，空所以下は直前の the rules を先行詞とする関係代名詞節であり，空所には主格の関係代名詞が入ると判断でき，①の which が正解。②の what は関係代名詞としては先行詞はないので不適。③の when と④の where はいずれも関係副詞として用いる際は，この後に完全な文が続くので不適。

●語句・構文··

□　*l*.1　the United Kingdom of Great Britain and Northern Ireland「グレートブリテン及び北アイルランド連合王国，英国」　現在の英国は，18世紀に Wales を含む England と Scotland が連合して the Kingdom of Great Britain「イングランド王国（イギリスとも呼ばれる）」となったのち，1922年に Northern Ireland が加わって成立した。通常は「英国」と訳される。略して the U. K. とも表記される。Britain は現在，「英国」もしくは「イギリス」と訳される。

□　*l*.2　describe *A* as *B*「*A* を *B* という，*A* を *B* と評する」

□　*l*.2　parliamentary democracy「議会制民主主義，議会制民主主義国」

□　*l*.2　constitutional monarchy「立憲君主制」

□　*l*.6　the British parliament「英国議会」

□　*l*.8　lawmaker「立法府」

□　*l*.8　the House of Commons「（英国の）下院，庶民院」

□　*l*.9　the House of Lords「（英国の）上院，貴族院」

□　*l*.9　the Commons「下院議員」

□　*l*.10　secret ballot「無記名投票」

□　*l*.12　monarch「君主」

□　*l*.13　constitutional laws「憲法」　constitution「憲法」と同意。

□　*l*.15　in reality「実際には，実のところ」

□　*l*.16　convention「慣習」

□　*l*.20　prime minister「首相，総理大臣」

(1)—② (2)—④ (3)—③ (4)—③ (5)—①

解 答

57

次の英文の空所 1 〜10 に入れるのに最も適切なものをそれぞれⓐ〜ⓓから 1 つ選び，その記号をマークしなさい。(20 点)

　　As an Australian citizen, I voted in the recent federal election there. So did about （　1　） of registered Australian voters. That figure contrasts markedly with elections in the United States, where the turnout* in the 2004 election for President barely exceeded 60%. In the elections for Congress that fall in the

5　middle of a president's term, usually fewer than 40% of eligible* Americans bother to vote.

　　There is a reason why so many Australians vote. In the 1920s, when voter turnout fell below 60%, Parliament made voting compulsory. Since then, （　2　） governments of varying political views, there has been no serious attempt to

10　remove the law, which is supported by about 70% of the population.

　　Australians who don't vote receive a letter asking why. Those without an accepted excuse, like illness or travel abroad, must pay a small fine, but the number fined is less than 1% of eligible voters.

　　In practice, what is compulsory is not casting a valid vote, but going to the

15　polling place, having one's name checked off, and putting a ballot paper in the box. The secrecy of the ballot makes it impossible to prevent people writing nonsense on their ballot papers or leaving them blank. While the percentage of invalid votes is a little higher where voting is compulsory, it comes （　3　） near the size of the increase in voter turnout.

20　　Because I was in the United States at the time of the Australian election, I was under no compulsion to vote. I had many reasons to hope for the defeat of Prime Minister John Howard's conservative government, but that doesn't explain why I went to some trouble to vote, （　4　） the probability that my vote would make any difference was extremely small.

25　　When voting is voluntary, and the chance that the result will be determined by any single person's vote is extremely low, even the smallest cost — for example, the time it takes to stroll down to the polling place, wait in line, and cast a ballot — is sufficient to make voting seem irrational. Yet if many people follow this line of reasoning, and do not vote, (　5　) of the population can determine a country's future, leaving a dissatisfied majority. 　30

　　If we don't want a small minority to determine our government, we will favor a high turnout. Yet since our own vote makes such a (　6　) contribution to the outcome, each of us still faces the temptation to get a free ride*, not bothering to vote while hoping that enough other people will vote to keep democracy robust and to elect a government that is responsive to the views of a majority of citizens. 　35

　　But there are many possible reasons for voting. Some people vote because they enjoy it, and would have nothing better to do with the time saved (　7　). Others are motivated by a sense of civic duty that does not assess the rationality of voting in terms of the possible impact of one's own ballot.

　　Still others might vote not because they imagine that they will determine the 　40 outcome of the election, but because, like football fans, they want to (　8　) their team on. They may vote because if they don't, they will be (　9　) complain if they don't like the government that is elected. Or they may calculate that while the chances of their determining the outcome are only one in several million, the result is of such importance that even that tiny chance is enough to outweigh the 　45 minor inconveniences of voting.

　　If these considerations fail to get people to the polls, however, (　10　) is one way of overcoming the free-rider problem. The small cost imposed on not voting makes it rational for everyone to vote and at the same time establishes a social norm of voting, too. Countries worried about low voter turnout would do well to 　50 consider their compulsory model.

From Why Vote?, Project Syndicate on December 14, 2007 by Peter Singer

　* turnout　投票率

　* eligible　投票権を持った

　* free ride　労せずして他人の労苦から利益を引き出すこと

1   ⓐ   5%   ⓑ   35%   ⓒ   65%   ⓓ   95%

2   ⓐ   because of   ⓑ   despite   ⓒ   for   ⓓ   while

3   ⓐ   anywhere   ⓑ   everywhere   ⓒ   nowhere   ⓓ   somewhere

4   ⓐ   as for   ⓑ   by   ⓒ   since   ⓓ   unless

5   ⓐ   a minority   ⓑ   most   ⓒ   none   ⓓ   vast majority

6   ⓐ   different   ⓑ   huge   ⓒ   significant   ⓓ   tiny

7   ⓐ   because of them   ⓑ   by their vote

     ⓒ   for the results   ⓓ   if they did not

8   ⓐ   applaud   ⓑ   cheer   ⓒ   encourage   ⓓ   support

9   ⓐ   in charge of   ⓑ   in comparison to

     ⓒ   in no position to   ⓓ   in order to

10   ⓐ   accepted voting   ⓑ   compulsory voting

     ⓒ   invalid voting   ⓓ   voluntary voting

全訳

≪選挙の強制化≫

　オーストラリア国民として，私はそこで最近行われた連邦選挙で投票した。登録されているオーストラリアの有権者の約 95％も投票した。この数字は，アメリカ合衆国における選挙と好対照をなすもので，アメリカでは 2004 年の大統領選挙の投票率はかろうじて 60％を超える程度だったのだ。大統領任期の半ばで行われる議会選挙だと，普通，投票権を持ったアメリカ人の 40％未満しかわざわざ投票しない。

　これほど多くのオーストラリア人が投票するには理由がある。1920 年代に投票率が 60％を下回ったとき，議会は投票を義務化した。それ以来，政治的見解が異なるさまざまな政府が存在したにもかかわらず，その法律を廃止しようという真剣な試みは今のところなく，法律は人口の約 70％に支持されているのだ。

　投票しないオーストラリア人は，なぜ投票しないのかを尋ねる手紙を受け取ることになる。病気や海外渡航のような正当な理由がない人たちは，少額の罰金を支払わなくてはならないが，それを科せられる人の数は有権者の 1％未満である。

　実際のところ，義務化されているのは有効票を投じることではなく，投票所へ行き，自分の名前に（投票済みの）チェックを入れてもらい，投票用紙を箱に入れることである。投票の機密性によって，人が投票用紙に無意味なことを書いたり，白票のままにしておいたりすることを阻止することはできない。無効票の割合は，投票が義務になっているところとしては少し高めではあるが，投票率が大きく高まったことを思えば，そんなことはどうでもいいようなことである。

　オーストラリアで選挙が行われていたときにアメリカにいたので，私には選挙に行かなければならない義務はなかった。保守派政府を当時率いていたジョン=ハワード首相の敗北を願う理由は多くあったが，だからといってわざわざ骨を折って投票に行った説明にはならない。というのも，そもそも私の票によって何らかの違いが生じる可能性はほとんどなかったからである。

　投票が自発的で，たった 1 人の票によって結果が左右される可能性が極めて低い場合，例えば投票所まで歩いていき，列に並んで順番を待ち，実際に投票するのに必要な時間といった最小限の負担でさえ，投票を不合理なものだと思わせるには十分である。しかし，もし多くの人がこのような理由付けに従って投票しないならば，不満を抱えた多数派をほったらかして，人口の少数派が一国の将来を決定できることになる。

　もし少数派が政府を決めることを望まないなら，高い投票率を支持することになるだろう。しかし，我々自身の票は結果に対してあまりにも小さな貢献でしかないので，やはり我々の一人ひとりは，労せずして他人の労苦から利益を引き出す，つまりは民主主義を健全に保ち，国民の多数派の見解に応じてくれる政府を選ぶのに十分な数の他人が投票してくれることを期待し，自分ではわざわざ投票しないという誘惑に直面してしまう。

　しかし，投票すべき理由として考えられるものが多くある。一種の娯楽として，さらにもし投票しなければ節約できる時間があっても他にもっとましなすることが

ないから投票するという人もいる。自分の一票がもたらしうる影響という観点から投票に合理性があるかどうかを判定するわけでなない。市民としての義務感が動機となる人もいる。

　さらに，自分たちが選挙の結果を左右すると思っているからではなく，サッカーファンのように，ひいきのチームを応援したいから投票する人もいるのだろう。もしそうしなければ，選ばれた政府が気に入らなくても文句が言える立場ではなくなってしまうので投票するのかもしれない。あるいは，自分たちが結果を左右する可能性はわずか数百万分の1ではあるが，その結果はあまりにも重要なので，その小さな可能性でさえ，投票に行くというちょっとした煩わしさに勝るに十分であると計算しているのかもしれない。

　しかしながら，こうしたことを考慮しても人が投票に行かないならば，投票を強制することがフリーライダー（労せずして他人の労苦から利益を引き出す人）の問題を克服する一つの方法である。投票しないことに課せられる小さな負担のせいで，皆が投票することが合理的なものとなり，また同時に投票するという社会的基準を確立することにもなる。低い投票率を心配している国は，強制的な選挙の形を考えてみてはいかがだろうか。

解 説

1．後続する文で述べられている「アメリカ合衆国での選挙とは好対照をなす」という部分と投票率が「かろうじて60％」という2点から判断して，オーストラリアの投票率は60％よりはるかに高いはずであり，ⓓの95％が正解。

2．ⓐ　because of「～のために」　　　　ⓑ　despite「～にもかかわらず」
　　ⓒ　for「～のために」　　　　　　　ⓓ　while「～だけれども，～の間に」
　この前文では，1920年代に，投票が義務化された経緯が述べられている。また，空所を含む部分の前後で，それ以来，その法律を廃止しようという試みはなされていないという状況が述べられている。この内容と，空所の直後の「政治的見解が異なるさまざまな政府」という名詞とのつながりを考えると，governments 以下の語句とで前置詞句となり，文脈上も適切なⓑの despite が正解。

3．空所を含む文の前半では「～だけれども」という逆接の意味をもつ接続詞のwhile が用いられているので，そこで述べられている「無効票の割合がやや高い」という内容と，文の後半に「投票率の増加」という語句があることを考えると，「投票率が高くなったのだから，無効票の割合が高くてもどうということではない」というような内容になると判断できる。ⓒの nowhere であれば，come nowhere near ～ で「～には程遠い」→「～と比べたらまったく問題にならない，～を思うとどうでもいいようなことだ」という意味だと考えられるので，これが正解。

4．ⓐ　as for「～に関しては」　　　　　ⓑ　by「～までに，～によって」

ⓒ　since「～なので，～だから」　　　ⓓ　unless「～でないかぎり」

空所の前後が完全な文であることから，空所には接続詞が入って，2文をつないでいると判断できる。前半部分では，筆者には保守政権が選挙に敗れてほしい理由がたくさんあったが，それはわざわざ投票に行った理由の説明にはなっていないという内容が述べられている。空所以下には自分が投票してもほとんど（結果に）差はないという文が続いていることから，この箇所が前半部分で筆者が述べていることの理由に相当すると判断できる。自分の票の影響は軽微なものなので，保守政権を倒すべく投票に行ったというのは，投票に行く動機の十分な説明になっていない，というのが当該文全体の主旨。理由を表す接続詞のⓒの since が正解。

5.「不満を抱えた多数派をほったらかしにして，人口の（　　　　）が一国の将来を決定できることになる」

ⓐ　a minority「少数派」　　　　　　ⓑ　most「大半」

ⓒ　none「誰も～ない」　　　　　　　ⓓ　vast majority「絶対多数」

空所を含む文の前半では「もし多くの人が投票しなければ」という仮定がなされており，多数派をほったらかしにして，一国の未来を決定するのは誰かを考えると，ⓐの a minority が正解。

6.「私たち自身の票は結果に対してあまりにも（　　　　）な貢献しかしない」

ⓐ　different「異なる」　　　　　　　ⓑ　huge「巨大な」

ⓒ　significant「重要な，かなりの」　　ⓓ　tiny「小さな」

第5段最終文（I had many …）や第6段第1文（When voting is …）をはじめ，本文ではたった1人の票によって選挙の結果が左右される可能性が低いという点について何度か言及されており，この文脈で適当な形容詞としてはⓓの tiny が正解。

7.　ⓐ　because of them「それらのために」

　　ⓑ　by their vote「彼らの投票によって」

　　ⓒ　for the results「結果のために」

　　ⓓ　if they did not「もし彼らが～しなかったら」

空所を含む部分の動詞の部分が would have nothing ～ となっており，助動詞の過去形が用いられている点に注目する。また，time saved「節約される時間」に注目すると，何によって節約されるかを考えれば，ⓓの if they did not の not の後に vote を補うと「投票をしないことで」とわかる。また仮定法の条件節の形にもなっているので，これが正解。当該文は，投票に行かなかったとしてもやることがないので気晴らしに投票に行く人もいる，という主旨になる。

8.　ⓐ　applaud「拍手する」　　　　　ⓑ　cheer「～を応援する」

　　ⓒ　encourage「～を励ます」　　　ⓓ　support「～を支援する」

空所を含む文の直前に like football fans「サッカーファンのように」という語句がある点に注目する。「自分の（ひいきにする）チームを（　　　　）」という文脈に適

切で，しかも on が必要な語は，cheer *A* on の形で「*A* を応援する」という意味になる⑤の cheer であり，これが正解。他の語は最後の on が不要なので不適。

9. ⓐ in charge of「〜を担当して」

ⓑ in comparison to「〜と比べると」

ⓒ in no position to「〜する立場になくて」

ⓓ in order to「〜するために」

空所の前に be という動詞があり，しかも空所の後には complain という動詞の原形がある点に注目すると，ⓒの in no position to であれば，空所を含む文が「投票しなければ，選ばれた政府が気に入らなくても文句が言える立場でなくなる」となって文意がつながるので，これが正解。

10. 「（　　　）はフリーライダー（労せずして他人の労苦から利益を引き出す人）の問題を克服する一つの方法である」

ⓐ accepted voting「承認された投票」

ⓑ compulsory voting「強制的な投票」

ⓒ invalid voting「無効投票」

ⓓ voluntary voting「自発的な投票」

本文の主旨は投票の義務化についてであり，この文脈にふさわしいⓑの compulsory voting が正解。

●語句・構文……………………………………………………………………………………………

□ *l*.1　So did 〜 は「〜もそうした」という意味で，did は voted を指す。

□ *l*.2　contrast with 〜「〜と対照をなす」

□ *l*.14　in practice「実際には，実際問題として」

□ *l*.14　cast a valid vote「有効票を投じる」

□ *l*.15　polling place「投票所」

□ *l*.15　ballot paper「投票用紙」

□ *l*.21　under no compulsion to *do*「〜する義務はなくて」

□ *l*.23　go to some trouble to *do*「少しは〜しようと苦心する」

□ *l*.33　bother to *do*「わざわざ〜する」　not bothering 以下の部分は a free ride を具体的に説明した動名詞句。while 以下は bothering to vote を修飾する形で while we are hoping 〜 と考えるとよい。

□ *l*.44　the result is of such importance that … は the result is so important that … と考えるとよく，「結果が非常に重要なので…」という訳になる。

□ *l*.50　would do well to *do*「〜したらよいだろう」

1 —ⓓ　2 —ⓑ　3 —ⓒ　4 —ⓒ　5 —ⓐ　6 —ⓓ　7 —ⓓ　8 —ⓑ　9 —ⓒ
10—ⓑ

58

次の英文を読み，1〜10の空所に入れるのに最も適切な語句を，それぞれ(a)〜(d)から1つ選び，その記号をマークしなさい。(30点)

In 2006, a survey was done to see who the Japanese thought were the greatest people in history. (　1　) people from any country, but most of the people they picked were Japanese — the highest ranking non-Japanese was Thomas Edison (No. 3). In the top ten were the three great unifiers of Japan: Oda Nobunaga

5　(No. 1), Toyotomi Hideyoshi (No. 4) and Tokugawa Ieyasu (No. 6). Probably these are men who would have been chosen at any time in the last two hundred years in Japan, although some people today might think it unfortunate that such brutal men, who were responsible for so many deaths, were chosen. In the United States, a similar list would probably include George Washington and Abraham

10　Lincoln who, (　2　) war leaders, were much more humane men. However, undeniably, Nobunaga, Hideyoshi and Ieyasu were the leaders that created the Japanese nation, and "great" is not the same as "nice."

　(　3　) of "great" Japanese person is Sakamoto Ryōma (No. 2), Hijikata Toshizō (No. 10) and Saigō Takamori (No. 11). All three of these were rebels

15　and, in the case of Hijikata and Saigō, were seen as traitors at the time of their deaths. Hijikata supported the old Tokugawa regime against the modernizers of the Meiji Restoration, and Saigō led the Satsuma rebellion against the Meiji Government in 1877. Sakamoto helped to form the alliance between the Chōshū and Satsuma domains that overthrew the Tokugawa *bakufu*, but he had left his

20　domain without permission, a crime that was considered so serious it was punished by death. Because of this, it was a while before he officially started to be (　4　). Now all three men are heroes, probably helped by the fact that they all had tragic, early deaths. Another reason they are so popular now is they have been the subjects of partly-fictionalized television dramas which portrayed them

25　as greater men than they really were.

　Some of the choices made in the list seem strange. Emperor Meiji, who oversaw Japan's modernization, was not in the top one hundred, for example, while the racing driver Ayrton Senna (No. 22), and Andy Hug (No. 80), a kick boxer, were. Fukuzawa Yukichi (No. 15) was ranked below Misora Hibari (No. 14). Although Misora was a wonderful singer, she was (　5　) important as Fukuzawa, who was a key figure in the modernization of Japan. It seems that many of the voters chose people in history that they liked, rather than were truly "great." Another surprising thing is that Tezuka Osamu (No. 24) was ranked far higher than Murasaki Shikibu (No. 35), (　6　) that Murasaki's work has influenced Japanese culture for centuries, while Tezuka's — while very popular now — will surely have been forgotten in 1,000 years.

It seems that the people who answered the survey did not agree about the question "What is greatness?" meant. I think the (　7　) that defines great people is that they achieve something that creates some kind of change, and that the influence of that change continues for long after their deaths. For this reason, it is (　8　) whether people are great until at least fifty years or so after their deaths, because it is only then that we can see whether their achievements were lasting, or whether they died with them.

At the end of his life, the Norwegian composer, Edvard Grieg talked about his own music in (　9　). He believed he was not a great composer because "My music will undoubtedly be forgotten in a hundred years' time." He was not, he said, in the same class as Bach, Mozart or Beethoven because "Their works will last for ever, whereas I have written for my own era and my own generation."

Grieg was, of course, (　10　) — it is over a hundred years since he died, and his music is still listened to all over the world. He is certainly now considered among the great composers. He reminds us of a quality that great people do not have to have — they need not be right about everything, or even most things. Indeed, they often make much bigger mistakes than the people around them. What makes them great is that they are right about one thing (or are so talented in one respect), that is of such importance that it influences other people's lives both in their own time, and for all time.

1.
(a) They could choose
(b) They could choice
(c) They would choice
(d) They would choose

2.
(a) were also
(b) while also
(c) weren't also
(d) may also have been

3.
(a) The same kind
(b) An alternative
(c) A variety
(d) A different type

4.
(a) seen in a positive light
(b) seen less positively
(c) punished for his crime
(d) positive about his heroism

5.
(a) nothing like
(b) nothing near as
(c) nowhere near as
(d) nowhere as

6.
(a) in spite of
(b) in spite of the fact
(c) despite
(d) regardless

7.
(a) key factor
(b) best thing
(c) most important matter
(d) most important goal

8.
(a) unknown
(b) impossible to tell
(c) improbable
(d) impossible to understand

9.
(a) these terms
(b) a different way
(c) a contrasting way
(d) a relative manner

10.
(a) correct about what he said
(b) not telling the truth
(c) wrong in his prediction
(d) right about his talent

≪偉大な人とは≫

全 訳

　2006 年に，日本人は歴史上誰が一番偉大な人物だと思っているかということを調べる調査が行われた。どこの国の人を選んでもよかったが，日本人が選んだ人はほとんどが日本人で，日本人以外で最も上位に上がってきたのはトーマス=エジソン（3位）であった。上位 10 人の中に日本を統一した偉大な人間が 3 人入っていた。織田信長（1位）と豊臣秀吉（4位）と徳川家康（6位）である。恐らくこの 3 人は過去 200 年間，いつの時代でも選ばれたことであろうが，非常に多くの人間を死に追いやった責任者である，このような残虐な人間が選ばれるということを今日では残念に思う人々もいるであろう。アメリカでも似たようなリストがあれば，恐らくジョージ=ワシントン，エイブラハム=リンカーンという，やはり戦争指導者ではあるが，はるかに人間的ではあった 2 人が含まれるだろう。もっとも，信長，秀吉，家康は日本という国を創った指導者であることは間違いなく，「偉大」というのは「素晴らしい」と同義ではないのである。

　異なるタイプの「偉大な」日本人に坂本竜馬（2位），土方歳三（10位），西郷隆盛（11位）がいる。彼らは 3 人とも反逆者であり，土方や西郷の場合，彼らが死んだ時には裏切り者と見なされていた。土方は明治維新の近代化推進者に反対する旧徳川幕府の支持者であったし，西郷は 1877 年の明治政府に反旗を翻した西南戦争の指導者であった。坂本は徳川幕府を倒した薩長連合形成の立役者であった。しかし，彼は許可なく藩を抜けだした脱藩者であり，これは死罪にも相当する重罪であった。このため，坂本が公式に肯定的な目で見られるようになるにはしばらく時間がかかった。今や彼ら 3 人は英雄であるが，これは恐らく彼らが全員若くして非業の死を遂げたことも一因であったであろう。彼らが現在とても人気を得たもう一つの理由は，彼らを実際よりも偉大な存在として描いた一部創作されたテレビドラマの主人公たちであったということである。

　リストの中で挙げられたものの中には奇妙なものもあった。たとえば，日本の近代化を総攬した明治天皇が上位 100 人の中に入っていないのに，カーレーサーのアイルトン=セナ（22位），キックボクサーのアンディ=フグ（80位）が入っていることなどである。福沢諭吉（15位）は美空ひばり（14位）よりも下である。美空ひばりは素晴らしい歌手であったけれども，重要人物という点では，日本の近代化の中心人物であった福沢諭吉には遠く及ばない。投票者の多くは本当に「偉大」であるというよりも歴史上自分たちの好きな人物を選んだようである。もう一つの驚くべきことは，手塚治虫（24位）の方が紫式部（35位）よりもはるかに上位であったことだ。紫式部の作品が日本文化に何世紀もの間影響を与えてきた一方で，手塚の作品は今はとても人気があるが，1000 年後には間違いなく忘れ去られているであろうにもかかわらずである。

　この調査に答えた人々は「偉大さとは何か」という問いに一致した意見はなかったようだ。私が思うに，偉大な人々を定義する重要な要素は，なんらかの変化を起こすことを成し遂げ，その変化の影響が彼らの死後も長期間続くことである。このような理由から，人々が偉大であるかどうかは彼らの死後少なくとも 50 年くらい

はわからないのである。なぜなら，その時になって初めて，彼らの業績が永続的なものであるかどうか，それとも彼らとともに滅びるものであるかどうかがわかるからである。

　ノルウェーの作曲家のエドヴァルド=グリーグは人生の終わりに自身の音楽についてこのような観点から語っていた。彼は自分自身を偉大な作曲家だとは思っていなかった。なぜなら「私の音楽は100年もすれば必ず忘れ去られているだろう」からだ。自分は決してバッハやモーツァルトやベートーベンと同じレベルの人間ではない，と彼は言っていた。なぜなら「彼らの作品は永遠に残るであろうが，私が作曲したものは私自身の時代と私自身の世代のものである」からだ。

　グリーグの予測はもちろん間違っていた。なぜなら，彼が死んでから100年以上が経った今も彼の音楽は世界中で聴かれているからだ。彼は確かに今や最も偉大な作曲家の一人だと考えられている。彼は偉大な人々が持つ必要のない一つの資質というものがあるということを私たちに思い出させてくれる。それは偉大な人間はすべてのことに正しくある必要はない，いやほとんどのことに正しくある必要はないということだ。実際，彼らは周りの人間よりもはるかに多くの大きな間違いをしばしば犯す。彼らが偉大なのは，一つの事において正しく（または一つの点において非常に才能があり），それが他の人々の生活，彼ら自身の時代とその後のすべての時代に影響を与えるほど重要なものであるということなのだ。

解　説

1．まず，(b)と(c)は They の後の choice が名詞なので不適。(a)か(d)かの選択で，この2つの違いは助動詞（could か would か）だけである。この後の but 以下で「彼らが選んだ人のほとんどは日本人だった」という内容の文が続いていることから，「どの国の人でも選ぶことができたが，選んだ人のほとんどは日本人だった」という流れだと文脈上適切であり，**(a)の They could choose が正解**。

2．who, (　2　) war leaders, were much more humane men という部分は，ジョージ=ワシントンとエイブラハム=リンカーンを先行詞とする関係代名詞節であり，who はコンマの後の were へとつながっていることから，空所を含む部分は，挿入された形の副詞句か副詞節のはず。選択肢の中でこの条件に合うのは，動詞や助動詞で始まっていない**(b)の while also** だけで，これなら，while の後に they were が省略された副詞節で，「（彼らは）同様に戦争指導者だが」という意味になり，文脈上も適切なので，これが正解。

3．(a)「同じ種類」　　　　　　　　　(b)「取って代わるもの，代替手段」
　(c)「多様性，種類」　　　　　　　(d)「異なるタイプ」
前段で挙げられている偉人は織田信長や豊臣秀吉など，全国統一を果たした戦国武

将であったのに対し，この後に挙げられている坂本竜馬や土方歳三や西郷隆盛など
は幕末の混乱期の不遇な侍であり，前段の偉人たちとは「異なるタイプ」と考える
のが適切であり，(d)の A different type が正解。

4. (a) 「肯定的な観点で見られる」　　　(b) 「より後ろ向きに見られる」
　　(c) 「罪で罰せられる」　　　　　　　(d) 「自分の英雄的行為に積極的で」

この直前の文に，(偉人調査のランキングで2位の) 坂本竜馬は脱藩者で，江戸時
代には脱藩は死罪に相当する重罪であったと述べられている。空所を含む文は it
was a while before S V 「S が V するのに時間がかかった」という構文となっており，
脱藩者であった坂本竜馬は肯定的な見方をされるようになるのに時間がかかったと
述べていると判断でき，(a)の seen in a positive light が正解となる。

5. 前文から引き続いて，偉人調査のランキングで 15 位の福沢諭吉と 14 位の美空ひ
ばりとを比べている。筆者は，歌手の美空ひばりは，日本の近代化の中心人物であ
った福沢諭吉に比べてどうだと述べているのかを考えると，*A* is nowhere near as
～ as *B* の形で「*A* は～という点では *B* に遠く及ばない，*A* は *B* よりはるかに～で
はない」という意味の表現になっている(c)の nowhere near as が文脈上適切。

6. (a) 「～にもかかわらず」　　(b) 「事実にもかかわらず」
　　(c) 「～にもかかわらず」　　(d) 「(regardless of ～ で) ～にかかわらず」

空所の後に that 節が続いている点に注目すると，選択肢の中では fact の内容を表
す同格の節として後に that 節を続けることのできる，(b)の in spite of the fact が正
解。(a)の in spite of と(c)の despite は「～にもかかわらず」という意味だが，後に
は名詞または動名詞が続くので不適。

7. (a) 「主たる要素」　　　　　　　(b) 「一番いいところ」
　　(c) 「最も重要な事柄」　　　　　(d) 「最も重要な目標」

空所の後の that 節は，空所に入る語を先行詞とする関係代名詞節であり，「偉大な
人物を定義する」につながる語としては(a)の key factor が文脈上適切。

8. (a) 「知られていない，未知の」　　(b) 「わからない」
　　(c) 「起こりそうもない」　　　　　(d) 「理解できない」

空所の後の whether で始まる節は，「その人の死後少なくとも 50 年までは，人が
偉大かどうか」という意味の名詞節になっている。(b)の impossible to tell であれ
ば，この名詞節が tell の目的語となることができ，it is impossible to tell ～ で「～
とは言えない，～はわからない」となって文脈上も適切であり，これが正解となる。

9. (a) 「このような観点」　　　　　(b) 「難しい方法」
　　(c) 「対照的な方法」　　　　　　(d) 「相対的な方法」

前段の最終部分では，人が偉大であるかどうかはその人の業績が永続的なものかど
うかでわかるという内容が述べられている。この内容を受ける形で，「エドヴァル
ド=グリーグは自分自身の音楽について（　　　　）で語った」という文の空所にふ

さわしい語句としては，in these terms で「このような観点から」という意味になる(a)の these terms が正解。

10. (a) 「彼の発言については正しい」　　(b) 「真実を語っていない」

(c) 「彼の予測は間違いで」　　(d) 「彼の才能に関しては正しい」

前段でグリーグは，自分はバッハやモーツァルトやベートーベンのレベルではなく，彼らの作品は永遠に残るだろうが，自分の曲は自分の時代のものだ，という言い方で，自分の曲は永遠に残ることはないだろうと予想していたことがわかる。空所の後に続く文では，グリーグの作品は100年以上経った現在も世界中で聴かれているという内容が述べられていることから，彼の予測は間違っていた，という内容になる(c)の wrong in his prediction が正解。

●語句・構文…………………………………………………………………………………………………

☐ *l*.1　who the Japanese thought were … は間接疑問文の形となっており，who は thought の目的語の that 節（that は省略）の主語で，were が動詞。

☐ *l*.4　In the top ten were … は前置詞句が文頭にあって，主語と動詞が倒置した形。

☐ *l*.6　would have been chosen は at any time 以下の前置詞句が条件節の働きをしているため，仮定法の時制が用いられ，「選ばれていただろう」という意味。

☐ *l*.14　rebel「反逆者」

☐ *l*.15　were seen as … の部分は see A as B「A を B と見なす」という表現の受動態。

☐ *l*.19　overthrow「～を転覆させる，～を崩壊させる」

☐ *l*.20　a crime 以下は，crime が，坂本竜馬の脱藩行為を言い換えた同格の名詞で，後に that で始まる関係代名詞節が続いており，その節中で so ～ (that) …「非常に～なので…，…するほど～」という構文が用いられている。

☐ *l*.23　Another reason 以下は，reason の後に why が省かれた節が続いており，is が動詞，補語は they have 以下の that 節で，that は省かれた形。「彼らが現在とても人気があるもう一つの理由は～ということだ」という意味になっている。

☐ *l*.24　subject はここではテレビドラマの「主人公」という意味。

☐ *l*.32　rather than were truly "great" という部分は「本当に『偉大』であるというよりむしろ」という意味で，people を先行詞とする関係代名詞節の機能を果たしている。

☐ *l*.42　it is only then that ～「その時（になって）初めて～」

☐ *l*.55　that is of such importance that 以下は，最初の that が one thing を先行詞とする関係代名詞，2つ目の that は such ～ that …「非常に～なので…」の構文となっている。この部分は that is so important that … とほぼ同意。

---

1 ―(a)　2 ―(b)　3 ―(d)　4 ―(a)　5 ―(c)　6 ―(b)　7 ―(a)　8 ―(b)　9 ―(a)
10―(c)

59

次の英文を読み，1 ～ 10 の空所に入れるのに最も適切な語句を，それぞれ (a) ～ (d) から 1 つ選び，その記号をマークしなさい。* の付いた語には注があります。

(30 点)

　The road (　1　) from New Delhi to nearby Meerut was built using a system developed by Rajagopalan Vasudevan, a professor of chemistry at the Thiagarajar College of Engineering in India, which replaces 10% of a road's asphalt with plastic waste. India has been leading the world in experimenting with plastic-tar* roads since the early 2000s. But a growing number of countries are beginning to follow 　5 India's lead. From Ghana to the Netherlands, building plastic into roads and pathways is helping to save carbon emissions, keep plastic from the oceans and landfills, and improve the life-expectancy of the average road.

　By 2040, there is set to be 1.3 billion tons of plastic in the environment globally. India alone already (　2　) more than 3.3 million tons of plastic waste a year, which 　10 was one of the reasons behind Vasudevan's system for incorporating waste into roads. It has the benefit of being a very simple process, requiring little high-tech machinery. (　3　), the shredded plastic waste is scattered onto a mixture of crushed stones and sand before being heated to about 170℃ — hot enough to melt the waste. The melted plastics then coat the mixture in a thin layer. Then, heated asphalt is added 　15 on top, which helps to harden the mixture, making it complete. Many different types of plastics can be added to the mix: carrier bags, disposable cups, hard-to-recycle films and polypropylene* have all found their way into India's roads, and they don't have to be sorted or cleaned before shredding.

　(　4　) ensuring these plastics don't go to a landfill, incinerator*, or the ocean, 　20 there is some evidence that the plastic also helps the road function better. Adding plastic to roads appears to slow their deterioration and minimize potholes*. The plastic content improves the surface's flexibility, and after 10 years, Vasudevan's earliest plastic roads showed (　5　) potholes. Yet, since many of these roads are

25 still relatively young, their long-term strength remains to be tested.

By Vasudevan's calculations, incorporating the waste plastic instead of incinerating it also saves 3 tons of carbon dioxide for every kilometer of road. And there are (6) too, with the incorporation of plastic resulting in savings of roughly $670 per kilometer of road. In 2015, the Indian government made it a

30 requirement to have plastic waste used in constructing roads near large cities of more than 500,000 people after Vasudevan gave his patent* for the system to the government for free. A single lane of ordinary road requires 10 tons of asphalt per kilometer, and with India (7) a year, the potential to put plastic waste to use quickly adds up. So far, 2,500 km of these plastic-tar roads have been built in the

35 country. "Plastic-tar road can withstand both heavy load and heavy traffic," says Vasudevan. "It is not affected by rain or water."

Similar projects have emerged around the world. The chemicals firm Dow has started projects using polyethylene*-rich recycled plastics in the US and Asia Pacific. The first in the UK was built in Scotland in 2019 by the plastic road builder MacRebur,

40 which has built plastic roads from Slovakia to South Africa. MacRebur has also found that incorporating plastic improves roads' flexibility, helping them (8) expansion and contraction due to temperature changes, leading to fewer potholes — and where potholes do happen, filling them in with waste plastic that would usually go to landfills is a quick fix. The UK government recently announced more than 2 million dollars

45 for research on plastic roads to help fix and prevent potholes.

In the Netherlands, PlasticRoad built the world's first recycled-plastic cycle path in 2018 and recorded its millionth crossing in late May 2020. The company shredded, sorted, and cleaned plastic waste collected locally, before taking out polypropylene from the mix — the kind of plastic typically found in festival cups, cosmetics

50 packaging, bottle caps, and plastic straws.

With India home to one of the world's largest road networks, growing at a rate of nearly 10,000 km of roads a year, the potential to put plastic waste to use is (9). Though this technology is relatively new for India, and indeed the rest of the world, Vasudevan is confident that plastic roads will continue to (10), not only for

55 environmental reasons but for their potential to make longer-lasting roads.

出典追記：Could plastic roads make for a smoother ride?, BBC Future on March 3, 2021 by Chermaine Lee

*tar　タール　　*polypropylene　ポリプロピレン　　*incinerator　焼却炉
*pothole　（舗装道路面の）くぼみ　　*patent　特許　　*polyethylene　ポリエチレン

1. (a) driving　　(b) packing　　(c) stretching　　(d) walking

2. (a) consumes　　(b) generates　　(c) purchases　　(d) recycles

3. (a) At first hand　　　　　　(b) At first sight
   (c) First　　　　　　　　　(d) For the first time

4. (a) As well as　　(b) Because of　　(c) Despite　　(d) Instead of

5. (a) no signs of　　(b) numerous　　(c) quite a few　　(d) tendencies of

6. (a) agricultural advantages　　　　(b) economic benefits
   (c) human errors　　　　　　　　(d) social costs

7. (a) constructed thousands of kilometers of roads
   (b) constructing thousands of kilometers of roads
   (c) thousands of kilometers of constructed roads
   (d) thousands of kilometers of roads constructed

8. (a) become harder in　　　　(b) cope better with
   (c) fall short of　　　　　　(d) shrink less for

9. (a) considerable　　　　　　(b) considerate
   (c) consideration　　　　　　(d) considering

10. (a) disappear　　　　　　　(b) gain popularity
    (c) improve technology　　　(d) increase waste

≪廃プラスチックを使って道路を造る≫

全　訳

　ニューデリーから近くのメーラトまで延びる道路は，インドのチアガラハル工科大学の化学教授，ラジャゴパラン=ヴァスデヴァンによって開発されたシステムを使って建設されたのだが，この道路のアスファルトの10パーセントを廃プラスチックで代替している。2000年代初頭より，インドはプラスチックタールを使った道路の実験で世界をリードしてきた。しかしインドのリードに続き出す国はますます増えている。ガーナやオランダなど様々な国において，道路や歩道にプラスチックを混ぜ込むことは炭素排出を減らし，プラスチックが海や埋め立て地に入るのを防ぎ，平均的な道路の寿命を延ばすのに役立っている。

　2040年までに，地球全体では自然環境の中に13億トンのプラスチックが捨てられていることになるだろう。インドだけでもすでに1年に330万トン以上もの廃プラスチックを出しており，それが廃棄物を道路に混ぜ込むというヴァスデヴァンのシステムの背後にある理由の一つでもあった。そのシステムにはプロセスが非常に単純だという利点がある。ハイテクの機械をほとんど必要としないのだ。まず，破砕した石と砂の混合物の上に裁断した廃プラスチックを撒き，廃棄物が溶けるほど高温の約170度に熱する。すると，この溶けたプラスチックが薄い層になって混合物を覆う。次に，熱したアスファルトをその上に加え，混合物がより硬化するのを促進し，完成品となる。この混合物には多くの異なる種類のプラスチックを加えることができる。たとえば，買い物袋，使い捨てのコップ，リサイクルが難しいフィルムやポリプロピレンはすべてインドの道路に混ぜ込むことができ，しかも破砕する前に分類や洗浄をする必要がない。

　こうしたプラスチックが絶対に埋立地や焼却炉や海に行かないようにするだけでなく，プラスチックが道路の機能を改善するのに役立つという証拠もある。プラスチックを道路に加えることで劣化を遅らせ，舗装道路面のくぼみを最小限にするようなのだ。加えられたプラスチックは道路の表面の柔軟性を改善するので，ヴァスデヴァンの初期のプラスチック道路は10年経ってもくぼみの兆候がなかった。しかし，これらの道路の多くはまだ比較的新しいので，長期的強度は今後調べる必要がある。

　ヴァスデヴァンの計算によると，廃プラスチックを焼却する代わりに道路に混ぜ込むことで，二酸化炭素排出量を道路1キロメートル当たり3トン減らすこともできる。経済的利点もあり，プラスチックを混ぜ込むことで道路1キロメートルにつき約670ドル節約できる結果になる。ヴァスデヴァンがこのシステムの特許を政府に無償で譲った後，インド政府は2015年に，人口50万人以上の大都市の近くに道路を建設する際には，廃プラスチックを使うことを必要条件にした。1本の通常の道路を建設するのに1キロメートル当たり10トンのアスファルトが必要であり，インドは1年に何千キロメートルという道路を建設しているので，廃プラスチックを使う可能性が急速に高まっている。これまでに2500キロメートルのプラスチックタール道路がインドで建設された。「プラスチックタール道路は重量物や交通量の多さにも耐えられる」とヴァスデヴァンは言う。「雨や水にも影響されない」

　　　同様の計画が世界中で出現している。化学薬品メーカーのダウは，アメリカ合衆国やアジア太平洋地域で，ポリエチレンが豊富なリサイクルプラスチックを使う計画を始めた。イギリス初のプラスチック道路は，プラスチック道路建設会社マックリバーによって 2019 年にスコットランドで建設され，この会社はこれまでにスロバキアや南アフリカなどでもプラスチック道路を建設している。マックリバー社はまた，プラスチックを混ぜ込むことで道路の柔軟性が改善され，気温の変化による膨張や収縮にもよりうまく対処するのに役立ち，くぼみが減ることにつながるということも発見した。そしてくぼみが実際にできても，通常なら埋め立て地に捨てられる廃プラスチックで埋めることにより，すばやく修繕できる。イギリス政府は最近，くぼみの修繕と防止に役立てるため，プラスチック道路の研究費に 200 万ドル以上を出すと発表した。

　　　オランダでは，2018 年にプラスチックロード社が再生プラスチックを使用した世界初の自転車専用道路を建設し，2020 年 5 月末には，100 万カ所目の交差点を記録した。この会社は，地域で集めた廃プラスチックを分類・洗浄・裁断し，その後，寄せ集めたそれらの中からポリプロピレンを取り出した。ポリプロピレンはイベント用のカップや化粧品のパッケージ，ボトルキャップ，プラスチックストローなどによく使われるプラスチックである。

　　　世界最大級の道路網の一つがあるインドでは，1 年に約 1 万キロメートルずつ道路が延びているので，廃プラスチックを使う可能性はかなり高い。このテクノロジーはインドにとって，それどころか世界の他の国にとっても，比較的新しいものだが，プラスチック道路は環境上の理由だけでなく，より長持ちする可能性もあるので好評を博し続けるだろう，とヴァスデヴァンは確信している。

解　説

1. (a)　driving「運転している」　　　(b)　packing「荷造りしている」
　　(c)　stretching「延びている」　　　(d)　walking「歩いている」
空所の前後の The road（　　　）from New Delhi to nearby Meerut という語群から，空所以下は road を修飾する語句であると判断でき，「ニューデリーから近くのメーラトまで（　　　）道」の空所に入る語としては，(c)の stretching が正解。

2. (a)　consumes「～を消費する」　　　(b)　generates「～を生み出す」
　　(c)　purchases「～を購入する」　　　(d)　recycles「～を再利用する」
空所を含む文の直前の第 2 段第 1 文（By 2040, there …）では，2040 年までに，地球全体で 13 億トンのプラスチックが廃棄されるとの予測が述べられていることから，この文脈から判断して，「インドだけでもすでに 1 年に 330 万トン以上もの廃プラスチックを（　　　）」という空所に入る語としては，(b)の generates が正解。

3. (a)　At first hand「直接に，じかに」
　　(b)　At first sight「一見して」

(c)　First「まず第一に」

(d)　For the first time「初めて」

第2段第2文（India alone already …）後半で，廃プラスチックを道路に混ぜ込むというシステムが紹介されており，空所の後にはそのプロセスが順を追って説明されている。したがって空所を含む文は，その最初の段階を説明する文となっていることから，文頭にくる語としては，(c)の First が正解。

4. (a)　As well as「～だけでなく」　　(b)　Because of「～のために，～が原因で」

(c)　Despite「～にもかかわらず」　　(d)　Instead of「～の代わりに」

空所に続く「こうしたプラスチックが絶対に埋立地や焼却炉や海に行かないようにすること」という内容と，さらにその後に続く「プラスチックが道路の機能を改善するのに役立つ」という内容は，いずれも廃プラスチックを道路に混ぜ込む利点として並記されていることから，as well as *doing* の形で「～するだけでなく」という意味になる，(a)の As well as が正解。

5. (a)　no signs of「～の兆候のない」　　(b)　numerous「多数の」

(c)　quite a few「かなり多くの」　　(d)　tendencies of「～の傾向」

空所を含む文の直前の，第3段第2文（Adding plastic to …）では，道路にプラスチックを加えることで道路の劣化を遅らせ，道路面のくぼみを最小限にするという利点が述べられており，空所を含む文ではヴァスデヴァンの初期のプラスチック道路は10年たってもどういう状態を示しているかを判断すると，show の目的語としては，no signs of potholes で，くぼみがないという内容になる，(a)の no signs of が正解。他の選択肢ではくぼみがたくさんできてしまうという内容になり，不適。

6. (a)　agricultural advantages「農業上の利点」

(b)　economic benefits「経済的利点」

(c)　human errors「人為的ミス」

(d)　social costs「社会的費用」

空所に続く with 以下に，「プラスチックを混ぜ込むことで道路1キロメートルにつき約670ドル節約できる結果になる」と述べられていることから，そこには何があるかを考えると，(b)の economic benefits が正解。この with 以下は，独立分詞構文に with がついた形と考えられ，with *A doing* の形で，「*A* が～していて」という付帯状況を表したり追加的に結果を述べる用法。with 以下を and the incorporation of plastic results in ～ と考えて訳すとよい。

7. 空所の直前の with India，直後の a year「1年に（つき）」と，空所に入る語句とのつながりを考える。India の直後に thousands of kilometers という名詞は続かないので，(c)の thousands of kilometers of constructed roads も(d)の thousands of kilometers of roads constructed も不適。また，この部分は，空所6の後に続く

with と同様，with *A doing* の形で，「*A* は～していて」という意味になる分詞構文的な用法と判断でき，India は construct という動詞に対しては主語にあたるので，現在分詞形の，(b)の constructing thousands of kilometers of roads「何千キロメートルという道路を建設していて」が正解。

8. (a)　become harder in「～ではより難しくなる」

　　(b)　cope better with「～によりうまく対処する」

　　(c)　fall short of「～が不足する」

　　(d)　shrink less for「～の減少が少なくなる」

空所を含む helping them 以下の部分には，その直前でプラスチックを混ぜることで道路の柔軟性を改善するとあることから，その結果が述べられていると判断できる。道路の柔軟性が改善すると，気温変化による膨張や収縮をどうすることに役立つかを考えると，選択肢の中では，それらにうまく対処するのに役立つという内容のはずで，(b)の cope better with が正解。cope with ～ は「～に対処する」というイディオム。

9. (a)　considerable「かなりの」　　　(b)　considerate「思いやりのある」

　　(c)　consideration「考慮，配慮」　　(d)　considering「～を考慮すると」

「廃プラスチックを使用する可能性は（　　　）」という空所に入る語。直前の「インドでは，1年に約1万キロメートルずつ道路が延びている」という状況から，その可能性はかなり高いと判断でき，選択肢の中では，(a)の considerable が正解。

10. (a)　disappear「消える」

　　(b)　gain popularity「好評を博する」

　　(c)　improve technology「技術を改善する」

　　(d)　increase waste「廃棄物を増やす」

空所の直後に，この文の理由として，「環境上の理由だけでなく，より長持ちする可能性もあるので」と述べられていることから，「プラスチック道路は（　　　）続けるだろう」という空所に入る語としては，文脈から判断して，(b)の gain popularity が正解。

●語句・構文……………………………………………………………………………………

□ *l.*3　replace *A* with *B*「*A* を *B* に置き換える」

□ *l.*6　build *A* into *B*「*A* を *B* の一部に取り込む」

□ *l.*9　be set to *do* は「～する予定である」という意味だが，there is set to be ～ の形では「～が存在することになっている」という意味。

□*l.*11　incorporate *A* into *B*「*A* を *B* に組み入れる」

□*l.*13　shred「～を細かく裁断する，～を細かく砕く」

□*l.*13　crush「～を押しつぶす，～を粉々にする」

□*l*.15　coat「～を覆う」
□*l*.18　find *one's* way into ～「～に入り込む」
□*l*.19　sort「～を分類する」
□*l*.20　landfill「埋立地」
□*l*.22　deterioration「劣化」
□*l*.32　for free「無料で」
□*l*.33　put *A* to use「*A* を利用する」
□*l*.42　due to ～「～のために，～によって」
□*l*.49　festival cup「イベント用のカップ」

1—(c)　2—(b)　3—(c)　4—(a)　5—(a)　6—(b)　7—(b)　8—(b)　9—(a)
10—(b)

60

次の英文を読み，1〜15の空所に入れるのに最も適切な語句を，それぞれ(a)〜(d)
から1つ選び，その記号をマークしなさい。＊の付いた語句には注があります。

(30点)

Rock climbing used to be considered an activity that required intense
commitment and specialized skills, but in recent years it has broken into the
mainstream. A growing number of people in search of new experiences and
outdoor adventure have been getting a taste for the crag* in climbing centers
around the country. The British Mountaineering Council estimates there are   5
about 5 million visits to climbing walls each year in Britain.

Rock climbing was originally used by (1) climbers to practice skills
needed to climb difficult sections of a mountain. By the 1980s it had evolved into
a globally popular leisure pursuit in its own (2), practiced indoors and
outdoors with many variations such as bouldering (ropeless climbing at low   10
heights, often above safety mats) and sport climbing (climbing up rock faces
dotted with bolts for climbers to clip into).

Who can do rock climbing? Almost anyone can rock climb. At beginner
level, it can be enjoyed by people of all ages, fitness levels and abilities. There
are courses for children as (3) as five and it's not unusual to see people   15
climbing well into their 80s.

Despite its image as an athletic sport, you don't need to be super-strong to
rock climb. Good technique is more (4) than physical strength, although
the more you climb the stronger and fitter you will become. Good footwork, body
positioning and problem solving will get you up many more climbs than just   20
strength. Many climbing centers have specialist instructors who have (5)
with helping people with all kinds of physical and mental disabilities.

Climbing uses lots of muscle groups, both in the upper and lower body. Your
back, stomach and leg muscles all get (6) as well as your fingers, shoulders
and arms. Regular climbing can improve stamina as well as muscle strength. In   25

addition, all the reaching and stretching improves one's flexibility and quickness.

Each climbing route is like a puzzle, which requires patience, planning and analysis to (7). Beginners will typically work out their way as they go up, but with experience they learn to visualize their climb and spot tricky sections

30 before reaching for their first hold. Gradually, regular rock climbing can help develop concentration, determination and problem-solving skills. As you improve, you will naturally want to (8) yourself further and try harder climbs or climb outdoors.

The amount of goals you can set yourself is limitless. Setting yourself goals

35 and meeting them gives you a (9) sense of achievement, which in turn can help build everyday self-confidence.

While on one level rock climbing is an individual pursuit, it also has a very (10) element because you're never alone (or shouldn't be). You'll either be climbing with a group of friends, schoolmates, colleagues or family. You tend to

40 develop strong friendships with your climbing partners due to the level of trust involved and through sharing challenges and experiences.

Evidence shows that physical activity of any kind can help people with depression. Some scientists think that being active can help improve well-being because it (11) about more self-esteem, self-control and the ability to rise to

45 a challenge.

That is certainly the experience of Jake McManus, 41, who has suffered from depression all his life. He says rock climbing has helped him to manage his condition better and to live a near-normal life. "When you're on a climb, you're in the moment, you're entirely focused on the task at (12), and your mind is

50 clear of all other thoughts," says Jake. "It's a wonderful escape." Apart from the sense of achievement he gets from climbing, the sport has also taught him not to fear failure. "In climbing, failure is the (13) to improvement," he says. "With my depression, there were days I was afraid to leave the house."

Climbing has created a new way of life for Jake, involving strong friendships,

55 adventure and travel, healthy living, and positive thinking. In a way, climbing has become Jake's rock, a (14) foundation on which he has rebuilt his life.

Climbing can be as safe or risky as you like. There are different styles and levels — it's all about choice and experience. You are very unlikely to get injured climbing on an indoor wall with someone holding the climbing rope below you.

German researchers found that climbing had a lower rate of injury than many 60 mainstream sports such as basketball, sailing or football. Indoor climbing had the (15) injuries per 1,000 hours of participation compared with all the sports studied in the 2010 study published in the *Journal of Sports Medicine*.

注　crag　険しい岩山

1. (a)　beginning　(b)　casual　(c)　early　(d)　experienced

2. (a)　foot　(b)　method　(c)　need　(d)　right

3. (a)　far　(b)　many　(c)　old　(d)　young

4. (a)　accepting　(b)　harmful　(c)　important　(d)　needing

5. (a)　experience　(b)　foundation　(c)　problems　(d)　solutions

6. (a)　excitement　(b)　exercised　(c)　exhausted　(d)　inspiration

7. (a)　complete　(b)　guess　(c)　purchase　(d)　walk

8. (a)　help　(b)　push　(c)　put　(d)　rise

9. (a)　backward　(b)　great　(c)　heavy　(d)　moral

10. (a)　individual　(b)　political　(c)　private　(d)　social

11. (a)　brings　(b)　causes　(c)　means　(d)　produces

12. (a)　all　(b)　best　(c)　hand　(d)　home

13. (a) amusement　　(b) path　　　　(c) position　　　(d) reverse

14. (a) basement　　(b) smooth　　　(c) solid　　　　(d) underneath

15. (a) amount　　　(b) fewest　　　(c) less　　　　(d) most

≪ロッククライミングの効用≫

全訳

　ロッククライミングは，強い意志と特殊な能力が必要な活動であると考えられていたが，近年では，主流のスポーツになってきた。新たな経験，自然の中での冒険などを求める人々がますます増え，彼らは国中のクライミングセンターの険しい岩山を登る楽しさを覚えるようになってきた。英国登山協会の推定によれば，イギリスでは毎年，クライミングウォールを訪れる人は約 500 万人いる。

　ロッククライミングは，元々は経験豊かな登山者が山の難所を登るのに必要な技能を鍛えるために使っていたものである。それが 1980 年代までには，発展を遂げて独自に世界的に人気のある余暇の趣味となり，屋内でも屋外でも行われるようになった。そのような場所では，ボルダリング（多くの場合，安全なマットが下に敷いてある低い場所でロープを使わずに行われる）やスポーツクライミング（クライマーがヒモを通すためのボルトがあちらこちらについた岩肌を登る）など種類も多様になってきた。

　ロッククライミングができるのはどのような人か？　これはほとんど誰でもできる。初心者レベルであれば，あらゆる年齢の人，健康状態や能力がどのようなものであっても，すべての人が楽しむことができる。わずか 5 歳からでも始められる幼い子ども向けコースもある。また，80 代になってもロッククライミングをしている人々を目にするのも稀なことではない。

　ロッククライミングはスポーツ選手向けのスポーツだというイメージがあるけれども，これをするのに超強靭な体を作る必要はない。クライミングをすればするほど体は強くなり健康になるということはあるけれども，肉体的強さよりも技術の高さの方が重要である。上手な足さばき，体の位置どり，問題を解決していくというようなことの方が単に体力があるだけより多くの回数，上まで登ることにつながるだろう。クライミングセンターにはあらゆる種類の身体的，精神的障がいをもった人々の手助けをしてくれる経験のある専門のインストラクターがいるところが多い。

　クライミングでは，上半身や下半身のいろいろな場所の一連の筋肉がたくさん使われる。指や肩や腕だけでなく，背中，腹，脚の筋肉がすべて使われるのだ。クライミングを定期的にやっていると，筋肉が強化されるばかりでなく体力もつけられる。さらには，手足を伸ばしたり，体を伸ばしたりすることなど，これらのことはすべて体の柔軟性や機敏さの向上に繋がるのである。

　クライミングのルートはすべてパズルのようなものになっていて，それをやり遂げるには忍耐力，計画力，分析力が必要なのである。初心者は一般的に登りながら進む道を考え出すのだが，経験を積んでくると，自分の登る道を頭の中で想像し，最初のホールドに手を伸ばす前にやっかいな場所が見つけられるようになる。ロッククライミングを定期的にやっていると徐々に集中力，決断力，問題解決能力などが身についてくる。ロッククライミングが上手になってくると，自然にもっと頑張って，もっと難しいクライミングや屋外でクライミングをしてみたいと思うようになってくる。

　自分の目標をどこまで設定するか，それは無限だ。自分自身に目標を設定し，そ

れに達することによって，大きな達成感が得られ，これが次に日々の自信へとつながっていくのである。

　あるレベルではロッククライミングは個人的な趣味であるが，それにはまたかなり社会的な要素もある。なぜなら，ロッククライミングは1人ではやれない（やるべきではない）からである。ロッククライミングは，友だちや，学友，職場の同僚の何人かと一緒にするか，または，家族でやることになるだろう。一緒に登る相手とは強い友情が育まれる傾向があるが，それは一緒に登ることに伴う信頼や，また，共有される難しい挑戦や経験を通して育まれるのである。

　どのような種類のものであっても体を動かすことによって人は鬱を軽減できるという証拠がある。運動はより多くの自尊心，自制心，そして，挑戦を受けて立つ能力を養ってくれるので，積極的に体を動かすことが幸福感を高めるのに役立つと考える科学者もいる。

　このことを本当に経験したのが，41歳のジェイク=マクマナスである。彼は生まれてからずっと鬱に悩まされていた。彼の話では，ロッククライミングが症状を抑えるのにとても役立ち，ほぼ通常の生活が送れるようになったとのことである。「クライミングをしている時は，その一瞬を生きているのですよ。今していることに全神経を集中し，心には他の雑念は何もないのです。それは素晴らしい逃避行動です」とジェイクは言う。クライミングから得る達成感の他にも，そのスポーツは失敗を恐れないことを教えてくれた。「クライミングにおいては，失敗は向上への道なのです。私の鬱に関して言えば，怖くて家も出られない日々があったのです」と彼は言う。

　クライミングはジェイクに新たな生き方を用意してくれた。それは強い友情，冒険と旅，健康的な生活，そして，前向きな思考を伴う道であった。ある意味，クライミングはジェイクの岩，彼が人生を立て直す堅い土台となる岩となった。

　クライミングはその安全性や危険性を自分で決められる。クライミングには様々なやり方，レベルがある。一番重要なのは選択と経験である。誰かが下でクライミングロープを掴んでいてくれると，屋内ウォールのクライミングで怪我をする可能性はほとんどない。

　ドイツの研究者たちによって，クライミングは，バスケットボールやヨット，フットボールのような多くの主流となっているスポーツよりも怪我をする割合が低いことがわかっている。『ジャーナル・オブ・スポーツ・メディスン』誌に掲載された2010年の研究において，調査されたすべてのスポーツと比較して，屋内クライミングは1,000時間の参加において最も怪我の少なかったスポーツであった。

解 説

1.「ロッククライミングは，元々は（　　　）登山者が山の難所を登るのに必要な技能を鍛えるために使っていたものだ」

(a)　beginning「初め，始まり，初歩の」　(b)　casual「形式ばらない」

(c)　early「初期の，早期の」　　　　　　(d)　experienced「経験豊かな，熟練の」

第1段第1文（Rock climbing used …）では，以前はロッククライミングには特別な技能がいると考えられていたと述べられていることから判断して，空所に入る形容詞としては，文脈上適切な(d)の experienced が正解。

2.「ロッククライミングは自身の（　　　）において世界的に人気のある余暇の趣味となり，屋内でも屋外でも行われている」

(a)　foot「足」　　　　　　　　　　(b)　method「方法」

(c)　need「必要性」　　　　　　　　(d)　right「権利」

空所の前の in its own に注目すると，in its own right で「それ自体で，生得の権利で，独自に」という意味になる。元々は登山者のトレーニングとして行われていたものが，それ単独で人気のスポーツとなったという主旨になり，文脈上適切なので，(d)の right が正解。

3.　空所の前後にある as ～ as は as に挟まれた形容詞の意味を強める用法。この部分は as の後ろの five とともに，前の children を修飾している。five は年齢を表し，「わずか5歳の子どもたち」という意味だと判断でき，(d)の young が正解。

4.「技術の高さの方が肉体的強さよりも（　　　）だ」

(a)　accepting「素直に受け入れる」　(b)　harmful「有害な」

(c)　important「重要な」　　　　　　(d)　needing「～を必要として」

前文ではロッククライミングに超強靭な体は必要ではないと述べられており，直後の文でも，上手な足さばきや，体の位置どり，問題を解決していくというようなことの方が単に体力があるよりクライミングに役立つことが述べられていることから，(c)の important が正解。(d)は needed であれば可能。

5.　(a)　experience「経験」　　　　　(b)　foundation「土台」

　　　(c)　problems「問題」　　　　　(d)　solutions「解決策」

身体障がい者や精神障がい者がロッククライミングを楽しむためにはどういうものをもつインストラクターが必要かを考えると，(a)の experience が正解。

6.「指や肩や腕だけでなく，背中，腹，脚の筋肉がすべて（　　　）」

(a)　excitement「興奮」　　　　　　(b)　exercised「動かされて，使われて」

(c)　exhausted「疲れ果てて」　　　　(d)　inspiration「ひらめき」

ロッククライミングでは，「背中，腹，脚の筋肉がすべて」どうされるのかを考えると，get exercised で「使われる」となる(b)の exercised が正解。

7.「それを（　　　）するには忍耐力，計画力，分析力を必要とする」

(a) complete「～を完成させる」　　　(b) guess「～と想像する」

(c) purchase「～を購入する」　　　(d) walk「歩く」

空所を含む文の前半ではロッククライミングのルートをパズルに例えており，パズルを解くのと同様な意味で用いることが可能な(a)の complete が適切。

8.「ロッククライミングが上手になってくると，自然にもっと（　　　）して，もっと難しいクライミングや屋外でクライミングをしてみたいと思うようになる」

(a) help「～を助ける，～の役に立つ」　(b) push「～を押す」

(c) put「～を置く」　　　　　　　　　(d) rise「上昇する」

空所の後の yourself に注目すると，push *oneself* は「自分を駆り立てる，奮闘する」という意味になり，文脈上も適切なので，(b)の push が正解。

9.「自分自身に目標を設定し，それに達することであなたは（　　　）達成感が得られる」

(a) backward「後方に」　　　　　　　(b) great「大きな，素晴らしい」

(c) heavy「重い」　　　　　　　　　　(d) moral「道徳の」

目標を達成したらどんな達成感が得られるかを考えると，適切な形容詞としては，(b)の great が適切。

10.「あるレベルではロッククライミングは個人的な趣味であるが，それにはまたかなり（　　　）要素もある」

(a) individual「個人の，個々の」　　　(b) political「政治的な」

(c) private「個人的な」　　　　　　　(d) social「社会的な，社交上の」

空所を含む文の前半は While「～だけれども，～である一方で」という接続詞で始まっているので，続く主節には対照的な内容が述べられていると考えられる。この流れで空所に入るのは，individual と対照的な(d)の social が正解。続く第8段第2文（You'll either …）で，友人や学校や職場のグループについて言及があることも手掛かりになる。

11.「それがより多くの自尊心，自制心，そして挑戦を受けて立つ能力を（　　　）」

(a) brings「～をもたらす」　　　　　(b) causes「～を引き起こす」

(c) means「～を意味する」　　　　　(d) produces「～を製造する」

空所の直後の about に注目する。because it の it は being active を受けており，bring about ～ で「～をもたらす」という意味になる(a)の brings が適切。

12.「（　　　）作業に全神経を集中する」

(a) all「すべて」　(b) best「最善」　(c) hand「手」　(d) home「家庭」

空所の前の at に注目すると，at（　　　）という表現が直前の task を修飾していると判断できる。at hand「手元にある，今やっている」とすれば，目の前のことにすっかり集中するという意味になり，心には他の雑念はすっかりなくなっている，

という内容が述べられている空所の直後ともうまくつながる。(c)の **hand** が正解。

13.「クライミングにおいては，失敗は向上への（　　　）だ」

(a)　amusement「娯楽，楽しみ」　　　　　(b)　path「道」

(c)　position「位置」　　　　　　　　　　(d)　reverse「逆の，反対の」

空所を含む文の直前には，鬱に苦しんでいた男性が，クライミングによって達成感が得られ，失敗を恐れなくなったと述べられており，失敗は向上にむけての何になるかを考えると，文脈にふさわしい語と判断できる(b)の **path** が正解。

14. (a)　basement「地階，基礎」　　　　　(b)　smooth「平坦な，順調な」

(c)　solid「堅い，固体の」　　　　　　　(d)　underneath「下部の，下に」

直前の Jake's rock を言い換えた語と判断でき，「（　　　）土台」という空所にふさわしい形容詞と判断できる(c)の **solid** が正解。

15.　直前の文で，クライミングは他のスポーツに比べて怪我をする割合が低いと述べられていることから判断する。空所の前に the があり，後の injuries から「最も少ない怪我」となる(b)の **fewest** が正解。

●語句・構文・・

☐ *l.*2　commitment「専念，深い関与」

☐ *l.*2　break into the mainstream「主流になる」 break into ～「～に侵入する」

☐ *l.*3　in search of ～「～を探し求めて」

☐ *l.*4　get a taste for ～「～の味を覚える，～の味をしめる」

☐ *l.*16　well into *one's* 80s「80 代になっても」

☐ *l.*19　the more 以下は the 比較級～, the 比較級…「～すればするほど…」の構文。

☐ *l.*26　reaching「手足を伸ばすこと」

☐ *l.*28　work out ～「～を考え出す」

☐ *l.*29　spot「～に見当をつける，～に気づく」

☐ *l.*35　in turn「今度は，同様に」

☐ *l.*37　pursuit「追及，趣味」

☐ *l.*42　people with depression「鬱状態の人」

☐ *l.*44　rise to a challenge「挑戦を受けて立つ」

☐ *l.*49　be clear of ～「～とは無縁である」

☐ *l.*50　apart from ～「～は別として」

☐ *l.*55　in a way「ある意味では，ある点では」

☐ *l.*58　it's all about ～「すべては～の問題だ，一番重要なのは～だ」

☐ *l.*59　climbing on an indoor wall は付帯状況を表す分詞構文。

☐ *l.*59　with someone holding ～ の部分は，with *A doing* の形で独立分詞構文の機能を果たす用法で，「*A* が～して，*A* が～すれば，*A* が～するので」というような意味になる。

1 —(d)　2 —(d)　3 —(d)　4 —(c)　5 —(a)　6 —(b)　7 —(a)　8 —(b)　9 —(b)
10—(d)　11—(a)　12—(c)　13—(b)　14—(c)　15—(b)

解　答

61

From the choices 'a' — 'e' below, select the best answers to fill blanks (　1　) — (　5　). Each answer can be used only once. (20 points)

A.　　More than a million children attend public schools in New York City. About 780,000 of them are poor enough to qualify for a free or reduced-price lunch. Getting into the program requires the filling in of a form, which is a burden but not a terrible one; the application is just one page. So why do so many poor children — about 250,000 — not participate?　　　　　　5

　　The problem, experts say, isn't so much dislike of the menu — today across the city, it's roast turkey, stewed beans, and an oatmeal raisin cookie, plus salad for high school students — as it is (　1　) that come from being identified as poor, from being seen taking the "free-free," the shameful nickname New York schoolchildren give to city-provided lunches.　　　10

　　This bad feeling is real, widespread and shown by school-lunch participation rates, which decrease greatly as children get older. It's 81 per cent in elementary school, 61 per cent in middle school and 38 per cent in high school. Many teenagers, it seems safe to assume, would go hungry or eat junk food (　2　) instead of being seen in the line for turkey and beans. The　15 most realistic and understanding approach would be to find other ways to encourage children to take the food (　3　).

　　Here's an idea we like: Make lunches free for everyone. The city should stop collecting lunch money and pay what it takes to eliminate the bad feeling connected with the "free-free" lunch.　　　　　　20

　　Expert groups and elected officials in the city are pushing this idea. They argue that for a very small investment in universal free lunches — about $20 million in a $25 billion annual schools budget — the city would increase participation by 20 per cent, or 120,000 meals a day.

　　The benefits are obvious because it's easier to teach children who aren't　25 hungry and unable to concentrate. The experts also say the plan would actually bring in $59 million in federal and state support if participation increased by 20 per cent. Working-class families whose incomes are too high to qualify for free or reduced-price lunches under the current federal plan

30 would also benefit. Free lunches would help many struggling families make ends meet.

A senior city official, Letitia James, supports this campaign for universal free lunches. Similar logic backs up a separate campaign (4) to serve school breakfasts, which are currently free for everyone, in classrooms at

35 first period when students are at their desks instead of in the cafeteria before the bell. The mayor should embrace these ideas because students (5) are more ready to learn.

©*The New York Times*

a. from vending machines

b. that are better nourished

c. the embarrassment and bullying

d. they qualify for

e. urging the city

B. The recent news that Kyoto University will publicly seek candidates for its next president from abroad, as well as from Japan, may come as a shock to some in the academic world. The proposal is an ambitious move intended to improve university education in Japan. Everyone knows that Japanese

5 universities (1) and competitive, but this is the first time for a national university to consider a presidential candidate from outside Japan.

The proposal is not an easy one to imagine. Japanese universities resist change in their present systems, and change comes slowly. The current Japanese practice of hiring from within the ranks of full-time professors has

10 the advantages of having a president who knows details well and has established contacts. However, it is sometimes just those details and contacts that make it difficult to reform.

Japanese universities should be creative, thoughtful and open-minded in

tackling the institutional, systemic and personnel changes that would
(2). If Japan is ever going to truly educate a future workforce, nurture 15
active citizens and produce scholars and researchers, the old habits of
teaching, researching and learning must be renewed. Hiring an outside,
non-Japanese as president is one good way to do that.

Universities also must continue to improve learning in other ways, too.
Globalizing universities involves more than top-down decisions. Professors 20
and students need to work together to (3). That means getting more
foreign students on to campuses in Japan and getting more Japanese students
on to foreign campuses. That will also involve current administrators
making serious reforms, especially about English.

Universities also have to consider new systems to handle practical issues 25
such as budgets, together with broader teaching issues such as (4) and
promoting individual learning. By bringing in an outside point of view, a
non-Japanese president could help with such structural reforms and
educational approaches.

Fresh ideas and the power to get them working could provide an 30
important starting point for globalizing Japanese campuses in many ways.
Handing over decision-making to an outsider may seem unthinkable to many
universities in Japan, although (5) is a common practice in America
and Europe. Because of the rigid present system, few other universities are
likely to follow Kyoto University's lead. If they don't, they must find other 35
ways to globalize Japanese universities. Bringing in fresh ideas, reorganizing
structures and striving for excellence are values that must be brought into
Japanese universities, whether from abroad or from inside Japan.

The Japan Times, March 22, 2014

a. developing more active classrooms

b. hiring full-time professors from outside

c. make the process easy to carry out

d. need to become more globalized

e. upgrade the level of English

全訳

A．≪学校での昼食を無料にするために≫

　100万人以上の子どもたちがニューヨーク市の公立学校に通っている。そのうちおよそ78万人が無料または割引価格の昼食を食べる資格があるほど貧しい。そのプログラムに加わるにはある書類に記入する必要があり，それは負担ではあるが，ひどい負担ではない。申込用紙はたった1ページだけなのだ。それではなぜそれほど多くの貧しい子どもたち——およそ25万人——は参加していないのか。

　専門家によれば，問題は，メニューが嫌いであることではなく——今，市全体で，高校生向けにはローストターキー，煮豆，オートミールレーズンクッキー，それにサラダがついているのだから——むしろ，貧しいと見なされることから，つまり，ニューヨークの学童たちが市から供給される昼食に対してつけた不名誉なニックネームである「フリーフリー」を受け取っているのを見られることから生じる恥ずかしさといじめなのである。

　この悪感情は現実のもので，広まっており，学校の昼食への参加率によって示されている。参加率は子どもが成長するにつれて大きく減少しているのだ。小学校では81％，中学校では61％，そして高校では38％である。多くの10代の子どもたちが，ターキーと豆を求める行列に並んでいるのを見られる代わりに，お腹を空かせたり自動販売機で買ったジャンクフードを食べたりするのだろうと考えても差し支えないようだ。最も現実的で理解あるやり方は，子どもたちに食べる資格のある食べ物をとるように促す他の方法を見つけることであろう。

　ここに，私たちがいいと思うアイデアがある。すべての子どもの昼食を無料にすることだ。市は昼食の代金を集めることをやめ，「フリーフリー」の昼食に結びつけられた悪感情を払拭するために必要な負担をすべきなのだ。

　専門家のグループと市の選ばれた職員がこの考えを推進しつつある。彼らが主張しているのは，すべての子どもに対する無料の昼食へのとてもわずかな投資——といっても，学校の年間予算の250億ドルのうち，およそ2000万ドルなのだが——と引き換えに，市は参加者を20％，つまり1日に12万食増やすことになるだろうということだ。

　その利益が明白なのは，お腹が空いて集中できないというのではない子どもたちを教えるのはより容易だからだ。専門家はまた，参加者が20％増えれば，その計画は実際，連邦と州の支援で5900万ドルをもたらしてくれることになるであろうとも述べている。収入が高すぎて現在の連邦の計画の下では無料ないしは割引価格の昼食を食べる資格が得られない労働者階級の家族も，恩恵を受けるだろう。無料の昼食は，生活難に苦しむ多くの家族がやりくりする手助けになるだろう。

　市の幹部職員であるリティシア=ジェイムズはすべての子どもに無料の昼食を提供するこのキャンペーンを支持している。似たような論理が，始業ベルの前にカフェテリアではなく席に生徒がいる1時間目の教室で，現在は誰にも無料となっている学校朝食を提供するよう市に求めている別のキャンペーンを支えている。市長はこうした考え方を大切にすべきだ。というのも，栄養状態のよりよい生徒たちはより進んで学ぶからだ。

B. ≪京都大学のグローバル化への取り組み≫

　京都大学が次の学長候補を日本国内からだけでなく海外からも公募するという最近のニュースは，学術界の一部の人々には衝撃であるかもしれない。その提案は，日本の大学教育を改善することを目的とした野心的な動きである。誰もが，日本の大学はよりグローバル化し，競争力をつける必要があるということはわかっているが，これは国立大学が日本国外からの学長候補者を考えた最初になるのだ。

　その提案は容易に想像できるものではない。日本の大学は現在の制度の中で変化に抵抗し，変化が生じるのは遅い。正教授の序列の中から雇うという今の日本の慣習は，細かいことをよく知っていて（人間関係の）コネを作ってきた学長をもてるという利点がある。しかしながら，まさにこうした細かいことやコネこそが，ときに改革を難しくさせているのだ。

　日本の大学は，その（改革の）過程を実行しやすくする，制度的，組織的，人事的変更に取り組む際，創造的で，思慮に富み，進取の気性に富むものであるべきだ。もし日本がまがりなりにも本当に将来の労働力を教育し，能動的な市民を育て，学者や研究者を輩出しようというのであれば，教授，研究，そして学習の古い習慣は刷新されねばならない。外部の，日本人ではない人を学長として雇うことが，そうするための一つのよい方法となる。

　大学はまた，他の点でも学習を改善し続けねばならない。大学をグローバル化するには，トップダウン式の意思決定以上のものが必要だ。教授や学生は英語のレベルを高めるために一丸となって取り組む必要がある。それは，より多くの外国人学生を日本のキャンパスに迎え入れ，より多くの日本人学生を外国のキャンパスに送り出すということでもある。それはまた，とりわけ英語について重大な改革を行っている現在の行政をも巻き込むことになるであろう。

　大学は，たとえばより能動的な教室を発展させたり，個々の学習を向上させたりといったより広範な教育上の問題とともに，予算のような現実的な問題に対処するために新しいシステムについて考える必要もある。外部からの視点を取り入れることで，日本人ではない学長ならそうした構造改革や教育のやり方の助けになりうるだろう。

　新しい考え方やその考え方を作用させる力は，多くの点で日本の大学のグローバル化にとって重要な出発点を与えてくれるかもしれない。意思決定を外部の人にゆだねることは，日本の多くの大学にとって考えられないことのように思えるかもしれない。もっとも，外部から正教授を雇い入れることはアメリカやヨーロッパではよくあることなのだ。厳格な現在のシステムのせいで，京都大学の先導に従う他の大学はほとんどないであろう。もし従わなければ，その大学は日本の大学をグローバル化する他の方法を見つけねばならない。新しい考え方を取り入れ，構造を再編し，よいものを得ようと努力することは，日本の大学の中に取り入れられなければならない価値観なのである（それが海外からであろうとも，日本国内からであろうとも）。

解 説

A. 選択肢の訳は以下の通り。

a.「自動販売機からの」

b.「栄養状態がよりよい」

c.「恥ずかしさやいじめ」

d.「彼らには～の資格がある」

e.「市を促す」

1.空所を含む部分は文頭の The problem, experts say, isn't so much dislike of … とつながって，not so much *A* as *B*「*A* というよりむしろ *B*」というイディオムとなっている点に注目する。したがって as の後の it は The problem を指すので，空所の後に続く that 節は強調構文ではなく，空所に入る名詞を先行詞とする関係代名詞節と判断できる。動詞が come であることから名詞は複数形であり，選択肢の中ではcの the embarrassment and bullying が正解となる。

2.10 代の子どもたちは，無料で支給される昼食を求める列に並んでいるところを見られるよりはどうする文脈かを考える。aの from vending machines であれば eat junk food に続けて「自動販売機からの（＝自動販売機で買う）ジャンクフードを食べる」となって文脈上も適切なので，これが正解となる。

3.第1段第2文にある qualify for a free or reduced-price lunch「無料または割引価格の昼食を食べる資格がある」がヒント。encourage children to take the food「子どもたちに食べ物をとるように促す」の後に続く語句としては，a free or reduced-price lunch＝the food の関係より，dの they qualify for であれば，目的格の関係代名詞が省かれた節として the food を修飾でき，文脈上も適切なので，これが正解となる。

4.この直前の文の主語が，すべての子どもに無料の昼食を提供するキャンペーンを支持する A senior city official「市の幹部職員」である点もヒントになる。空所の後の to 不定詞に注目して，空所の前の campaign とのつながりを考えると，このキャンペーンも市に対するものであり，eの urging the city であれば，urge *A* to *do*「*A* に～するよう促す，求める」という表現が，現在分詞句の形で campaign を修飾でき，文脈上も適切なので，これが正解となる。

5.空所の前に students という名詞があり，空所の後に are more ready to learn という，students を主語とする述部が続いていることから，この空所には students を修飾する語句が入ると判断できる。bの that are better nourished「栄養状態がよりよい」であれば関係代名詞節として students を修飾でき，文脈上も適切なので，これが正解となる。

B．選択肢の訳は以下の通り。

　　a．「より能動的な教室を発展させること」

　　b．「外部から正教授を雇い入れること」

　　c．「その過程を実行しやすくする」

　　d．「よりグローバル化する必要がある」

　　e．「英語のレベルを上げる」

1．空所を含む部分は，Japanese universities を主語とする that 節であり，空所には述語動詞が必要。空所の後の and competitive に注目して，この語句とのつながりを考えると，d の need to become more globalized であれば，日本の大学はよりグローバル化し，競争力を高める必要がある，という内容となって，文脈上も適切なので，これが正解となる。

2．空所を含む部分は changes を先行詞とする関係代名詞節であり，直前に助動詞の would があることから動詞の原形で始まる選択肢でなければならない。また，空所の直後の文には，「教授，研究，学習の習慣が刷新されねばならない」という変化についての言及がある。c の make the process easy to carry out であれば，「その過程を実行しやすくする」ような変化について，この後に述べられている文ということになり，文脈上適切なので，これが正解となる。

3．空所の前に to があることから，空所には動詞の原形で始まり，目的を表す to 不定詞となる語句が入ると判断できる。空所の直後の文が，That means ～「それは～ということだ」で始まっていることから，getting 以下の「より多くの外国人学生を日本のキャンパスに迎え入れ，より多くの日本人学生を外国のキャンパスに送り出す」という内容は，この空所の語句と関連する内容でなければならず，e の upgrade the level of English であれば文脈上適切なので，これが正解となる。

4．空所と，この後の promoting individual learning「個々の学習を向上させること」は，*A* such as *B*「（たとえば）*B* のような *A*」という表現の *B* にあたる部分であり，*A* にあたる broader teaching issues「より広範な教育上の問題」の具体例となっている点に注目する。a の developing more active classrooms であれば，promoting 以下と同じ動名詞句の形であり，教育に関わる内容であることから文脈上も適切であり，これが正解となる。

5．空所の前には although「～だけれども」という接続詞があり，この後に is という動詞が続いていることから，空所には譲歩の副詞節の主語に相当する語句が必要。b の hiring full-time professors from outside であれば，動名詞句として主語になることができ，補語の a common practice in America and Europe「アメリカやヨーロッパではよく行われていること」という部分とも文脈上自然につながる。しかも主節の日本の大学のやり方とも対照的な内容となるので，これが正解。

●語句・構文…………………………………………………………………………………………………

A. □ *l*.3　the filling in of a form「書類〔用紙〕への記入」

　　□ *l*.8　come from ～「～から生じる，～が原因となる」

　　□ *l*.9　the shameful nickname 以下は，"free-free" という呼称を説明した同格の語句。

　　□*l*.16　approach「やり方，取り組み」

　　□*l*.19　what it takes to eliminate ～「～をなくすのに必要なもの」　what はここでは市が負担すべき費用を指す。

　　□*l*.22　universal free lunch「すべての子どもに対する無料の昼食」

　　□*l*.30　make ends meet「収支を合わせる，（収入の範囲内で）やりくりする」

　　□*l*.36　embrace「～を大切にする，～を採用する」

B. □ *l*.1　candidate「候補者」

　　□ *l*.2　come as a shock「衝撃を与える」

　　□ *l*.3　intended to *do*「～することを目的としている」

　　□*l*.13　open-minded「開放的な，進取の気性に富む，偏見のない」

　　□*l*.15　nurture「～を育てる」

　　□*l*.20　involve「～を含む，～を必要とする」

　　□*l*.26　together with ～「～とともに」

　　□*l*.30　get them working「それらを作用させる」　them は Fresh ideas を指す。

　　□*l*.31　in many ways「多くの点で」

　　□*l*.37　strive for ～「～を得ようと努力する」

A.　1－c　2－a　3－d　4－e　5－b
B.　1－d　2－c　3－e　4－a　5－b

解　答

〈3〉　総合　　問題 62〜75

[傾向]　長文読解総合問題は全学部および 6 学部共通選抜（旧 統一入試）で出題されており，配点のウェートも高い。設問は選択式の内容把握を問うものや空所補充が多いが，記述式の英文和訳や和文英訳が出題される学部もある。

● 設問のタイプ

● **法学部**：大問 1 題（20〜30 点）
　・選択式の多様な設問（空所補充，内容説明，内容真偽，同意表現，同一用法，表題など）　　　　　　　　　　　　　　　　　　　　　　　⇨問題 65

● **経済学部**：大問 2 題（各 30 点）
　・選択式の設問（内容真偽，内容説明，空所補充，同意表現など）＋記述式の英文和訳　　　　　　　　　　　　　　　　　　　　　　　　⇨問題 74・75
　※ 2019 年度以降は 2 題中 1 題が内容真偽＋記述式の英文和訳というパターンが多い。

● **商学部**：大問 2 題（各 40〜53 点）
　・選択式の設問（内容説明，語句整序，表題，空所補充，同意表現，内容一致英文の完成など）＋記述式の設問　　　　　　　　　　　　　⇨問題 72・73
　※記述式の設問は 2 題中 1 題のみで，2021 年度以前は英文和訳，2022 年度以降は内容説明と要約文の完成（空所補充）。

● **文学部**：大問 1 題（45〜80 点）
　・選択式の多様な設問（内容説明，空所補充，内容真偽，欠文挿入箇所，同意表現など）　　　　　　　　　　　　　　　　　　　　　⇨問題 66・67
　※ 2019 年度は記述式の英文和訳 1 問を含む。

● **総合政策学部**：大問 2 題（8・9 問・24〜32 点，10 問・30〜35 点）
　・選択式の多様な設問（空所補充，内容真偽，主題，内容説明など）　　　　　　　　　　　　　　　　　　　　　　　　　　　　　⇨問題 68・69

● **国際経営学部**：大問 2 題
　・選択式の多様な設問（空所補充，内容説明，内容真偽，主題など）⇨問題 64

● **国際情報学部**：大問 2 題（各 40 点）
　・選択式の多様な設問（空所補充，内容説明，内容真偽，主題，同意表現など）

● **理工学部**：大問 1〜4 題（各 20〜35 点前後）
　・選択式および記述式の多様な設問（空所補充，内容説明，内容真偽，同意表現，英文和訳，和文英訳など）　　　　　　　　　　　　　⇨問題 62・63
　※ 2017 年度以降は選択式のみ。

● 6 学部共通選抜（旧 統一入試）：大問 1・2 題（各 30〜35 点）
　・選択式の多様な設問（空所補充，内容説明，内容真偽，同意表現など）

⇨問題 70・71

対策　英文のどの箇所から判断するか，つまり「該当箇所の特定」をいかに速やか，かつ正確にできるかが最大のポイント。そのためには，英文を読む際に，余白に段落ごとの主題を簡略にメモしたり，文中の設問該当箇所に問題番号を記入したりしておくなど，解答や見直しのスピードアップを図る工夫が必要である。

法　経済　商　文　総合政策　国際経営
国際情報　理工　6 学部共通選抜

62

次の英文を読み，設問に答えなさい（＊印の語は〔注〕を参照しなさい）。(25点)

　　Asian orang-utans and African gorillas are two of the four members of the *great ape family. Orang-utans live in the forests of Indonesia and Malaysia. They are highly intelligent and very like humans — in fact their name comes from the Malaysian words *orang hutan*, meaning 'person of the forest'. These apes, which evolved about fourteen million years ago, live only in the trees. Every   5 evening they build a new nest for themselves and their families.

　　Like humans, these playful animals have a sophisticated language and culture. Just before bedtime they have been seen blowing raspberries at each other, the orang-utan equivalent of saying 'night-night'. They also play games like surfing down fallen dead trees, grabbing as many leaves as they can on the   10 way. Wild orang-utans have even been known to visit their orphaned relatives in rescue centers. They seem to communicate with them, and when the orphans are released they help them re-adapt to a life back in the trees.

　　Gorillas are mild-mannered vegetarians that live on grasslands, and not up in the trees. Only two species survive today. Both are endangered. Several hundred   15 died in 2004 of *ebola virus, for which there is currently no known vaccine or cure. Gorillas are highly intelligent. Koko, born in 1971, is a captive female gorilla living in California. She has been taught sign language from the age of one. Her trainer, Dr Penny Patterson, claims she can communicate using a (　あ　) of up to a thousand words. Something of a scientific (　い　) has been going on for   20 years since Koko first showed off her language (　う　). Does she really understand what she is saying? Or is she just prompted by the prospect of a (　え　) if she says the right thing? In August 2004 Koko indicated that she had a toothache. According to her handlers she communicated that she was in pain. She could even indicate its (　お　) on a scale of one to ten.   25

　　Humans are apes. Until the 1960s it was thought that mankind split from

apes about twenty million years ago — mostly because so few fossils had been discovered to prove, one way or another, what happened and when. There was also a strong feeling that the split had to be at least that far back, (イ) there
(1)
could never have been enough time (ロ) us humans (ハ) (ニ) evolved (ホ) such apparently superior beings. We talk, we build things, we invent amazing machines, we are clean (generally), ingenious, and we appear to have mastered nature, tailoring it to our own ends.

But in the early 1990s, *molecular biologists discovered that we humans share at least 96 per cent of our genetic code (DNA) with the other great apes. Their _____ four and seven million years ago.
(2)

From Our ancestors: how primates spread across the earth, The Independent on February 9, 2009

*〔注〕 great ape　大型類人猿（オランウータン・ゴリラ・チンパンジー・テナガザル）

ebola virus　エボラウイルス（出血熱の原因となる）

molecular biologist　分子生物学者

設　問

1. 本文の内容と一致するものをA〜Eより1つ選び，その記号をマーク解答用紙にマークしなさい。

A. Orang-utans have ill feeling to the people living in their forest.

B. Orang-utans say good night by blowing raspberries at each other.

C. Orang-utans bring their orphaned relatives to rescue centers.

D. Gorillas are meat-eating animals that live on African grasslands.

E. Gorillas are suffering from severe starvation in Asian forests.

2. 空所（ あ ）〜（ お ）に入る最も適当なものをA〜Fよりそれぞれ1つ選び，その記号をマーク解答用紙にマークしなさい。ただし，選択肢には使用しないものが1つ含まれている。

A. skills　　B. level　　C. debate

D. reward　　E. evidence　　F. vocabulary

3．下線部(1)が「さもないとわれわれ人間がこのような外見上はより優れた生き物に進化するのに十分な時間はあり得なかっただろう」という意味になるように，空所（　イ　）～（　ホ　）に入る最も適当なものをA～Fよりそれぞれ1つ選び，その記号をマーク解答用紙にマークしなさい。ただし，選択肢には使用しないものが1つ含まれている。

A．for　　B．into　　C．to　　D．if　　E．or　　F．have

4．下線部(2)が「彼等の分析は人間が4百万から7百万年前の間のある時に生きていた類人猿の子孫であることを示したのである」という意味になるように，下のカッコ内に与えられた語をすべて使って空所を満たし，英文を完成させなさい。ただし，同じ語を繰り返して使用することはできない。答えは記述解答用紙に書きなさい。

（ humans / ape / analysis / sometime / are / lived / descended / showed / that / which / from / between / an ）

≪類人猿，人間の先祖≫

全訳

　アジアのオランウータンとアフリカのゴリラは 4 種類ある大型類人猿の中の 2 種類である。オランウータンはインドネシアとマレーシアの森の中に住んでいる。彼等は非常に知能が高く人間ととてもよく似ている。実際オランウータンという名前はマレーシア語で「森の人」を意味する *orang hutan* からきている。約 1400 万年前に進化したこの類人猿が住んでいるのは木々の中だけである。彼等は毎晩新しい巣を自分と自分の家族のために作る。

　人間のように遊び心を持ったこの動物は高度な言葉と文化を持つ。寝るちょっと前に，お互いに吐く息で唇を震わせて音を出し合う仕草をするのが昔から観察されている。これは「おやすみ，おやすみ」と言うことに相当するオランウータンの行動である。オランウータンは倒れた枯れ木の上をサーフィンのようにすべって移動しながら途中でできるだけ多くの葉を掴み取る遊びもする。野生のオランウータンは，孤児となって救助センターに暮らしている身内を訪ねることでも昔から知られている。彼等は孤児となったオランウータンと話をしているように思える。そしてその孤児たちがセンターから出されると，森の生活に戻れるようにリハビリを手伝ってやるのである。

　ゴリラは物腰の穏やかな菜食動物で，草原に住み，木の高い所には住んでいない。今日生き延びているゴリラは 2 種類だけになってしまった。この両方が今絶滅の危機に瀕している。2004 年にはエボラウイルスで数百頭が死んだ。今のところエボラウイルスに効くワクチンや治療方法は知られていない。ゴリラは非常に知的である。1971 年に生まれたココはカリフォルニアで飼育されているメスゴリラである。ココは，手話を 1 歳のときから教えられてきた。ココの訓練を担当しているペニー＝パターソン博士は，ココは 1000 語までの語彙を使って意思を伝えることができると主張している。ココが言語能力を初めて示したときから，ちょっとした科学的議論が何年も続いてきた。ココは自分の言っていることを本当に理解しているのか。それとも，正しいことを言ったら褒美がもらえそうだという予測に促されてやっているだけなのか。2004 年 8 月，ココは歯が痛いということを示した。ココの飼育に携わる人たちによれば，ココは痛みがあると伝えたのである。ココは 1 から 10 の等級表で痛みの度合いを示すことさえできたのである。

　人間は類人猿である。1960 年代まで人類は約 2 千万年前に類人猿から枝分かれしたと考えられていた。そのように考えられた主な理由は，何がいつ起こったのかをなんらかの形で証明できる化石がほとんど発見されていなかったからである。その枝分かれは少なくとも相当昔のことであったにちがいない，さもないとわれわれ人間がこのような外見上はより優れた生き物に進化するのに十分な時間はあり得なかっただろう，という気持ちもまた強かったのである。人間は話し，建物を建て，驚くべき機械を発明し，（一般的には）清潔にし，工夫の才に富んでいる。人間は自然を征服して，自分たちの目的に合うようにそれを変えてきたようでもある。

　しかし 1990 年代初期に，人間は，遺伝子コード（DNA）の少なくとも 96％が他の大型類人猿と共通である，ということが分子生物学者によって明らかになった。

彼等の分析は人間が4百万から7百万年前の間のある時に生きていた類人猿の子孫であることを示したのである。

解　説

1.

A.　×　「オランウータンは自分たちの森に住む人間に悪感情を抱いている」

オランウータンが人間に悪感情を抱いているという記述はない。

B.　○　「オランウータンは互いに吐く息で唇を震わせて音を出し合っておやすみを言う」

第2段第2文（Just before bedtime …）に，オランウータンが互いに吐く息で唇を震わせて音を出し合うことについて，オランウータンの「おやすみ」に相当する行為だと述べられており，**本文の内容に一致する**。

C.　×　「オランウータンは孤児になった身内を救助センターに連れてくる」

第2段第4文（Wild orang-utans have …）に，野生のオランウータンが，孤児となって救助センターにいる身内を訪れることで知られていると述べられているが，自分たちで連れてくるとは述べられておらず，本文の内容に一致しない。

D.　×　「ゴリラはアフリカの草原で暮らす肉食動物である」

第3段第1文（Gorillas are mild-mannered …）に，ゴリラは vegetarians「菜食動物」であると述べられており，本文の内容に一致しない。

E.　×　「ゴリラはアジアの森でひどい飢えに苦しんでいる」

第3段第3・4文（Both are endangered. Several hundred …）に，ゴリラが絶滅の危機に瀕しており，その原因がエボラウイルスであることは述べられているが，飢えに苦しんでいるとの記述はないので，本文の内容に一致しない。

2.　A.　skills「技能」　　　B.　level「水準，レベル」　　　C.　debate「議論」

　　　　D.　reward「報酬」　　　E.　evidence「証拠」　　　F.　vocabulary「語彙」

あ.　空所の後の of up to a thousand words「1000語までの」という前置詞句で修飾される名詞としては，**Fの vocabulary が適切**。up to ～「～まで」

い.　この後で，具体的な意見が述べられていることから，言葉を使うゴリラに対して a scientific（　　　）has been going on「科学的な（　　　）が続いてきた」の空所を補うものとしては，**Cの debate が適切**。

う.　ココは1000語の語彙を操るという主張がなされており，language（　　　）「言語（　　　）」を示すという文脈では**Aの skills が適切**。

え.　これは，ゴリラのココの言語能力をめぐる議論における1つの意見なので，ココは自分が正しいことを言えば褒美がもらえると思って反応しているのではないか，という主張と考えれば，前の文と or でつながるので，**Dの reward が適切**。

お. 前文でココは痛みがあるときにそれを伝えたと述べられている。「1から10の等級表でその（　　　）を示した」という文脈で，its の it は pain を受けており，痛みの度合いを示したという流れだと判断できるので，**Bの level が適切**。

3. （完成英文）（イ. or）there could never have been enough time（ロ. for）us humans（ハ. to）（ニ. have）evolved（ホ. into）such apparently superior beings
「さもないと」に対応する接続詞としては or が適切なので，**イはEの or が正解**。「われわれ人間が〜するのに十分な時間」は「われわれ人間が」という部分が to 不定詞の意味上の主語となり，それが enough time「十分な時間」を修飾する形であると考えれば，選択肢の to や for をうまく処理できる。**ロはAの for が正解**。ハ以降は「〜に進化するのに」という to 不定詞の部分。進化したのは過去の話なので，to 不定詞は完了形の to have evolved into 〜 が正しい形であり，**ハはCの to，ニはFの have，ホはBの into が正解**。

4. （完成英文）（Their）analysis showed that humans are descended from an ape which lived sometime between（four and seven million years ago.）
「彼等の分析」という主語は Their analysis であり，showed「示したのである」という述語動詞がこの後に続き，さらにその後に目的語の that 節が続く。「人間が類人猿の子孫である」という部分は，be descended from 〜「〜の子孫である」という表現を用いて，humans are descended from an ape とする。「〜の間のある時に生きていた」は ape「類人猿」を先行詞とする関係代名詞節として表し，which lived sometime between を ape の後に続ける。

●語句・構文
- ☐ *l.*7　sophisticated「高度な，洗練された」
- ☐ *l.*8　blow raspberry「（オランウータンが）唇を使って音をたてる」
- ☐ *l.*9　equivalent of 〜「〜に相当するもの」
- ☐ *l.*13　re-adapt to 〜「〜に再適応する」
- ☐ *l.*17　captive「捕らえられた」
- ☐ *l.*26　split from 〜「〜から分かれる」
- ☐ *l.*32　ingenious「器用な，独創的な，創意工夫のある」
- ☐ *l.*33　tailor *A* to *B*「*A* を *B* に合わせる」

1. B
2. あ－F　い－C　う－A　え－D　お－B
3. イ－E　ロ－A　ハ－C　ニ－F　ホ－B
4. （Their）analysis showed that humans are descended from an ape which lived sometime between（four and seven million years ago.）

63

次の英文を読み，設問に答えなさい（＊印の語は〔注〕を参照しなさい）。(34 点)

In February 2021, three new spacecraft arrived independently at Mars. For two of them, it was the first time their countries had sent craft so deeply into space, while the third opened a new period of Mars exploration. The first was the UAE's Mars Mission, also known as Hope, which entered *orbit on 9 February. Shortly after, China's Tianwen-1 spacecraft reached the planet with a plan to send　5 a *rover down to its surface.

Both of these missions were extraordinary achievements for their countries, allowing their makers to join the U.S., Russia, Europe, and India in having successfully sent spacecraft to Mars. However, it was the third mission that captured the most headlines.　10

On 18 February, NASA landed the car-sized rover Perseverance onto the surface of Mars. It had a long list of scientific objectives to work through. "We want to get a fuller understanding of how Mars formed as a planet," says Sanjeev Gupta, a member of the Perseverance science team. On Earth, the constant movement of the *crust has mostly destroyed the very first surface rocks to form,　15 but on Mars the oldest rocks are [　1　], so there is an unbroken record stretching back more than four billion years. As well as telling us about the history of the planet's formation, those ancient rocks could also contain clues as to whether life ever started on the red planet.

Yet what makes the Perseverance mission unique is that it is also the first　20 part of an ambitious 10-year plan between NASA and the European Space Agency to bring *Martian rocks to Earth in around 2031. "Scientists really want rocks from Mars back on Earth," says Gupta. Samples can be analyzed much more carefully on Earth than using even the most advanced Mars vehicle. And because laboratory techniques improve constantly, they can continue to be examined year　25
(7)
after year for new discoveries.

The [　2　] of returning samples to Earth was demonstrated in the 1970s when the analysis of moon rocks brought back by the Apollo astronauts changed our understanding of the solar system's history and formation.

30　　To repeat this success for Mars, Perseverance is equipped with more than 30 containers into which interesting-looking rocks will be loaded. In accordance with the joint project between NASA and the European Space Agency, a European rover will arrive on Mars in 2028 to collect the containers. It will load them into a NASA spacecraft known as the Mars Ascent Vehicle, which will carry them to a

35　European craft called the Earth Return Orbiter that will bring the samples to Earth.

　　[　3　] the moon samples of the 1970s were from a lifeless world, Mars could once have been a *habitable planet. So key investigations will involve looking for evidence of past — or possibly present — life, and that produces a whole new

40　problem. "If you discover signs of life on Mars, you want to know that it's Martian life, right? You don't want to discover bacteria that accidentally came with you on your spacecraft," says Casey Dreier, a space policy adviser.

　　To keep the scientific results as pure as possible, spacecraft and equipment are cleaned with chemicals or by heating. Such measures are known as planetary

45　protection, which is split into two parts. Forward *contamination is the introduction of Earth life on to other worlds; backwards contamination is concerned with the possibility, however unlikely, of alien life being brought back to Earth and escaping into the open.

　　The issue of planetary protection was originally discussed in the 1950s when

50　the first satellites were launched into orbit around Earth. But the story changed in 1971 when Mariner 9 became the first spacecraft to enter orbit around Mars. The pictures it sent back disappointed many people. There was no vegetation and no visible signs of life. Indeed, there was not even an indication of past life. "People were surprised at just how dead Mars actually turned out to look," says space

55　lecturer Thomas Cheney.

　　Closer investigation in more recent decades, however, has swung opinions back again. It is now thought that Mars could have been habitable and that tiny bacteria may still be surviving in parts of the planet where liquid water is present.

Planetary protection means spacecraft cannot go into these areas. So life-detection
experiments cannot investigate the areas most likely to support life and must 60
concentrate, therefore, on looking for evidence of past life on Mars.

There is also concern about repeating the mistakes people made in terms of
exploration on Earth in the past. The European colonization of Hawaii, for
example, introduced various bacteria to the island that had not existed there
previously, killing a large number of the native people with diseases they had no 65
natural protection against. While there is no real chance of animal life on Mars,
some scientists think that the same concerns should apply to bacteria. "If there's
life there, we don't want to accidentally introduce an organism that destroys it,"
argues Cheney. This is particularly significant with NASA's plan to send people to
Mars and eventually set up a human colony. 70

Not everyone agrees, however, that planetary protection rules should be
[4]. Robert Zubrin, a strong supporter of sending humans to Mars, points
out that *meteorites regularly crash into Earth from outer space. One Martian
meteorite in particular, ALH84001, attracted great interest in 1996 when a group of
scientists claimed to have found fossils of Martian bacteria inside. Although that 75
conclusion is still hotly debated, the analysis showed that the meteorite had never
been exposed to temperatures above 40 degrees Celsius. "If there had been
bacteria in it, they could have survived the trip," says Zubrin, "and billions of tons
of such material have transferred from Mars to Earth in the last four billion years."
In other words, if nature does not respect planetary protection rules, why should 80
we?

* 〔注〕 orbit 軌道　　rover 探査車　　crust 地殻
Martian Mars の形容詞　　habitable 居住可能な
contamination 汚染　　meteorite 隕石

設　問

1. 下線部(ア)～(エ)が指すものをA～Dよりそれぞれ1つ選び，その記号をマークし
なさい。

(ア)　they

   A．laboratory techniques　　　B．scientists on Earth

   C．rock samples　　　　　　　D．signs of life

(イ)　it

   A．Mariner 9　　　　　　　　B．orbit around Mars

   C．Mars　　　　　　　　　　D．the first satellite

(ウ)　these areas

   A．areas that are now habitable

   B．areas where tiny bacteria have been found

   C．areas protected by planets

   D．areas where liquid water is present

(エ)　they

   A．bacteria brought to Hawaii

   B．diseases taken to Hawaii

   C．animals on Hawaii

   D．the native people of Hawaii

2．本文の ［　1　］ ～ ［　4　］ に入る最も適当なものをA～Dよりそれぞれ1
つ選び，その記号をマークしなさい。

  1．A．broken　　　　B．preserved　　　C．missing　　　D．discovered

  2．A．value　　　　　B．difficulty　　　C．danger　　　　D．investigation

  3．A．However　　　B．Unlike　　　　C．Because　　　D．Whereas

  4．A．warned　　　　B．obeyed　　　　C．allowed　　　　D．ignored

3．次の1～4の問いの答えとして最も適当なものをA～Dよりそれぞれ1つ選び，
その記号をマークしなさい。

  1．Which objective is NOT part of the Perseverance mission to Mars?

   A．Beginning the process of bringing Martian rocks back to Earth.

   B．Discovering more about the formation of Mars.

C．Investigating crust movements on the surface of Mars.

D．Finding evidence of past life on Mars.

2．Why is it important to bring Martian rocks to Earth?

A．To prevent forward contamination on Mars.

B．Because the Mars rover cannot analyze them in as much detail.

C．So they can be compared to the moon rocks brought back in the 1970s.

D．Since pictures taken from space seem to show there is no life on the rocks.

3．What purpose of planetary protection rules is NOT mentioned in the article?

A．To prevent Earth bacteria being accidentally brought to Mars.

B．To make sure life on Mars is not destroyed if it exists.

C．To introduce Earth life safely to Mars.

D．To stop alien life escaping on Earth.

4．What is the significance of meteorite ALH84001 in terms of planetary protection?

A．It means that alien life might already have been brought to Earth.

B．It shows that bacteria can survive high temperatures.

C．It proves there used to be life on Mars.

D．It reminds us we must protect ourselves from large space objects.

4．次のA〜Gの英文で，本文の内容に一致しているものを2つだけ選び，その記号をマークしなさい。

A．Of the three missions to Mars in February 2021, only NASA's intended to land on the planet.

B．As on Earth, the rocks on Mars can reveal a history of over four billion years.

C．Including Perseverance, at least four rovers and spacecraft will be needed to complete the process of bringing Martian rocks to Earth.

D. Casey Dreier is talking about the danger of backwards contamination.

E. Opinions about life on Mars have not really changed since 1971.

F. Perseverance cannot travel to the parts of Mars where life is most likely to exist.

G. Hawaii is mentioned as an example of the dangers of bringing harmful bacteria back to Earth.

全訳

≪宇宙探査機，火星へ行く≫

　2021年2月，新たな3機の宇宙探査機がそれぞれ別々に火星に到達した。それらのうち2機は，それを宇宙の奥深くまで送った国にとっては初めてのものだった。一方で3番目の宇宙探査機は，火星探索に新たな時代を開いた。最初の探査機はHopeとしても知られる，アラブ首長国連邦のMars Mission（火星ミッション）だった。この探査機は2月9日に軌道に入った。その後まもなく，中国の天問1号探査機が火星に到達した。この探査機は火星の表面に探査車を下ろす計画だった。

　これらのミッションはどちらも両国にとっては並外れた偉業であり，おかげで製造した両国は火星に探査機を送ることに成功したアメリカ，ロシア，ヨーロッパ，インドの仲間入りを果たした。しかしながら，新聞の見出しが最も躍ったのは3番目の探査機のミッションだった。

　2月18日，NASAは自動車サイズの探査車，パーサヴィアランスを火星表面に着陸させた。この探査車には行うべき科学的目標の長いリストがあった。「我々は火星が惑星としていかにして形成されたか，もっと十分に理解したいのだ」と，パーサヴィアランス科学チームの一員であるサンジーブ゠グプタは言う。地球上では地殻が絶えず動いており，そのせいで，形成されたまさに最初の地球表面の岩石がほとんど破壊されてしまっている。しかし，火星では最も古い岩石が保存されている。したがって，40億年以上，絶えることなくずっと記録を遡れる。そのような非常に古い岩石は火星の生成の歴史を教えてくれるばかりではなく，そもそも生命がこの赤い惑星に誕生したかどうかの手がかりも含んでいるかもしれない。

　しかしパーサヴィアランスの任務がユニークなものになっているのは，これが2031年頃に火星の岩石を地球に持ち帰るという，NASAと欧州宇宙機関共同の野心的な10年計画の第一弾でもあるということだ。「科学者たちは火星から地球に岩石を持ち帰ることを非常に望んでいる」とグプタは言う。最も進んだ火星探査車であっても，それを使うより地球での方がサンプルをはるかに丁寧に分析できる。また，実験技術は絶えず向上しているので，サンプルは年々継続して調べることができ，新たな発見があるかもしれないのである。

　サンプルの岩石を地球に持ち帰ることの価値が実証されたのは，1970年代だった。アポロ宇宙船の飛行士たちが持ち帰った月の岩石の分析によって，太陽系の歴史と形成に関する我々の理解が変わってしまったのである。

　この成功を火星で繰り返すために，パーサヴィアランスには30個以上の容器が備え付けられており，その中に興味深そうな岩石を積み込むことになっている。NASAと欧州宇宙機関との共同プロジェクトに従って，欧州の探査車が2028年に火星に到達して容器を回収してくる予定だ。探査車はそれらの容器を火星上昇機として知られるNASAの宇宙探査機に詰め込む。そして，この火星上昇機がそれらの容器を地球帰還軌道船と呼ばれる欧州の探査機に運び，その探査機がサンプルを地球に持ってくることになっている。

　1970年代の月の岩石サンプルは生命のない世界から持ち帰られたが，一方火星はかつて生命体が存在可能な惑星であった可能性がある。したがって，重要な調査

は過去，あるいはことによると現在の生命体の証拠探しを伴うものとなるであろう。そして，それはまったく新たな問題を生み出すことになる。「もし火星で生命を示すしるしを発見すれば，それが火星の生命体であるということを知りたくなるだろう。そうではないか？　宇宙探査機で自分に偶然くっついてきたバクテリアなど発見したくはないだろう」と宇宙政策アドバイザーのケーシー=ドレイアーは言う。

　科学的結果をできるだけ純粋なものにしておくために，宇宙探査機と装備は薬品もしくは熱処理によってきれいにされる。そのような措置は惑星保護として知られているものであり，二つの部分に分かれる。一つは前方汚染で，地球生命体を他の世界に持ち込むことであり，もう一つは後方汚染である。これはどれだけ可能性が少ないとしても，地球外生命体が地球に持ち帰られ，それが外に逃れ出す可能性に関わるものである。

　惑星保護の問題は，元々は初めての衛星が地球周回軌道に打ち上げられた1950年代に議論されていたものである。しかし，1971年にマリナー9号が火星の周回軌道に入った初めての宇宙探査機となったとき，話は変わった。マリナー9号が送ってきた映像に多くの人々が失望した。なんら植物は見られず，生命体を示す目に見えるものは何もなかったからである。実際，過去の生命体を示すものさえ何もなかった。「実際，火星がどれだけただ死んだ様相を呈していたか，それを見た人々は驚いた」とトーマス=チェニー宇宙学講師は言う。

　しかし，もっと最近の数十年間におけるより詳しい研究により，再び意見は逆になった。火星は生物が住める可能性があったし，液体の水が存在する惑星の部分にはまだ小さなバクテリアが生存しているかもしれないと，今では考えられている。惑星保護が意味するのは，宇宙探査機がこのような地域には入れないということだ。したがって生命探知実験は生命を維持している可能性が最も高い地域は調査できず，それゆえに火星の過去の生命体の証拠を探すことに集中しなければならないのである。

　また，地球探検の観点から，過去に人間が犯した間違いを繰り返すのではないかという懸念もある。たとえば，ヨーロッパ人のハワイ植民は，その島にはそれまでなかった種々のバクテリアを島に持ち込み，ハワイ原住民が本来の抵抗力を持っていない病気で彼らの多くを殺してしまった。火星には動物という生命体が実際にいる可能性はゼロだが，一方，科学者の中にはハワイの場合と同じ懸念がバクテリアにもあると考えている者もいる。「もし生命がそこにあるならば，偶然にしろ，その生命体を殺してしまう有機体を持ち込みたくはない」とチェニーは主張する。これは，人間を火星に送り，やがて人間の居住地を作るというNASAの計画では，特に重要なことなのである。

　しかし惑星保護の規則に従わなければならないということに，すべての人が同意しているわけではない。人間を火星に送ることを強く支持しているロバート=ズブリンは，宇宙からの隕石が何度も地球に衝突していることを指摘している。特にALH84001という火星から来た一つの隕石は，1996年に科学者たちの研究グループが隕石内部に火星のバクテリアの化石を発見したと主張して，非常な関心を集め

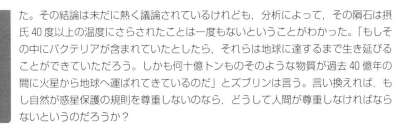

た。その結論は未だに熱く議論されているけれども，分析によって，その隕石は摂氏 40 度以上の温度にさらされたことは一度もないということがわかった。「もしその中にバクテリアが含まれていたとしたら，それらは地球に達するまで生き延びることができていただろう。しかも何十億トンものそのような物質が過去 40 億年の間に火星から地球へ運ばれてきているのだ」とズブリンは言う。言い換えれば，もし自然が惑星保護の規則を尊重しないのなら，どうして人間が尊重しなければならないというのだろうか？

解 説

1.

(ア) they は複数名詞を受けるので，この前にある文中の複数名詞のいずれかを指している。ここでは，下線部の直後が can continue to be examined「継続して調べることができる」となっていることから，they は調査対象となるもの，すなわち，直前の文の主語である samples を指すと判断でき，**Cの rock samples**「岩石のサンプル」**が正解**。下線部の前に laboratory techniques という複数形の名詞があるが，調査対象とはならないので不適。

(イ) The pictures it sent back「それが送り返した映像」の it 以下は目的格の関係代名詞が省かれた節であり，pictures を修飾している。この it が指すのは，火星からその映像を送り出せるものなので，前文に出ている単数形の名詞のうち，Mariner 9 か，the first spacecraft のどちらかだと判断がつき，選択肢に含まれる**Aの Mariner 9**「マリナー 9 号」**が正解**。

(ウ) 第 10 段第 2 文（It is now …）には，火星に生物が住める可能性があったことと，液体の水が存在する惑星の部分でバクテリアが存在する可能性についても述べられている。these areas とはこの「液体の水が存在する惑星の部分」を指すと判断でき，選択肢の中では，**Dの areas where liquid water is present**「液体の水が存在する地域」**が正解**。同文では，Mars could have been habitable となっていることから，生物が住める可能性については過去の話として述べられているので，Aの areas that are now habitable「現在，生物が住める地域」は不適。B の areas where tiny bacteria have been found「小さなバクテリアがずっと存在している場所」は，まだバクテリアの存在は確認されていないので不適。

(エ) they had no natural protection against「〜に対する本来の抵抗力を持っていない」という部分は diseases を先行詞とする関係代名詞節。ここではハワイ原住民が，ヨーロッパ人が持ち込んだバクテリアによる病気で亡くなったという過去の歴史が述べられており，この they はハワイ原住民を指すので，**Dの the native people of Hawaii が正解**。

2.

1．A．broken「破壊されて」　　　　B．preserved「保持されて」

　　C．missing「行方不明で」　　　　D．discovered「発見されて」

空所を含む文の前半部分では，地球の地殻変動で表面の岩石が破壊された，と述べられており，後半部分で，but という逆接の機能を持つ接続詞に続き，火星では岩石はどうなったと述べられているかを考えると，**Bの preserved** が正解。

2．A．value「価値」　　　　　　　　B．difficulty「困難」

　　C．danger「危険」　　　　　　　　D．investigation「調査」

空所を含む第5段では，地球に月からの岩石を持ち帰ったことで，太陽系の歴史と形成に関する人々の理解を変えられた，という内容が述べられており，サンプルとしての岩石を持ち帰る価値は高いと判断できるので，**Aの value** が正解。

3．A．However「しかしながら」　　　B．Unlike「〜とは異なり」

　　C．Because「〜なので」　　　　　　D．Whereas「〜である一方で」

空所に続く文では，月は生命のない世界だと述べられており，コンマの後の後半部分では，火星は生物が生存可能であった可能性があると述べられている。この前半と後半部分は逆接的関係になっており，**Dの Whereas** が正解。AのHowever は副詞，BのUnlike は前置詞なので，文頭の接続詞としては使えないので不適。CのBecause は文脈上不適。

4．A．warned「警告される」　　　　　B．obeyed「守られる，従われる」

　　C．allowed「許される」　　　　　　D．ignored「無視される」

空所を含む that 節は Not everyone agrees「すべての人が同意しているわけではない」の目的語となる節。次文以降で，惑星保護の規則を守ることに懐疑的な意見が述べられていることを考えると，文脈上適切な，**Bの obeyed** が正解。

3.

1．「火星へのパーサヴィアランスの任務の一部ではないのはどの目的か」

A．「火星の岩石を地球に持ち帰るというプロセスを開始すること」

　　第4段第1文（Yet what makes …）に，パーサヴィアランスの任務は2031年に火星の岩石を地球に持ち帰るという10年計画の第一弾だと述べられており，内容に一致する。

B．「火星の形成についてより多くのことを発見すること」

　　第3段第3文（"We want to …）に，NASA の人たちは火星がどのように形成されたのかをもっと理解したいと思っていることが述べられており，内容に一致する。

C．「火星の表面の地殻の動きを調査すること」

　　パーサヴィアランスの任務は火星の岩石を地球に持ち帰るというというレベルであり，火星の地殻の動きの調査に関する記述はないので，**内容に一致しない。**

D．「火星における過去の生命の証拠を見つけること」

第7段第2・3文（So key investigations … Martian life, right?）に，パーサヴィアランスが持ち帰る予定の火星の岩石の調査によって，火星に過去に生命が存在した証拠を探すという目的が述べられており，内容に一致する。

2.「火星の岩石を地球に持ち帰るのはなぜ重要なのか」

A.「火星における前方汚染を防止するため」
第8段（To keep the …）には，火星における前方汚染について述べられているが，これは宇宙探査機が持ち込む可能性のある汚染物質による懸念であり，内容に一致しない。

B.「火星探査車は詳しく岩石を調べることはできないから」
第4段第3文（Samples can be …）に，岩石のサンプルは，最も進んだ火星探査車を使うより，地球での方がはるかに丁寧に分析できると述べられており，火星探査車では十分な調査ができないと判断できるので，**内容に一致する。**

C.「岩石を1970年代に持ち帰った月の岩石と比較するため」
第5段（The ［　2　］of …）に，月の岩石の分析で，太陽系の歴史と形成に関する理解が変わるほどの発見があった点は述べられているが，火星の岩石との比較についての記述はなく，内容に一致しない。

D.「宇宙から撮影された写真が，岩石には生命体が存在しないことを示しているように思われるから」
第9段（The issue of …）には，マリナー9号が送ってきた映像についての記述はあるが，宇宙からの撮影写真では，岩石内の生命体の存在の有無を証明できるかどうかに関する記述はなく，内容に一致しない。

3.「惑星保護の規則のどういう目的については，本文で述べられていないか」

A.「地球のバクテリアが偶然にしろ火星に持ち込まれることを防止するため」
第11段第3～最終文（While there is … a human colony.）に，火星に有機体を持ち込んではならないという考えが述べられており，それはNASAの計画でも重要だとされていることから，内容に一致する。

B.「火星に生命が存在するとすれば，確実にそれが破壊されないようにするため」
第11段第4文（"If there's life …）に，火星に生命があるとすれば，それを殺す有機体を持ち込みたくはないという意見が述べられており，内容に一致する。

C.「地球の生命体を無事に火星に持ち込むため」
第11段第3文（While there is …）以下には，火星に有機体を持ち込んではならないという考え方が述べられていることから，**内容に一致しない。**

D.「地球外生命体が地球上で逃げ出すのを阻止するため」
第8段第2・3文（Such measures are … into the open.）に，惑星保護の措置の一つとして，地球外生命体が地球に持ち帰られ，それが外に逃れる可能性についての言及があり，それを阻止するのは目的の一つと判断でき，内容に一致する。

4.「惑星保護の観点から，隕石の ALH84001 の重要性は何か」

A.「それは，地球外生命体はすでに地球に持ち込まれているかもしれないということを意味する」

最終段第5文（"If there had …）に，もしその隕石にバクテリアが含まれていたとしたら，それらが地球に達するまで生き延びていた可能性があると述べられており，**内容に一致する。**

B.「それは，バクテリアは高温でも生き延びることができることを示している」

最終段第4文（Although that conclusion …）には，その隕石は摂氏40度以上の温度にさらされたことは一度もないということがわかったと述べられており，内容に一致しない。

C.「それはかつて，火星には生命が存在していたことを証明する」

最終段第3・4文（One Martian meteorite … 40 degrees Celsius.）には，1996年に，研究グループが，その隕石内部に火星のバクテリアの化石を発見したと主張したものの，結論は未だに熱く議論されている，とも述べられており，結論は出ていないと判断できるので，内容に一致しない。

D.「そのことで私たちは，大きな宇宙物体から身を守らなければならいことを思い出す」

最終段第5文（"If there had …）の後半に，何十億トンもの物質が火星から地球に運ばれてきているとの記述はあるが，それから身を守るすべについての記述はないので，内容に一致しない。

4.

A. ×　「2021年2月の火星への3つのミッションのうち，NASAのものだけがその惑星に着陸しようとしていた」

第1段第1文（In February 2021, …）に，2021年2月に，3機の宇宙探査機がそれぞれ別々に火星に到達した，と述べられており，内容に一致しない。

B. ×　「地球上と同様，火星の岩石は40億年にわたる歴史を明らかにする可能性がある」

第3段第4文（On Earth, the …）に，地球上では地殻が絶えず動いていて，形成された最初の地球表面の岩石はほとんど破壊されたと述べられており，40億年以上の記録がたどれる火星とは状況が異なるので，内容に一致しない。

C. ○　「火星の岩石を地球に持ち帰るプロセスを完了するには，パーサヴィアランスを含め，少なくとも4機の探査車および宇宙探査機が必要だろう」

第6段（To repeat this …）から，月から岩石を持ち帰ったのと同じことをするためには，パーサヴィアランスと岩石が入った容器を回収する欧州の探査車，NASAの火星上昇機と地球まで運ぶ欧州の地球帰還軌道船の，少なくとも4機は必要であることがわかるので，**内容に一致する。**

D．×　「ケーシー=ドレアーは，後方汚染の危険性について語っている」

第7段第3文（"If you discover …）に述べられているケーシー=ドレアーの懸念は，地球から火星に送られた宇宙船にバクテリアが付着していて，火星を汚染する可能性であり，これは第8段最終文（Forward contamination is …）前半から，前方汚染のことだと判断できるので，内容に一致しない。

E．×　「火星上の生命についての意見は，1971年からあまり変化していない」

第9段第2〜4文（But the story … signs of life.）に，1971年のマリナー9号が撮影した火星の写真によって，火星には生命体の痕跡はないとされたが，第10段第1文（Closer investigation in …）に，最近の数十年で，その意見がまた逆に変わったと述べられており，内容に一致しない。

F．○　「パーサヴィアランスは火星で生命が存在している可能性が最も高い地域には行くことができない」

第10段第2・3文（It is now … into these areas.）に，火星の液体の水が存在する部分には，まだバクテリアが存在する可能性があると考えられているが，惑星保護の観点から，そこに宇宙探査機は入れないと述べられており，**内容に一致する**。

G．×　「ハワイは，有害なバクテリアを地球に戻す危険性の例として言及されている」

第11段第2文（The European colonization …）で述べられているハワイでの例は，有害なバクテリアが入り込んだために，もとからハワイにいた人間が死んでしまうという，地球上での危険性の例であり，有機体を地球に持ち帰るという例ではないので，内容に一致しない。

●語句・構文‥‥

- □ *l.*1　independently「それぞれ別々に」
- □ *l.*11　NASA「アメリカ航空宇宙局」
- □ *l.*17　as well as *doing*「〜するだけでなく」
- □ *l.*18　as to 〜「〜に関する」
- □ *l.*24　Mars vehicle「火星探査車」
- □ *l.*30　be equipped with 〜「〜が備え付けられている」
- □ *l.*31　in accordance with 〜「〜に従って，〜どおりに」
- □ *l.*34　Mars Ascent Vehicle「火星上昇機」　火星表面から火星軌道上の宇宙船に，火星で採取されたサンプルを輸送する軽量ロケットのこと。
- □ *l.*35　Earth Return Orbiter「地球帰還軌道船，地球帰還周回船」
- □ *l.*44　measures「措置，方法」
- □ *l.*45　be split into 〜「〜に分かれる」
- □ *l.*56　swing *A* back「*A* を逆向きにする」
- □ *l.*62　in terms of 〜「〜の観点から」

□ *l*.66　natural protection against ～「～に対する本来の抵抗力」
□ *l*.72　point out「指摘する」

1. ㋐—C　㋑—A　㋒—D　㋓—D
2. 1—B　2—A　3—D　4—B
3. 1—C　2—B　3—C　4—A
4. C・F

64

次のプレゼンテーションを読み，以下の 1 〜 5 に答えなさい。* の付いた語には注が付してある。

Ladies and gentlemen of the United Nations, I have come here today to both illuminate an impending disaster and urge you to take immediate action on it.

Though most of us are aware of the environmental threats that surround us all the time like global warming, air pollution and nuclear waste, many of us are less aware of the threats posed by plastics.　No, I do not mean the plastic chip bags that 5 we find discarded on the street or even the plastic waste that has formed an island in the middle of the Pacific; I am actually talking about the plastics that you use every day but never see.

These are called microbeads and are small, round plastic spheres that were originally used to help make ceramics porous.　However, cosmetic and personal 10 hygiene companies soon discovered how useful these tiny plastic beads could be. Because they can be manufactured to extremely small tolerances (from one millimeter down to 10 micrometers) they can be used as a smoothing agent for facial creams and cosmetics, allowing someone to more evenly apply makeup.　Conversely, they make a good *exfoliating agent in products like facial scrubs and toothpaste. 15

However, the overuse of these microbeads is causing massive environmental damage.　We wash hundreds of tons of plastic down the sink each year: plastic that ends up in our waterways, rivers and oceans.　These microbeads are then eaten by plankton, which in turn are eaten by fish and (　　　　) by humans.　This plastic can be toxic at all levels in the food chain not only causing harm on their own, but 20 also acting as a concentrating agent for other pollutants like pesticides and *toluenes.

<u>Many member states of the UN have already banned microbeads.　The lead was taken by Canada, who recognized this threat as early as 2015, but this has been followed by states as diverse as Taiwan and New Zealand passing bans of their own.</u>

Members of the panel, I urge you to pass a worldwide ban on all microbeads. 25

The environmental threat of microplastics is a growing one.　Though the threat of air and soil pollution from car tires is, for the moment, an intractable one, we can stop microbeads from destroying our waters.　Thank you for your time.

*[注]　exfoliating：そぎ落とす　　toluene(s)：トルエン

1．このプレゼンテーションのメインテーマはどれか，最も適切なものを(A)～(D)から一つ選び，その記号をマークしなさい。

(A)　A water pollution standard

(B)　The Ecosystem of sea creatures

(C)　Plastic contaminants

(D)　Environmental power of the UN

2．（　　　　　　）に入る最も適切な語を(A)～(D)から一つ選び，その記号をマークしなさい。

(A)　eventually　　　　　　　　　(B)　systematically

(C)　irrelevantly　　　　　　　　(D)　biologically

3．プレゼンテーション内で，microbeads の用途として言及されていないものはどれか，最も適切なものを(A)～(D)から一つ選び，その記号をマークしなさい。

(A)　Helping people to put on lipstick smoother

(B)　Helping people to clean their skin

(C)　The ability to make cars run better

(D)　The ability to make holes in pottery

4．下線部を言っている際に投影されるスライドはどれか，最も適切なものを(A)～(D)から一つ選び，その記号をマークしなさい。

(A)

(B)

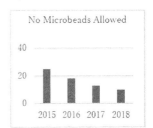

(C)

(D)

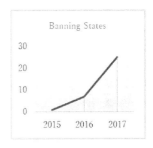

5. このプレゼンターが訴えていることは何か，最も適切なものを(A)～(D)から一つ選び，その記号をマークしなさい。

(A) Compensation from the plastics industry

(B) A prohibition on all microbeads

(C) A ban on all plastic waste

(D) A ban on car tires and microbeads

全訳

≪プラスチック製の汚染物質≫

　国連の皆さん，私が今日ここにきたのは，迫りくる災害についてお知らせするため，そして，皆さんに即時に対策をとって頂くように要請するためです。

　ほとんどの人が，我々の周りにずっとある環境上の脅威，例えば，地球温暖化，大気汚染，核廃棄物には気づいていますが，プラスチックがもたらす脅威にはあまり気づいていない人が多いのです。いいえ，ここで言いたいのは，路上に捨てられているプラスチックチップの袋，あるいは，太平洋の真ん中で島のようになっているプラスチック廃棄物でもありません。私が今，話しているのは，毎日使われているのに，決して目に見えないプラスチックです。

　それはマイクロビーズと呼ばれている小さなプラスチックの球体で，元々は陶磁器を多孔質にするのに使われていました。しかし，化粧品会社や個人向け衛生用品の会社がこの小さなプラスチックビーズの便利さにすぐに気づいたのです。マイクロビーズは極めて小さな許容誤差（1ミリから10ミクロンまで）で製造可能なので，顔用クリームや化粧品の平滑剤として使われ，よりむらなく化粧をすることが可能になります。また，反対に，スクラブ洗顔料や歯磨き粉といった製品においては優れた剥離剤にもなります。

　しかし，こうしたマイクロビーズの使いすぎが多大な環境被害をもたらしているのです。私たちは毎年，何百トンものプラスチックを下水に流しています。このプラスチックの行きつく先は運河や河川や海洋です。そして，このマイクロビーズをプランクトンが食べ，そのプランクトンを今度は魚，そして，最終的には人間が食べるのです。このプラスチックは，食物連鎖のあらゆる段階で有毒になる可能性があります。それ自体が害を及ぼすだけでなく，殺虫剤やトルエンなど他の汚染物質を濃縮する役割も果たします。

　国連加盟国の多くはすでにマイクロビーズを禁止しています。この先頭に立ったのはカナダで，マイクロビーズの脅威に早くも2015年に気づきました。その後，台湾からニュージーランドに至るさまざまな国（地域）が独自に禁止してきました。

　委員会の皆さん，私は皆さんにすべてのマイクロビーズの全世界的禁止を要請します。マイクロプラスチックの環境への脅威が高まっています。車のタイヤによる大気汚染や土壌汚染の脅威は，しばらくは解決困難ですが，マイクロビーズによる水質汚染は防ぐことができます。お時間をいただきありがとうございました。

解 説

1. (A)　A water pollution standard「水質汚染の基準」

　(B)　The Ecosystem of sea creatures「海洋生物の生態系」

　(C)　Plastic contaminants「プラスチック製の汚染物質」

　(D)　Environmental power of the UN「国連の環境への影響力」

　プレゼンテーションの話題の中心は microbeads「マイクロビーズ」であり，これ

を言い換えていると判断できる，©の Plastic contaminants が正解。

2 . (A)　eventually「最終的に」　　　　(B)　systematically「体系的に」

　　(C)　irrelevantly「無関係に」　　　　(D)　biologically「生物学的に」

空所を含む英文は運河や河川や海洋に流れ着いたプラスチックのマイクロビーズの
その後について述べている。英文では These microbeads are then eaten by plank-
ton, which in turn are eaten by fish and （　　　） by humans というように，空所は
then「それから」，in turn「今度は」の後に続く語であり，「最終的に」が文脈上
適切と判断できるので，④の eventually が正解。食物連鎖における，より上位の
捕食者の体内に汚染物質が濃縮されていく生物濃縮についての言及。

3 . (A)　「人々が口紅をより滑らかに塗るのに役立つ」

第3段第3文（Because they can …）の主節部分に，マイクロビーズは「顔用クリ
ームや化粧品の平滑剤として使われ，よりむらなく化粧ができるようになる」と述
べられており，用途として言及されている。

(B)　「人々が皮膚をきれいにするのに役立つ」

第3段最終文（Conversely, they make …）に，マイクロビーズが「スクラブ洗顔
料や歯磨き粉といった製品では優れた剝離剤になる」と述べられている。スクラブ
洗顔料とは肌をこすって角質を除去するものであり，用途として言及されている。

©　「車の走りをよくする力」

車の走りに関する言及はなく，©の The ability to make cars run better が正解。

(D)　「陶磁器に穴をあける力」

第3段第1文（These are called …）に，マイクロビーズは「元々は陶磁器を多孔
質にするのに使われていた」と述べられている。porous「多孔質」とは穴が多く，
気体や液体が浸透しやすい性質のことなので，用途として言及されている。

4 . 下線が引かれている第5段では，国連の加盟国の多くがすでにマイクロビーズを
禁止していること，先頭に立ったのが2015年に禁止したカナダで，その後，台湾
やニュージーランドなど，さまざまな国（地域）が独自に禁止してきたと述べられ
ている。マイクロビーズを禁止している国（地域）の数の増加を示す(D)が正解。

5 . (A)　「プラスチック業界による補償」

　　(B)　「マイクロビーズの全面禁止」

　　(C)　「プラスチック廃棄物の全面禁止」

　　(D)　「車のタイヤとマイクロビーズの禁止」

最終段第1文（Members of the …）で，話者は国連の会場の人たちにすべてのマ
イクロビーズの全世界的禁止を要請しており，(B)の A prohibition on all micro-
beads が正解。urge A to do「A に〜するよう促す，A に〜するよう要請する」
pass a ban on 〜「〜を禁止する」

●語句・構文……………………………………………………………………………………………

- □ *l.*2　illuminate「～に光を当てる，～を明らかにする」
- □ *l.*2　impending「迫りくる，差し迫った」
- □ *l.*12　tolerance「許容誤差，許容範囲」
- □ *l.*13　smoothing agent「平滑剤」
- □ *l.*14　conversely「反対に，逆に（言えば）」
- □ *l.*15　scrub「スクラブ（肌の角質を除去するためのもの）」
- □ *l.*18　end up in ～「最終的には～に行きつく」
- □ *l.*20　on *one's* own「それ自体で，単独で，独自に」
- □ *l.*21　concentrating agent「濃縮剤，濃縮を引き起こす物質」
- □ *l.*21　pesticide「殺虫剤」
- □ *l.*22　take the lead「先導する，主導権を握る」
- □ *l.*23　as early as 2015「早くも 2015 年には」
- □ *l.*27　intractable「解決困難な，手に負えない」

1 —(C)　2 —(A)　3 —(C)　4 —(D)　5 —(B)　解　答

65

次の英文を読んで，あとの問 1 ～問 10 に答えなさい。(20 点)

[1]　Islam did not invent veiling, nor is veiling a practice specific to Muslims*. Rather, veiling is a tradition that has existed for thousands of years, both in and far beyond the Middle East.

[2]　"Veiling" today is not simply a descriptive or (　ア　) term. It is also a judgmental term, especially when associated with Islam. Veiling is a practice that 5 causes heated debates among ordinary citizens and policy makers in North America and in Europe, as well as in many Muslim-majority societies around the world. The veil may symbolize any number of perceived threats. For some, the veil represents the rise of fundamentalist Islam worldwide. For others, it demonstrates Muslim women's subordination to Muslim men. Still others view the 10 veil as a threat to national security, and a potential cover-up for suicide bombers.

[3]　Considering the intensity of the emotions that arise in discussions of veiling, however, the obsession with Muslim women's veiling practices is a relatively recent phenomenon. (　ウ　) since the nineteenth century has it been an integral part of Euro-American discourses on Islam and the Middle East.　Euro-American 15 fascination with the Muslim veil coincided with European military invasions into Muslim-majority societies and with colonial expansions. It was then that the veil first became viewed as a symbol of Muslim women's subordination to Muslim men and thus as a justification for the Western civilizing mission.

[4]　While today many perceive the Muslim veil as a sign of possible hostility 20 and religious extremism, in the nineteenth century it carried an exotic connotation. In colonial literature, arts, and music, veiled Muslim women were consistently depicted as available sexual partners in Western fantasies. They were imagined to be locked up in harems*, where they eagerly awaited their rescue from brown men by white men. Liberating veiled Muslim women became a theme of 25 nineteenth-century European discussions about Muslim societies. Art museums

around the world （　エ　） collections of nineteenth-century paintings depicting the way Europeans and Americans imagined Middle Eastern Muslim women. In most of these works, Muslim women are seen lounging in luxurious harems, wearing
30 exotic clothes, and looking invitingly toward the viewer.

[5] During the twentieth century, the Hollywood film industry played a crucial role in perpetuating the image of the harem beauty saved by a Western hero. In their movies, women are consistently portrayed wearing transparent clothes and veils. The desire to "save" Muslim women, veiled ones in particular, remains a
35 recurring motif in many of today's popular and political debates both in the United States and in Europe. Contemporary Muslim women continue to be viewed as secondary objects to male authority and subject to manipulation by fathers, brothers, and fundamentalist regimes.

[6] An obsession with the Muslim veil is not just a Euro-American phenomenon.
40 Muslims themselves, especially in Muslim-majority societies, have also focused on the significance and symbolism of veiled women. At least from the nineteenth century, the sight of unveiled European women impressed both male and female upper-class Muslims, who were fascinated by European women's status in society. Such elite Muslims came to view the veil as the key symbol of Muslim women's
45 oppression and as the stumbling block to their quest for modernity. They thus adopted European views of the veil as they sought to modernize and reform their own societies. By the early twentieth century, unveiling Muslim women and uncovering their heads became the clearest indicator of modernity in Muslim-majority societies.

50 [7] On the other hand, because the very notions and measures of modernity and progress had been first introduced by European colonialists, some Muslims have viewed them with suspicion at times. While for some Muslims, unveiling of Muslim women meant （　キ　） and progress, for others, it meant the exact opposite—the （　ク　） of cultural identity and surrender to Western domination. For the latter
55 group, fighting against colonial and neocolonial demands meant holding onto the veil as a symbol of cultural authenticity, pride, and political resistance.

[8] Veils （　ケ　） simply a personal, religious, or cultural practice. Veiling has always had a multiplicity of competing meanings and motivations at different times

and in different places.

From What is Veiling? by Sahar Amer, The University of North Carolina Press

* Muslim　イスラム教徒のこと。

* harem　ハーレム。イスラム王朝の後宮。皇后や妃などが住む宮中奥向きの宮殿。

問1　空所（　ア　）に入れるのに最も適切なものを@〜@から1つ選び，その記号をマークしなさい。

 @ divided ⓑ fashionable ⓒ neutral ⓓ relative

問2　下線部(イ)の例として適切でないものを@〜@から1つ選び，その記号をマークしなさい。

 @ 国家による監視   ⓑ 宗教原理主義の台頭

 ⓒ 女性の抑圧   ⓓ テロリストによる攻撃

問3　空所（　ウ　）に入れるのに最も適切なものを@〜@から1つ選び，その記号をマークしなさい。

 @ Apparently ⓑ Only ⓒ Scarcely ⓓ Truly

問4　段落［3］の内容と一致するものを@〜@から1つ選び，その記号をマークしなさい。

 @ America and Europe have been captivated by Muslim women's veiling for many centuries.

 ⓑ Discussions about Muslim women's veiling have usually been calm and logical.

 ⓒ European invasions of Muslim-majority societies were morally correct because they saved Muslim women.

 ⓓ European people began to pay attention to veiling when Europe started invading Muslim-majority societies.

問5　空所（　エ　）に入れるのに最も適切なものを@〜@から1つ選び，その記号をマークしなさい。

 @ benefit ⓑ boast ⓒ borrow ⓓ bruise

問6　段落［4］の内容と一致するものを ⓐ〜ⓓ から1つ選び，その記号をマークし
なさい。

　　ⓐ　European and American research about the Middle East developed during
　　　　the colonial era.

　　ⓑ　Muslim women paid special interest to the way they were represented in
　　　　art.

　　ⓒ　Veiling was a popular fashion for Muslim women in the nineteenth
　　　　century.

　　ⓓ　Western perception of the Muslim veil has changed over the past two
　　　　centuries.

問7　下線部(オ)の内容として最も適切なものを ⓐ〜ⓓ から1つ選び，その記号をマー
クしなさい。

　　ⓐ　ハリウッドではイスラム圏の観客に配慮して西洋の俳優とムスリム女性の共
　　　　演を禁止した。

　　ⓑ　ハリウッドでは美しいハーレムと西洋の英雄という設定が人気を博し映画産
　　　　業を救った。

　　ⓒ　ハリウッドの映画産業によって，西洋の英雄が美しいムスリム女性を助け出
　　　　すモチーフが生き続けた。

　　ⓓ　ハリウッドの映画産業は，美しいムスリムの女優に重要な役柄を与えて英雄
　　　　ものの映画を作り続けた。

問8　下線部(カ)と最も意味の近いものを ⓐ〜ⓓ から1つ選び，その記号をマークしな
さい。

　　ⓐ　a difficulty that prevents progress

　　ⓑ　a mistake that is not expected

　　ⓒ　a stage that is of significance

　　ⓓ　a trouble that is not recognized

問9　空所（　キ　）と空所（　ク　）に入る語の最も適切な組み合わせを ⓐ〜ⓓ か
ら1つ選び，その記号をマークしなさい。

ⓐ justice—reinforcement

ⓑ liberation—loss

ⓒ lightness—strength

ⓓ peace—exhibit

問10 空所 （　ケ　）に入れるのに最も適切なものをⓐ～ⓓから1つ選び，その記号をマークしなさい。

ⓐ have been concluded　　　　ⓑ have followed

ⓒ have never been　　　　　　ⓓ have not seen

≪顔をベールで覆うイスラム教の慣習≫

全訳

[1] イスラム教が顔をベールで覆うことを生み出したわけではないし，顔をベールで覆うことはムスリム（イスラム教徒）に特有の慣習なわけでもない。むしろ，顔をベールで覆うことは，中東，そしてそこからはるか遠くの地の両方で，何千年にもわたって存在してきた伝統である。

[2] 今日の「顔をベールで覆うこと」は単に何かを説明する中立的な言葉ではない。それはまた，特にイスラム教と結びつけられたときには，何かを判断する言葉でもある。ベールをつけることは，世界中にある多くのムスリムが主流の社会だけでなく，北米やヨーロッパでも，一般市民や政策立案者の間で白熱した議論を生み出す慣習である。ベールは，多数の認識された脅威を象徴しているのかもしれない。ある人たちにとって，ベールは世界中で生じているイスラム原理主義の台頭を表す。ある人たちにとって，それはムスリム女性がムスリム男性に服従していることを示している。さらに，ベールを国家安全保障への脅威，さらには自爆テロ犯を隠蔽している恐れ，と見なす人たちもいる。

[3] しかしながら，顔をベールで覆うことに関する議論の中で生じるさまざまな感情の激しさを考慮すると，ムスリム女性が行う，顔をベールで覆う慣習への執着は，比較的最近になって現れた現象である。それが，イスラム教や中東について欧米人が語る上で不可欠な部分となっているのは，たかだか19世紀以降のことである。欧米人がムスリムのベールに固執するようになったのは，欧州がムスリムが主流の社会へ軍事的に侵攻し，植民地を拡大させていくのと時間的に一致していた。ベールが，ムスリム女性がムスリム男性に服従していることの象徴，それゆえに西洋世界による文明化という使命を正当化するもの，と初めて見なされるようになったのは，まさにそのときであった。

[4] 今日では多くの人が，ムスリムのベールを潜在的敵意や宗教的過激思想の表れととらえるが，19世紀においては，それには異国情緒あふれる含意があった。植民地時代の文学や芸術や音楽には，顔をベールで覆ったムスリム女性が，西洋人の抱く妄想では口説き落とせる性的相手として絶えず描かれていた。彼女らは，ハーレムに閉じ込められ，そこで白人男性が褐色の肌の男性から自分を救い出してくれるのを今か今かと待っている，と想像されていた。顔をベールで覆ったムスリム女性を解放することが，ムスリム社会に関して19世紀にヨーロッパ人がかわしていた議論のテーマであった。世界中の美術館が，欧米人が中東にいるムスリム女性をどのように想像していたかを示す，19世紀の絵画のコレクションを所有していることを誇っている。こうした作品の大半で，ムスリム女性は，豪華なハーレムでゆったりと横になり，異国情緒あふれる衣装に身を包み，その絵を見る者を誘うかのように見つめている姿で描かれている。

[5] 20世紀中に，ハリウッド映画産業は，ハーレムの美女が西洋人のヒーローに救出されるというイメージを永続化させる上で，極めて重要な役割を果たした。そうした映画の中で，女性たちは透けた衣装とベールを身にまとった姿で決まって描かれる。ムスリム女性，特に顔をベールで覆った女性を「救いたい」という願望は，

　アメリカ合衆国とヨーロッパの両方における今日一般的な政治的討論の多くで，いまだに繰り返し表れるモチーフである。現代のムスリム女性も，男性の権威に対して二次的なもの，父親や兄弟や原理主義的政治体制の操作の支配下にあるものと見なされ続けている。

　[6] ムスリムのベールへの執着は，欧米での現象というだけではない。ムスリム自身も，特にムスリムが主流の社会においては，顔をベールで覆った女性のもつ意義と象徴的意味に焦点を当ててきた。少なくとも19世紀から，顔をベールで覆っていないヨーロッパの女性を見かけることは，ヨーロッパ人女性がもつ社会的地位に魅了されていた上流階級のムスリム男性と女性の両者に，強い印象を与えた。そうしたエリートのムスリムは，ベールを，ムスリム女性を抑圧するものの中心的象徴として，さらには現代化を求める試みにとっての障害と見なすようになった。こうして，彼らは，自分たちの社会を現代化し改善していこうとする中で，ヨーロッパ的なベールのとらえ方をするようになった。20世紀初頭になるまでには，ムスリム女性をベールで覆わないこと，頭の覆いを取り去ることが，ムスリムが主流の社会において現代化を最も明らかに示すものになった。

　[7] その一方で，現代化と進歩という概念と基準そのものが，ヨーロッパの植民地主義者によって初めて導入されたものなので，一部のムスリムは，それらをときに疑いの目で見てきた。一部のムスリムにとって，ムスリム女性のベールを取り去ることは，解放と進歩を意味したが，それがまったく正反対のもの —— 文化的アイデンティティの喪失と西洋支配への屈服 —— を意味するととらえたムスリムもいた。後者にとっては，植民地時代，そして新植民地時代の要求に抵抗することは，文化的正統性，誇り，そして政治的抵抗を示す象徴として，ベールを持ち続けることを意味していた。

　[8] ベールが単に，個人的，宗教的，文化的慣習だったことは，一度もない。顔をベールで覆うことには常に，さまざまな時代，さまざまな場所で，非常に多様な相反する意味と動機があったのである。

解　説

問1. ⓐ　divided「分けられた」　　　ⓑ　fashionable「流行の」
　　　ⓒ　neutral「中立的な」　　　ⓓ　relative「相対的な」
"veiling"「顔をベールで覆うこと」がどんなterm「用語」かを説明するのに用いられる形容詞としては，空所の前のdescriptive「説明的な」と並置して自然な，ⓒのneutralが正解。

問2. any number of perceived threatsは「いくつもの認識された脅威」という意味で，具体的な内容については後続の第2段第5～最終文（For some, the …）に述べられている。第5文ではthe rise of fundamentalist Islam worldwide「世界中で生じているイスラム原理主義の台頭」，第6文ではMuslim women's subordination to Muslim men「ムスリム女性のムスリム男性への服従」，最終文では a threat to national security, and a potential cover-up for suicide bombers「国家安全保障への脅威と自爆テロ犯を隠蔽する恐れ」となっており，そこに含まれない⒜の「国家による監視」が正解。

問3. ⒜ Apparently「明らかに」　⒝ Only「～してようやく，やっと」
　　　　⒞ Scarcely「ほとんど～ない」　⒟ Truly「本当に」

空所を含む文の構造に注目すると，動詞の部分が has it been という倒置形となっていることがわかる。選択肢の中で，文頭に置くことで動詞の部分が倒置形となる副詞は⒝の Only と⒞の Scarcely だけであり，後続の since「～以来」という接続詞の前に置く語としては，文脈から判断して，**⒝の Only が適切**。

問4.

⒜ × 「アメリカとヨーロッパは何世紀にもわたって，ムスリム女性が顔をベールで覆うことに魅了されてきた」

第3段第1・2文（Considering the intensity …）に，顔をベールで覆う慣習への執着は比較的最近の現象で，欧米人がイスラム教について語る上でこれが重要な部分となったのは19世紀以降と述べられており，本文の内容に一致しない。

⒝ × 「ムスリム女性が顔をベールで覆うことに関する議論は，これまで通常，冷静かつ論理的なものであった」

第3段第1文（Considering the intensity …）では，その議論における the intensity of the emotions「感情の激しさ」が考慮されており，本文の内容に一致しない。

⒞ × 「欧州がムスリムが主流の社会へ侵攻したのは，ムスリム女性を救ったので，道義的に正しかった」

第3段最終文（It was then …）には a justification for the Western civilizing mission「西洋諸国による文明化という使命のための正当化」という表現はあるが，侵攻でムスリム女性を救ったという記述はないので，本文の内容に一致しない。

⒟ ○ 「欧州がムスリムが主流の社会へ侵攻し始めたとき，欧州人は顔をベールで覆うことに注目し始めた」

第3段第3文（Euro-American fascination with …）に，欧米人がムスリムのベールに心を引かれるようになったのは，欧州のムスリムが主流の社会への軍事的侵攻や植民地の拡大と同時期だと述べられており，**本文の内容に一致する**。

問5. ⒜ benefit「～の利益になる」
　　　　⒝ boast「～を自慢にする，誇りとして持つ」
　　　　⒞ borrow「～を借りる」
　　　　⒟ bruise「～を傷つける」

この文の主語である Art museums「美術館」と空所に入る動詞の目的語である

collections of nineteenth-century paintings「19 世紀の絵画」とのつながりから判断して，ⓑの boast が正解。他の選択肢はすべて文脈上不適。

問 6 .

ⓐ　×　「中東に関する欧米の研究は植民地時代に発達した」

第 4 段には中東に関する欧米の研究についての記述はない。

ⓑ　×　「ムスリム女性は自分たちが芸術でどのように表現されるかに特に興味を示した」

第 4 段にはムスリム女性が何に興味を示したかという点についての記述はない。

ⓒ　×　「顔をベールで覆うことは，19 世紀のムスリム女性にとって人気のファッションだった」

第 4 段には顔をベールで覆うこととファッションとの関連についての記述はない。

ⓓ　○　「ムスリムのベールに関する西洋の認識は，過去 200 年にわたって変化してきた」

第 4 段第 1 文（While today many …）に，現在はベールに関しては，潜在的敵意や宗教的過激思想の表れとの認識だが，19 世紀には異国情緒あふれる含意があったと述べられていることから，この 200 年で，認識の変化があったことがわかり，**本文の内容に一致する。**

問 7 . 下線部は直訳すると「ハリウッド映画産業は，ハーレムの美女が西洋人のヒーローに救出されるというイメージを永続化させる上で，極めて重要な役割を果たした」であり，ⓒがその内容として最も適切。

問 8 .　ⓐ 「進歩を妨げる困難」　　　ⓑ 「予期せぬ過ち」

　　　　ⓒ 「重要な段階」　　　　　ⓓ 「認識されていない面倒」

a stumbling block は「つまずきの石，障害」という意味であり，**ⓐの a difficulty that prevents progress が最も意味が近い。** stumble「つまずく」

問 9 .　ⓐ 「正義」―「強化」　　　ⓑ 「解放」―「喪失」

　　　　ⓒ 「明るさ，軽さ」―「力」　ⓓ 「平和」―「展覧会，展示品」

（　キ　）は progress「進歩」と and で併記される語。（　ク　）は「文化的アイデンティティの（　　　）と西洋支配への屈服」の空所に入れる言葉であり，また，この部分は（　キ　）and progress と the exact opposite「正反対」となる必要があることから，組み合わせとしてはⓑの liberation―loss が適切。

問 10.　ⓐ 「～と断定されてきた」　　　ⓑ 「～に従ってきた」

　　　　ⓒ 「～だったことは一度もない」　ⓓ 「～を見たことがない」

空所は主語の Veils の述語動詞であり，この後の practice「慣習」を補語か目的語としていると判断できる。ⓐは受動態であり，practice は conclude の目的語となれないので不適。ⓑとⓓは文脈上不適切であり，**ⓒの have never been が正解。**

●語句・構文………

☐ *l.*1　veiling「(顔を) ベールで覆うこと」

☐ *l.*5　judgmental「判断の」

☐ *l.*10　Muslim women「イスラム教徒の女性，ムスリム女性」

☐ *l.*13　obsession with ～「～へのやむことない熱中，～への執着」

☐ *l.*14　integral「不可欠な，非常に重要な」

☐ *l.*16　fascination with ～「～に引かれる気持ち，～に感じる魅力」

☐ *l.*16　coincide with ～「～と同時に起こる，～と一致する」

☐ *l.*17　It was then that ～「～なのはそのときだった」は強調構文。

☐ *l.*20　perceive *A* as *B*「*A* を *B* と認識する，*A* を *B* ととらえる」

☐ *l.*21　extremism「過激主義，過激思想」

☐ *l.*23　depict *A* as *B*「*A* を *B* と表現する」

☐ *l.*29　lounge「ゆったり横になる」

☐ *l.*35　recurring「繰り返し起こる」

☐ *l.*36　view *A* as *B*「*A* を *B* と見なす」

☐ *l.*37　subject to ～「～の支配下にある」

☐ *l.*38　fundamentalist regime「原理主義的政治体制」

☐ *l.*41　symbolism「象徴するもの，象徴的意味」

☐ *l.*54　surrender to ～「～への屈服」

☐ *l.*56　authenticity「正統性」

☐ *l.*58　a multiplicity of ～「非常に多くの～，多様な～」

問1．ⓒ　問2．ⓐ　問3．ⓑ　問4．ⓓ　問5．ⓑ　問6．ⓓ　問7．ⓒ
問8．ⓐ　問9．ⓑ　問10．ⓒ

66

次の記事を読んで，(1)～(15)の設問に答えなさい。＊の付いた語句は注を参照しなさい。(60 点)

Last year, both the US Department of Homeland Security* and the UK Department for Transport* issued a new ban. Passengers flying from certain areas of North Africa and the Middle East can no longer carry electronics larger than a smartphone on flights. Royal Jordanian Airlines* jokingly responded by offering passengers "12 things to do on a 12-hour flight with no tablet or laptop." Number 11 was "analyze the meaning of life." There's nothing in itself funny about this suggestion. It's amusing because the thought of quiet contemplation on a long flight （　ア　） being entertained via a screen is, in today's world, ridiculous.

Humans have daydreamed for thousands of years, and yet, these days, spare moments are filled with using our smartphones and other devices—scrolling through social media, listening to downloaded music, responding to emails—<u>leaving us little time to let our minds wander</u>. This may seem a small change, but its effect, on the way our minds work and on our collective creativity, could be far-reaching. In fact, it could be preventing you from coming up with fresh, original ideas.

In 2012, researchers found that letting your mind wander can lead to more creative problem solving. Links between daydreaming and creativity are well known. From Einstein to the inventor of the Post-it note, many of the world's great thinkers have supported the benefits of giving your mind a rest. Perhaps, you too have noticed that your best ideas come in the shower or while out for a walk.

When your mind is able to wander, it is accessing memories, emotions, and random bits of stored knowledge, says Amy Fries, author of *Daydreams at Work* and a writer and editor for *Psychology Today*. "Daydreaming is how we access our big-picture state of mind," Fries says. "When you're in a daydreaming state of mind, you can visualize or simulate your own version of events."

(ウ)This visualization can help us gain a new perspective on a problem or link two previously unrelated thoughts to come up with an original idea. "My most creative moments come when my brain is allowed to rest," says Megan King, a graphic

30　designer for an architecture and engineering company. As a designer, King is expected to come up with impressive new ideas (　エ　). "Sometimes I'll spend all day working on a project and I'll feel that I never quite created anything that I'm really happy with," King says. "I'll get a good night's sleep and, the next day, get something done in 15 minutes that is more imaginative." But "I'm addicted* to my

35　smartphone," she says.

　　She's not alone. According to survey data, Americans spend 10.5 hours a day consuming media. And UK residents are close behind at almost 10 hours a day, according to other research. This extended screen time has made some of us uncomfortable sitting alone with our own thoughts. Scientists conducted a study in

40　which they gave people the option of either sitting alone with no screen for a period of 6-15 minutes or enduring a mild electric shock. Many people chose (　オ　).

　　When your eyes are on your phone, your mind is in a very different state than when it's daydreaming. Over years of studies, researchers found that our brain

45　has two separate attention systems, an external one and an internal one, says Daniel Willingham, Professor of Psychology at the University of Virginia. The internal attention system, which is active during daydreaming, is called the default network. "The default network is particularly active when you are thinking about yourself, thinking about the past, and thinking about the future," Willingham says.

50　"You can't really have both attention systems active at the same time, but they're in some ways linked."

　　If both systems can't be active at the same time and we're spending 10 hours a day in (カ)one attention system, the following question arises: what is that doing to our brains—and our ability to come up with creative ideas? "This is no small

55　impact we have on ourselves. In many cases this is an enormous amount of time," Willingham says, "especially for teenage kids. From a psychological point of view, we're (　キ　) about what this will do to us over the course of many years." The consequences are not fully known, but all this phone staring, all this time spent in one attention system, may very well have a long-term effect.

The good news is that some people are already intentionally reducing their 60
excessive use. King recently went off Facebook after realizing she was spending
too much time on the site in her in-between moments. "I've been （　ク　） self-
awareness recently about my excessive use," she says. "I've been trying to limit it,
but it's hard." Willingham, who used to listen to downloaded music or audio books
while he walked for exercise, has started leaving his devices at home. He's much 65
happier with the silence. And Fries consciously limits her phone and television
time, and if she could, would go even further. "I actually have fantasies about not
using them for about a year," she says.

Besides that, Fries recommends starting with self-awareness. Notice when
you're looking at your phone and how it makes you feel. If you're too tired to be 70
creative, go for a walk or do some other activity that doesn't （　ケ　） focused
attention. Most importantly, give yourself the time and permission to daydream,
which, especially in our culture of busyness, is easier said than done. "I think it's
something individuals can do for themselves," Fries says. "Accepting your own
daydreaming state of mind is almost revolutionary." 75

Companies would also （　サ　） from giving their employees the space to let
their minds wander. This would allow them to come up with better and more
original ideas. "Any leader in any area, I can guarantee you they're a big
daydreamer," Fries says. In addition to going off Facebook, King has stopped
taking her phone or computer to meetings when possible, and it has helped her 80
access better and more creative ideas, she says. Plus, she gives herself the time to
exercise, get good sleep and take afternoon breaks―like heading to a nearby park
with just some paper and a pencil. "That is my ultimate ideal to get some creative
juices flowing," King says. "I feel like time just stops when you're sitting there."

注　US Department of Homeland Security　米国国土安全保障省
　　UK Department for Transport　　　　英国運輸省
　　Royal Jordanian Airlines　　　　　　ロイヤル・ヨルダン航空
　　addicted　　　　　　　　　　　　　　中毒状態の

出典追記：Why idle moments are crucial for creativity, BBC Capital on April 14, 2017 by Elle Metz

⑴　空所（　ア　）に入る最も適切な語句を下の①～④から1つ選び，マーク解答用紙にその番号をマークしなさい。

　①　even when

　②　however thoroughly

　③　rather than

　④　virtually overlooking

⑵　下線部(イ) leaving us little time to let our minds wander の内容として最も適切なものを下の①～④から1つ選び，マーク解答用紙にその番号をマークしなさい。

　①　思いをめぐらす余裕をほとんど与えない

　②　思いをめぐらす余裕を見つける

　③　不思議に思ういとまをほとんど与えない

　④　不思議に思ういとまを見つける

⑶　下線部(ウ) This visualization の内容として最も適切なものを下の①～④から1つ選び，マーク解答用紙にその番号をマークしなさい。

　①　明日の成功を思いうかべること

　②　限界まで考えぬいて，自分を無にすること

　③　散歩に出かけ，シャワーを浴び，仮眠をとること

　④　自分の記憶や知識を自由に再構成すること

⑷　空所（　エ　）に入る最も適切な語句を下の①～④から1つ選び，マーク解答用紙にその番号をマークしなさい。

　①　all of the times　　②　all the time　　③　of all the times　　④　of all time

⑸　本文の内容に照らして，空所（　オ　）に入る最も適切な語句を下の①～④から1つ選び，マーク解答用紙にその番号をマークしなさい。

　①　screen time　　②　sitting alone　　③　the option　　④　the shock

(6) 下線部(カ) <u>one attention system</u> は何を指すか。最も適切なものを下の①〜④から 1つ選び，マーク解答用紙にその番号をマークしなさい。

① default network ② external attention system
③ internal attention system ④ visual network

(7) 空所 (キ) に入る最も適切な語を下の①〜④から1つ選び，マーク解答用紙 にその番号をマークしなさい。

① concerned ② concerning ③ contended ④ contending

(8) 空所 (ク) に入る最も適切な語を下の①〜④から1つ選び，マーク解答用紙 にその番号をマークしなさい。

① deserved ② deserving ③ developed ④ developing

(9) 空所 (ケ) に入る最も適切な語を下の①〜④から1つ選び，マーク解答用紙 にその番号をマークしなさい。

① admire ② advise ③ require ④ revise

(10) 下線部(コ) <u>easier said than done</u> の言い換えとして最も適切なものを下の①〜④か ら1つ選び，マーク解答用紙にその番号をマークしなさい。

① difficult to say but easily practiced
② easy to say but difficult to practice
③ more easily said by those who practice
④ no sooner said than practiced

(11) 空所 (サ) に入る最も適切な語を下の①〜④から1つ選び，マーク解答用紙 にその番号をマークしなさい。

① benefit ② decline ③ keep ④ survive

⑿ 本文の内容と一致する最も適切な文を下の①〜④から1つ選び，マーク解答用紙にその番号をマークしなさい。

① Architects try to visualize their design for a building down to its most concrete details.

② In order to be truly creative, designers must free themselves from memories and random bits of knowledge.

③ Sleeping is the only way to come up with new and original designs.

④ Taking some rest can be more effective than a whole day's work in terms of producing good ideas.

⒀ 本文の内容と一致する最も適切な文を下の①〜④から1つ選び，マーク解答用紙にその番号をマークしなさい。

① Being focused on screens makes us lose our big-picture state of mind.

② Recent research shows that we are spending even more time in front of a screen than we did six years ago.

③ Some people find it hard to concentrate while sitting alone.

④ When we are watching a screen, our minds tend to wander and become imaginative.

⒁ 本文の内容と一致する最も適切な文を下の①〜④から1つ選び，マーク解答用紙にその番号をマークしなさい。

① Companies do not allow their employees to go off screen, so they must often ask their boss for permission to do so.

② Electronic devices have become so familiar to us that we often do not realize how much we rely on them.

③ People should stop using electronic devices while walking because it is dangerous.

④ There is a learning method for taking our eyes off screens.

⒂ 本文の内容と一致する最も適切な文を下の①〜④から1つ選び，マーク解答用紙にその番号をマークしなさい。

① Communication through electronic devices allows us to cooperate and become collectively creative.

② Electronic devices give us leisure time because they are efficient in information processing.

③ Many of the world's great inventions and discoveries were inspired by daydreaming.

④ The more rest we take, the more able we will be to find fresh and creative ways to solve problems.

≪空想する時間と創造性の関係≫

全訳

　昨年，米国国土安全保障省と英国運輸省の双方が新たな禁止法を発効した。北アフリカと中東の特定の地域から航空機に乗る乗客は，今後，スマートフォンよりも大きな電子機器を機内に持ち込んではいけないというものだ。ロイヤル・ヨルダン航空は「タブレットやノートパソコンなしで12時間のフライト中に行うべき12の項目」を乗客に提示して，この法律に冗談交じりに反応した。そして，その11番目は「人生の意味を分析すること」であった。この提案は，それ自体は何ら滑稽なものではない。液晶画面を通して楽しむよりも，長いフライト中に沈思黙考するという考えは，今日の世の中においては滑稽であるので，面白く感じるのである。

　人類は何千年もの間，空想にふけってきた。しかし，今日では，暇な時間はスマートフォンやその他の電子機器を使うこと，つまりソーシャルメディアをスクロールし，ダウンロードした音楽を聴き，Eメールの返事を打つといったことに占められていて，あれこれ思いをめぐらす時間などほとんど残っていない。これは小さな変化かもしれないが，私たちの考え方や集団としての創造力に対する影響はおそらく広範囲に及ぶものであろう。実際，そうした過ごし方は，新鮮で独自の考えを思いつくための妨げになっているかもしれないのだ。

　2012年，研究者たちは，何かに思いをめぐらすことが，より創造的な問題解決力につながる可能性があることを発見した。空想と創造性の間のつながりはよく知られている。アインシュタインからポストイットメモの発明者まで，世界の偉大な思想家たちの多くは，心を休ませることの利益を支持してきた。おそらくあなた方も，最高のアイデアはシャワーを浴びているときや散歩で外に出ているときにやってくることに気づいていることだろう。

　「空想にふけることができるとき，それは記憶，感情，そして脳に蓄積された知識の無作為な断片を呼び出している」と，『作用している空想』の著者であり，『サイコロジー・トゥデイ』誌のライター兼編集者であるエイミー＝フリースは言う。また彼女は，「空想するというのは，私たちの心を大きくとらえている状態に近づくための方法なのです。あなたの心が夢遊状態にあるとき，あなたは出来事を自分なりに視覚化し，シュミレーションできます」とも言う。

　このような視覚化は，私たちが，ある問題に対する新しい考え方を得たり，以前は無関係だと思われていた2つの考え方を結びつけて新しいアイデアを思いついたりするのに役立つのである。とある建築技術会社に勤めるグラフィックデザイナーのミーガン＝キングは，「私の最も創造的な瞬間は，脳が休息していられる時に訪れます」と言う。デザイナーとして，キングは常に素晴らしい新しいアイデアを思いつくことを期待されている。「時には，私が一日中プロジェクトに取り組んでも本当に納得のいくものを作ったと感じられないこともあるでしょう。でも一晩ぐっすり寝ると，次の日にはもっと想像力に富んだものを15分で作り終えたりします」ただ，「私はスマホ中毒なのです」と彼女は言う。

　これは彼女に限ったことではない。調査データによると，アメリカ人はメディアのサービス利用に一日10.5時間を費やすのである。また，他の研究によると，イ

ギリス人も僅差でそれに次いで一日にほぼ 10 時間を費やす。このように長時間画面を見て過ごすと，考えにふけって一人で座っていると落ち着かなくなる者も出てきている。科学者たちが行った，6 分から 15 分の間一人で座って液晶画面のない時間を過ごすことと，軽い電気ショックを与えられることのどちらを選ぶかという研究では，多くの人が電気ショックの方を選んだのである。

　目がスマートフォンの画面を見ているとき，あなたの心は考えにふけっているのとはまったく違った状態にある。長年の研究で，研究者たちは私たちの脳に 2 つの異なる注意システムがあることを発見しており，一つは外界に対するもので，もう一つは自らの内側に対するものだと，バージニア大学の心理学教授であるダニエル=ウィリンガムは言う。内面に対する注意システムは空想状態の時に機能するもので，デフォルト・ネットワークと呼ばれる。また，ウィリンガムによると，「デフォルト・ネットワークはあなたが自分自身のことを考えているときや，過去のこと，そして未来のことを考えているときにとりわけ活性化されます。2 つの注意システムを同時に活性化することはできませんが，その 2 つはいくつかの点でお互いに結びつきをもっています」とのことである。

　もし，2 つの機能を同時に活性化できないとして，私たちが片方の注意システムだけ使った状態で一日に 10 時間過ごすとすると，次のような疑問が起こってくる。つまり，それは私たちの脳，そして創造的な考えを思いつくための私たちの能力に対してどういう作用をしているのかということである。ウィリンガムは，「これは私たちにとって少なからぬ影響を及ぼします。多くの場合，これは特に 10 代の子どもたちにとってとてつもなく多くの時間なのです。心理学的観点から，私たちは何年も経過する間にこれがどのような影響を私たちに及ぼすかということについて心配しています」と言う。その影響は十分には知られていないが，こうしてずっとスマートフォンの画面を見ているようなこと，ずっと片方の注意システムだけを用いて過ごすことは長期にわたる影響をもたらすことが十分考えられる。

　人々の中に，意識してスマートフォンの過度な使用を減らしている人がすでにいるというのは朗報である。キングは合間の時間にフェイスブックのサイトで時間を使いすぎていることに気づいた後，最近そこから離れた。彼女によると，「私はこのところ自分がスマートフォンを使いすぎていることを強く自分で認識するようになりました。そしてスマートフォンの使用を制限しようとしていますが，なかなか難しいです」と言う。また，ウィリンガムも，運動目的でウォーキングをする間にダウンロードした音楽やオーディオブックを聴いていたが，家にそのための機器を置いて出始めた。彼はそうした音がない状態の方をずっと気に入っている。そしてフリースも意識してスマートフォンを使う時間やテレビを見る時間を制限しており，可能ならばそれより更に制限しようとしている。彼女は「私は実はここ 1 年ほど，そうした機器を使わないということに思いをめぐらせているんです」と言うのである。

　それに加え，フリースは次のように自己認識から始めることを勧めている。あなたがいつスマートフォンを見ているか，そしてそれがあなたをどんな気分にさせる

かに気をつけるように。もしあなたが疲れすぎて創造的になれないなら，散歩に出かけたり，注意を集中させることを必要としない何か他の活動をすること。そして，最も重要なことだが，空想する時間と許可を自分に与えること。ただそれは，特に私たちの忙しい文化においては言うのは簡単だが実行が難しいことなのかもしれない。フリースはこうも言う。「私は，それは個人が自分でできることだと思っています。自らの心が空想状態にあることを受け入れることは革命的と言ってもいいことなのです」

企業は空想をさせてやるための場所を従業員に与えることからも利益を得るであろう。これをすれば，従業員はより良くそして独創的なアイデアを思いつくだろう。「どの分野のどのリーダーも，保証しますが，筋金入りの空想者ですよ」とフリースは言う。また，キングは，フェイスブックから離れることに加えて，可能な際には会議にスマートフォンやコンピュータを持ち込むことをやめたが，それが彼女にとってより良い独創的な考えを得る助けとなっていると言う。加えて彼女は，運動をして，よく眠り，たとえばいくらかの紙と鉛筆だけを持って近所の公園に向かうといった午後の休息の時間をもつようにしている。「これは創造意欲をかき立てるための私の究極の理想です。そこに座っていると，時間が止まるように感じるんですよ」と彼女は説明する。

解 説

(1) ① even when「～のときでさえ」
　　② however thoroughly「どれほど徹底的に」
　　③ rather than「～よりむしろ」
　　④ virtually overlooking「ほぼ見落として」
空所の前の quiet contemplation on a long flight「長いフライト中に沈思黙考」するのと，空所の後の being entertained via a screen「液晶画面を通して楽しむ」という行為は対照的な内容であり，ここではそれを比較したと考えられるので，③の rather than が正解。

(2)　直訳すると「私たちの心をさまよわせるための時間をほとんど残さないで」となるが，let our minds wander は「あれこれ思いをめぐらせる」という意味だと考えられるので，①が正解。

(3)　「この視覚化」が具体的に指しているのは，第4段最終文後半の you can visualize or simulate your own version of events「出来事を自分なりに視覚化し，シュミレーションできる」という部分と考えられる。同段第1文（When your mind …）から，空想の際には自分の記憶や知識が動員されるので，events を頭の中で視覚化する際も同様だと理解できる。また，your own version of という表現に「あなた自身の自由で」というニュアンスもあるので，選択肢の中で内容的に最も近い④が正解。

⑷　空所を除く部分で完全な文になっているので，直前の come up with impressive new ideas とのつながりで不自然でないものを選ぶ。②の all the time は「四六時中，ずっと」という意味であり，デザイナーの仕事について述べている文脈にも適切なのでこれが正解。①の all of the times は all of the time であれば「常に」という意味があるが，times は「時代，時勢」という意味なので不適。③と④は ideas を修飾する形となり，文脈上不適。

⑸　①　screen time「液晶画面を見て過ごす時間」
　　②　sitting alone「一人で座っていること」
　　③　the option「選択肢」
　　④　the shock「ショック」
空所を含む文の前にある第6段第2～4文（According to survey …）において，アメリカやイギリスでは一日 10 時間ほどメディアに依存する生活をしており，考えにふけって一人で座っていると落ち着かない人が出てきていると述べられている。それを証拠づけるための実験結果なので，一定時間，一人で液晶画面のない時間を過ごすより，軽い電気ショックを与えられる方を選ぶと考えられ，④の the shock が正解。

⑹　①　default network「既定のネットワーク」
　　②　external attention system「外界に対する注意システム」
　　③　internal attention system「内面に対する注意システム」
　　④　visual network「視覚ネットワーク」
下線部を含む「一つの注意システムに一日 10 時間費やす」というのは，第6段第2・3文（According to survey …）から，スマートフォンなどを通じてメディアを操作する時間に用いられる注意システムを指すと考えられる。第7段第2・3文（Over years of …）から注意システムは internal「内的な」ものと external「外的な」ものの2つがあり，空想する際に用いられるのが後者なので，メディアの操作に用いられるのは②の external attention system が正解。

⑺　空所の前の be 動詞の存在と，空所の後の about に注目する。concern は「～（人）を心配させる，～（人）を関与させる」という意味で，be concerned about ～ で「～を心配する，～を懸念する」という意味になる。contend は自動詞としては「競う」，他動詞としては「～を強く主張する」であるが，いずれの場合も about とはつながらない。①の concerned であれば，第8段第1文（If both systems …）に提起されている長時間メディアを見て過ごす影響について，ウィリンガムが子どもの成長に及ぼす影響に対して心理学的観点から懸念を示しているという文脈になり，これが正解。

⑻　選択肢は，それぞれ deserve「～に値する」と develop「～を進展させる」の動詞の現在分詞か過去分詞。空所の後に目的語が続くことから現在分詞を選ぶ。目的

語の self-awareness に続く about 以下の語句から，キングが最近，スマートフォンを使いすぎていることについての「自己認識」をどうしているかを考えると，後続文（"I've been trying …）でもその使用を制限しようとしていると述べていることから，認識を強めているという意味になる④の developing が正解。

⑼ ① admire「～を称賛する」　　　　② advise「～に助言する」
　　③ require「～を必要とする」　　　④ revise「～を改訂する」
空所を含む文は「もし疲れすぎて創造的になれないなら」で始まっている。空所の前は doesn't であり，空所の後は focused attention「集中された注意」すなわち「注意を集中すること」なので，If 節に続く部分は，「散歩をしたり，注意を集中することを（　　　）しない何か他の活動をしなさい」となっている。気晴らしとしての散歩と同列の行為となるようにするには，文脈上，③の require が適切。

⑽ 下線部の easier said than done は「口で言うほど簡単なことではない，言うは易し行うは難し」という意味の慣用表現。これとほぼ同意となる②の easy to say but difficult to practice が正解。

⑾ ① benefit「利益を得る」　　　　　② decline「減る，断る」
　　③ keep「長持ちする」　　　　　　④ survive「生き残る，存続する」
「企業が従業員に空想させてやるための場所を与えることから（　　　）だろう」という文脈だが，後続文（This would allow …）で，「こうすることで従業員はより良い独創的なアイデアを思いつくだろう」とその理由を述べている。それは企業にとって利益になると判断でき，①の benefit が正解。

⑿ ① × 「建築家たちは建物用の自分たちのデザインを最も具体的な細部にいたるまで視覚化しようとする」
本文には，ある建築技術会社に勤めるグラフィックデザイナーに関する記述はあるが，建築家に関する記述はないので不一致。

② × 「真に創造的になるために，デザイナーたちは記憶や無作為な知識の断片から自らを解放しなければならない」
第3段第1・2文（In 2012, researchers …）には，空想と創造性にはつながりがあることが述べられているが，第4段第1文（When your mind …）には，「空想にふけることができるときは記憶や感情，脳に蓄積された知識の無作為な断片を呼び出している」という逆の内容が述べられており，本文の内容に不一致。

③ × 「睡眠は斬新で独創的なデザインを得るための唯一の方法である」
第5段第5文（"I'll get a …）に，独創的なデザインを得るための方法としてよい睡眠の効果が述べられているが，第3段最終文（Perhaps, you too …）や第10段第3文（If you're too …）にシャワーを浴びているときや，散歩をしているとき，何か注意を集中しない行為をしているときなど，他の方法も述べられているので，本文の内容に不一致。

④　○　「よい考えを生み出すという観点からは，一日中働くよりもいくらか休息を
とる方が効果的なことがある」
第5段第2〜5文（"My most creative …"）に，常に斬新なアイデアを求められる
デザイナーの体験談として，一日中働いた日より，一晩よく寝た翌日にアイデアが
浮かんだ経験が述べられており，**本文の内容に一致**。

⒀　①　○　「液晶画面に集中すると，私たちは心を大きくとらえている状態をなく
してしまう」
第4段第2文（"Daydreaming is how …"）に，空想するというのは，私たちの心を
大きくとらえている状態に近づくための方法だと述べられており，液晶画面を見て
いるときは空想とは逆の外向きの行為なので，この場合は心を大きくとらえること
はできないはずであり，**本文の内容に一致**。

②　×　「最近の研究では，6年前よりも私たちが画面の前で過ごす時間はずっと増
えている」
私たちがスマートフォンを操作する時間の長さについては第6段第2・3文
（According to survey …）に，アメリカ人やイギリス人がメディアサービスの利
用に毎日長時間割いているという調査結果は述べられているが，6年前との比較に
ついては本文に記述がないので，本文の内容に不一致。

③　×　「中には一人で座っている間に集中するのが難しいと感じる人もいる」
第6段第4文（This extended screen …）に述べられている研究では，考えにふけ
って一人で座っていると落ち着かない人も出てきていると述べられているが，集中
できないとは述べられていないので，本文の内容に不一致。

④　×　「画面を見ているとき，私たちの心は空想し，創造的になる傾向がある」
第7段第1文（When your eyes …）に，スマートフォンの画面を見ているときは，
心は考えにふけっているのとまったく違う状態にあると述べられており，本文の内
容に一致しない。

⒁　①　×　「企業は従業員に対し，液晶画面から目をそらすことを許さないので，
彼らはそうするために上司に許可を得なければならないことがよくある」
第11段第1文（Companies would also …）には，企業が従業員に空想させてやる
場所を与えるメリットについて述べられているが，液晶画面から目をそらすことを
許さないという記述はないので，本文の内容に一致しない。

②　○　「電子機器は私たちにとても馴染みのあるものなので，私たちはどれほど電
子機器に頼っているか自覚していないことが多い」
第9段第1文（The good news …）以下に，意識してスマートフォンの過度な使
用を減らしている人がいるのは朗報だとして，キングやウィリンガム，フリースら
の例があがっている。それは裏返すと，多くの人々がいかに電子機器の過度の使用
に気づいていないかということであり，第10段第1文（Besides that, Fries …）で，

人々に自分がスマートフォンをいつ見ているかという自己認識から始めることを勧めていることもそれを裏づけているので，**本文の内容に一致する。**

③ × 「人々は，歩行中は危険なので電子機器の使用をやめるべきだ」
本文中に歩行中の電子機器の使用に関する記述はないので，不一致。

④ × 「画面から目をそらすための学習方法がある」
本文中に画面から目をそらすための学習方法についての記述はないので，不一致。

⑮ ① × 「電子機器を通じてのコミュニケーションによって，私たちは協力し，集団としての想像力をもつことができる」
本文中に電子機器を通じてのコミュニケーションに関する記述はないので，不一致。

② × 「電子機器は情報処理に優れているので，私たちに娯楽の時間をもたらしてくれる」
本文中に電子機器の情報処理能力についての記述はないので，不一致。

③ 〇 「世の中の偉大な発明や発見の多くは，空想から生み出されている」
第3段第1文（In 2012, researchers …）では何かに思いをめぐらせる，すなわち空想することが創造的な問題解決力につながる可能性があるとしており，同段第3・4文（From Einstein to …）では，アインシュタインやポストイットメモの発明者をはじめ，世界の偉大な思想家たちの多くも，心を休ませることの利益を支持してきたとも述べられていることから，**本文の内容に一致。**

④ × 「私たちは休息を取れば取るほど，問題解決のための新鮮で創造的な方法を見つけられるようになる」
本文には休息や空想の大切さは述べられているが，休息を取れば取るほど創造的な方法が見つかるようになるという記述はなく，不一致。

●語句・構文

- □ *l*.6 There's nothing in itself funny about ～「～にはそれ自体，何らおかしい点はない」in itself「それ自体」
- □ *l*.13 far-reaching「広範囲に及ぶ，将来にわたる」
- □ *l*.14 come up with ～「～を思いつく」
- □ *l*.25 big-picture「大局的見地から見た」
- □ *l*.37 be close behind「すぐ後にいる」
- □ *l*.47 default network「デフォルト・ネットワーク」とは，ぼんやりして脳が安静状態にあるときに活動が活発になる複数の領域のネットワークのこと。ぼんやり考え事をしているだけに思えるが，脳のエネルギーの多くを消費しているとされる。
- □ *l*.57 over the course of many years「何年にもわたって」
- □ *l*.62 self-awareness「自己認識」
- □ *l*.67 have fantasies about *doing*「～という思いが芽生える，～するということに思いをめぐらせる」
- □ *l*.83 creative juices「創造力，創造意欲」の juice はここでは「元気，活力」の意味。

(1)—③　(2)—①　(3)—④　(4)—②　(5)—④　(6)—②　(7)—①　(8)—④　(9)—③

(10)—②　(11)—①　(12)—④　(13)—①　(14)—②　(15)—③

67

次の文章を読んで，(1)〜(11)の設問に答えなさい。＊の付いた語句は注を参照しなさい。(70点)

No one seemed able to make out Clarinda Hartley. She had a small flat in central London and a responsible job in a large commercial organization. No one who knew her now had ever known her in any other (　ア　) or any other job. She entertained a little, never more nor less over the years, went out not

5 infrequently with men, and for holidays simply disappeared, returning with brief references to foreign countries. No one seemed to know her really well, and in the course of time there came to be wide differences of opinion about her age, and repeated speculation about her emotional life. The latter topic was not made less urgent by a certain distinction in her appearance, and also in her manner. She was

10 very tall (a great handicap, of course, in the opinion of many) and well-shaped; she had very fair, very fine, very thick hair, to which plainly she gave much (　イ　); her face had interesting planes (for those who could appreciate them), but also soft curves, which went (　a　) her hair. She had a memorable voice: high-pitched, but gentle. She was, in fact, thirty-two. Everyone was greatly surprised when she

15 announced her engagement to Dudley Carstairs.

Or rather it was Carstairs who announced it. He could not keep it (　b　) himself as long as there was anyone close by who was ignorant of it, and indeed he should be excited because his capture followed a campaign of several years
(1)
supported by few special advantages. He worked in the same office as Clarinda,

20 and in a not unsatisfactory position for his thirty years. He was in every way a thoroughly presentable person, but even in the office there were a number of others (　c　) him, and it would have seemed possible that Clarinda could have further extended her range of choice by going outside. Ⓐ

Dudley arranged for her to spend the weekend after the engagement with him

25 and his parents in Northamptonshire*. Mr. Carstairs, Senior, had held an

important position on the administrative side of the Northampton boot and shoe industry, and when he retired upon a fair pension, he had settled in a small but comfortable house in one of the remote parts of a county where the remote parts are surprisingly many and extensive. Mr. Carstairs had been a pioneer in this, because others similarly placed had tended upon retirement to move to the   30 Sussex* coast, but his initiative, as often happens in such cases, had been imitated, until the little village in which he had settled was now inhabited by a lot of retired industrial executives. Ⓑ

Clarinda would have been grateful for more time in which to adjust herself to Dudley in the (ウ) of accepted lover, but Dudley somehow did not seem to see   35 himself in that (ウ), and to be reluctant in any way to put off Clarinda's full involvement with her new family position. Clarinda, having said yes to what was believed to be the major question, smiled slightly and said yes to the minor.
(2)

Mr. Carstairs, Senior, met them at the station.

"Hello, Dad." The two men gazed at one another's shoes, not wanting to   40 embrace and hesitating to shake hands. Mr. Carstairs was just smiling. Plainly he was one who considered that life had treated him well. He was ready to accept his son's choice of a bride (d) a great joy.

"Dad. This is Clarinda."

"I *say*, my boy ..."   45

Outside the station was a gray car, in which Mr. Carstairs drove them many miles to the west. Already the sun was sinking. Soon after they arrived they had settled down, with Mrs. Carstairs and Dudley's sister Elizabeth, to tea in the long winter dusk. Elizabeth worked as a secretary in Leamington*, and bicycled there and back every day. All of them were charmed with Clarinda. Ⓒ   50

Clarinda responded to their happy approval of her, and smiled at Dudley's extreme pleasure at being home. An iced cake* had been baked for her specially, and she wondered whether these particular gold-edged cups were in daily use. They neither asked her questions nor talked mainly about themselves; they all made a warm-hearted effort to make her feel completely one with them from the   55 beginning. She and Elizabeth discovered a common interest in the theater (shared only in a lesser degree by Dudley).

"But Leamington's so dull that no one's ever made a theater pay there."

"Not since the war," said Mr. Carstairs.

"Not since the *first* war," said Elizabeth.

"Is Leamington the nearest town?" asked Clarinda.

"It's the nearest as the crow flies, or as Elizabeth cycles," said Dudley, "but it's not the quickest when you're coming from London. Narrow lanes all the way."

"Fortunately we've got our own friends by now in the village," said Mrs. Carstairs. "I've asked some of them (e) for drinks, so that you can meet them at once."

And indeed, almost immediately the bell rang, and the first of the visitors was upon them. Mr. Carstairs went around the room putting (f) lights and drawing the curtains. Every now and then he gave some humorous direction to Dudley, who was helping to prepare the room for the visitors. A domestic servant of some kind, referred to by Mrs. Carstairs as "our local woman," had removed the remains of tea, and by the time Elizabeth had carried in a tray of drinks, three more visitors had added themselves to the first two. ⒟

"Can I help?" Clarinda had said.

"No," the Carstairs family had replied. "Certainly not. Not *yet*."

Altogether there were eleven visitors, only two of whom were under forty. All eleven of them Clarinda liked very much less than she liked the Carstairs family. Then just as several of them were showing signs of departure, a twelfth arrived, who made a considerable change. A woman of medium height and in early middle age, she had a lined and pale face but an alert expression and large, deeply set black eyes. She had untidy, shoulder-length black hair. Her only make-up appeared to be an exceptionally bright lipstick, generously applied to her large square mouth. She entered in an elegant fur coat, but at once cast it off, so that it lay on the floor, and appeared in a black corduroy skirt and a black silk blouse, cut low, and with long tight sleeves. On her feet were heel-less golden slippers. ⒠

"I've been so *busy*." She seized both of Mrs. Carstairs's hands. Her voice was very deep and melodious, but spoiled by a certain roughness, or uncertainty of tone. "Where is she?"

Mrs. Carstairs was smiling kindly as ever, but all conversation in the room had stopped. 90

"Do go on talking." The newcomer addressed the whole party. She had now observed Clarinda. "Introduce me," she said to Mrs. Carstairs, as if her hostess were being a little (　エ　) with her duties. "Or am I too late?" Her sudden quick smile was possibly artificial but certainly attractive. For a second, various men in the room lost the line of their resumed conversations. 95

"Of course you're not too late," said Mrs. Carstairs. Then she made the introduction. "Clarinda Hartley. Mrs. Pagani."

"How do you do?" said Clarinda.

Mrs. Pagani had a firm and even handshake. She was wearing several large rings, with heavy stones in them, and around her neck a big fat pendant on a thick 100 golden chain.

By now Mrs. Carstairs had brought Mrs. Pagani a drink. "Here's to the future," said Mrs. Pagani, looking into Clarinda's eyes, and as soon as Mrs. Carstairs had turned away, drained the glass.

"Thank you," said Clarinda. 105

"Do sit down," said Mrs. Pagani, as if the house were hers.

"Thank you," said Clarinda, going along with the illusion.
(3)

Mrs. Pagani stretched out an arm and pulled up a chair, upon which she sat. Clarinda noticed that when she was seated, her hips looked strong. Altogether Mrs. Pagani gave an impression of unusual physical power, only partly concealed 110 by her conventional clothes. It was as if suddenly she might arise and tear down the house.

"You cannot imagine," said Mrs. Pagani, "how much it means to me to have someone new in the village, especially someone more or less my own age. Or perhaps you can?" 115

"But I'm not going to *live* here," said Clarinda, taking hold of the main point.
(4)

From Dark Entries by Robert Aickman, Faber & Faber

注　Northamptonshire　　製靴業で有名なイングランドの中部の州

　　Sussex　　　　　　　イングランド東南部地方

　　Leamington　　　　　イングランド中部の温泉町

　　iced cake　　　　　　糖衣をかけたケーキ

⑴ 空所 （ a ）～（ f ）のそれぞれに入れるのに最も適切なものを下の①～⑧から１つ選び，マーク解答用紙にその番号をマークしなさい。ただし，同じ語を２回以上選んではいけません。

① as ② at ③ like ④ of ⑤ on ⑥ over ⑦ to
⑧ with

⑵ 空所 （ ア ）に入れるのに最も適切なものを下の①～⑤から１つ選び，マーク解答用紙にその番号をマークしなさい。

① character ② friendship ③ name ④ relationship
⑤ residence

⑶ 空所 （ イ ）に入れるのに最も適切なものを下の①～⑤から１つ選び，マーク解答用紙にその番号をマークしなさい。

① attention ② bother ③ caution ④ interest ⑤ money

⑷ 下線部⑴の内容として最も適切なものを下の①～④から１つ選び，マーク解答用紙にその番号をマークしなさい。

① Dudley には美点がいくつもあったので，Clarinda は数年間ずっと彼にひかれていた。
② Dudley には他人に比べて美点がほとんどなかったものの，彼は数年間かけて Clarinda の心を射止めた。
③ Clarinda のとてもまれな美点ゆえに，Dudley は数年間 Clarinda を捕まえようとしていた。
④ Clarinda には他人に比べて美点があまりなかったので，Dudley が彼女の愛に気づくまで数年間かかった。

⑸ 空所 （ ウ ）に入れるのに最も適切なものを下の①～⑤から１つ選び，マーク解答用紙にその番号をマークしなさい。

① ability　　② capacity　　③ possibility　　④ security　　⑤ utility

(6)　下線部(2)の the minor が指す内容として最も適切なものを下の①～④から1つ選び，マーク解答用紙にその番号をマークしなさい。

① Dudley の両親と同居するかどうかという問い
② Dudley と婚約するかどうかという問い
③ Dudley の実家で週末を過ごすかどうかという問い
④ Dudley の妹の話し相手になるかどうかという問い

(7)　空所（　エ　）に入れるのに最も適切なものを下の①～⑤から1つ選び，マーク解答用紙にその番号をマークしなさい。

① bad　　② careful　　③ clever　　④ patient　　⑤ slow

(8)　下線部(3)の the illusion が指す内容として最も適切なものを下の①～④から1つ選び，マーク解答用紙にその番号をマークしなさい。

① Clarinda と Mrs. Pagani が初対面であるという幻想
② Mrs. Pagani が裕福であるという幻想
③ Mrs. Pagani が Carstairs 家の屋敷の主人であるという幻想
④ Mrs. Pagani が Clarinda の世話を必要としている女性であるという幻想

(9)　下線部(4)の the main point が指す内容として最も適切なものを下の①～④から1つ選び，マーク解答用紙にその番号をマークしなさい。

① Mrs. Pagani が Clarinda からロンドンの話を聞きたがっていること
② Clarinda が村に引っ越してきてほしいと Mrs. Pagani が思っていること
③ Clarinda が自分の言ったことを理解しているかどうか Mrs. Pagani が知りたがっていること
④ Mrs. Pagani が同性の話し相手を欲しがっていること

⑽ 下の文を入れるのに最も適切な場所を本文中のⒶ～Ⓔから1つ選び，マーク解答用紙にその記号をマークしなさい。

She exceeded their highest, and perhaps not very confident, hopes.

⑾ 下の①～⑩から本文の内容に合っているものを4つ選び，マーク解答用紙にその番号をマークしなさい。ただし，5つ以上選んだ場合は0点になります。

① Clarinda never went abroad for holidays.
② Dudley was attracted by Clarinda's high-pitched voice.
③ Dudley was Clarinda's co-worker.
④ Mr. Carstairs, Senior, was unconventional in buying a house in the countryside after retirement.
⑤ Dudley was not interested in the theater at all.
⑥ Clarinda helped Mrs. Carstairs to set the table for the visitors.
⑦ Most of the visitors Clarinda met in the Carstairs house were the same age as her.
⑧ All the other visitors had left the Carstairs house before the twelfth visitor came.
⑨ Mrs. Pagani wore all black under her coat.
⑩ Mrs. Carstairs did not see Mrs. Pagani finish her drink.

全訳

≪クラリンダ=ハートレイの婚約≫

　クラリンダ=ハートレイのことを理解できる人は誰もいないようだった。彼女はロンドン中心部に小さなアパートを所有し，大きな商業組織で責任のある仕事に就いていた。今彼女の知り合いで，彼女が他の場所に住んでいたり他の職に就いていたことを知る人は誰もいなかった。彼女が人を家に招いてもてなすことも少しはあったが，何年にもわたってそれ以上でもそれ以下でも決してなかった。男性と出かけることがめったにないというわけでもなく，休みになるとただ姿を消し，戻ると手短かに海外にいた話をするのだった。どうやら彼女のことをよく知っている人は誰もおらず，そのうち彼女が何歳なのかについて意見が大きく分かれたり，どういう気持ちで生活しているのだろうと，何度も憶測が飛び交うようになった。後者の話題については，彼女の容姿としぐさのある特徴によって緊急性が低くなるということはなかった。というのも，（もちろんそれは，大勢の意見によるとかなりなマイナス要素ではあったが）彼女はとても背が高く，スタイルも良かった。彼女の髪はとても美しく細く豊かな金髪で，明らかに彼女は髪にはかなり気を配っていた。また，彼女の顔は（そういうのを好む人に言わせるなら）興味深い造形で，それと同時に緩やかに丸みを帯びており，それが髪にはよく似合っていた。彼女は記憶に残る声，それは甲高くはあるがやさしい声の持ち主であった。そんな彼女は実は32歳であった。そして，彼女がダッドレイ=カーステアーズとの婚約を公にしたとき，誰もが大きな驚きを覚えたのであった。

　いや，その婚約のことを広めたのはむしろカーステアーズであった。彼は身近に自分たちの婚約のことを知らない誰かがいるとそれを話さずにはいられず，実際彼が興奮気味なのも無理はなかった。なぜなら，他の人に比べて特に勝るという点がほとんどなかったにもかかわらず，数年間かけて彼女の心を射止めたからだ。彼はクラリンダと同じ職場で働いており，30歳にしては悪くはない役職に就いていた。彼はあらゆる点で人前に出てもまったく恥ずかしくない人物であったが，職場においてさえ彼のような男は大勢いたし，クラリンダが職場の外に出ることで相手選びの幅を広げることだってできたということはあり得ないことではなかった。

　ダッドレイは婚約のあとに彼女が彼やノーサンプトンシャー州に住む彼の両親と週末を過ごせるように手配をした。父親のカーステアーズ氏は，現役の頃はノーサンプトンの製靴産業で経営者側の重要な役職に就いていた。結構な額の年金の受給資格を得て退職した時に，驚くほどたくさんあって，広範囲にわたる人里離れた場所の一つに，小さくはあるが快適な居を構えた。カーステアーズ氏はこの地の先駆者であった。というのも，同じような状況に置かれた他の人々は，退職するやサセックス地方の海岸に移り住む傾向にあったが，そうした状況ではよくあるように，彼の先駆的な行動を真似て，今では多くの退職した産業界の重役たちが，彼が移り住んだ小さな村に住むようになっていた。

　クラリンダは婚約者としての立場でダッドレイに慣れるための時間がもっとあればありがたく思っただろうが，ダッドレイの方はどういうわけか自分をその程度の立場だと考えていないらしく，なににしてもクラリンダが一族内で新しい地位に完

全に就くことを先延ばしにするのはどうしてもいやなようだった。クラリンダはもっと重要だと思われる案件に対してすでに肯定的な返事をしていたので，このそれほど重要ではない案件にも軽く微笑んで同意した。

　ダッドレイの父親のカーステアーズ氏は，駅で2人を出迎えた。

　「やあ，父さん」　2人の男性はお互いの靴に目を落とし，抱擁を欲することなく，また握手もためらう様子だった。カーステアーズ氏はただ微笑んでいた。明らかに，彼は幸せな人生を過ごしてきたと思っている人間であった。彼は息子が選んだ花嫁を，とても喜ばしい存在としてすぐに受け入れるつもりになっていた。

　「父さん，こちらクラリンダさん」

　「お前，こりゃなんとまぁ…」

　駅の外には1台のグレーの車が停めてあり，カーステアーズ氏は2人を乗せて，その車を西に向かって何マイルも走らせた。すでに日は沈みつつあり，家に到着するとすぐに，彼らは冬の長い夕暮れの中カーステアーズ夫人，ダッドレイの妹のエリザベスと共にお茶をしてくつろぐことになった。エリザベスはレミントンで秘書として働いており，毎日自転車で往復していた。彼らは皆，クラリンダの虜になっていた。彼女は，彼らの希望の中で最高の，そして，おそらくさほど確信の持てない希望を超える存在だった。

　クラリンダは，カーステアーズ家の人々が自分を喜んで受け入れてくれたことに好意を示し，実家に帰ってきたことをとても喜んでいるダッドレイに微笑んだ。糖衣をかけたケーキがクラリンダのために特別に作られており，彼女は目の前の金の縁取りがされた特製のカップがはたして日常的に使われているものなのだろうかと思った。カーステアーズ家の人々は彼女に質問をすることも，特に自分たちのことについて話すこともせず，最初から彼女が自分たちの中に完全に溶け込んでいると感じられるように，親切に努めていた。クラリンダとエリザベスは，共に演劇に興味を持っていることがわかった（ダッドレイはただ少し興味があるだけだった）。

　「でもね，クラリンダ，レミントンはとてもつまらないところで，だれも演劇にお金を払ったことなんてないのよ」

　「この間の大きな戦争以後はな」とカーステアーズ氏が言った。

　「その前の大きな戦争からよ」とエリザベスが言った。

　「ここから一番近い町はレミントンなの？」とクラリンダは質問した。

　「カラスが飛んで行くか，エリザベスが自転車で行く距離で言えばね。でも，ロンドンからだとそうとも言えないかな。何せレミントンに行く道はずっと狭いからね」とダッドレイが言った。

　「幸運なことに，私たちはこれまでにこの村にお友達を作ってますから，今日もパーティにお誘いしていますのよ。あなたがみんなに一度にお会いできるようにね」とカーステアーズ夫人がそう言った。

　たしかにすぐにドアのベルが鳴り，最初の訪問者たちがやって来た。カーステアーズ氏は灯を点けたりカーテンを閉めたりして部屋を歩き回った。時折彼は客を部屋に迎える準備を手伝っているダッドレイにおもしろおかしな指示を出した。カー

ステアーズ夫人が「地元の女性」と呼んでいた召使らしき女性がお茶のあと片付け
をして，エリザベスが飲み物を載せたトレイを運んでくるまでに，最初の2人に加
えて，さらに3人がやってきていた。

「お手伝いいたしましょうか？」とクラリンダが言った。

「いいえ，とんでもない。今はまだいいわ」とカーステアーズ家の人々は答えた。

訪問者は全部で11人おり，そのうち40歳未満は2人だけだった。クラリンダは，
その11人の来客たちの誰にもカーステアーズ家の人々ほどの好意はまったく持て
なかった。その後，そのうちの数人がそろそろ帰りそうなそぶりを見せたときに，
12人目の客が到着して，かなりの変化をもたらした。中背で中年になったばかり
の女性でしわのある青白い顔つきをしていたが，油断のない表情を浮かべ，大きく
くぼんだ黒い瞳をしていた。髪はだらしのない肩まで届く黒髪だった。化粧といえ
ば，大きく四角い口に惜しみなく塗られたとても明るい口紅だけのようだった。彼
女はエレガントな動物の毛のコートに身を包んで入ってきたが，すぐにそれを脱ぎ
捨て，床に置いたままにすると，中から黒のコーデュロイのスカートと，ぴったり
とした長い袖の襟ぐりが深い黒いシルクのブラウスが現れた。足には金色の平底ス
リッパを履いていた。

「このところとても忙しくて」彼女はカーステアーズ夫人の両手を取ってそう言
った。その声はとても深みのある，美しい声だったが，いくらか粗野で，口調が不
明瞭だったので台無しになっていた。「彼女はどこかしら？」

カーステアーズ夫人はあいかわらずやさしげに微笑んでいたが，部屋の中の会話
はすべて止まっていた。

「お話を続けてくださいな」と，その新しい客はその場の客たちに言った。彼女
の目はすでにクラリンダに向けられ，「紹介してください」と，まるでパーティの
女主人がその義務を果たすのがやや遅いかのようにカーステアーズ夫人に向かって
言った。「それとも来るのが遅すぎたかしら？」そう言うなり彼女は顔に笑みを浮
かべ，それはおそらく作り笑いだったが，とても魅力的でもあった。しばらくの間，
部屋にいた男性たちが，再開した会話の中で言うことを忘れてしまうほどであった。

「もちろん遅すぎるなんてことはありませんよ」そう言うと，カーステアーズ夫
人はクラリンダを彼女に紹介した。「パガニー夫人，こちらクラリンダ＝ハートレイ
さん」

「はじめまして」とクラリンダが言った。

パガニー夫人はクラリンダの挨拶に対して，しっかりとした穏やかな握手を返し
た。彼女は指に重い石のついた大きな指輪をいくつかつけており，首には厚みのあ
る金のチェーンがついたずんぐりと大きなペンダントを下げていた。

カーステアーズ夫人はすでにパガニー夫人に飲み物を運んできていた。「将来に
乾杯」パガニー夫人はクラリンダの目を覗き込みながらそう言い，カーステアーズ
夫人が背を向けるや否やグラスを飲み干した。

「ありがとうございます」とクラリンダが言った。

「お掛けなさいな」パガニー夫人はまるでその家の持ち主であるかのようにそう

言った。

「ありがとうございます」とクラリンダは，その幻想に調子を合わせてそう返事をした。

パガニー夫人は手を伸ばして自分の方に椅子を引き寄せると，それに腰を掛けた。クラリンダは，彼女が座る時に，彼女ががっしりした腰回りをしていることに気がついた。全体的に，パガニー夫人は肉体的な力がとても強そうな印象を与え，彼女の着ている型通りの服ではそれが部分的にしか隠せていないようだった。彼女は，まるで突然立ち上がって家を破壊してしまいそうなくらいだった。

「あなたにはわからないでしょうね」とパガニー夫人は言った。「村に誰か新しい人が越してくることが私にとってどれほどの意味を持つか。とくにそれが多少なりとも自分に近い年齢の人だと。そうじゃないこと？」

クラリンダは重要な点を逃さないように「でも，私はここに住むつもりではないのですよ」と答えた。

解　説

(1)

a．which の先行詞である soft curves は，顔の輪郭の「緩やかな丸み」のこと。go with 〜だと「〜と釣り合う，〜によく合う」という意味になり，文脈上適切なので，⑧の with が正解。

b．カーステアーズは自分とクラリンダとの婚約を自ら公にしていることから，秘密にしておけなかったという文脈と判断でき，keep *A* to *oneself* で「*A* を秘密にしておく」という意味になる⑦の to が正解。

c．この部分にはカーステアーズがクラリンダを射止めた理由が述べられている。空所を含む文の前半では，彼が人前に出ても恥ずかしくない人物であったと述べられているが，空所を含む後半は but という逆接の意味を持つ接続詞で始まっていることから，他にも彼ぐらいの男性は大勢いたという文脈だと判断でき，「〜のような」という意味の前置詞である③の like が正解。

d．動詞の accept とのつながりを考えると，accept *A* as *B* で「*A* を *B* と受け取る，*A* を *B* と認める」という表現であると判断でき，①の as が正解。

e．動詞の ask とのつながりを考えると，ask *A* over for *B* で「*A* を *B* に招く」という表現であると判断でき，⑥の over が正解。

f．put と空所の後の light に注目すると，put on a light で「明かりをつける，電気をつける」という意味になる⑤の on が正解。

(2)　① character「性格」　　　② friendship「友情」
　　　③ name「名前」　　　　④ relationship「関係」
　　　⑤ residence「住居」

空所の直後の any other job が，第1段第2文（She had a …）の a responsible job in a large commercial organization に対応していることがわかれば，空所には同段同文の a small flat in central London に対応する語を選べばよいと判断でき，⑤の **residence** が正解。

(3)　①　attention「注意，注目」　　②　bother「面倒」
　　③　caution「注意」　　　　　　④　interest「興味」
　　⑤　money「お金」

空所を含む節は，hair を先行詞とする関係代名詞節だが，この先行詞には very fair, very fine, very thick「とても（美しい）金髪で，細く，豊かな」という様々な形容詞がついている。関係代名詞の前に置かれた to と動詞の gave に注目すると，give attention to ～で「～に注意を払う」という意味になり，髪の手入れがなされていることがわかって，文脈に合うので，①の **attention** が正解。

(4)　下線部(1)は直訳すると「彼の獲得は，ほとんどない特別な利点に支えられた数年のキャンペーンの後に続いた」となる。his capture「彼の獲得」とはダッドレイがクラリンダを婚約者にできたことを表す。follow は「～（の後）に続く」という意味だが，ここでは彼がクラリンダとの婚約にこぎつけるまでに，a campaign of several years があったことがわかる。campaign「（目的を達成するための）活動」からは，彼がクラリンダに結婚の同意を得るため，いろいろな働きかけをしたことがわかる。supported by few special advantages の advantage は他の男性と比べた時の「利点，強み」であり，それが few「ほとんどない」というのだから，ダッドレイには他の男性に勝る点がほとんどなかったのに，クラリンダを射止めたことが読み取れる。したがって，文意として適切な②が正解。

(5)　①　ability「（ある行為をうまくやれる）能力，（特定分野の）才能」
　　②　capacity「（潜在的な）能力，（機能をはたす）地位，立場」
　　③　possibility「可能性」
　　④　security「安全保障」
　　⑤　utility「効用」

accepted lover「承認された恋人」とは「婚約者」のこと。adjust herself to Dudley「ダッドレイに慣れる」という動詞の部分につなげるのは，②の **capacity** であれば，in the capacity of ～で「～の立場で」という意味になって文脈上適切であり，これが正解。

(6)　下線部②の前に the major question という表現があることから，the minor とは the minor question のことだとわかる。クラリンダにとっての the major question とはダッドレイと婚約するかどうかという問いを指すと判断できる。それに比べると the minor question というのだから，週末をダッドレイの両親の家で過ごすかどうかという問いと判断でき，③が正解。

(7)　①　bad「悪い」　　　　　②　careful「注意深い」

　　③　clever「賢い」　　　　④　patient「忍耐強い」

　　⑤　slow「遅い」

空所を含む文の文頭で，パガニー夫人はカーステアーズ夫人に自分をクラリンダに紹介するよう頼んでいる。普通は客人であるパガニー夫人を招待している側のカーステアーズ夫人のほうからクラリンダに紹介すべきところなのに，それを待たずに紹介を頼んでいるという状況から判断する。with her duties の duties は招待する側として当然果たすべき義務を指し，ここではクラリンダへの紹介が含まれていると考えられ，as if ～「まるで～かのように」以下からはパガニー夫人が紹介してもらえるのが遅くて待ちきれないかのようなふるまいをしていることがわかる。したがって，be slow with ～で「～するのが遅い」という意味になる⑤の slow が正解。

(8)　直前の文に，as if the house were hers「まるでその家が彼女のもの（パガニー夫人のもの）であるかのように」という一文があり，この部分が the illusion「幻想」の中身だとわかる。実際にはこの家はカーステアーズ家のものなので，③が正解。

(9)　下線部(4)を含む文で，クラリンダは「でも，私はここに住むつもりはない」と答えているが，これは，その前段のパガニー夫人が自身の発言の中で「村に誰か新しい人が越してくることが私にとってどれほどの意味を持つか」と述べて，クラリンダがこの土地に引っ越してくることを前提として話をしていることに対するクラリンダの反応と判断できる。したがって，会話の the main point「重要な点」はパガニー夫人のこの思い込みを指しており，②が正解。

(10)　She exceeded their highest, and perhaps not very confident, hopes. は「彼女は，彼らの希望の中で最高の，そして，おそらくさほど確信の持てない希望を超える存在だった」という意味。クラリンダはダッドレイの両親の家を訪れていることから，この文中の their はダッドレイの両親であるカーステアーズ夫妻を指す。their hopes とは息子の将来の花嫁はそうあってほしいという望みで，高望みをしても，それほどの人はいるかはわからないという意味で，not very confident「さほど確信が持てない」と述べていると判断できる。夫妻が，クラリンダは自分たちの希望する水準を超えていると判断したのは，彼女に初めて会った時で，直前に「彼らは皆，クラリンダの虜になっていた」という文章と，直後の段の最初の文中に「カーステアーズ家の人々が自分（クラリンダ）を喜んで受け入れてくれた」という表現が続く位置となっている。ⓒが正解。

(11)

①　×　「クラリンダは休暇で海外に出かけたことはなかった」

　　第1段第4文（She entertained a …）に，休暇には姿を消して，帰ってくると手

短かに外国の話をした，と述べられており，休暇中に海外に出かけていたと判断できるので，本文の内容に一致しない。

② ×　「ダッドレイはクラリンダの甲高い声に惹かれた」

第1段第8文（She had a …）に，クラリンダの声は甲高い，やさしい声だったと述べられているが，ダッドレイが彼女の声をどう思っていたかに関する記述はないので，本文の内容に一致しない。

③ ○　「ダッドレイはクラリンダの同僚である」

第2段第3文（He worked in …）に，ダッドレイがクラリンダと同じ会社で働いていたと述べられており，**本文の内容に一致する**。

④ ○　「カーステアーズ氏は退職後，田舎に家を買ったという点で，型破りだった」

第3段第2文（Mr. Carstairs, Senior, …）に，父親のカーステアーズ氏が退職後，田舎に家を買った経緯が述べられている。同段第3文（Mr. Carstairs had …）には，カーステアーズ氏はこういうこと（田舎に家を買うこと）の先駆者だったと述べられており，彼が普通の人はやらないことをやる人であることがわかり，**本文の内容に一致する**。

⑤ ×　「ダッドレイは演劇にまったく興味がなかった」

第7段第4文（She and Elizabeth …）の文末には，クラリンダと，ダッドレイの妹のエリザベスはどちらも劇に興味があり，付け足す形で，ダッドレイの劇への興味は少しだけと書かれている。まったく興味がなかったわけではないので，本文の内容に一致しない。

⑥ ×　「クラリンダはカーステアーズ夫人が客のために食卓の用意をするのを手伝った」

第8段第6文（"No," the Carstairs …）に，手伝いを申し出たクラリンダに対し，カーステアーズ家の家族はそれを辞退しており，本文の内容に一致しない。

⑦ ×　「クラリンダがカーステアーズの家で出会った客の大半は，彼女と同じ年齢だった」

第1段第9文（She was, in …）で，クラリンダの年齢は32歳だとわかる。第9段第1文（Altogether there were …）では，その時に家にいた11人の客のうち，40歳未満は2人だけだったと述べられており，本文の内容に一致しない。

⑧ ×　「12人目の客が来る前に，それ以外の客は全員，カーステアーズ家から帰ってしまっていた」

第9段第3文（Then just as …）に，客人のうち数人が帰ろうというそぶりを見せた時，12人目の客が到着したと述べられており，本文の内容に一致しない。

⑨ ○　「パガニー夫人はコートの下は黒ずくめだった」

第9段第7文（She entered in …）には，パガニー夫人がコートの下に着ていたのは，黒のコーデュロイのスカートと黒のシルクのブラウスだったと述べられており，

上下とも黒なので，本文の内容に一致する。

⑩ ○ 「カーステアーズ夫人は，パガニー夫人が飲み物を飲み干すところを目にしなかった」

第12段第2文（"Here's to the …）に，カーステアーズ夫人がパガニー夫人に背を向けた直後に，パガニー夫人が飲み物を飲み干したと述べられており，本文の内容に一致する。

●語句・構文……………………………………………………………………………………………………

- [ ] *l*.1　make out ~「~を理解する」
- [ ] *l*.1　flat「アパート」
- [ ] *l*.6　in the course of time「そのうちに，やがて」
- [ ] *l*.12　plane「平面」はここでは顔の造作のこと。
- [ ] *l*.17　as long as SV「S が V である限り」
- [ ] *l*.27　upon a fair pension「かなりの年金をもらって」
- [ ] *l*.30　similarly placed「同じような立場に置かれた」
- [ ] *l*.32　~, until …「~して，ついには…」
- [ ] *l*.34　time in which to adjust … は time in which she could adjust … という意味。
- [ ] *l*.34　adjust *oneself* to ~「~に慣れる」
- [ ] *l*.36　be reluctant in any way to *do*「どうあっても~したがらない」
- [ ] *l*.42　life had treated him well とは「彼はよい人生を過ごしてきた」という意味。
- [ ] *l*.53　gold-edged cup「金の縁取りがされたカップ」
- [ ] *l*.69　every now and then「時折」
- [ ] *l*.82　exceptionally「並外れて，格別」
- [ ] *l*.91　Do go on talking. の do は動詞の意味を強める用法。
- [ ] *l*.99　even「穏やかな，落ち着いた」
- [ ] *l*.102　by now「その頃にはもう」
- [ ] *l*.102　Here's to ~「~に乾杯」
- [ ] *l*.111　It was as if ~「それはまるで~のようだった」
- [ ] *l*.116　take hold of ~「~を把握する，~をつかむ」

(1)a—⑧　b—⑦　c—③　d—①　e—⑥　f—⑤
(2)—⑤　(3)—①　(4)—②　(5)—②　(6)—③　(7)—⑤　(8)—③　(9)—②
(10)—Ⓒ　(11)—③・④・⑨・⑩

解答

68

Read the following passage and select the best answer for each question.

(30 points)

　　Antarctica, the vast white continent around the South Pole, is one of the very few places in the world where humans have had almost no impact. It is therefore a very special place. Indeed, the governments that have an interest in the region realized this many years ago, and made an agreement as long ago as 1959 about which activities would be allowed and which would not. For example, they decided that it would be acceptable to build research stations, but that mining would be banned.

　　Starting in the 1960s, tourists began to visit Antarctica despite the great distance and expense, attracted not only by the appeal of a mysterious place, but also in order to see the spectacular scenery (described in a 2017 BBC article as the most beautiful landscape in the world), and also the amazing wildlife (in particular, the many varieties of penguins, seals and whales). As the number of tourists grew, so did the worries that they might have a harmful effect on the environment and the wildlife. (　1　), in 1991 the companies offering tours to Antarctica formed an organization called the International Association of Antarctic Tour Operators (IAATO).

　　In order to help protect the fragile land, this organization now controls all aspects of Antarctic tourism. Up until about ten years ago, almost all tourists spent all their time on large ships carrying up to 500 passengers. After that, though, many smaller ships began visiting the region with the ability to let tourists make landings on the continent itself, thus increasing the risks of environmental damage. IAATO banned the building of landing platforms because they wanted to avoid any impact on the land. They said that in order to land on the continent itself, tourists would have to transfer from their main ship to small rubber boats called zodiacs, which would carry groups of about ten people close to the shore; the tourists would then step into the ocean and walk the final few steps to land. IAATO also brought in other rules for such trips, including one that stated that no more than 100 people could land at one place at one time.

(2), almost all of the actions that have been taken focus purely on 30 protection of the land. Almost nothing has been done to protect the oceans surrounding the continent. (3), the first action to preserve the oceans was not taken until as recently as 2009, when it was decided that the large ships using dirty heavy oil would be banned in order to lower the risk of an accident occurring that could cause massive pollution.

35 The next steps only took place three years ago, in 2016, when a small area known as the Ross Sea was declared a natural sanctuary (that is, an area in which all wildlife would be protected). Campaigners were pleased with the success of this, saying that it proved global cooperation to protect the oceans is possible.

In early 2018, a global campaign was launched to turn a huge area of the seas 40 around the Antarctic into the world's biggest sanctuary, in order to protect wildlife and help in the fight against climate change. The huge reserve, measuring 1.8 million square kilometers (five times the size of Germany), would mean that all fishing would be banned in a vast area around the Antarctic Peninsula, protecting species such as penguins, whales and seals.

45 The idea was originally put forward by the European Union and is supported by a new campaign by Greenpeace, the international environmental organization. The proposal immediately had the support of several countries, who stated that the plan would be considered by a conference of the Antarctic nations in October 2018. Will McCallum, of Greenpeace's new Protect the Antarctic campaign, said, "The 50 next few years are absolutely essential for the future of our oceans and we are in desperate need for governments to come together and do what is best for these amazing ecosystems. Now we want to go one better and create the world's largest protected area. We want to create that momentum that says this is not just possible, it is (4) if we are to protect the wildlife that live in the ocean, and 55 also in order to help reduce the worst effects of climate change."

By declaring a natural sanctuary, it is hoped that there would be an end to the large-scale fishing of krill in the area, which scientists say is devastating this key food that many larger creatures (from penguins to whales) rely on. Norway, China, South Korea and Russia are the main countries involved in the krill fishing industry and campaigners say the success of the proposal will depend on persuading those countries to support it.

McCallum said, "World leaders shouldn't allow an ocean wilderness to be exploited by just a small handful of companies. In the 1980s it took a global movement to protect the Antarctic's land. Now we need to protect its oceans." Greenpeace set off on a three-month expedition of the Antarctic in January 2018 to promote the campaign, and said that a quarter of a million people around the world had already signed up to support the idea.

The various groups which put forward the original proposal said it would be an important moment in the fight to create a sustainable global ocean system. "This will bring huge benefits in protecting this amazing ecosystem, in preserving the biodiversity and ecosystem functions of the ocean and in the wider fight against climate change."

The seas around Antarctica are some of the most important areas of biodiversity in the world with a huge range of species, some of which only live in this region. (5), campaigners hope the sanctuary will help to achieve a UN ambition to create a network of marine protected areas covering international waters. Experts say that, as well as protecting wildlife by allowing ecosystems to recover in and around the Antarctic, the ocean sanctuary would provide global benefits, with recovering fish populations spreading around the world, encouraging vital biodiversity and providing food security for billions of people.

Callum Roberts, professor of marine conservation at the University of York, said the sanctuary would also play a key role in tackling climate change by removing huge amounts of CO_2 from the atmosphere. "The Antarctic is very important in locking away carbon at the bottom of the deep sea; this happens because after the CO_2 dissolves in the water at the surface, the extremely cold Antarctic water sinks rapidly to the deep water, from where the CO_2 cannot escape." He added that the new sanctuary would be an extremely important step toward preserving a sustainable global ocean system.

1．Which best fits blank　（　1　）?

　　a．Because of this

　　b．Encouraged by this

　　c．Furthermore

　　d．In spite of this

　　e．Unexpectedly

2．Which best fits blank　（　2　）?

　　a．Accordingly

　　b．Aware of this

　　c．Deliberately

　　d．However

　　e．Moreover

3．Which best fits blank　（　3　）?

　　a．Consequently

　　b．Fortunately

　　c．In fact

　　d．Naturally

　　e．Worried by this

4．Which best fits blank　（　4　）?

　　a．dangerous

　　b．foolish

　　c．inevitable

　　d．too expensive

　　e．unbelievable

5．Which best fits blank　（　5　）?

　　a．Because of being excited

　　b．Disappointed

　　c．Doubtful about this

d. If successful

e. Surprised

6. According to the article, which of the following is <u>not</u> true?

a. Early attempts to protect the environment in Antarctica considered only the land, not the oceans.

b. Governments banned mining in Antarctica in 1959.

c. Governments formed an organization called IAATO because they wanted to control how tourism was carried out in Antarctica.

d. When landing in Antarctica, passengers have to walk in the ocean.

e. Very few small tourist ships visited Antarctica before about a decade ago.

7. According to the article, which of the following is true?

a. Although krill are small creatures, whales eat a lot of them.

b. Russia plans to play a major role in bringing in controls on the krill fishing industry.

c. The European Union supported the plans that Greenpeace suggested for the Antarctic.

d. The proposed new sanctuary would limit the number of fish that could be caught.

e. The Ross Sea is not part of the Antarctic oceans.

8. According to the article, which of the following is <u>not</u> true?

a. By stopping the fishing industry in the Antarctic, it is hoped that many people in the world will be able to get more food.

b. Campaigners hope that sanctuaries will also be created in oceans other than just the Antarctic.

c. The proposed new sanctuary may protect wildlife but will have little or no impact on climate change.

d. There are many types of creatures that only live in the oceans around Antarctica.

e. There are only a small number of companies that catch krill.

9. According to the article, which of the following is true?

a. About 250,000 people signed a petition asking Greenpeace to stop their long trip to the Antarctic.

b. It is still a worry that ships using dirty heavy oil in the Antarctic could have an accident and cause environmental damage.

c. Most of Antarctica is white and flat, and rather boring to look at.

d. People are worried that the present situation of up to 500 passengers landing together at one place at one time in Antarctica may cause serious environmental damage.

e. Water sinks quickly when it is very cold.

10. Which title best suits the article?

a. Greenpeace tries to protect the environment in Antarctica

b. How can we protect the oceans of Antarctica as well as the land?

c. The fishing industry in the Antarctic

d. There is still little agreement about how to protect the wildlife in the Antarctic

e. Tourism in the Antarctic

≪南極圏の大陸だけでなく海洋をどうやって保護できるのか？≫

全 訳

　南極点周辺の広大な白い大陸である南極大陸は，人的影響のほとんどない世界で数少ない場所の1つである。それゆえに，そこは非常に特別な場所である。実際，南極大陸に関心のある各国政府はこのことに何年も前に気づいており，さかのぼること1959年には協定を締結して，許可される活動と許可されない活動を示した。例えば，この決定によれば，調査基地の設置は許可されているが，採掘は禁止である。

　1960年代以降，膨大な距離と費用にもかかわらず，観光客が南極大陸を訪れはじめたが，彼らが引き寄せられたのは，神秘的な場所という魅力があるからだけでなく，その壮大な景色（2017年のBBCの記事では，世界一美しい景観と評されている），さらに，珍しい野生生物（特にペンギン，アザラシ，クジラの種類が多い）を見るためでもあった。観光客の増加に伴い，南極大陸の環境や野生生物に有害な影響を観光客が与えるかもしれないという懸念も高まった。このため，1991年に，南極大陸へのツアーを提供している会社が，国際南極旅行業協会（IAATO）と呼ばれる団体を結成した。

　脆弱な南極大陸の保護に役立つように，IAATOは現在，南極観光事業の全側面を管理している。約10年前までは，観光客ほぼ全員が500人まで収容可能な巨大船の上で大半の時間を過ごしていた。しかし，その後，多くの小型船が南極大陸に来はじめた。こういった船は観光客を直接上陸させることが可能なので，環境被害のリスクを増やしている。IAATOが上陸用の足場の建設を禁止したのは，南極大陸へのいかなる影響も避けたかったからである。彼らによれば，南極大陸に直接上陸するためには，観光客は本船から小型ゴムボート「ゾディアック」に乗り換える必要がある。これはおよそ10人乗りで岸近くまで行き，それから観光客は海の中に入って，最後の数歩を歩いて上陸するのである。さらに，IAATOは南極観光に他の規制も課しており，その中には，1カ所に一度に上陸できるのは100人までという規制もある。

　しかし，今までに講じられてきたほぼすべての対策は，南極大陸の保護に特化している。南極大陸を取り巻く海洋保護の対策はほとんど講じられずにいる。実際，海洋保護の対策が初めて講じられたのはごく最近の2009年のことであり，この決定によって，黒油を使用する巨大船は禁止されたが，その目的は，大規模な汚染の原因となり得る事故の発生リスクを下げることである。

　次の対策が講じられたのは，今からわずか3年前の2016年であり，ロス海として知られる小領域が自然保護区（すべての野生生物が保護される地域）に認定された。活動家たちはこの成功を喜んでおり，海洋保護のための国際協力が可能だと証明された，と語っている。

　2018年初頭，南極周辺の広大な海洋を世界最大の自然保護区にする国際的運動が始まった。その目的は，野生生物を保護し，気候変動との闘いを支援することである。この広大な保護区は180万km^{2}におよび（ドイツの5倍の面積），南極半島周辺の広大な地域で漁業が一切禁止になり，ペンギンやクジラ，アザラシなどの種

を保護することになる。

　この考えは EU が初めて提唱し，国際的環境保護団体であるグリーンピースが新たな運動を起こして支持している。この提案はすぐに数カ国の支持を集め，それらの国々は，提案を 2018 年 10 月の南極諸国会議で検討予定だと述べた。ウィル=マッカラム（グリーンピースの新しい「南極保護キャンペーン」担当）は次のように述べている。「次の数年間が，海洋の未来にとって最も重要です。各国政府が連帯して，この素晴らしい生態系のために最善の努力をする必要に強く迫られています。今すぐ，一歩先に進んで，世界最大の保護区を作りたいのです。海洋に生息する野生生物を保護したいという意志が我々にあるのなら，そしてまた，気候変動による最悪の影響を減らす支援をするためにも，これが単に可能であるというだけでなく，当然のことであるという気運を作りたいのです」

　自然保護区に認定することで期待されるのは，南極周辺の海洋での大規模なオキアミ漁の停止である。科学者たちによれば，これは，ペンギンからクジラに至る多くの比較的大型の生物の主食であるオキアミを壊滅に追い込んでいるのだ。ノルウェー，中国，韓国，ロシアがオキアミ漁の主要国であり，活動家たちによれば，提案の成否はこれらの国々を説得して提案を支持させられるかどうかによるのである。

　マッカラムはこう言う。「世界の指導者たちは，海洋自然がほんの一握りの企業に搾取されるのを許すべきではありません。1980 年代には，国際的運動によって南極大陸が保護されました。現在，海洋を保護することが必要なのです」　グリーンピースはその活動を推進するため 2018 年 1 月に南極圏の 3 カ月に及ぶ遠征に出向いており，世界中から 25 万人がすでに提案を支持する署名をしていると述べている。

　当初の提案を提出したさまざまなグループによれば，これは持続可能な世界的海洋システムを作る闘いにおいて重要な機会である。「この素晴らしい生態系の保護，海洋の生物多様性や生態系機能の保全，そして，気候変動とのより広範な闘いにおいて，この提案は多大な利益をもたらすでしょう」

　南極周辺の海洋は，世界の生物多様性における最重要地域の 1 つであり，非常に多くの種が生息していて，中にはこの地域でしか見られないものもある。うまくいけば，自然保護区によって，国際水域（公海）を覆う海洋保護区のネットワークを作ろうという国連の目標が達成されることになるのを活動家たちは望んでいる。専門家たちによれば，野生生物を保護するだけでなく，南極大陸の内部や周辺の生態系を回復させることで，海洋保護区は世界的な利益をもたらす。具体的には，魚類個体数の世界的回復，欠かせない生物多様性の促進，そして，何十億もの人々の食料安全保障である。

　ヨーク大学の海洋保全学の教授カラム=ロバーツによれば，海洋保護区は，大量の二酸化炭素を大気中から除去することで，気候変動への取り組みにおいても重要な役割を果たす。「南極が非常に重要なのは，炭素を深海の底に封じ込めるからです。この仕組みは，二酸化炭素が海面で水中に溶けた後に，南極の極めて冷たい水が急速に深海へ沈み，そこから二酸化炭素が出られなくなる，というものです。こ

の新たな海洋保護区は，持続可能な世界的海洋システムの保存に向けて非常に重要な一歩となるでしょう」と彼はつけ加えた。

解 説

1. 空所1に入れる語句を選択する問題。
   a. Because of this「このために」
   b. Encouraged by this「これに勇気づけられて」
   c. Furthermore「さらに」
   d. In spite of this「これにもかかわらず」
   e. Unexpectedly「思いがけなく」

   空所前の観光客が増えて，南極大陸の環境や野生生物に対する有害な影響に対する懸念も高まっているという内容は，国際南極旅行協会の設立の理由となっていると考えられるので，aの Because of this が正解。

2. 空所2に入れる語句を選択する問題。
   a. Accordingly「したがって，その結果」
   b. Aware of this「これに気づいて」
   c. Deliberately「わざと」
   d. However「しかしながら」
   e. Moreover「さらに」

   第3段ではIAATOが南極の観光事業を管理し，南極大陸を守るためにさまざまな規制を加えていることが述べられている。空所で始まる第4段第1文では，それらの対策は南極大陸の保護に特化したもので，南極大陸を取り巻く海洋保護の対策はほとんど講じられていないと述べられている。この2つの内容をつなぐ語としては，逆接の意味をもつ，dの However が正解。

3. 空所3に入れる語句を選択する問題。
   a. Consequently「その結果」
   b. Fortunately「幸運にも」
   c. In fact「実は，実際」
   d. Naturally「当然のことながら」
   e. Worried by this「これを懸念して」

   空所前の「南極大陸を取り巻く海洋保護の対策はほとんど講じられずにいる」という文に対して後続の「海洋保護の対策が初めて講じられたのはごく最近の2009年のことだ」という文は具体的にそれを裏づける文なので，c. In fact が正解。

4. 空所4に入れる語句を選択する問題。
   「海洋に生息する野生生物を保護したいという意志があるのなら，これは単に可能

であるだけでなく，（　　　）でもある」

a．dangerous「危険だ」

b．foolish「愚かだ」

c．inevitable「当然の，必然的な」

d．too expensive「高価すぎる」

e．unbelievable「信じがたい」

this は世界最大の保護区を作るという希望を指す。気候変動による最悪の影響を減らす支援をするという目的があるので，その目的に対する行動としては当然なことであり，c．inevitable が正解。

5．空所5に入れる語句を選択する問題。

「（　　　），自然保護区によって，国際水域を覆う海洋保護区のネットワークを作ろうという国連の目標が達成されることになるのを活動家たちは望んでいる」

a．Because of being excited「興奮したので」

b．Disappointed「がっかりして」

c．Doubtful about this「これに疑問を抱いて」

d．If successful「もしうまくいけば」

e．Surprised「驚いて」

第8段第2文（Norway, China, South …）の後半に，campaigners「活動家」の発言として，自分たちの提案の成功は4つの国を説得して提案の支持を取り付けられるかにかかっていると述べられていることを考慮する。活動家たちはその提案がうまくいけば，目標が達成できると望んでいるという文脈と判断でき，d．If successful が正解。

6．「本文によれば，以下の記述のうち正しくないものはどれか」という問題。

a．○　「南極の環境保護の初期の試みは，大陸のみを考慮し，海洋を考慮しなかった」

第4段（（　2　），almost all …）に，2009年までは，南極の環境保護対策は大陸の保護に特化していて，海洋保護対策はほとんど講じられていないと述べられており，内容に一致。

b．○　「各国政府は南極大陸の採掘を1959年に禁止した」

第1段第3・最終文（Indeed, the governments …）に，1959年に各国政府は協定を締結し，調査基地の設置は許可されるが，採掘は禁止されたと述べられており，内容に一致。

c．×　「各国政府は南極における観光の行われ方を管理したかったので，IAATOと呼ばれる団体を作った」

第2段最終文（（　1　），in 1991 …）に，南極観光ツアーを提供している会社がIAATOという団体を結成したと述べられており，内容に一致しない。

d．○　「南極大陸に上陸する際，乗客は海の中を歩かなくてはならない」
　　第3段第5文（They said that …）に，観光客は海に入って，最後の数歩を歩いて
　　南極大陸に上陸すると述べられており，内容に一致する。

e．○　「約10年前より以前は，南極大陸を訪れる小型観光船はほとんどなかった」
　　第3段第2・3文（Up until about …）に，約10年前までは，観光客は大型船の
　　上で大半の時間を過ごしていたが，その後，多くの小型船が南極大陸に来はじめた
　　と述べられており，内容に一致する。

7．「本文によれば，以下の記述のうち正しいものはどれか」という問題。

a．○　「オキアミは小型生物だが，クジラはオキアミを大量に食べる」
　　第8段第1文（By declaring a …）に，オキアミはペンギンからクジラに至る多く
　　の比較的大型の生物の主食であると述べられており，**内容に一致する。**

b．×　「ロシアはオキアミ漁業に規制をもたらす上で重要な役割を果たす方針であ
　　る」
　　第8段第2文（Norway, China, South …）では，ロシアはオキアミ漁の主要国の一
　　つに挙がっているが，規制に賛成するかどうかについては述べられておらず，内容
　　に一致しない。

c．×　「EUは，南極圏に対してグリーンピースが提案した案を支持した」
　　第7段第1文（The idea was …）に，第6段で述べられている南極周辺の海洋を
　　自然保護区にするという考えを初めて提唱したのはEUで，グリーンピースがそれ
　　を支持していると述べられており，内容に一致しない。

d．×　「新保護区案によって，捕獲可能な魚の数は制限されるだろう」
　　第6段第2文（The huge reserve, …）に，この保護区では漁業が一切禁止になる
　　だろうと述べられており，内容に一致しない。

e．×　「ロス海は南氷洋（南極海）の一部ではない」
　　第5段第1文（The next steps …）に，2016年にロス海として知られる（南極海
　　の）小領域が自然保護区に認定されたと述べられており，内容に一致しない。

8．「本文によれば，以下の記述のうち正しくないものはどれか」という問題。

a．○　「南極圏の漁業を停止することで，世界中の多くの人々がより多くの食料を
　　得られるようになることが期待されている」
　　第11段最終文（Experts say that, …）に，海洋保護区ができれば（漁業ができな
　　くなるので），魚類個体数の世界的回復や何十億もの人々の食料安全保障という世
　　界的な利益をもたらすと述べられており，内容に一致する。

b．○　「活動家たちは，自然保護区が南極圏だけでなく他の海洋にも作られること
　　を望んでいる」
　　第11段第2文（（　5　）, campaigners hope the …）に，自然保護区ができて，国
　　際水域を覆う海洋保護区のネットワークを作ろうという国連の目標が達成されるこ

とになるのを活動家たちは望んでいると述べられており，内容に一致する。

c．× 「新保護区案は野生生物を保護するかもしれないが，気候変動に与える影響はほぼ無きに等しいだろう」

第6段第1文（In early 2018, …）に，南極周辺の海洋を自然保護区にする目的は野生生物を保護し，気候変動との闘いを支援することだと述べられている。また，第10段第2文（"This will bring …）でも，気候変動との広範な闘いに多大な利益をもたらす旨が述べられている。さらに，最終段第1文（Callum Roberts, professor …）でも，海洋保護区は大量の二酸化炭素を大気中から除去して，気候変動への取り組みでも重要な役割を果たすと述べられており，**内容に一致しない**。

d．○ 「南極周辺の海洋にしか生息していない生物の種類は多い」

第11段第1文（The seas around …）に，南極周辺の海洋は，非常に多くの種が生息していて，中にはこの地域でしか見られないものもあると述べられており，内容に一致する。

e．○ 「オキアミを捕獲している会社は少数である」

第9段第1文（McCallum said, "World …）に，海洋自然がほんの一握りの企業に搾取されるのを許すべきではないと述べられており，この企業とは，第8段の内容から，4つの主要国のオキアミ漁をしている企業と考えられるので，内容に一致する。

9．「本文によれば，以下の記述のうち正しいものはどれか」という問題。

a．× 「グリーンピースに南極圏への長期旅行をやめるよう求める嘆願書に約25万人が署名した」

第9段最終文（Greenpeace set off …）に，グリーンピースは2018年1月に南極圏への長期遠征に出向いており，25万人の署名は海洋を保護する提案を支持するものなので，内容に一致しない。

b．× 「南極圏で黒油を使った船舶が事故に遭って，環境被害をもたらす可能性が依然として懸念されている」

第4段最終文（（ 3 ）, the first action …）に，2009年には黒油を使用する巨大船は禁止されており，内容に一致しない。

c．× 「南極大陸の大半は白く平らで，見ていてかなり退屈である」

第2段第1文（Starting in the …）に，南極大陸は神秘的で，その世界一美しい景観と評される壮大な景色を見るために1960年代以降，観光客が訪れるようになったという経緯が述べられており，内容に一致しない。

d．× 「最大500人が1カ所に一度に南極大陸に上陸できる現在の状況は，深刻な環境被害をもたらす可能性があると，人々は懸念している」

第3段第2文（Up until about …）と同段最終文（IAATO also brought …）に，500人という定員は約10年前までの巨大船の収容定員のことであり，現在，1カ

所に一度に南極大陸に上陸できるのは最大100人と述べられている。人々がこのことを懸念しているという記述もないので,内容に一致しない。

e．○ 「水は非常に冷たいと急速に沈む」

最終段第2文（"The Antarctic is …）に，南極が炭素を深海の底に封じ込める仕組みの説明の中で，南極の極めて冷たい水が急速に深海へ沈むという点が述べられており，**内容に一致する**。

10.「本文に最も適した表題はどれか」という問題。

    a．「グリーンピースは南極の環境保護のために奮闘中」

    b．「南極圏の大陸だけでなく海洋をどうやって保護できるのか？」

    c．「南極圏の漁業」

    d．「南極圏の野生生物保護の方法に関する合意はいまだほぼ得られず」

    e．「南極圏の観光」

第1〜3段は南極大陸，第4段以降は南極圏の海洋の保護の話題となっており，b の How can we protect the oceans of Antarctica as well as the land？が正解。

●語句・構文……………………………………………………………………………

☐ l.13　so did the worries that 〜 は，同格の that 節を伴った worries が主語で，did は grew を指し，「〜という懸念も高まった」という意味。

☐ l.27　one that 〜 の one は rule のこと。

☐ l.27　no more than 〜「〜しか」

☐ l.29　take actions「行動をとる，対策を講じる」

☐ l.36　natural sanctuary「自然保護区」

☐ l.41　reserve「保護区」

☐ l.45　put forward 〜「〜を提唱する，〜を提案する」

☐ l.50　be in desperate need for 〜「〜を心底必要としている」

☐ l.52　go one better and do「一歩先んじて〜する」

☐ l.53　momentum「気運」

☐ l.54　if we are to protect 〜 は if 節の中で be to do が使われ「〜しようと思う」という意思を表す用法。

☐ l.65　set off on 〜「〜に出発する」

☐ l.77　as well as *doing*「〜するだけでなく」

☐ l.82　play a key role in 〜「〜で重要な（中心的な）役割を果たす」

1−a　2−d　3−c　4−c　5−d　6−c　7−a　8−c　9−e
10−b

69

Read the following passage and select the best answer for each question.

(35 points)

Even before climbing star Alex Honnold's stunning "free solo" climb of Yosemite's El Capitan in 2017, rock climbing was becoming popular. Now, with its debut at the Tokyo Olympics, the once minor sport is set to reach new heights. Yet the popularity of rock climbing and its sister sport, bouldering (where climbers
5　scramble up large rocks without the use of ropes or harnesses), is raising questions about the damaging environmental effects of climbing chalk — an essential climbing tool.

Made from magnesium carbonate ($MgCO_3$), climbing chalk is the same substance that gymnasts and weightlifters use to improve their grip on bars and
10　weights. In fact, it was first introduced to rock climbing in the 1950s by John Gill, who was a gymnast in college before he turned his attention to bouldering. (　1　) then, amateur and professional climbers alike have come to depend on the chalk's drying and friction-inducing properties — and have been leaving "chalk graffiti" (marks which remain on rock faces) around the world. The resulting
15　chalk marks have become so bad in the United States that parks are beginning to restrict its use. Utah's Arches National Park allows only colored chalk that nearly matches rocks, while Colorado's Garden of the Gods National Natural Landmark banned all chalk and chalk substitutes. Native American tribes have declared areas under Indigenous control off-limits to climbers, not only because of ugly chalk
20　marks but also to preserve spiritually important areas.

Beyond the (　2　) pollution, new research suggests chalk may be harming the plants that grow on rocks. A 2020 study on the effects of climbing chalk found that it negatively impacted both the growth and survival of eight species of ferns and mosses in laboratory settings. Wiping it off doesn't seem to help; chemical
25　trails on cleaned rocks changed the rock surface's chemical balance, which could

affect the ability of plants to grow there in the future. That (　3　) because some climbing spots, such as "erratic boulders," host unique ecosystems. These erratic boulders — rocks scattered across the globe by glaciers at the end of the Ice Age — are islands of plant life, different from the land they sit on. As such, they may hold information about that era and how these plants travel.　30

It's not even clear whether chalk improves climbing performance at all. Some studies found no additional benefits for grip, while others found the opposite. Some climbers may find it helpful, says Daniel Hepenstrick, a co-author of the 2020 study. But more likely it's a psychological aid. "When you face a problem on a rock, what do you do?" he says. "You powder your hands and go on."　35

Adding to climbing chalk's potentially problematic nature is where it comes from. Magnesium carbonate is processed from magnesite, a mineral buried deep within the Earth. According to *Climbing Magazine*, more than 70 percent of the world's supply comes from mines in China's Liaoning Province, where satellite photos show magnesium carbonate powder piled up around one mining and　40 processing plant. The Chinese government has strengthened laws around mining to reduce its environmental impact and proposed restoration of the area. But De-Hui Zeng, an ecologist who is studying the substance, says his research matches Hepenstrick's. Zeng says soil samples with high magnesium levels from the mining sites showed reduced nutrients, low microbial life, and plant death.　45

Hepenstrick emphasizes that his study — one of the first to examine chalk's effect on the environment — is (　4　) conclusive. Additional work needs to be done to understand the full effects of climbing chalk. But that's easier said than done. The environmental impact of rock climbing, in general, isn't well known. Access is one limitation, as most scientists are not climbers. Even in accessible　50 areas, the variable landscape itself can present a challenge to measuring climbing's effects. "It's been difficult to understand the mechanisms that are potentially impacting the sensitive cliff environments," says Peter Clark, a doctoral candidate who is studying cliff ecology.

Climbing groups such as Access Fund, an organization that provides　55 guidelines to the climbing community, are taking a wait-and-see approach to Hepenstrick's report before making any policy adjustments. "It's data for us," says

executive director Chris Winter. "If there is a conservation concern, we take that quite seriously." Until additional studies can be conducted, (　5　) is mostly left
60　to climbers, who "do care about nature," says Hepenstrick, an occasional climber himself. "You could inform climbers that using climbing chalk in a certain way could have an impact, and they would take the possibility seriously."

Colored chalk that blends into rocks is one way to reduce visual pollution. It can also help preserve the spirit of exploration at the root of climbing, says Shawn
65　Axelrod, owner of an outdoor company which sells two types of colored chalk. "Chalk marks give you the path," he says, suggesting that reducing the visibility of chalk supports the problem-solving spirit of the sport. Otherwise, "there is no individuality, no creativity, no challenge to decide what is the next step." But while colored chalk can help reduce visual damage, it doesn't prevent environmental
70　damage. Most colored chalks contain magnesium carbonate along with other ingredients, which Axelrod declined to disclose in his own products due to business reasons.

Beyond adhering to "Leave No Trace" goals, there may be other alternatives. Gill says that when he was young, climbers used organic products from trees or
75　plants to improve grip. But he says these options were pushed aside in favor of chalk. Aside from natural options, the most radical idea of all may be to skip gripping aids altogether. "Back then, it was a different world. A few marks here and there were hardly noticeable," says Gill about the sport's early days. "My friend, Patagonia founder Yvon Chouinard, declined to use chalk when we
80　bouldered because he considered it cheating. Perhaps today he would say it was ugly as well, and maybe even worse."

1．Which best fits blank (　1　)?

　a．Before

　b．Later

　c．Since

　d．Until

2．Which best fits blank (　2　)?

a. biological

b. environmental

c. industrial

d. visual

3. Which best fits blank（　3　）?

a. depends

b. happens

c. helps

d. matters

4. Which best fits blank（　4　）?

a. all but

b. far from

c. likely to be

d. nothing but

5. Which best fits blank（　5　）?

a. development

b. ignorance

c. pollution

d. responsibility

6. According to the article, which of the following is true?

a. Bouldering is a totally different sport from rock climbing.

b. Climbing chalk has come to be seen as a problem for the environment.

c. Climbing chalk was first used by a college student who was keen on rock climbing.

d. Rock climbing had already been an Olympic event before the Tokyo Olympics.

7. According to the article, which of the following is true?

　ａ． Climbers have been prohibited from climbing in some areas by Native American tribes.

　ｂ． Some people who are not climbers use climbing chalk to write graffiti.

　ｃ． Using chalk is a decent practice in holy places provided that it is harmless.

　ｄ． Wiping chalk off a rock can prevent change on its surface.

８． According to the article, which of the following is <u>not</u> true?

　ａ． Chalk may just give climbers a sense of security.

　ｂ． Erratic boulders around the world used to be on islands in the Ice Age.

　ｃ． Plants that grow on erratic boulders could help us learn about the Ice Age.

　ｄ． Zeng agrees with Hepenstrick that chalk can damage plants on rocks.

９． According to the article, which of the following is true?

　ａ． A study found that plants on rocks can be damaged by any gripping aids.

　ｂ． Because climbers are environmentally conscious, Hepenstrick expects them to act on the information properly.

　ｃ． Climbing groups criticize Hepenstrick's report for a lack of evidence.

　ｄ． Scientists who are able to climb can get a whole picture of the impacts of climbing.

10． According to the article, which of the following is true?

　ａ． Alternative gripping aids have achieved the same essential status as chalk.

　ｂ． Even now, the founder of Patagonia thinks chalk marks on rocks are unattractive.

　ｃ． One argument for the use of chalk is that it makes it easy to follow the traces of previous climbers.

　ｄ． The ingredients in Shawn Axelrod's chalk are unknown to the public.

≪クライミング用チョークの影響≫

全 訳

　クライミングのスターであるアレックス=オノルドの2017年のヨセミテのエル・キャピタンへの見事な「フリーソロ」クライミングより以前でも，ロック・クライミングは人気があるものになってきていた。今や，東京オリンピックでのデビューとともに，そのかつてのマイナーなスポーツは，新たな絶頂期に到達しようとしている。しかし，ロック・クライミングやその姉妹関係にあるスポーツのボルダリング（ロープや安全ベルトを使わずに大きな岩をよじ登るもの）の人気が，クライミングに不可欠な道具であるクライミング用チョークの環境に害を与える影響に関する疑問を投げかけている。

　炭酸マグネシウム（$MgCO_3$）から作られているクライミング用チョークは，体操選手や重量挙げ選手がバーやおもりへのグリップをよくするために使うのと同じ物質である。実際のところ，それは，ジョン=ギルによって1950年代に初めてロック・クライミングに取り入れられたのだった。彼は，興味をボルダリングに向ける前は大学で体操の選手だった。そのとき以来，アマチュアのクライマーもプロのクライマーも同じく，そのチョークの持つ乾燥性や摩擦誘因性に頼るようになり，世界中に「チョークの落書き」（岩の表面に残る痕跡）を残してきているのである。その結果として生じるチョークの痕跡が，アメリカで非常にひどくなったため，公園はその使用を制限し始めている。ユタ州のアーチーズ国立公園は，なんとか岩と調和しそうな色のついたチョークだけを許可しているが，その一方，コロラド州のガーデン・オブ・ザ・ゴッズ国定自然ランドマークは，チョークとその代替物すべてを禁止した。アメリカ先住民の部族は，チョークの醜い痕跡のせいだけでなく，精神的に重要な地域を保護するためにも，クライマーたちに対し，先住民の管理下で，立ち入り禁止となる地域を宣言している。

　新しい研究は，視覚的な汚染の範囲を超え，チョークが岩の上に生える植物に害を与えているかもしれないと示唆している。クライミング用チョークの影響に関する2020年のある研究が，実験室の環境の中で，チョークがシダ類やコケ類の8種の成長にも生存にも否定的に影響を与えたことを発見した。拭き取っても役立ちそうにはない。それは，拭われた岩の上に残る化学的な痕跡が，岩の表面の化学的バランスを変えてしまうからで，ことによるとそれが，植物のそこで成長しようとする能力に将来的にも影響を与える可能性もある。そのことは，いくつかのクライミングのスポットが，「迷子石」のように，独特の生態系を宿しているため，問題なのである。これらの迷子石 ── 氷河期の終わりに氷河によって地球全体に運ばれた岩 ── は，それらが現在位置している土地とは異なる，植物生態を持つ孤立地域である。そういうものであるため，迷子石はその時代に関してやその植物がどのようにして移動するのかに関しての情報を保持しているかもしれないのである。

　チョークが果たしてクライミングの出来栄えをよくするのかどうかさえも明らかになっていない。研究の中には，グリップには何の助けにもならないとわかった研究もあれば，その逆のことを見出した研究もあった。チョークが役立っていると思うクライマーもいる，とあの2020年の研究の共著者であるダニエル=ヘペンストリ

ックは言う。しかし，それは，心理的に助けとなるものである可能性が高い。「岩の上で問題に直面したとき，あなたはどうしますか？　手にパウダーをつけて登り続けますね」と彼は言う。

　クライミング用チョークが潜在的に持つ，問題となる性質に加わるのが，その産出場所だ。炭酸マグネシウムは，地中深くに埋まっている鉱物であるマグネサイトを加工して作られる。クライミング・マガジンという雑誌によると，その全世界の供給のうちの70パーセント以上が中国の遼寧省の鉱山から来ていて，衛星写真では，そこには炭酸マグネシウムの粉末が採掘加工工場の周りに山のように積まれているのが見える。中国政府は，環境への影響を減らすよう採掘関係の法律を強化し，地域を元の状態に戻すよう提案してきた。しかし，その物質について研究している生態学者である曾徳慧は，彼の研究はヘペンストリックの研究と同じような結果が出ていると言う。曾は，採掘場所の高レベルのマグネシウムを含む土壌サンプルには，栄養分の低下や微生物の減少，植物の死が見られたと言っている。

　ヘペンストリックは，チョークの環境に対する影響を詳しく調べた最初の研究の一つである彼の研究は，決して決定的なものではないと強調している。クライミング用チョークの詳細な影響を理解するためには，さらに研究を加える必要があるのである。しかしそれは，言うは易し行うは難しである。一般的に言って，ロック・クライミングの環境への影響は，よくわかっていない。科学者のほとんどがクライマーではないので，接近しにくいことも制限の一つであると考えられている。近づくことができる場所でさえも，変化しやすい地形そのものが，クライミングの影響を想定するのに課題となる可能性がある。「繊細な岩壁の環境に影響を与える恐れがあるようなメカニズムを理解するのは以前から難しいのです」と，岩壁の生態学を研究している博士候補生のピーター=クラークは言う。

　クライミングを好きな人たちにガイドラインを提供している組織であるアクセス・ファンドのようなクライミングの団体は，方針の調整をする前に，ヘペンストリックの報告に対して静観の構えをとっている。団体の常任理事であるクリス=ウィンターは，「それは，私たちのためのデータであり，もし，環境保全に懸念があるのなら，私たちはそれを真剣に受け止めます」と言っている。さらなる研究が行われるまでは，責任は大部分をクライマーたちに委ねることになる。「クライマーたちは，自然についてとても気にかけているのだから」と自らも時折クライマーとなるヘペンストリックは言う。「クライマーたちに，クライミング用チョークをある方法で使うことは影響があるかもしれないと伝えることができるだろうし，そうすると，彼らはその可能性を真剣に受け止めることだろう」

　岩と混じりあう色のついたチョークが，視覚的な汚染を軽減する一つの方法である。それは，クライミングの根底にある探検の精神を守るのにも役立つ可能性がある，と2種類の色付きチョークを販売しているアウトドア会社のオーナーであるショーン=アクセルロッドは言う。「チョークの痕跡は，道を教えてしまうのです」と彼は言い，チョークの見えやすさを減らすことは，そのスポーツの問題解決精神を支援することになることを示唆している。そうでなければ，「個性も，創造性も，

次のステップは何であるかを決める冒険もないのです」。しかし，色付きのチョークは視覚的な危害を減らすのに役立つ一方で，環境的な危害は避けることができない。ほとんどの色付きチョークは炭酸マグネシウムを含んでいて，他の成分も一緒に入っているが，アクセルロッドは，自社の製品に他にどんな成分が入っているのかを明らかにするのを，ビジネスの理由により断っている。

　「跡形を残さない」という目標にこだわる以外に，ほかの代替案もあるのかもしれない。ギルは，自分が若い頃，クライマーたちはグリップをよくするために，木や植物から作ったオーガニックな製品を使っていたという。しかし彼はチョークが好まれるようになり，そういう選択肢は横に押しのけられた，と言う。自然の物という選択肢は別にして，すべてのうちで最も根本的な考え方は，グリップを補助するものをすっかり省いてしまうことであるかもしれない。「あの頃は，今とは違う世界でした。あちこちに印が残っていても数は少なく，ほとんど気づかないくらいでした」と，ギルはそのスポーツの初期のころのことについて話す。「私の友人であるパタゴニア創始者のイヴォン=シュイナードは，チョークを使うのはずるいことだと考え，私たちがボルダリングをする際には彼はチョークを使うのは辞退していました。おそらく，今日，彼なら，チョーク使用はそのうえ醜くもあり，もしかするともっとひどいと言うでしょう」

解　説

1．空所1に入れる語を選択する問題。
　　a．Before「～前に」　　　　　　　　b．Later「のちに」
　　c．Since「～以来」　　　　　　　　　d．Until「～まで」
空所の直後の then「そのとき」という語と，後続文が have come to *do*「～するようになっている」という現在完了時制であることから判断して，**cのSince**が**正解**。a の Before や，d の Until であれば，それ以前や，そのときまでチョークに頼っていたことになり，現在完了時制と合わないので，不適。b の Later はthen と同時に用いることはないので不適。

2．空所2に入れる語を選択する問題。
　　a．biological「生物学的な」　　　　　b．environmental「環境上の」
　　c．industrial「工業の，産業の」　　　d．visual「視覚的な」
第2段（Made from magnesium …）には，チョークの説明や岩場に残るその痕跡の現状について述べられており，最終文（Native American tribes …）には，ugly chalk marks「チョークの酷い痕跡」という表現も使われていることから，「（　　　）汚染」の空所に適する語としては，**dのvisual**が**正解**。

3．空所3に入れる語を選択する問題。
　　a．depends「頼る，依存する」　　　　b．happens「起こる」

c．helps「役に立つ」　　　　　　　　d．matters「問題となる，重要である」

空所の直前の That という主語は，前文（Wiping it off …）の内容，すなわち，チョークを拭き取っても，チョークの化学的な痕跡が，岩の表面の化学的バランスを変えてしまい，植物がそこで育つ能力に将来的に影響を及ぼす可能性がある，という点を指している。それは，一部のクライミングのスポットは独特の生態系を宿しているというのだから，問題となるはずで，**dの matters が正解**。

4．空所4に入れる語句を選択する問題。

a．all but「ほぼ〜」

b．far from「〜どころではない，決して〜ではない」

c．likely to be「〜である可能性が高い」

d．nothing but「〜にすぎない」

空所を含む文は，ヘペンストリックは，自分の研究は決定的な（　　　）と強調しているという内容で，この直後の文ではさらなる研究が必要だとも述べられていることから，彼は自分の研究は決定的なものではないと考えているはずであり，選択肢の中では，この文脈上適切な，**bの far from が正解**。

5．空所5に入れる語を選択する問題。

a．development「開発，発展」　　　b．ignorance「無知」

c．pollution「汚染」　　　　　　　d．responsibility「責任」

空所を含む文は，「さらなる研究が行われるまでは，（　　　）は大部分がクライマーたちに残されることになる」という内容。第6段（Hepenstrick emphasizes that …）では，クライミング用チョークの環境への影響にどう対処するか，が話題となっており，第7段第1文（Climbing groups such …）では，クライマー団体は事態を静観する方針だと述べられている。しかし，同段第3文（"If there is …）にこの団体の常任理事の発言として，環境保全に懸念があるなら，自分たちはそれを真剣に受け止めると述べられており，さらに，自身もクライマーであるヘペンストリックも，クライマーたちも真剣に受け止めるだろうと述べていることから，この問題はクライマー任せになると判断でき，**dの responsibility が正解**。

6．「本文によれば，以下の記述のうち正しいものはどれか」という問題。

a．× 「ボルダリングはロック・クライミングとは全く異なるスポーツである」

第1段第3文（Yet the popularity …）に，ボルダリングは，ロック・クライミングと姉妹関係にあるスポーツだと述べられており，内容に一致しない。

b．○ 「クライミング用チョークは，環境にとって問題だとみなされるようになってきた」

同じく第1段第3文に，クライミング用チョークの環境に害を与える影響に関する疑問を投げかけている，と述べられており，第3段第1文（Beyond the（　2　）…）にも，チョークが植物に害を与える可能性を示唆しているとも述べられてい

ることから，**内容に一致する。**

c．× 「クライミング用チョークは，ロック・クライミングに熱中していた大学生によって，最初に使用された」

第2段第2文（In fact, it …）に，チョークをロック・クライミングに取り入れたジョン=ギルは，ボルダリングに興味を向ける前は，大学で体操の選手だったと述べられているが，ロック・クライミングに熱中していたとは述べられておらず，ボルダリングに興味を向けたときは大学生だったかも不明なので，内容に一致しない。

d．× 「ロック・クライミングは，東京オリンピックの前にすでにオリンピック種目だった」

第1段第2文（Now, with its …）に，ロック・クライミングは東京オリンピックでデビューしたと述べられており，内容に一致しない。

7．「本文によれば，以下の記述のうち正しいものはどれか」という問題。

a．○ 「クライマーたちは，アメリカ先住民の部族によって，いくつかの地域でクライミングをすることを禁止されている」

第2段最終文（Native American tribes …）に，「クライマーたちに対し，先住民の管理下で，立ち入り禁止となる地域を宣言している」と述べられており，**内容に一致する。**

b．× 「クライマーではない人たちの中には，クライミング用チョークを落書きをするために使用する人もいる」

第2段第3文（（　1　）then, amateur …）に，アマ，プロを問わず，クライマーたちがクライミング用チョークを使うようになって，「チョークの落書き」と言えるチョークの痕跡を世界中に残している，とは述べられているが，クライマーではない人に関する記述はなく，内容に一致しない。

c．× 「チョークを使用するのは，それが無害であるならば，神聖な場所にふさわしい行為である」

第2段最終文（Native American tribes …）には，先住民の部族は，精神的に重要な地域を保護するためにも，クライマーたちに立ち入り禁止となる地域を宣言していると述べられており，チョークが無害であっても，その使用をふさわしい行為とは考えていないと判断できるので，内容に一致しない。

d．× 「チョークを岩から拭い取ることで，岩の表面の変化を防止できる」

第3段第3文（Wiping it off …）に，チョークを岩から拭い取っても役に立たないらしく，岩の上に残る化学的な痕跡が，岩の表面の化学的バランスを変えると述べられており，内容に一致しない。

8．「本文によれば，以下の記述のうち正しくないものはどれか」という問題。

a．○ 「チョークは，クライマーに安心感を与えるだけかもしれない」

第4段第3・4文（Some climbers may … a psychological aid.）に，チョークが役

立っていると思うクライマーもいるが，それは心理的に助けとなるものである可能性が高いと述べられており，内容に一致する。

b．×　「世界中の迷子石は，氷河期には島々の上にあった」

第3段第5文（These erratic boulders …）に，迷子石とは氷河期の終わりに氷河によって地球全体に運ばれた岩で，現在の位置とは異なる，植物生態の孤立地域であると述べられており，島々の上にあったわけではないので，**内容に一致しない**。ここでのislandsは「（島状に）孤立した地帯」のこと。

c．○　「迷子石の上に生えている植物は，私たちが氷河期のことを学ぶ手助けとなる」

第3段最終文（As such, they …）に，迷子石がその時代，つまり氷河期の情報を持っているかもしれないと述べられており，内容に一致する。

d．○　「曾は，チョークが岩の上の植物に害を与えるかもしれないという点で，ヘペンストリックと同じ意見である」

第5段第5文（But De-Hui Zeng, …）に，曾は自分の研究では，ヘペンストリックの研究と同じような結果が出ていると言っていると述べられており，内容に一致する。

9．「本文によれば，以下の記述のうち正しいものはどれか」という問題。

a．×　「ある研究によると，岩の上の植物はどんなグリップ補助剤によっても害を受けることがわかった」

第6段第1・2文（Hepenstrick emphasizes that … of climbing chalk.）に，チョークが環境に影響があることを調べたヘペンストリックの研究は決定的なものでなく，さらなる研究が必要だと述べられており，内容に一致しない。

b．○　「クライマーは，環境に対する意識が高いため，ヘペンストリックは，彼らが情報に適切に従って行動するものと期待している」

第7段最終2文（Until additional studies … the possibility seriously."）に，ヘペンストリックの発言として，クライマーは自然を気にかけているから，チョークの使用は（環境に対する）影響があるかもしれないと伝えたら，彼らはその可能性を真剣に受け止めるだろうと述べられており，**内容に一致する**。

c．×　「クライミングの団体は，ヘペンストリックの報告書を根拠不足だとして批判している」

第7段第1文（Climbing groups such …）に，クライミングの団体は静観の方針であると述べられてはいるが，批判してはいないので，内容に一致しない。

d．×　「クライミングのできる科学者たちは，クライミングの影響の全体像をつかむことができる」

第6段最終2文（Even in accessible … studying cliff ecology.）に，近づくことのできる場所でさえも，変化しやすい地形そのものがクライミングの影響を想定する

のに課題となる可能性があり，繊細な岩壁の環境に影響を与える恐れがあるメカニズムの理解は難しいとも述べられており，全体像を把握するのは困難だと判断できるので，内容に一致しない。

10.「本文によれば，以下の記述のうち正しいものはどれか」という問題。

a．× 「グリップを補助する代替品は，チョークと同じ重要な地位を獲得した」
第8段第5文（But while colored …）に，視覚面で代替品となる色付きチョークは，環境面での害を避けることはできないと述べられており，最終段第3文（But he says …）でも，以前からあったオーガニック製品はチョークの出現とともに使われなくなったという経緯も述べられていることから，代替品がチョークと同じ地位になったとは考えられず，内容に一致しない。

b．× 「現在でさえ，パタゴニア創始者は，岩の上のチョークの痕跡は美しくないと考えている」
最終段最終文（Perhaps today he …）に，パタゴニア創始者のシュイナードなら，チョークの使用は醜くもあり，もしかしたらもっとひどいと言うだろうと述べられているが，この部分は仮定法で書かれていることから，実際に彼がそう言ったわけではなく，内容に一致しない。

c．× 「チョークの使用を支持する主張の一つは，それによって前のクライマーの後をたどるのがたやすくなるという点だ」
第8段第3文（"Chalk marks give …）に，チョークの痕跡は道を教えてしまい，チョークを見えにくくすれば，そのスポーツの問題解決精神を支援することになると述べられており，チョークの使用を支持してはいないので，内容に一致しない。

d．○ 「ショーン=アクセルロッドのチョークの成分は，一般の人たちには知られていない」
第8段最終文（Most colored chalks …）に，アクセルロッドは，自社の製品に，炭酸マグネシウム以外にどんな成分が入っているかを公開するのは断っていると述べられており，**内容に一致する**。

●語句・構文……………………………………………………………………………………
- □ *l*.1 stunning「見事な，すばらしい」
- □ *l*.1 "free solo" climb とは，道具を使わず，クライミングシューズとチョークのみ使用して，単独で岩を登ること。
- □ *l*.3 be set to *do*「〜しようとしている」
- □ *l*.5 scramble up「よじ登る」
- □ *l*.5 harness「安全ベルト」
- □ *l*.13 friction-inducing「摩擦を誘発する」
- □ *l*.14 graffiti「落書き」

☐ *l*.23 ferns「シダ類」
☐ *l*.24 mosses「コケ類」
☐ *l*.29 as such「そういうものなので，そういうものとして」
☐ *l*.36 problematic「問題の，問題を含む」
☐ *l*.42 restoration「復元（作業）」
☐ *l*.45 microbial life「微生物」
☐ *l*.48 easier said than done「言うは易く行うは難し」
☐ *l*.49 in general「一般的に（言って）」
☐ *l*.51 challenge「課題」
☐ *l*.56 wait-and-see「静観の」
☐ *l*.70 along with ～「～とともに」
☐ *l*.71 due to ～「～のために」
☐ *l*.73 beyond *doing*「～すること以外に」
☐ *l*.73 alternative「代替手段，代替案」
☐ *l*.75 in favor of ～「～を支持して，～に賛成して」
☐ *l*.76 aside from ～「～は別として」

1－c   2－d   3－d   4－b   5－d   6－b   7－a   8－b   9－b
10－d

解答

70

次の英文を読み，あとの問いに答えなさい。＊の付いた語句には注があります。

(30点)

〔Ⅰ〕 The United Nations Framework Convention on Climate Change* was created to produce the first international agreement on reducing global greenhouse gas emissions. (1), this task is not as simple as it first appears, as carbon dioxide (CO_2) emissions are not evenly produced by countries. The first major source of carbon dioxide is the burning of fossil fuels, such as coal, 5 gas, and oil, since a major part of carbon dioxide emissions comes from energy production, industrial processes, and transport. These are not evenly distributed around the world because of the unequal distribution of industry; therefore, any agreement would affect certain countries' economies more than others. Consequently, at the moment, the industrialized countries must take the main 10 responsibility for reducing emissions of carbon dioxide (see Figure A). North America, Europe, and Asia emit over 90% of the global industrially produced carbon dioxide. (2), historically they have emitted much more than the less-developed countries.

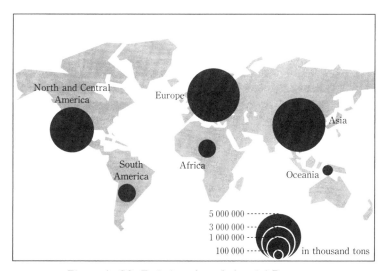

Figure A: CO_2 Emissions from Industrial Processes

15 [II] The second major source of carbon dioxide emissions is the result of
land-use changes. These emissions come primarily from the cutting down of
forests for the purposes of agriculture, urbanization, or roads. When large areas
of rainforests* are cut down, the land often turns into grasslands with much less
capacity for absorbing CO_2. Here the pattern of carbon dioxide emissions is
20 different. South America, Asia, and Africa are responsible for over 90% of
present-day land-use change emissions (see Figure B). However, this should be
viewed against the historical fact that North America and Europe had already
changed their own use of land by the beginning of the 20th century. In terms of
the amount of carbon dioxide released, industrial processes are still much more
25 significant than land-use changes.

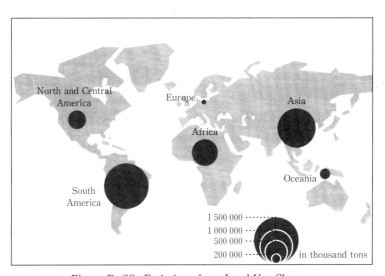

Figure B: CO_2 Emissions from Land-Use Change

[III] So who are the bad guys in causing this increase in carbon dioxide? Of course, it is the developed countries which historically have emitted most of the man-made greenhouse gases, as they have been emitting since the start of the industrial revolution in the latter half of the 1700s. Moreover, a mature industrialized economy consumes an enormous amount of energy and burns a vast 30 quantity of fossil fuels. A major issue in the continuing debate is the sharing of responsibility. Non-industrialized countries are trying very hard to increase their populations' standard of living, and so are increasing their emissions of greenhouse gases, since economic development is closely related to energy production. As a result, the volume of carbon dioxide will probably increase, 35 despite the efforts to reduce emissions in industrialized countries. (3), China has the second biggest emissions of carbon dioxide in the world. However, per person the Chinese emissions are ten times lower than those of the USA, which is top of the list. This means that in the USA every person is responsible for producing ten times more carbon dioxide pollution than China. So all the 40 proposed agreements about cutting emissions since the Rio Earth Summit* in 1992 have for moral reasons not included the developing world, as this is seen as an unfair brake on its development. However, this is a significant issue because, for example, both China and India are rapidly industrializing, and with a combined population of over 2.3 billion people they will produce a huge amount of pollution. 45

(Mark Maslin, *Global Warming: A Very Short Introduction*,
Oxford University Press, 2004 . Reproduced with permission
of the Licensor through PLSclear.)

注 the United Nations Framework Convention on Climate Change 国連気候変動枠組み条約

rainforest 熱帯雨林

the Rio Earth Summit リオ地球サミット

1. 空所 (1) に入れるのに最も適切な語句を(a)〜(d)から一つ選び，その記号をマークしなさい。

(a) Although   (b) However   (c) In addition   (d) Therefore

2．空所（　2　）に入れるのに最も適切な語句を(a)～(d)から一つ選び，その記号を
マークしなさい。

　　(a)　By contrast　　(b)　Despite this　　(c)　Moreover　　(d)　Nevertheless

3．空所（　3　）に入れるのに最も適切な語句を(a)～(d)から一つ選び，その記号を
マークしなさい。

　　(a)　At last　　　　　　　　　　(b)　By chance

　　(c)　For example　　　　　　　(d)　On the other hand

4．第Ⅰ段落の内容に照らして，最も適切な文を(a)～(d)から一つ選び，その記号を
マークしなさい。

　　(a)　Creating an international agreement to reduce greenhouse gas emissions
is simple because of the United Nations Framework Convention on
Climate Change.

　　(b)　It is difficult to create an international agreement on reducing
greenhouse gas emissions because they are not produced by countries.

　　(c)　It is difficult to create an international agreement on reducing
greenhouse gas emissions because different countries do not produce the
same levels of emissions.

　　(d)　The United Nations Framework Convention on Climate Change was
created because carbon dioxide emissions are not evenly produced by
countries.

5．第Ⅰ段落と第Ⅱ段落の内容に照らして，最も適切な文を(a)～(d)から一つ選び，そ
の記号をマークしなさい。

　　(a)　The only major cause of carbon dioxide emissions is the burning of fossil
fuels for energy production, industrial processes, and transport.

　　(b)　The only major cause of carbon dioxide emissions is changes in the use
of land.

　　(c)　The major causes of carbon dioxide emissions are the burning of fossil
fuels and changes in the use of land.

　　(d)　The major causes of carbon dioxide emissions are not clear.

6．第II段落の内容に照らして，最も適切な文を(a)～(d)から一つ選び，その記号をマークしなさい。

(a) Industrial processes and changes in land use have produced about the same amounts of carbon dioxide.

(b) Industrial processes have produced more carbon dioxide than changes in land use.

(c) Changes in land use have produced more carbon dioxide than industrial processes.

(d) It is not clear whether industrial processes or changes in land use have produced more carbon dioxide.

7．第II段落の内容に照らして，最も適切な文を(a)～(d)から一つ選び，その記号をマークしなさい。

(a) Land-use change is currently an equally important source of emissions in South America, Asia, Africa, North America, and Europe.

(b) Land-use change is a more important source of emissions in South America, Asia, and Africa than in North America or Europe.

(c) Land-use change is a more important source of emissions in North America or Europe than in South America, Asia, and Africa.

(d) Land-use change is not an important source of emissions in South America, Asia, Africa, North America, and Europe.

8．第III段落の内容と一致するように(a)～(d)から一つ選び，英文を完成させなさい。その記号をマークしなさい。

Developed countries have produced most of the greenhouse gases in history

(a) because they had a mature attitude towards industrial development.

(b) because they have non-industrialized economies.

(c) because they had been emitting them until the 1700s.

(d) because they have been emitting them for hundreds of years and have industrialized economies.

9. 第III段落の内容と一致するように(a)～(d)から一つ選び，英文を完成させなさい。
その記号をマークしなさい。

The amount of carbon dioxide will probably

(a) decrease in the future because of reductions of emissions in industrialized countries.

(b) decrease in the future because of reductions of emissions in non-industrialized countries.

(c) increase in the future because reductions of emissions in industrialized countries will not be enough.

(d) increase in the future because of economic development in non-industrialized countries.

10. 第III段落の内容と一致するように(a)～(d)から一つ選び，英文を完成させなさい。
その記号をマークしなさい。

International agreements about cutting carbon dioxide emissions

(a) have included the developing world because they produce less greenhouse gases.

(b) have included the developing world because it is moral to do so.

(c) have not included the developing world because they produce less greenhouse gases.

(d) have not included the developing world because this would slow down their economic development.

全訳

≪温室効果ガス削減の難しさ≫

[I] 国連気候変動枠組み条約は，地球温暖化ガス排出量削減に関する初めての国際協定を作り出すための条約であった。しかしながら，この仕事は最初にそう思われるほどには簡単ではない。というのも，二酸化炭素（CO_2）の排出は，各国が等しく排出するわけではないからである。最も大きな二酸化炭素の排出源は，石炭・ガス・石油などの化石燃料の燃焼である。なぜなら，二酸化炭素排出の大半は，エネルギー生産，工業生産過程，輸送で生じるからだ。このような排出が世界で同じような割合で排出されないのは，工業が各国で等しく分布していないためである。そのため，どのような合意案でもある国が他の国よりも経済的影響を大きく受けることになる。したがって，現在では工業国の方が主に二酸化炭素排出削減に責任を負わなければならない（図A参照）。北米，ヨーロッパ，アジアが世界の工業生産に起因する二酸化炭素排出量の 90％以上を占めている。さらに，歴史的に言えば，これら工業国は発展途上国よりもはるかに多くの二酸化炭素を排出してきたのだ。

[II] 2番目に大きな二酸化炭素の排出源は土地利用の変化からきている。この種の排出の主要因は農業，都市化，道路建設のための森林の伐採である。広大な範囲の熱帯雨林が伐採されるとその土地は草地となることが多く，二酸化炭素を吸収する能力が大きく低下する。ここでの二酸化炭素の排出は傾向が異なる。南米，アジア，アフリカが現在土地利用の変化による二酸化炭素排出の 90％以上を占めている（図B参照）。しかし，これは北米，ヨーロッパでは，すでに 20 世紀初めまでに，彼ら自身の土地利用の方法が変わっていたという歴史的事実に照らして考えなければならない。排出される二酸化炭素の量という点から見れば，今でも工業の生産過程の方が土地利用の変化よりはるかに重大なのである。

[III] では，二酸化炭素のこのような増大を引き起こしている悪者は誰かと言えば，それはもちろん，先進国であり，彼らが歴史的に見て人為起源の温室効果ガスのほとんどを排出してきたのである。なぜならこれら先進国は，1700 年代後半の産業革命の始まりからずっと温室効果ガスを排出し続けてきたからだ。さらには成熟した工業化経済社会では膨大な量のエネルギーを消費し，大量の化石燃料を燃やしているのである。今継続している議論の大きな問題は，責任の分担である。非工業国は非常に熱心に自国民の生活水準を上げる努力をしている。その結果，温室効果ガスの排出量も増大している。なぜなら経済発展はエネルギー生産と密接に関連しているからである。結果として，工業国の排出削減努力にもかかわらず，二酸化炭素の排出量はおそらく増えていくであろう。例えば，中国は二酸化炭素排出量において世界で 2 番目に多い国である。しかしながら，1 人当たりで見れば，中国の排出量は排出量のトップであるアメリカの 10 分の 1 以下なのである。この意味は，アメリカではどの人にも中国人より二酸化炭素による汚染に対して 10 倍責任があるということなのである。1992 年のリオ地球サミット以来，二酸化炭素排出削減に関する合意をみた提案はすべて，道義的理由から発展途上国を含めてはいない。なぜなら，含めるということは発展途上国の発展に不公平なブレーキをかけるものとして考えられているからである。しかしながら，これは重要な問題である。なぜな

ら，例えば中国とインドは両方とも急速に工業化を遂げてきており，両国を合わせ
ると，23億以上の人口があり，彼らは膨大な量の汚染物質を作り出すであろうか
らだ。

解 説

1．「（　　　），この仕事は最初にそう思われるほどには簡単ではない」
(a)　Although「〜だけれども」　　(b)　However「しかしながら」
(c)　In addition「さらに」　　　　(d)　Therefore「したがって」
前文で，国際協定を作り出すための条約ができたと述べられ，空所以降では最初に
そう思われるほどには簡単ではないという内容が続いているので，逆接の意味のあ
る(b)の However が正解。(a)の Although は空所の後にコンマがあることから不適。

2．「（　　　），歴史的に言えば，これら工業国は発展途上国よりもはるかに多くの
二酸化炭素を排出してきたのである」
(a)　By contrast「それに反して，一方」(b)　Despite this「これにもかかわらず」
(c)　Moreover「さらに」　　　　　　　(d)　Nevertheless「それにもかかわらず」
前文で，北米，ヨーロッパ，アジアで世界の工業生産のために排出される二酸化炭
素の90％以上を占めているとあり，空所以下では歴史的にも多くの二酸化炭素を
排出してきたと，前文に添加する内容が続くので，(c)の Moreover が正解。

3．「（　　　），中国は二酸化炭素排出量において世界で2番目に多い国である」
(a)　At last「ついに」　　　　　　(b)　By chance「偶然，たまたま」
(c)　For example「例えば」　　　　(d)　On the other hand「他方では」
前の2文において発展途上国は生活水準を上げるために二酸化炭素の排出量を増や
すだろうと述べられ，空所の後では中国がその例として挙げられていることから，
(c)の For example が正解。

4．選択肢の意味は以下の通り。
(a)　「温室効果ガス排出量を削減するための国際協定を作り出すことは，国連気候
　　変動枠組み条約のおかげで簡単である」
(b)　「温室効果ガス排出量削減に関する国際協定を作り出すことは，国ごとに温室
　　効果ガスを排出しているわけではないので困難だ」
(c)　「温室効果ガス排出量削減に関する国際協定を作り出すことは，さまざまな国
　　が同程度の量を排出しているわけではないので困難だ」
(d)　「国連気候変動枠組み条約が作られたのは，二酸化炭素の排出は，各国が等し
　　く排出するわけではないからである」
第Ⅰ段第2文に，地球温暖化ガス排出量削減に関する初めての国際協定を作り出す
という仕事は，二酸化炭素の排出は各国が等しく排出するわけではないから，最初

にそう思われるほど簡単ではないと述べられている。したがって，(c)が本文の内容に一致する。

5．選択肢の意味は以下の通り。
  (a) 「二酸化炭素排出の唯一の大きな原因は，エネルギー生産，工業生産過程，輸送のための化石燃料の燃焼である」
  (b) 「二酸化炭素排出の唯一の大きな原因は，土地利用の変化である」
  (c) 「二酸化炭素排出の主たる原因は，化石燃料の燃焼と土地利用の変化である」
  (d) 「二酸化炭素排出の主たる原因は定かではない」
  第Ⅰ段第3文には，二酸化炭素の大きな排出源として化石燃料の燃焼が挙げられている。第Ⅱ段第1文には，二酸化炭素排出の2つ目の原因として土地利用の変化が挙げられている。以上から，(c)が本文の内容に一致する。(a)，(b)は only がついている点が，(d)は not clear の部分が本文の内容に一致しない。

6．選択肢の意味は以下の通り。
  (a) 「工業の生産過程と土地利用の変化は，ほぼ同量の二酸化炭素を排出してきた」
  (b) 「工業の生産過程は土地利用の変化より多くの二酸化炭素を排出してきた」
  (c) 「土地利用の変化は工業の生産過程より多くの二酸化炭素を排出してきた」
  (d) 「工業の生産過程と土地利用の変化のどちらがより多くの二酸化炭素を排出してきたのかは定かではない」
  第Ⅱ段最終文には，排出される二酸化炭素の量という点から見れば，今でも工業の生産過程の方が，土地利用の変化よりはるかに重大と述べられていることから，(b)が本文の内容に一致する。(a)は the same amounts の部分が，(c)は more の部分が，(d)は not clear の部分が本文の内容に一致しない。

7．選択肢の意味は以下の通り。
  (a) 「土地利用の変化は，今や南米，アジア，アフリカ，北米，ヨーロッパでは同じくらい重要な排出源となっている」
  (b) 「土地利用の変化は，南米，アジア，アフリカでは，北米，ヨーロッパより重要な排出源となっている」
  (c) 「土地利用の変化は，北米やヨーロッパでは，南米，アジア，アフリカより重要な排出源となっている」
  (d) 「土地利用の変化は，南米，アジア，アフリカ，北米，ヨーロッパでは重要な排出源ではない」
  第Ⅱ段第5文には，南米，アジア，アフリカが，土地利用の変化による二酸化炭素排出の90％以上を占めていると述べられており，(b)が本文の内容に一致する。

8．「先進国が歴史的に温室効果ガスのほとんどを排出してきたのは（　　　　）だ」
  (a) 「先進国は工業発展に対して成熟した態度をとったから」
  (b) 「先進国は非工業化経済だから」

(c)　「先進国は 1700 年代まで温室効果ガスを排出していたから」

(d)　「先進国は何百年も温室効果ガスを排出してきて，工業化経済だから」

第Ⅲ段第 2・3 文には，先進国は 1700 年代後半から温室効果ガスを排出し続けてきて，工業化経済社会で，大量の化石燃料を燃やしていると述べられており，(d)が正解となる。(a)は a mature attitude が，(b)は non-industrialized が，(c)は until the 1700s の部分が本文の内容に一致しない。

9.「二酸化炭素の量はおそらく（　　　）だろう」

(a)　「工業国における排出の削減により将来は減少する」

(b)　「非工業国における排出の削減により将来は減少する」

(c)　「工業国における排出の削減が十分ではないだろうから増加する」

(d)　「非工業国における経済発展のために将来は増加する」

第Ⅲ段第 5・6 文に，非工業国が熱心に自国民の生活水準を上げる努力をしており，温室効果ガスの排出量も増大していると述べられており，(d)が正解となる。

10.「二酸化炭素排出削減に関する国際協定は（　　　）」

(a)　「温室効果ガスの排出が少ないという理由で，発展途上国を含めている」

(b)　「道義的理由から，発展途上国を含めている」

(c)　「温室効果ガスの排出が少ないという理由で，発展途上国を含めてはいない」

(d)　「このことで経済発展を鈍化させるという理由で，発展途上国を含めてはいない」

第Ⅲ段の最後から 2 つ目の文に，この協定に発展途上国を含めない理由として，含めると発展途上国の発展に不公平なブレーキをかけると述べられており，(d)が正解となる。(a)と(b)は included の部分が，(c)は less の部分が本文の内容に一致しない。

●語句・構文……………………………………………………………………………………

□ *l.*2　international agreement「国際協定」

□ *l.*3　greenhouse gas emissions「温室効果ガス排出」

□ *l.*5　carbon dioxide「二酸化炭素」

□ *l.*8　distribution「分布」

□ *l.*18　turn into ～「～に変わる，～になる」

□ *l.*27　it is the developed countries which … は強調構文。「…なのは先進国だ」

□ *l.*39　be responsible for ～「～に対して責任がある，～に関与する」

□ *l.*42　is seen as … は see A as B「A を B と見なす」が受動態となったもの。

1 ―(b)　2 ―(c)　3 ―(c)　4 ―(c)　5 ―(c)　6 ―(b)　7 ―(b)　8 ―(d)　9 ―(d)
10―(d)

71

次の英文を読み，あとの設問に答えなさい。＊ の付いた語句には注があります。

(33 点)

　　At Kodaiji in Kyoto, there is a very strange priest which is neither male nor female, old nor young, preaches very well, does not get paid anything, but cost a lot of money.　It is a robot, called Mindar, and cost more than 100 million yen to develop in a joint project between the temple and Osaka University.

　　Why was it made?　A Buddhist priest at Kodaiji, Goto Tensho, explained that　　5 very few young people will listen to an old priest like him teaching about compassion and the dangers of desire, anger and ego, but they may listen to a robot.　Mindar has another big advantage over humans—translations into English and Chinese of what it is saying can appear on a screen while it is talking.

　　Some people like Mindar and some do not.　An Osaka University survey found　　10 that there was a big difference between the responses to Mindar of Japanese and Western visitors.　"Westerners have been the most upset by the robot," said Goto, but Japanese visitors have given largely positive feedback.　"Japanese people don't possess any prejudices (　1　) robots," he said.　"We were brought up on comics where robots are our friends.　Westerners think differently."　　　　　　　　　　　　15

　　Are there any other reasons?　Some observers say that (　2　) the Shinto religion that explains the positive view Japanese have of robots.　Shinto teaches that spirits, or *kami*, live not only in humans, but animals, mountains, forests, and even things like wind and rain.　"For Japanese, we can always see a deity* inside an object," says Ogawa Kohei, Mindar's main designer.　　　　　　　　　　　　　　　　20

　　This view of the world is entirely different from that of Christianity and Islam. In those religions, only humans have souls and the Bible strictly warns against attaching too much value to objects.　So, a machine that acts like a person is breaking the clear divide between humans and everything else.　In Western stories, usually when this happens, it has disastrous results.　The word "robot" was　　25 introduced into English by a 1920 Czech play called "R.U.R.", at the end of which, robots kill every human except one.

　　On the other hand, Japan has always had a positive view of robots. In the 1960s, industrial robots were very important in Japan's economic growth. Now, with a low birthrate and an aging society, they are seen as a way of helping with the problem of a shortage of workers.

　　Manga comics also helped make the Japanese like robots. The android Astro Boy*, who used his superhuman powers to do good, created a positive feeling about them. However, according to Astro Boy's creator, Tezuka Osamu, this was not what he had wanted to do. He was forced by his publishing company to give a very optimistic view of technology in order to give hope to Japan, which in the 1950s was still recovering from the war and feeling that it needed to develop its technology to catch up with the West. In fact, Tezuka was trying to criticize human behavior in the comic, but it was the friendly robot savior, who represented hope for the future of Japanese society, which everybody remembered.

　　There has never been a character quite like Astro Boy in a Western story. There have been a few positive stories with robots in them, but the most influential ones show them as being dangerous: in a typical story, they are created by scientists, but then go out of control, and a human hero has to fight to stop them taking over the world. Robots, in the Western mind, might be useful, but they can never be our friends.

*deity　神性　　*Astro Boy　鉄腕アトム

1．空所（　1　）に入れるのに最も適切な前置詞を(a)～(d)から１つ選び，その記号をマークしなさい。

　　(a)　to　　　　　(b)　from　　　　(c)　against　　　(d)　at

2．空所（　2　）に入れるのに最も適切な語句を(a)～(d)から１つ選び，その記号をマークしなさい。

　　(a)　which is　　(b)　what is　　　(c)　this is　　　(d)　it is

3．本文の内容に照らし，内容に合致するものを(a)～(d)から１つ選び，その記号を

マークしなさい。

　(a)　手塚治虫が描いた鉄腕アトムは，世界中の人々のロボットに対する考え方を，劇的に変えた。

　(b)　専門家の中には，日本人のロボットに対する考え方の根底には宗教的な理由がある，と考える人もいる。

　(c)　Mindar は，すべての外国人観光客に受けがよく，特に西洋からの観光客にとても受けがよい。

　(d)　現在，日本人のロボットに対する考え方は，産業と経済成長に役立つ重要なもの，という考え方が主流である。

4．最終段落で著者が言いたかったこととして，最も適切なものを(a)～(d)から1つ選び，その記号をマークしなさい。

　(a)　ロボットは，西洋では愛すべき存在でもあるが，同時に恐れるべき存在でもある。

　(b)　ロボットは，潜在的に人類に脅威を与えるものであり，友にはなれない。

　(c)　日本人はロボットに関して，世界にない独特な見解を持っている。

　(d)　ロボットが出てくる物語が，それを読む人のロボット観を形成してきた。

5．本文の内容に照らし，以下の英文を完成するために，最も適切なものを(a)～(d)から1つ選び，その記号をマークしなさい。

　Mindar

　(a)　communicates effectively.

　(b)　costs a lot of money.

　(c)　has a gender.

　(d)　is old.

6．本文の内容に照らし，以下の英文を完成するために，最も適切なものを(a)～(d)から1つ選び，その記号をマークしなさい。

　Goto says that Mindar was created to

　(a)　teach people the importance of technology.

　(b)　help young people understand Buddhist teachings.

　(c)　attract people to Kodaiji.

   (d)　talk about Buddhist teachings in English and Chinese.

7．本文の内容に照らし，以下の英文を完成するために，最も適切なものを(a)～(d)から1つ選び，その記号をマークしなさい。

   The message of "R.U.R." is that

   (a)　the word "robot" was introduced into English.

   (b)　the Czech view of robots is different from the Japanese one.

   (c)　robots are potentially dangerous.

   (d)　robots will end up killing every human in the world.

8．本文の内容に照らし，以下の英文を完成するために，最も適切なものを(a)～(d)から1つ選び，その記号をマークしなさい。

   The Astro Boy comic

   (a)　made people feel positive about superhuman powers.

   (b)　suggested a way to solve the problems of the world.

   (c)　helped make the Japanese like robots.

   (d)　made people feel that robots were useful.

9．本文の内容に照らし，以下の英文を完成するために，最も適切なものを(a)～(d)から1つ選び，その記号をマークしなさい。

   Astro Boy

   (a)　influenced people in a different way from that which Tezuka had intended.

   (b)　made people feel that Japan should improve its technology.

   (c)　made people feel that Japan should work harder to catch up with the West.

   (d)　helped the Japanese have a more positive view of the West.

全訳

≪文化によるロボット観の違い≫

京都の高台寺に，男性でも女性でもない，年寄りでも若くもない，とても説法がうまく，給料はもらわないが，多くのお金がかかった，とても奇妙な僧侶がいる。それはマインダーという名のロボットで，その寺と大阪大学の共同プロジェクトで開発するのに1億円以上かかった。

なぜそれは作られたのか？　高台寺の僧侶後藤典生は，彼のような年老いた僧侶が慈悲の心や，欲望，怒り，慢心の危険性について説法をしても聴こうとする若者はほとんどいないが，ロボットなら聴くかもしれないからだと説明した。マインダーには，ほかにも人より優れた点がある。説法の間，語っている内容の英語と中国語の翻訳がスクリーンに表示できるのだ。

マインダーを気に入る人もいるし，そうでない人もいる。大阪大学の調査によると，日本人の参拝者と西洋人の参拝者との間でマインダーに対する反応に大きな違いがあった。「西洋人はロボットに対して，最も気分を害していた」と後藤は言う。しかし，日本人は大体好意的な反応であった。「日本人はロボットに対して偏見がない」と彼は言う。「私たち日本人は，ロボットが友だちのマンガを読んで育った。西洋人は私たちと異なった考え方をしている」

ほかにも理由があるだろうか？　日本人がロボットに対してもつ肯定的な考えを説明するのは神道だと言う研究者もいる。神道は，魂や神は人間だけでなく，動物や山や森や風や雨のようなものにさえ宿ると教える。「日本人は，常にものの中に神性を見出すことができるのだ」とマインダーの中心設計者の小川浩平は言う。

この世界観はキリスト教やイスラム教の世界観とまったく異なる。それらの宗教では，人間だけが魂をもっており，聖書はものに対してあまりに価値を置くことを厳しくいさめている。だから人間のようにふるまう機械は，人間とものとの間の明らかな違いを壊しているのだ。西洋の物語においては，ふつうこのようなことが起こると悲惨な結果となる。「ロボット」という単語は1920年の『R. U. R.』というチェコの戯曲から英語に取り入れられたのだが，その劇の最後で，ロボットは1人を除いてすべての人間を殺す。

一方，日本は常にロボットに対して肯定的な見方をする。1960年代，産業用ロボットは，日本の経済成長にとても重要であった。現在の少子高齢化社会において，ロボットは労働者不足の問題解決に役立つ一つの方法だとみなされている。

マンガもまた日本人をロボット好きにするのに役立った。アンドロイドである鉄腕アトムは，よいことをするために超人的能力を使い，ロボットに対する肯定的な感情を生み出した。しかしながら，鉄腕アトムの生みの親，手塚治虫によると，これは彼が望んでいたことではなかった。彼は，日本に希望を与えるために楽観的な科学技術観を読者に与えるように出版社に強制されたのだ。というのは，1950年代，日本はまだ戦争からの復興途上にあり，西洋に追いつくために科学技術を発展させる必要を感じていたからだ。実際，手塚はそのマンガの中で人間の行動を批判しようとしていたが，すべての人が覚えているのは，日本社会の未来への希望を表す友好的なロボット救世主であった。

 西洋の物語には鉄腕アトムのようなキャラクターは一度も登場していない。ロボットに対して肯定的なストーリーはいくつかあるが，幅をきかせているストーリーは，ロボットが危険だと示している。典型的な話では，ロボットが科学者によって作られたが，制御できなくなり，ロボットの世界征服を防ぐために人間のヒーローが戦わなければならないということだ。西洋人の考えでは，ロボットは役に立つかもしれないが，決して友人にはなれないのだ。

解 説

1．空所の前の prejudices とのつながりから判断して，prejudices against ～「～に対する偏見」という形であれば文脈上適切であり，(c)の against が正解。

2．that 以下は say の目的語となる名詞節。この後，the Shinto religion that explains ～ というように，主語である the Shinto religion「神道」と動詞の explains の間に that があることから，この部分が it is ～ that …「…なのは～だ」という強調構文の形と判断でき，(d)の it is が正解。

3．

(a)　×　第7段第1・2文（Manga comics also …）から，手塚治虫原作の鉄腕アトムも，日本人がロボットに対して好意的になっているのに一役買っていることがわかる。ただし，これは日本人に関してのことであり，第5段から西洋社会ではそうではないことがわかるので，本文の内容に一致しない。

(b)　○　第4段第2文（Some observers say …）に，日本人がロボットに対して肯定的な見方をするのは神道で説明がつくと述べられており，**本文の内容に一致する**。

(c)　×　第3段第2・3文（An Osaka University …）に，同じ参拝者でも日本人と西洋人ではマインダーに対する反応に大きな違いがあり，西洋人はロボットに対して気分を害していたと述べられており，本文の内容に一致しない。

(d)　×　第6段第2・3文（In the 1960s, …）に，1960年代は産業用ロボットが日本の経済成長に重要だと考えられていたが，今ではロボットは労働者不足問題の解決に役立つ方法だと考えられていると述べられており，本文の内容に一致しない。

4．

(a)　×　最終段第2文（There have been …）に，西洋ではロボットを危険な存在として描くのが主流であると述べられており，本文の内容に一致しない。

(b)　×　最終段最終文（Robots, in the …）に，西洋人の考え方では，ロボットは役に立つかもしれないが，友にはなれないと述べられているが，人類に対する潜在的な脅威とは述べられておらず，本文の内容に一致しない。

(c)　×　最終段第1文（There has never …）に，西洋の物語には鉄腕アトムのようなキャラクターはこれまでないと述べられてはいるが，最終段に日本人がロボット

に関して独特な見解を持っているという記述はない。

(d) ○ 最終段第2文（There have been …）と最終文（Robots, in the …）から，西洋の物語では，ロボットは人類にとって危険な存在として描かれており，西洋人がロボットは友にはなれないと考えるに至っていることがわかる。つまり，ロボットに関する物語が，人の考え方を形成していると判断でき，**本文の内容に一致する**。

5.「マインダーは（　　　　）」

(a)「効果的に会話をする」　　　　(b)「多額のお金がかかる」

(c)「性別がある」　　　　　　　(d)「古い」

第1段第1文（At Kodaiji in …）にはマインダーは，preaches very well「説法が非常にうまい」と説明されている。また，第2段最終文（Mindar has another …）から，マインダーが英語や中国語への翻訳機能を備えていることもわかる。したがって，**(a)が正解**。(b)は，第1段第1文では cost と過去形になっており，選択肢は現在形なので不適。(c)と(d)は，第1段第1文で neither male nor female, old nor young と述べられており，不適。

6.「後藤はマインダーは（　　　）ために作られたと言う」

(a)「人々に科学技術の重要性を教える」

(b)「若者が仏教の教えを理解するのに役立てる」

(c)「人々を高台寺に呼び込む」

(d)「仏教の教えについて英語と中国語で語る」

第2段第2文（A Buddhist priest …）に，高台寺の僧侶である後藤典生の話として，僧侶が（仏教の）慈悲の心や，欲望，怒り，慢心の危険性について説法しても聴こうとする若者はほとんどいないが，ロボットなら聴くかもしれないと説明したと述べられており，これがマインダーを作った目的と判断できるので，**(b)が正解**。

7.「『R.U.R.』のメッセージは（　　　　）ということである」

(a)「『ロボット』という単語が英語に取り入れられた」

(b)「チェコの人たちのロボット観は日本人のロボット観とは異なる」

(c)「ロボットは潜在的に危険である」

(d)「ロボットは最終的に世界中の人間を皆殺しにするだろう」

第5段最終文（The word "robot" …）に，『R. U. R.』というチェコの戯曲は，劇の最後でロボットが1人を除いてすべての人間を殺すという話であり，人々にロボットは危険だという認識を与える結果になったと判断できるので，**(c)が正解**。(a)は，同文中に「ロボット」という単語はこの戯曲から英語に取り入れられたとは述べられているが，メッセージではないので不適。(b)は，この戯曲が書かれた時点で，日本人はロボットという単語すら知らないはずであり，不適。(d)は，この戯曲がロボットは1人を除いて人間を皆殺しにするという結末なので不適。

8.「マンガの鉄腕アトムは（　　　　）」

(a)　「人々に超人的能力について好意的な思いを抱かせた」

(b)　「世界の問題を解決する方法を示唆した」

(c)　「日本人をロボット好きにするのに役立った」

(d)　「人々にロボットは役に立つという思いを抱かせた」

第7段第1・2文（Manga comics also … about them.）に，マンガが日本人をロボット好きにするのに役立ったという点と，鉄腕アトムがロボットに対する肯定的な感情を生み出したという点が述べられており，(c)が正解。(a)については，鉄腕アトムは超人的能力をよいことをするために使ったと述べられているだけであり，不適。(b)については本文に記述はない。(d)については，鉄腕アトムに関する記述とは言えない。

9.「鉄腕アトムは（　　　）」

(a)　「手塚が意図していたのとは異なる方法で，人々に影響を与えた」

(b)　「人々に日本は科学技術を改善すべきだという思いを抱かせた」

(c)　「人々に日本は西洋に追いつくためにもっと懸命に働くべきだという思いを抱かせた」

(d)　「日本人が西洋に対してもっと肯定的な見方をするのに役立った」

第7段第3文（However, according to …）に，手塚治虫によると，これ（ロボットに対する肯定的な感情を生み出したこと）は彼が望んでいたことではなかった，と述べられており，(a)が正解。(b)と(c)は，第7段第4文（He was forced …）のwhich 以下に，1950 年代には日本は西洋に追いつくために科学技術を発展させる必要があったとは述べられているが，鉄腕アトムの影響ではないので不適。(d)については本文に記述はない。

●語句・構文……………………………………………………………………………………

- □　*l.*4　joint project「共同事業，合同事業」
- □　*l.*7　compassion「慈悲の心，思いやり」
- □　*l.*7　ego「慢心，うぬぼれ」
- □　*l.*8　have advantage over ～「～より有利である，～より優れている」
- □　*l.*28　have a positive view of ～「～について前向きな考え方をする」
- □　*l.*39　savior「救世主」
- □　*l.*44　go out of control「制御不能に陥る」
- □　*l.*45　take over ～「～を占領する，～を乗っ取る」

1—(c)　2—(d)　3—(b)　4—(d)　5—(a)　6—(b)　7—(c)　8—(c)　9—(a)

72

次の英文を読み，本文の内容と一致するように 1 ~10 の語句に続く最も適当なものを(A)~(D)から一つずつ選び，その記号をマークしなさい。(40 点)

Occasionally, a country is transformed by a single industry. This has happened with the Philippines and call centers. The industry now employs 1.2 million people there and accounts for about 8% of GDP. In 2014, 26% of all call center jobs in the world were in the Philippines, compared to 24% in India, which has a population that is ten times greater. These are both countries where 5 English is spoken and which have far lower labor costs than more developed countries. There are many countries in a similar position, so why has the Philippines been so successful in this industry? The answer seems to be related to the feelings of people in the US, much the largest source of call center jobs. Americans, it seems, feel comfortable with the Philippine accent. When they talk 10 to an Indian person, for example, they know they are talking to someone in India, but the Philippine accent does not sound as foreign to them. In addition, Filipinos are more familiar with US culture than Indians, so Americans find them easier to relate to.

Call center workers have to not only be easily understood, but also 15 understand a huge range of English accents. At SPi Global, one of the Philippines' largest call center companies, workers are introduced to 35 distinct English accents — from New Yorker to Jamaican — to prepare them for the wide variety of people they will speak to.

However, a problem in the Philippines is that in order to speak to customers 20 in the US during the day there, call center workers need to work at night; midnight in Manila (the capital) is late morning in New York. There are so many people doing this that bars in the Philippines are open in the mornings, so that workers coming off a night shift can get a drink to relax. Working at night is tough, and people employed by call centers during the night tend to eat badly 25 and easily become fat. They will eat with their families at regular meal-times, in spite of the fact that their bodies are not ready for food then, and also eat at night, when they are hungry. They will sleep at odd times to fit in with both their jobs and what their families are doing. Night workers can completely switch to

30 night-time schedules, but most find this makes their family lives difficult.

Aside from the working hours, the call center boom in the Philippines has greatly benefitted Filipinos who speak good English. There are so many jobs in the industry that experienced workers are able to choose good companies with gyms, cafes, computer-game rooms, and good pay. It is not surprising that other

35 countries where English is spoken and labor costs are low are trying to get into the same industry, especially South Africa, which is closer to American time.

This boom in the Philippines may be short-lived. Much of the work call center staff do is repetitive, such as moving an old phone number to a new SIM card. Companies are increasingly encouraging customers to contact them by

40 e-mail or on-line chat — interactions that can be handled by software robots. Clever systems refer complex inquiries to human operators, but can deal with nearly everything else themselves.

Call center staff in the Philippines are more and more being asked to do work that machines cannot manage: persuading customers to buy other products and

45 services. This is a harder job, demanding better language skills and more sensitivity to the desires of customers. Call center staff will also be expected to do highly-qualified work; increasingly, qualified nurses are working in call centers to respond to health-related concerns from Americans who do not want, or cannot afford, to go to a doctor. There are signs that this kind of call center

50 work is better done by local people, rather than in places like the Philippines.

We do not know how this will work out for the staff of call centers in the Philippines. Perhaps software robots will free them from the boring work, so they will be able to have more interesting conversations. Or they may have to find another industry to work in.

1. In 2014,

   (A) half of all the call center workers in the world were in the Philippines and India.

(B)　there were ten times more call centers in India than in the Philippines.

(C)　India had more successful call centers than the Philippines.

(D)　India had slightly more call center workers than the Philippines.

2．Americans

(A)　like Indians better than Filipinos.

(B)　really care about who they talk to at call centers.

(C)　are easier to understand for Filipinos than for Indians.

(D)　find Filipinos easier to communicate with than Indians.

3．At SPi Global, the call center workers

(A)　have to be able to speak in thirty-five different accents.

(B)　are particularly trained to talk to New Yorkers and Jamaicans.

(C)　are trained to speak to very different people.

(D)　are introduced to people with thirty-five different accents.

4．Call center workers in the Philippines tend to

(A)　drink more than usual.

(B)　eat in unhealthy ways.

(C)　get sleepy at work.

(D)　eat when they are not tired.

5．On the whole, the call center boom in the Philippines has

(A)　created opportunities for English-speaking people there.

(B)　benefitted few people.

(C)　benefited workers with many experiences.

(D)　been good for gyms, cafes and computer-game rooms.

6．The call center work done in the Philippines

(A)　is easy.

(B)　can be done as well by a machine as by a human.

(C)　often involves the same kind of task again and again.

(D)　tends to be only dealing with the more complex inquiries.

7. Persuading customers to buy further products and services

(A) is a task best done by software robots.

(B) requires staff to be aware of a caller's feelings.

(C) needs call center staff with native-speaker fluency.

(D) will be most of a call center's work in the future.

8. More and more Americans are

(A) talking to doctors over the phone.

(B) expecting Filipino call center staff to improve their language skills.

(C) unable to afford to go to a doctor.

(D) getting health advice by phoning call centers.

9. In the future, call centers in the Philippines will

(A) expand in number.

(B) improve.

(C) change.

(D) employ more local people.

10. An appropriate title for this article is

(A) "Call Centers in the Philippines."

(B) "Call Centers Around the World."

(C) "The Problems of Working in Call Centers."

(D) "The Benefits of Call Centers."

全　訳

≪フィリピンのコールセンター≫

　時おり，たった一つの産業によって国が変えられることもある。こういったことがフィリピンとコールセンターで起こっている。現在この産業は現地の 120 万人の人々を雇い，GDP のおよそ 8％を占めている。2014 年に，世界のすべてのコールセンターの仕事の 24％が 10 倍以上の人口があるインドだったのに対して，26％がフィリピンだった。これらの国は両方とも英語が話されて，労働コストが多くの先進国よりはるかに低い国である。同様の状況にある国々はたくさんあるのだが，フィリピンがこの産業でそれほど成功しているのはなぜであろうか。その答えは，コールセンターの仕事のずば抜けて最大の源である米国の人々の気持ちに関連しているようである。アメリカ人はフィリピン人のアクセントを心地よく感じるらしいのだ。例えば，アメリカ人がインドの人と話すときには彼らはインドの誰かと話しているとわかるが，フィリピン人のアクセントは彼らには外国人のようには聞こえないのである。さらにフィリピン人はインド人より米国文化をよく知っているので，アメリカ人はフィリピン人の方が話しやすいのだ。

　コールセンターの従業員は楽に理解してもらわなければいけないだけでなく，広範囲な英語のアクセントを理解していなければならない。フィリピンで最大のコールセンター会社の一つである SPi グローバル社では，従業員は 35 の異なる英語のアクセント──ニューヨーカーからジャマイカ人まで──を，彼らが話す多種多様な人々に対する準備のために手ほどきされている。

　しかしながら，フィリピンでの問題は，米国の顧客と日中話すためには，コールセンターの従業員が夜に働く必要があるということである。マニラ（首都）の真夜中がニューヨークの昼前に当たるからである。とても多くの人々がこのように働いているため，フィリピンのバーは朝開いていて，夜勤を終えた従業員は一杯飲んでくつろぐことができる。夜に働くことは大変で，夜間にコールセンターで働く人々は食生活が悪くなり，すぐに太ってしまう傾向がある。体がその時食物を欲していないにもかかわらず，彼らは通常の食事の時に家族と一緒に食事をし，また夜にお腹がすいて食べてしまうのである。彼らは自分の仕事と家族が行っていることの両方に合わせるために，変な時間に眠る。夜の従業員は夜間のスケジュールに完全に切り替えることができるが，大部分の人がこのために家族の生活が大変になると考えている。

　労働時間を別とすれば，フィリピンのコールセンターブームは，上手に英語を話すフィリピン人に大いに利益をもたらしている。この産業にはとても多くの仕事があるので，経験のある従業員はジム，カフェ，コンピュータゲーム・ルームを備えた高給を提供する良い会社を選ぶことができる。英語が話され労働コストが低い他の国々が，特にアメリカ時間により近い南アフリカが，同じ産業に参入しようとするのは驚くことではない。

　フィリピンのこのブームは短命で終わるかもしれない。コールセンターの職員がする仕事の多くは，以前の電話番号を新しい SIM カードに移動するような，繰り返しが多い。顧客にメールかオンライン・チャット──ソフトウェア・ロボット

で扱うことができる対話──で連絡するように勧める会社が増えている。賢いシステムは複雑な問い合わせについては人間のオペレーターに照会するが，他のほとんどすべてのことに対処することができる。

　フィリピンのコールセンターの職員は，顧客を説得して他の製品やサービスを購入させるなど，機械がうまく扱えない仕事をすることをますます求められている。これはより難しい仕事で，より優れた言語能力と顧客の要望に対するより繊細な対応を要求する。コールセンターの職員は，非常に質の高い仕事をすることも期待されるだろう。病院に行きたくないか，行く余裕のないアメリカ人からの健康関連の心配事に答えるために，有資格看護師がますますコールセンターで働くようになるだろう。この種のコールセンターの仕事は，フィリピンのような場所よりもむしろ現地の人々のほうがうまくやれるという兆しがある。

　これがフィリピンのコールセンターの職員にとってどのような結果になるかはわからない。おそらく，ソフトウェア・ロボットが彼らを退屈な仕事から解放し，彼らはよりおもしろい会話をすることができるだろう。あるいは，彼らは働くべき別の産業を見つけなければならないかもしれない。

解 説

1．「2014年には（　　　）」
　(A)「世界のコールセンターの全従業員の半数はフィリピンとインドにいた」
　(B)「インドにはフィリピンの10倍の数のコールセンターがある」
　(C)「インドにはフィリピンより多くの成功しているコールセンターがある」
　(D)「インドではフィリピンよりコールセンターで働く人がやや多い」
　第1段第4文（In 2014, 26%…）に，世界のコールセンターの仕事の26%がフィリピン，24%がインドにあると述べられており，(A)が正解となる。10倍というのは人口のことなので(B)は不適。同段第6文（There are many…）以降にはフィリピンが他国に比べて成功している理由が述べられており，(C)も不適。同段第4文の内容から(D)も不適。

2．「アメリカ人は（　　　）」
　(A)「フィリピン人よりもインド人を好む」
　(B)「コールセンターで誰と話すかをとても気にかけている」
　(C)「インド人よりフィリピン人にとって理解しやすい」
　(D)「インド人よりフィリピン人の方が話が通じやすいと思う」
　第1段第8文（Americans, it seems,…）には，アメリカ人がフィリピン人のアクセントを心地よく感じると述べられている。また，同段最終文（In addition, Filipinos…）に，フィリピン人はインド人より米国文化をよく知っているので，アメリカ人はフィリピン人の方が話しやすいと述べられており，(D)が正解となる。relate

to ～ は「～と関わる，～に親しみを感じる」という意味。同段第8・9文にはアメリカ人のアクセントに対する感じ方が述べられているが，人に対する好みや，誰と話すかを気にかけているという記述はないので，(A)と(B)は不適。インド人やフィリピン人にとってアメリカ人が理解しやすいかどうかの記述はないので，(C)も不適。

3.「SPi グローバル社ではコールセンターの従業員は（　　　　）」

(A)　「35 の異なるアクセントで話せなければならない」

(B)　「特にニューヨーカーやジャマイカ人と話せるよう訓練を受ける」

(C)　「非常に多様な人たちと話せるよう訓練を受ける」

(D)　「35 の異なるアクセントをもつ人々に紹介される」

第2段第2文（At SPi Global, …）では，多様な人々に対する準備をするために，35 の異なる英語のアクセントの手ほどきをされると述べられており，**(C)が正解**となる。be introduced to ～ はここでは「～の手ほどきを受ける」という意味。35 の異なる英語のアクセントで話せなければならないとは述べられていないので，(A)は不適。ニューヨーカーやジャマイカ人は異なるアクセントで話す多様な人たちの例であり，それらの人々にのみ対応しているわけではないので(B)も不適。(D)は第2文の内容と異なるので不適。

4.「フィリピンのコールセンターの従業員は（　　　　）傾向がある」

(A)　「普段よりお酒を飲む」

(B)　「不健康な食べ方をする」

(C)　「仕事中に眠くなる」

(D)　「疲れていないときに食べる」

第3段第3文（Working at night …）の後半に，時差の関係で，従業員は夜に仕事をするので，食生活が乱れ，すぐに太ってしまう傾向があると述べられており，**(B)が正解**となる。(A)，(C)，(D)については本文に記述がないので不適。

5.「全体的に見ると，フィリピンのコールセンターブームは（　　　　）」

(A)　「現地の英語を話す人々にとって機会を創出してきた」

(B)　「ほとんど人に利益をもたらしてこなかった」

(C)　「経験豊かな労働者に利益をもたらしてきた」

(D)　「ジム，カフェ，コンピュータゲーム・ルームに好都合だった」

第4段第1文（Aside from the …）に，フィリピンのコールセンターブームは，上手に英語を話すフィリピン人に大いに利益をもたらしていると述べられており，同段第2文（There are so …）でも，多くの仕事があるとも述べられているので，**(A)が正解**となる。(B)はこの内容に合わないので不適。また，第2文に「経験のある従業員は…良い会社を選ぶことができる」とあるが，それは当該産業の中でも一部の人々（＝英語ができて，さらに経験者）がよりよい待遇を受けることができるという例であり，第1文は英語ができれば未経験者でも，業界のブームから恩恵を得る

ことができるという内容なので(C)は不適。(D)は本文に記述がない。

6.「フィリピンで行われているコールセンターでの仕事は（　　　　）」

(A)「楽だ」

(B)「人間だけでなく，機械でも行うことができる」

(C)「その中身が何度も繰り返し同じような仕事であることが多い」

(D)「もっと複雑な問い合わせに対処することだけになる傾向がある」

第5段第2文（Much of the …）に，コールセンターの職員がする仕事の多くは繰り返しの多いものであることが述べられており，(C)が正解となる。第3段ではフィリピンのコールセンターの仕事は時差の関係で夜であることが多いので，その大変さが述べられており，(A)は不適。第5段最終文（Clever systems refer …）に，賢いシステムだと，複雑な問い合わせを人に任せるだけで，ほとんどのことができると述べられているが，それはソフトウェア・ロボットが導入されるであろう今後の話であり，(B)と(D)も不適。

7.「顧客を説得してさらに製品やサービスを買わせるのは（　　　　）」

(A)「ソフトウェア・ロボットが最も上手に行う仕事である」

(B)「職員が電話をかけてきた人の感情に気づくことを必要とする」

(C)「ネイティブ並みに流暢に話すコールセンターの職員を必要とする」

(D)「将来，コールセンターの仕事の大半になるだろう」

第6段第2文（This is a …）に，これは難しい仕事で，より優れた言語能力と顧客の要望にもっと繊細な対応を要求すると述べられている。繊細な対応をするには顧客の気持ちを理解する必要があり，(B)が正解となる。同段第1文（Call Center staff in …）から，これは機械がうまく扱えない仕事だとしていると判断できるので，(A)は不適。第2文のより優れた言語能力とは条件の一つであり，また，これはネイティブ並みに話せることを意味しているとは判断できないので，(C)も不適。同段第3文（Call center staff will …）から，健康関連の対応も含まれるので，(D)も不適。

8.「ますます多くのアメリカ人が（　　　　）」

(A)「電話で医者と話すようになっている」

(B)「フィリピンのコールセンターの職員の英語の技能の向上を期待している」

(C)「医者に行く金銭的余裕がない」

(D)「コールセンターに電話して健康上の助言を得ている」

第6段第3文（Call center staff will …）のセミコロン以下に病院に行きたくないか，行く余裕のないアメリカ人からの健康関連の心配事に答える有資格看護師が働くことが増えると述べられていることから，(D)が正解となる。医者と話すとは述べられておらず，(A)は不適。(B)については本文に記述がない。(C)についても，医者に行く金銭的余裕がないアメリカ人が増えているという記述はないので不適。

9.「将来，フィリピンのコールセンターは（　　　）だろう」

(A)「数が増える」

(B)「よくなる」

(C)「変化する」

(D)「もっと多くの現地の人を雇用する」

最終段第1文（We do not …）には，第6段で述べられたフィリピンのコールセンターでの今後の仕事内容の変化や，仕事内容によってはフィリピンのような場所よりむしろ現地の人々を雇うのではないかというような予測を受けて，これがフィリピンのコールセンターの職員にとってどのような結果になるかはわからないと述べられており，変化が予測されるので，(C)が正解となる。第5段第1文（This boom in …）にはコールセンターのブームは短命かもしれないと述べられており，(A)は不適。最終段最終文（Or they may）でも職員の転職の必要性が予測されており，(B)も不適。第6段最終文（There are signs …）の「現地」とはアメリカのことなので，(D)も不適。

10.「この英文の適切なタイトルは（　　　）である」

(A)「フィリピンのコールセンター」

(B)「世界中のコールセンター」

(C)「コールセンターで働くことの問題点」

(D)「コールセンターの利点」

本文全体を通して，フィリピンのコールセンターに関することが述べられているので，(A)が正解となる。

●語句・構文···

□ *l*.1　occasionally「時おり，たまに」

□ *l*.3　account for ～「～を占める」

□ *l*.4　compared to ～「～に比べて」

□ *l*.22　There are so many people doing this that … の There is S doing という部分は S is doing という語順の英文のように訳すとよい。so many people doing this that の部分は so … that ～「非常に…なので～」の構文。

□ *l*.23　～, so that …「～なので，…」　この so that は結果を表す。

□ *l*.24　get a drink「一杯やる，酒を飲む」

□ *l*.26　in spite of the fact that ～「～にもかかわらず」

□ *l*.31　aside from ～「～は別として，～以外にも」

□ *l*.41　refer A to B「A を B に照会する」

□ *l*.51　how this will work out「これが結局どうなるのか」

1—(A) 2—(D) 3—(C) 4—(B) 5—(A) 6—(C) 7—(B) 8—(D) 9—(C) 10—(A)

73

次の英文を読み，設問に答えなさい。(53 点)

The goal of Internet-based encyclopedia Wikipedia (www.wikipedia.org) is to give everyone on the planet free access to information. Like other encyclopedias, Wikipedia contains lots of information: more than 6.5 million articles in 329 different languages covering just about every subject. Unlike other encyclopedias, however, Wikipedia is not written by experts, but by ordinary people. These writers are not 5 paid and their names are not published. They contribute to Wikipedia simply because they want to share their knowledge.

Encyclopedias began in ancient times as collections of writing about all aspects of human knowledge. The word itself comes from ancient Greek, and means "a complete general education." In fact, early encyclopedias were not used as 10 reference books as they are today, but served as textbooks for learning. Nothing has (　1　) Roman encyclopedias. The oldest encyclopedia still in existence is a collection of thirty-seven volumes on the natural sciences, written by the Roman scholar, Pliny the Elder, in the first century AD.

By the 1600s, many huge encyclopedias had been produced in Europe, in the 15 Middle East, and also in China. These encyclopedias were all handwritten and handcopied, so they were expensive and rare. The invention of the printing press and a more systematic approach to organizing the information (in alphabetical order) allowed encyclopedias to become more accessible, but they were still aimed at scholarly readers. This was the case with the first Encyclopedia Britannica in 20 Edinburgh, Scotland, from 1768 to 1771, which included long technical articles.

Real popularity for encyclopedias came in the nineteenth century in Europe and the United States, with the publication of encyclopedias written for ordinary readers. By the twentieth century, it was common for middle-class families to buy a multivolume encyclopedia to keep in their home. With the invention of the CD-ROM, 25 the same amount of information could be put on a few computer discs. Then with the Internet, it became possible to create an online encyclopedia that could be constantly updated, like Microsoft's Encarta.

However, even Internet-based encyclopedias like Encarta were written by paid
30 experts. At first, Wikipedia, the brainchild of Jimmy Wales, a businessman in Chicago, was not so different from these. In 2001, he had the idea for an Internet-based encyclopedia that would provide information quickly and easily to everyone. Furthermore, that information would be available free, unlike other Internet encyclopedias at the time.

35 But Wales, like everyone else, believed that people with special knowledge were needed to write the articles, and so he began by hiring experts. He soon changed his approach, however, as it took them a long time to finish their work. He decided to open up the encyclopedia in a radical new way, so that everyone would have access not only to the information, but also to the process of putting
40 this information online.

To do this, he used what is known as "Wiki" software (from the Hawaiian word for "fast"), which allows users to create or alter content on a web page. The system is very simple: when you open the web site, you can simply search for information or you can log on to become a writer or editor of articles. If you find
45 an article that interests you — about your hometown, for example — you can correct it or expand it. Someone else may do the same. This process goes on until no one is interested in making any more changes. The success of this method can be measured by Wikipedia's extraordinary growth. By September 2006, there were 1 million Wikipedia articles in the English version alone, compared with
50 65,000 in the latest edition of the Encyclopedia Britannica.

Ideally, with this system of multiple editing, errors are found and corrected, and the final result is an accurate and interesting article. In reality, however, there can be problems. First, errors may not be detected and so articles may contain inaccurate information. Second, Wikipedia depends on the good intentions of its
55 users and there is no way to prevent jokers or evildoers from using it for their own purposes. In a recent case, someone added false and harmful information to the biography of a retired American newspaper editor. That information was eventually found and deleted, but not before it had been online for months. No one

ever discovered who had written it.

Wales himself has said that though Wikipedia is very useful for many 60 purposes, it should never be used for serious research, since the facts have not been checked by experts. In a recent British study, however, Wikipedia was rated quite highly when compared to the Encyclopedia Britannica. The editors of a scientific journal asked scientists to look for factual errors in forty-two different articles in the two encyclopedias. They found four mistakes on average in each of 65 the Wikipedia articles, and three mistakes in each of the Britannica articles. Thus, error is apparently always possible, even when articles are written by experts.

Wikipedia serves as a good example of the best and worst of the Internet. It is the creation of people who wish to share their knowledge with others, and the information is free. On the other hand, it can be used by people to cause harm, 70 and the information cannot be fully trusted. Most college professors, for example, do not allow students to use Wikipedia as their only source in writing research papers.

Will Wikipedia change the world as Jimmy Wales dreams? If he and his followers find a way to make Wikipedia error-free, maybe it will. They know their 75 encyclopedia has mistakes, but, as Wales has said, "There are many more good people than bad in this world and in this project."

問1　第2段落の空所（　1　）に入るように次の(A)〜(G)を並べ替え，3番目と6番目にくる語の記号をマークしなさい。ただし，同じ選択肢を二度以上使用しないこと。

(A)　first　　　　　　　　　(B)　Greek
(C)　survived　　　　　　　(D)　very
(E)　the　　　　　　　　　 (F)　of
(G)　or

問2　本文の内容と一致するように1〜10の語句に続く最も適切なものを(A)〜(D)から一つずつ選び，その記号をマークしなさい。

出典追記：Advanced Reading Power by Beatrice S. Mikulecky and Linda Jeffries, Pearson Education

1. The main aim of Wikipedia is to

(A)　employ scholars who write the articles.

(B)　provide a great deal of free information to everyone.

(C)　allow everyone to write Wikipedia articles.

(D)　provide more and more professional articles.

2. The first encyclopedias were used

(A)　as reference books.

(B)　as textbooks.

(C)　for technical work.

(D)　for government work.

3. Very early encyclopedias were

(A)　created on a printing press for ordinary people.

(B)　expensive and used by scholars.

(C)　organized from A to Z.

(D)　owned by middle-class families.

4. In the nineteenth century,

(A)　most people in Asia owned encyclopedias.

(B)　encyclopedias became very popular in middle-class South American families.

(C)　Australian families owned the most encyclopedias in the world.

(D)　many ordinary people in the U.S. and Europe read encyclopedias.

5. According to the article, Microsoft's Encarta was

(A)　written by ordinary readers.

(B)　created on CD-ROM.

(C)　created by Jimmy Wales.

(D)　not free to everyone.

6. If you want to change information on Wikipedia, you must

(A)　give your name and address first.

(B)　log in.

(C)　show proof that you are an expert on the subject.

(D)　be a paid employee of Wikipedia.

7．Regarding Wikipedia's system of editing, it is true that

(A)　people can add harmful information on purpose without being caught.

(B)　all errors are eventually found and corrected.

(C)　people who add hurtful information will be found and punished.

(D)　the editing process is long and expensive.

8．Wales thinks that information on Wikipedia is

(A)　not completely trustworthy.

(B)　extremely useful for in-depth research.

(C)　much better than information in the Encyclopedia Britannica.

(D)　more correct than the Encyclopedia Britannica.

9．By reading this article, you can infer that Jimmy Wales believes that people

(A)　who try to harm others are a serious problem for Wikipedia.

(B)　who try to harm others on Wikipedia should be found out and punished.

(C)　are basically good and don't want to harm others.

(D)　really cannot be trusted, so Wikipedia needs to further safeguard the editing process.

10．A good title for this passage would be

(A)　"How Wikipedia Created the World's Most Accurate Encyclopedia."

(B)　"The Battle between Encarta and Wikipedia."

(C)　"Modern Uses of the Encyclopedia."

(D)　"Wikipedia, an Imperfect but Useful Resource."

問3 第8段落8行目の下線部 "<u>it</u>" が指す具体的な内容を日本語で説明しなさい。解答は記述解答用紙に書きなさい。

問4 次の英文は本文の内容について説明したものです。空所（ a ）（ b ）に入る最も適切な一語を，本文中からそのまま抜き出しなさい。解答は記述解答用紙に書きなさい。

・What distinguishes Wikipedia from other encyclopedias mentioned in this passage is that it is created by many （ a ） people.

・Wales' revolutionary way was that he gave everyone （ b ） to the writing and editing processes of Wikipedia articles.

≪ウィキペディア，不完全だが役に立つ情報源≫

全 訳

　インターネットベースの百科事典ウィキペディア（www.wikipedia.org）の目標は，地球上のすべての人が無料で情報にアクセスできるようにすることである。他の百科事典と同様に，ウィキペディアには多くの情報が含まれている。329 の異なる言語による 650 万以上の記事はほとんどすべての対象を扱っている。しかしながら，他の百科事典と異なり，ウィキペディアは専門家によって書かれているのではなく，一般の人々によって書かれている。これらの書き手にはお金が支払われず，その名前も公表されていない。彼らは単に自分達の知識を共有したいという理由で，ウィキペディアに貢献している。

　百科事典は，人間の知識のあらゆる側面について書いたものを集めたものとして，古代に始まった。その言葉自体は古代ギリシャ語に由来し，「完全な一般教育」を意味する。実際，初期の百科事典は今日のように参考図書として使用されたのではなく，学習用の教科書として役に立っていた。ギリシャやローマの初めての百科事典で残存するものはない。まだ現存する最も古い百科事典は，自然科学に関する 37 巻の全集で，1 世紀にローマの学者大プリニウスによって書かれたものである。

　1600 年代までには，欧州，中東，中国でも多くの巨大な百科事典が製作されていた。これらの百科事典はすべて手書きであり，手書きで書き写されていたので，高価で数が少なかった。印刷機の発明と，情報を（アルファベット順に）整理するより系統的な手法のおかげで，百科事典はより使いやすくなったが，それらはまだ学術的な読者を対象にしていた。このことは，1768 年から 1771 年にスコットランドのエディンバラで作られ，工業技術に関する長い記事が含まれている最初のブリタニカ百科事典にも当てはまった。

　19 世紀に欧州と米国で百科事典への人気が実際に起こったが，それは一般読者向けに書かれた百科事典が出版されたからであった。20 世紀までには，中流家庭が家に置いておくために複数巻の百科事典を買うのが一般的になった。CD-ROM の発明により，同じ情報量を数枚のコンピュータディスクに入れることができるようになった。それから，インターネットにより，マイクロソフトのエンカルタのように常に更新できるオンライン百科事典を作成できるようになった。

　しかしながら，エンカルタのようなインターネットベースの百科事典でも有給の専門家によって書かれていた。シカゴのビジネスマンのジミー゠ウェールズによる発案であるウィキペディアは，最初は，これらとそれほど違いはなかった。2001 年に，彼はすべての人に素早く簡単に情報を提供するインターネットベースの百科事典というアイデアを思いついた。さらに，当時の他のインターネット百科事典と異なり，そうした情報が無料で利用できた。

　しかし，ウェールズは，他のみんなと同じように，記事を書くためには特別な知識を持っている人々が必要であると信じていたので，専門家を雇うことから始めた。しかしながら，彼らが仕事を終えるのに長い時間がかかったので，彼はすぐに手法を変えた。誰もが情報だけではなく，こうした情報をオンラインに載せるプロセスにもアクセスできるように，彼は抜本的な新しい方法で百科事典を始めることに決

めた。

　これを行うために，彼は「ウィキ」ソフトウェア（「速い」を意味するハワイ語から）として知られているものを使ったが，それによってユーザーはウェブページの内容を作成したり変更したりできるようになる。このシステムは非常にシンプルで，ウェブサイトを開くと，単に情報を検索するか，ログオンして記事の書き手や編集者になることができる。興味のある記事 ── 例えば，故郷について ── を見つければ，それを修正したり量を増やしたりすることができる。他の誰もが同じことを行える。このプロセスは，誰もこれ以上変更を加えることに興味を持たなくなるまで続く。この方法がうまくいったことは，ウィキペディアが並外れた成長を遂げたことで判断できる。2006年9月までに，ブリタニカ百科事典の最新版の6万5千の記事と比べて，ウィキペディアには英語版だけで100万件の記事があった。

　理想的には，この多様な編集システムで，誤りが発見され修正され，最終的な結果が正確で興味深い記事になることである。しかしながら，実際には問題があるかもしれない。第一に，誤りが検出されないことがあるかもしれないので，記事は不正確な情報を含むかもしれない。第二に，ウィキペディアはユーザーの善意に頼っており，いたずら者や悪事を行う者が自分の目的のためにそれを使用するのを防ぐ方法が全くない。最近の事例では，誰かが退職したアメリカ人の新聞編集者の伝記に偽りの有害な情報を書き加えた。その情報は最後には発見され削除されたが，つい先頃までそれは何カ月もオンライン上に載っていた。誰がそれを書いたかは，誰にもわからなかった。

　ウェールズ自身は，ウィキペディアは多くの目的に非常に役に立つが，事実が専門家によってチェックされていないので，本格的な研究には使われるべきではないと言っている。しかしながら，最近のイギリスの研究では，ウィキペディアはブリタニカ百科事典と比べた場合かなり高く評価された。科学雑誌の編集者は，2つの百科事典の42の異なる記事で事実に対する誤りを探すように科学者に依頼した。彼らはウィキペディアの記事のそれぞれに平均して4つの誤りを見つけ，ブリタニカの記事のそれぞれに3つの誤りを見つけた。したがって，誤りはいつでも起こりうるようである，記事が専門家によって書かれるときでさえ。

　ウィキペディアはインターネットの最善と最悪の好例を兼ねている。それは自分の知識を他者と共有したい人々が作り出したもので，情報は無料である。一方では，それは人々によって害をもたらすために使われる可能性があり，情報は完全に信じられるわけではない。例えば，ほとんどの大学教授は，学生が研究論文を書く際に唯一の情報源としてウィキペディアを使うことを認めていない。

　ジミー=ウェールズが夢見るようにウィキペディアは世界を変えるだろうか？彼とその追随者がウィキペディアに誤りがないようにする方法を見つければ，多分それは世界を変えるだろう。彼らは自分たちの百科事典には誤りがあるのを知っているが，ウェールズが言ったように，「この世界とこのプロジェクトには悪人より善人のほうがずっと多くいるのです」。

解　説

問1．（完成英文）　(Nothing has) survived of the very first Greek or (Roman encyclopedias.)

空所の直前に has があることから，1 番目は過去分詞形の(C) survived だとわかる。前置詞の of は他の名詞の前にくるので，2 番目は(F) of であり，「～の中で」という意味になっている。次は名詞の前にくる語であり，**3 番目は冠詞の(E) the** となる。(A) first と(D) very の順序については，この very が「まさに」という意味で，first を強調する用法であることに気づけば，the very first という語順だとわかる。さらに，空所の直後に Roman があることから，Greek or Roman encyclopedias とつながると判断でき，**6 番目は(B) Greek**，7 番目は(G) or となる。

問2．

1．ウィキペディアの主な目的を問う問題。

(A)　「記事を書く学者を雇うこと」

(B)　「大量の無料の情報をすべての人に提供すること」

(C)　「誰もがウィキペディアの記事を書けるようにすること」

(D)　「ますます多くの専門的な記事を提供すること」

第 1 段第 1 文（The goal of …）に，ウィキペディアの目標は，地球上のすべての人が無料で情報にアクセスできるようにすることだと述べられており，**(B)が正解**。

2．最初の百科事典はどういう使われ方をしたかを問う問題。

(A)　「参考図書として」　　　　　(B)　「教科書として」

(C)　「技術的な作業用に」　　　　(D)　「政府の仕事向けに」

第 2 段第 3 文（In fact, early …）に，初期の百科事典は学習用の教科書として役に立っていたと述べられており，**(B)が正解**。

3．ごく初期の百科事典はどういうものだったかを問う問題。

(A)　「一般の人向けに，印刷機で作られた」

(B)　「高価で学者が使っていた」

(C)　「A から Z の順に整理されていた」

(D)　「中流家庭が所有していた」

第 3 段第 2 文（These encyclopedias were …）に，初期の百科事典は手書きだったので高価だったと述べられており，同段第 3 文（The invention of …）後半では，当時は学術的な読者を対象としていたとも述べられていることから，**(B)が正解**。

4．19 世紀の状況を問う問題。

(A)　「アジアのほとんどの人たちが百科事典を所有していた」

(B)　「百科事典は南米の中流家庭で非常に人気が高まった」

(C)　「オーストラリアの家庭が世界で最も多くの百科事典を所有していた」

(D)「合衆国と欧州では多くの一般人が百科事典を読んだ」

第4段第1文（Real popularity for …）に，19世紀に欧州と米国で百科事典が人気
となったと述べられており，その理由として，一般読者向けに書かれた百科事典が
出版されたからだとあるので，(D)が正解。19世紀のアジア，南米，オーストラリ
アにおける百科事典については言及されていないので，他の選択肢は不適。

5. 本文によると，マイクロソフトのエンカルタはどういうものだったかを問う問題。

(A)「一般読者が書いた」　　　　　　(B)「CD-ROMで作られた」

(C)「ジミー=ウェールズが作った」　(D)「誰でも無料というわけではなかった」

第5段最終文（Furthermore, that information …）に，ウィキペディアは，「当時
の他のインターネット百科事典と異なり，そうした情報が無料で利用できた」と述
べられており，当時のインターネット百科事典の一つであるマイクロソフトのエン
カルタは有料だったと判断できるので，(D)が正解。第6段（But Wales, like …）に，
ウィキペディアに誰もが記事を書けるようになった経緯が述べられているように，
(A)はウィキペディアに関する内容なので不適。(B)は，第4段最終文（Then with
the …）に，マイクロソフトのエンカルタはオンライン百科事典だと述べられてお
り，不適。(C)は，第5段第2文（At first, Wikipedia, …）に，ウィキペディアはジ
ミー=ウェールズが発案したものだと述べられているが，マイクロソフトのエンカ
ルタの発案者についての記述はなく，不適。

6. ウィキペディアの情報を書き換えたければ，どうすべきかを問う問題。

(A)「まず，あなたの氏名と住所を知らせる」

(B)「ログインする」

(C)「あなたがそのテーマに関しては専門家であるという証拠を見せる」

(D)「ウィキペディアの有給従業員になる」

第7段第1・2文（To do this, … editor of articles.）に，ウィキペディアでは，ユ
ーザーがウェブページの内容を作成したり変更したりでき，手順としては，ログオ
ンして記事の書き手や編集者になれると述べられている。最初の手順としてはログ
インすることだと判断できるので，(B)が正解。自分の氏名や住所を知らせたり，専
門家であることを証明したり，従業員になる必要性についての記述はなく，他の選
択肢は不適。

7. ウィキペディアの編集システムに関する正しい記述を選ぶ問題。

(A)「人々は，捕まることなく，故意に有害な情報を書き加えることができる」

(B)「あらゆる誤りが最終的には見つかり，訂正される」

(C)「有害な情報を書き加える人たちは見つかり，処罰されるだろう」

(D)「編集のプロセスは長くかかり高価である」

第8段第5文（In a recent …）に，誰かが新聞編集者の伝記に偽りの有害な情報
を書き加えたと述べられており，同段最終文（No one ever …）には誰がそれを書

いたかはわからなかったとも述べられていることから，(A)が正解。(B)は同段第3文（First, errors may …）に，誤りが検出されないことがあるかもしれないと述べられており，不適。(C)は同段最終文（No one ever …）の内容から不適。(D)は，第7段第2文（The system is …）に，ウィキペディアのシステムは非常にシンプルだと述べられており，不適。

8．ウェールズがウィキペディアの情報をどう考えているかを問う問題。

(A)　「完全に信頼できるわけではない」

(B)　「詳しい調査に非常に役に立つ」

(C)　「ブリタニカ百科事典にある情報よりはるかによい」

(D)　「ブリタニカ百科事典よりも正確である」

第9段第1文（Wales himself has …）に，ウェールズ自身は，ウィキペディアは事実が専門家によってチェックされてはいないので，本格的な研究には使うべきではないと語っていると述べられており，(A)が正解。(B)は，同段同文の内容に一致しない。(C)は，同段第2文（In a recent …）に，ウィキペディアはブリタニカ百科事典より評価が高いと述べられてはいるが，内容がはるかによいとは述べられていないので不適。(D)は，同段第3・4文（The editors of … the Britannica articles.）に，両者に誤りが見つかっており，その数にほとんど差がないという内容が述べられており，不適。

9．この記事を読んで，ジミー＝ウェールズが人々をどう思っていると推測できるかを，people に続ける形で問う問題。

(A)　「他者を傷つけようとする（人々は），ウィキペディアにとって深刻な問題だ」

(B)　「ウィキペディアで他者を傷つけようとする（人々は），見つけ出して処罰すべきだ」

(C)　「（人々は）基本的には善良で，他者を傷つけたいとは思わない」

(D)　「（人々は）全く信頼できないから，ウィキペディアは編集のプロセスをもっと保護する必要がある」

最終段最終文（They know their …）の後半に，ウェールズの発言として，「この世界とこのプロジェクトには悪人より善人の方がずっと多くいる」と述べられており，(C)が正解。(A)はこの部分の内容に一致しない。(B)と(D)については本文では言及されていないので不適。

10．この英文の適切なタイトルを選ぶ問題。

(A)　「ウィキペディアはいかにして世界で最も正確な百科事典を作ったか」

(B)　「エンカルタとウィキペディアとの闘い」

(C)　「百科事典の現代の用途」

(D)　「ウィキペディア，不完全だが役に立つ情報源」

英文ではウィキペディアができあがった経緯だけでなく，長所と短所も述べられて

おり，⒟がタイトルとして適切。

問3. it は直接的には，この文の前半部分の主語である，That information を指すが，この That の内容を説明している，前文の第8段第5文（In a recent …）を踏まえて説明する必要がある。add「～を書き加える」 false and harmful information「偽りの有害な情報」 biography「伝記」 retired「退職した」 newspaper editor「新聞編集者」

問4.

⒜「この文章に述べられている，ウィキペディアを他の百科事典と区別しているのは，それが多くの（　　　）人々によって作られているという点である」

第1段第3文（Unlike other encyclopedias, …）に，他の百科事典と異なり，ウィキペディアは専門家ではなく，一般の人々によって書かれていると述べられており，**ordinary** が正解。

⒝「ウェールズの画期的な方法は，彼がすべての人がウィキペディアの記事を書き，編集するプロセスに（　　　）を与えたことである」

第6段最終文（He decided to …）に，ウェールズは，誰もが情報だけでなく，こうした情報をオンラインに載せるプロセスにもアクセスできるように，抜本的な新しい方法で百科事典を始めることにしたと述べられており，**access** が正解。give *A* access to *B*「*A* が *B* にアクセスできるようにする」

●語句・構文……………………………………………………………………………………

☐ *l*.1　encyclopedia「百科事典」

☐ *l*.11　reference book「参考図書，参考書」

☐ *l*.11　serve as ～「～として役に立つ，～として機能する」

☐ *l*.12　in existence「残存して，現存の」

☐ *l*.16　handwritten「手書きで」

☐ *l*.17　printing press「印刷機」

☐ *l*.20　scholarly「学術的な，学究的な」

☐ *l*.20　S is the case with ～「S は～にも当てはまる」

☐ *l*.25　multivolume「複数巻の」

☐ *l*.30　brainchild「発案」

☐ *l*.38　radical「抜本的な，急進的な」

☐ *l*.52　in reality「実際には」

☐ *l*.55　joker「いたずら者，ばか者」

☐ *l*.55　evildoer「悪事を働く者」

☐ *l*.58　delete「削除する」

☐ *l*.62　rate「評価する，格付けする」

問1．3番目：(E)　6番目：(B)

問2．1 —(B)　2 —(B)　3 —(B)　4 —(D)　5 —(D)　6 —(B)　7 —(A)　8 —(A)
　　　9 —(C)　10 —(D)

問3．退職したアメリカ人の新聞編集者の伝記に書き加えられた偽りの有害な情
　　　報。

問4．(a) ordinary　(b) access

74

次の英文を読み，以下の設問に答えなさい（ * 印の語または語句については，英文
の後の注釈を参照しなさい）。(30 点)

[Ⅰ] English is the world's main international language, spoken by at least 1.5 billion people around the planet. There are only around 360 million so-called native speakers of English. About 375 million people speak English as a second language. These numbers are much smaller than the number of English as a

5 foreign language (EFL) speakers, which is currently about 750 million. English is the international language of business. It is a *lingua franca: a bridge language between two people who do not speak the other's language. English also dominates as the language of the Internet. As of March 2015, 55 percent of the top 10 million websites have a home page in English. The language that comes in

10 second is Russian, with 5.9 percent. If you want to be an international music star with worldwide hit songs, you had better sing them in English or you will have very little chance of success. Of the top 30 internationally most successful pop and rock music artists of the last 60 years, only ABBA have been from a non-English speaking country, and they sang in English.

15 [Ⅱ] It should come as no surprise then that across every continent on earth, most children learn English at some point during their time at school. Teaching English is understandably a huge business, not just to children, but to adults, too. Unfortunately, many people seem to think English is like science or mathematics, where there are definite answers. English in reality is very different. There are

20 many flavors of English and the language is evolving all the time. A review of the history of English clearly shows us this.

[Ⅲ] To begin with, English is not really one language, but the result of a mixing together of many languages. The ancestor of the modern language that we now know as English was one of several languages from Frisia, in modern day

25 Holland, brought to Britain by Anglo-Saxon tribes, who invaded the island after

the end of Roman rule in the early fifth century. It has been claimed that these Frisian languages were changed first by the Brythonic language of the Britons. Today, Brythonic survives in English mostly in the form of geographical names, such as London and the river that runs through it. As the Kingdom of Wessex, in southwest Britain, became more powerful, so did its language, (a) ³⁰ into what is now known as Old English. It has been estimated that Old English contained around 25,000 words, of which an average Anglo-Saxon person may have used about 10,000.

[IV] Another influence was Latin, which returned to Britain after the reintroduction of Christianity in the seventh century. This gave Old English the ³⁵ Roman script for writing. In the eighth and ninth centuries, the Vikings from Scandinavia invaded the eastern side of Britain, bringing their language, Old Norse, with them. Old Norse brought up to 1,000 new words into Old English, introduced the *sk* sound in words such as *sky*, and simplified the grammar. When the Normans invaded and conquered the Anglo-Saxons in 1066, their language, ⁴⁰ Norman French, came to Britain. Up to 10,000 words that today we would describe as French entered the English language over the next 300 years.

[V] From the sixteenth century, English began its journey around the world as a result of colonialism and trade. Interacting with many other languages as it progressed, English has continued to add words at an amazing (b): ⁴⁵ currently somewhere between 8,500 and 25,000 words per year. As a result, by 2010, English was estimated to include up to one million words, consisting mostly of those borrowed from other languages. Because English became a language that was spoken not just in one particular geographical area, but in many separate places around the world, it began to develop independently in each of ⁵⁰ those areas, influenced mainly by local factors. As a result, today we talk of there being many *Englishes*, each with somewhat different words and grammatical rules. Therefore, it is becoming increasingly difficult to say that something in
(A)
English is right or wrong without first specifying which English you are talking about. ⁵⁵

[VI] Returning to English spoken or written in its native lands, Professor John Sutherland from University College London claims that the English language is evolving at a faster rate now than any other time in history. He attributes this to the role of social media and instant messaging. The increasing use of

60 "*textspeak" and "emoticons," especially by young people, is responsible for two current trends. Firstly, there is a growing gap in (　c　) between the young and the old, with parents finding that it is becoming increasingly difficult to understand what their children are saying, especially in text messages. One example of a new word used by the young is "bae." This may come from "baby"

65 or "babe," or may stand for "before anyone else," but which, despite the uncertainty of its origin, is a term of affection, which first appeared sometime in the mid-2000s. When surveyed, 40 percent of parents said that they did not understand the meaning of this word. The word that parents most often said that they did not understand was "fleek," which means "looking good," and was

70 unknown to 43 percent of parents. Some *abbreviations are better known, such as "*IMHO" and "*TTFN," but not by all, and they do come into and go out of fashion. British Prime Minister David Cameron famously thought "LOL" meant "lots of love," when it actually stands for "laughing out loud," which left many people in Britain "ROFL" (rolling on the floor laughing), except not now because

75 that abbreviation is out of fashion.

[Ⅶ]　The second trend is that the English language is being simplified by the use of pictographic symbols called emoticons, which (　d　) a large range of messages and emotions. This has been described as a return to "caveman communication." Sutherland believes that in the future, fewer words and letters

80 will be used in messaging as pictures and icons increasingly dominate the textspeak language.

[Ⅷ]　Where will English go from here? We can only guess, but it is likely that English will go from strength to strength. It's not one language belonging to one people, and most likely will continue to develop on a variety of parallel paths. In

85 an international world of very different cultures interacting with each other, a lingua franca is essential and, for now at least, English is it.

　　　*lingua franca：共通語
　　　*textspeak：電子メッセージに使われる独特の言葉や省略

*abbreviations：略語　　*IMHO：in my humble opinion の略語
*TTFN：ta-ta for now の略語　(goodbye の意味)

設問A

本文の(a)〜(d)の空所に入るものとして，もっとも適切なものを各組の1〜4の中から一つずつ選び，その番号をマーク解答用紙にマークしなさい。

(a)　1　looking　　　2　arriving　　　3　developing　　　4　entering

(b)　1　news　　　2　size　　　3　way　　　4　speed

(c)　1　comprehension　　　　　　2　truth
　　3　wealth　　　　　　　　　　4　confidence

(d)　1　hide　　　2　convey　　　3　convince　　　4　warn

設問B

以下の(1)〜(4)に示された段落の内容に照らして，もっとも適切なものを1〜4の中から一つずつ選び，その番号をマーク解答用紙にマークしなさい。

(1)　第Ⅰ段落から第Ⅱ段落

　1　There are fewer EFL speakers than native speakers of English.

　2　Many more websites have English home pages than Russian home pages.

　3　Many children are employed around the world in the English teaching business.

　4　It is surprising that many children are expected to learn English at school.

(2)　第Ⅲ段落から第Ⅳ段落

　1　The Brythonic language only consisted of geographical names, such as London.

　2　Before the Viking invasions of the eighth and ninth centuries, the Anglo-Saxons had no word for *sky*.

　3　Old English was influenced by other languages during its development.

　4　In Old English, 10,000 words were used and 15,000 words were not used.

(3) 第Ⅴ段落

1 English has developed its many forms due to things happening in different places where it has been spoken around the world.

2 English became widespread around the world because the language was traded for other countries.

3 All of the words currently spoken in modern English originally came from other languages.

4 All forms of English now have exactly the same set of grammatical rules.

(4) 第Ⅵ段落から第Ⅷ段落

1 According to Professor Sutherland, the ever-faster development of English has led to a greater role for social media and instant messaging.

2 Many English-speaking parents today cannot understand 40 to 43 percent of what their children are saying.

3 When David Cameron used "LOL," many British people rolled on the floor laughing because the abbreviation was out of fashion.

4 With all of the different cultures around the world, we need a lingua franca in order to communicate.

設問C

下線部(A)を和訳し, その和訳文を記述解答用紙に記入しなさい。

全訳

≪英語──変化し続ける国際語≫

[Ⅰ]　英語は世界第一の国際語であり，地球上の少なくとも 15 億人が話している。英語をいわゆる母語として話す人はおよそ 3 億 6,000 万しかいない。約 3 億 7,500 万人が英語を第二言語として話している。これらの数字は，英語を外国語として話す（EFL）人の数が現在およそ 7 億 5,000 万人なので，それよりもはるかに少ない。英語は国際ビジネス語である。共通語である。すなわち，相手の言語を双方が知らないときに橋渡しをしてくれることばである。また，英語はインターネットの言語として君臨している。2015 年 3 月現在で，上位 1,000 万の人気サイトの 55 パーセントが英語のホームページを持っている。第 2 位はロシア語で，5.9 パーセントである。音楽界で世界的ヒット曲を持つ国際スターになりたければ，英語で歌った方がいい。そうでないと，成功するチャンスはほとんどないだろう。過去 60 年間でもっとも成功したポップス・ロック界のアーティストの上位 30 の中で，英語圏以外の国出身は ABBA のみであるが，彼らも英語で歌った。

[Ⅱ]　とすると，地球上の全大陸において，ほとんどの子どもが学校でいずれかの時期に英語を習うのも驚くにあたらないだろう。子ども相手だけでなく大人対象の英語教育も巨大ビジネスになっているのもうなずけることだ。残念ながら，英語を理科や数学のように明確な解答があるように考えている人が多いようだ。現実の英語は全く異なる。英語には多くの種類があり，たえず進化している。英語の歴史をおさらいしてみると，そのことがはっきりとわかるだろう。

[Ⅲ]　まず最初に，英語は本当は一つの言語ではなく，多くの言語が混ざりあった結果である。我々が現在，英語として知っている現代英語の祖先は，現在のオランダであるフリジアからアングロ・サクソン族によってイギリスにもたらされた数言語の一つである。アングロ・サクソン族がブリテン島を侵略したのは 5 世紀初頭にローマ支配が終わった後のことである。これらのフリジア諸語の最初の変化はブリトン人の話すブリトン語によって起こったとされている。今日，ブリトン語はもっぱら地名の形で英語に残っている。例えば，ロンドンやロンドンを流れる川の名前である。ブリテン島南西にあったウェセックス王国が力をつけるにしたがってその言語も力をつけ，現在古英語として知られる言語に発展した。古英語はおよそ 25,000 語から成り，その中で平均的なアングロ・サクソン人が使ったのは約 10,000 語であっただろうと推定されている。

[Ⅳ]　さらに一つの影響としてラテン語がある。ラテン語は，7 世紀にキリスト教が再度持ち込まれたときに帰ってきたものである。これにより，古英語は筆記用にローマ文字を持つことになった。8，9 世紀には，スカンジナヴィアからやってきたヴァイキングがブリテン島の東側に侵入し，同時にその言語である古ノルド語をもたらした。古ノルド語は，最大 1,000 語の新しい単語を古英語にもたらし，"sky" のような語にある "sk" の音を導入し，文法を単純化した。1066 年にノルマン人が侵入しアングロ・サクソン人を征服したとき，その言語であるノルマンフランス語がブリテン島にやってきた。今日ではフランス語だとするような単語が，以後 300 年間に，最大 10,000 語英語の中に入ることになった。

[Ⅴ]　16 世紀から，植民地主義と通商の結果，英語は世界一周の旅に出ることに

なった。進出していくにしたがい，多くの他の言語と影響しあいながら，英語は驚くべきスピードで新語を加え続けている。目下のところ，年間 8,500 から 25,000 語の間である。結果，2010 年時点で，英語は最大 100 万語を持っていると推定された。それらは主に他の言語からの借用語である。英語はある特定の地理的地域だけでなく世界中のばらばらの地域で話される言語になったので，各地域で主に地域的要因に影響されながら，独自の発達を始めた。その結果，今日では，それぞれにいくらか異なる単語と文法規則を持つ多くの「英語」がある，と言われているのである。だから，<u>英語のある部分が正しいとか，間違っているとかを言うのは，どの英語について話しているのかをまず特定しなければ，次第に難しくなってきている。</u>

[Ⅵ]　英語の生まれ故郷で話されたり書かれたりしている英語に話を戻すと，ロンドン大学ユニバーシティ・カレッジの教授ジョン゠サザーランドは，英語は歴史上かつてない速さで進化している，と言っている。彼は，これをソーシャルメディアとインスタント・メッセージの役割の結果だとしている。特に若者が使う「テキストスピーク」や「顔文字」の増加が，次の二つの傾向の原因となっている。一つめは，親が子どもの言っていることを，特にテキストメッセージにおいて，だんだんと理解しづらくなってきていて，老若間の理解のズレが大きくなってきていることだ。若者が使っている新語の例を一つ挙げれば "bae" がある。これは "baby" あるいは "babe" から来たのかもしれないし，"before anyone else" の省略かもしれない。が，その語源は定かではないものの，それは愛情を表すことばであり，2000 年代半ばに初登場した。調査してみると，親の 40 パーセントがこの単語の意味を理解していなかった。親がもっともしばしば理解できないと言った単語は "fleek" で，「かっこいい」の意味だが，43 パーセントの親が知らなかった。比較的よく知られている略語もある。"IMHO"（私に言わせていただければ）や "TTFN"（じゃあ，バイバイ）などだが，みなが知っているわけではないし，はやってはすたれる。英国首相のデイビッド゠キャメロンが "LOL"（大笑いだ）を "lots of love" の意味だと思っていたのは有名だ。実際は "laughing out loud" の省略であった。これは英国の多くの人を "ROFL"（rolling on the floor laughing；抱腹絶倒）させた。ただし，今はそういうことはない。この略語はもはや時代遅れだからだ。

[Ⅶ]　二番めの傾向は，英語は単純化されつつあるということだ。顔文字と呼ばれる絵文字的記号の使用によるもので，これはメッセージや感情を広範囲にわたって伝える。これは「洞窟人のコミュニケーション」への回帰と説明されてきたものだ。サザーランドは，将来は画像やアイコンがテキストスピークのことばで次第に支配的になり，単語や文字はあまり使われなくなるだろうと思っている。

[Ⅷ]　英語はここからどこへ行くのだろうか？　推測することしかできないが，ますます力をつけていくことになりそうだ。英語は一つの民族に属する一つの言語ではない。だから，きっと平行する様々な道を通って発展し続けるだろう。非常に異なる文化が互いに影響し合う国際社会においては，共通語は不可欠であり，少なくとも当分は英語がそれである。

解 説

設問A.

(a) 1．looking「調査して」　　　　　　2．arriving「到着して」

　　3．developing「発展して」　　　　4．entering「～に入って」

空所は分詞構文であり，空所の後の into という前置詞の存在に注目する。ウェセックス王国が力をつけていった，という内容に続けて，「その言語も同様で，現在古英語として知られている言語に（　　　）」という文脈の空所に入る語としては「～に発展した」という意味になる **3 の developing** が適切。1 の looking だと，look into ～ は「～を調べる」という意味になり不適。4 の entering は前置詞が不要なので不適。

(b) 1．news「ニュース」　　　　　　　2．size「大きさ」

　　3．way「方法」　　　　　　　　　4．speed「速さ，スピード」

空所を含む部分は「英語は驚くべき（　　　）で新語を加え続けている」という内容であり，この後，毎年 8,500～25,000 語の新語が入っていると述べられていることから判断して，これは驚くべき速度と言え，**4 の speed** が正解。

(c) 1．comprehension「理解」　　　　　2．truth「真実」

　　3．wealth「富」　　　　　　　　　4．confidence「自信」

空所を含む部分は「若者と年配者の間の（　　　）のズレが大きくなっている」という内容であり，この後，具体的な例として，子どもが使う単語の一部を，親が理解できない例が挙がっていることから判断して，**1 の comprehension** が正解となる。

(d) 1．hide「～を隠す」　　　　　　　2．convey「～を伝える」

　　3．convince「～を確信させる」　　4．warn「～に警告する」

emoticon「顔文字」と呼ばれる絵文字の記号の使用が話題であり，空所を含む関係代名詞節ではその「顔文字は広範囲のメッセージや感情を（　　　）」という文脈であることから判断して，「伝える」という意味を持つ **2 の convey** が正解となる。

設問B.

(1)

1．× 「英語を外国語として話す人は，英語を母語として話す人より少ない」

　第 I 段第 2 文（There are only …）に英語を母語として話す人は 3 億 6,000 万人，第 4 文（These numbers are …）に英語を外国語として話す人は 7 億 5,000 万人と述べられており，本文の内容に一致しない。

2．○ 「ウェブサイトでは，英語のホームページの方がロシア語のホームページよりずっと多い」

第Ⅰ段第8・9文（As of March 2015, …）に，人気サイトのホームページで使われている言語は英語が55パーセント，ロシア語は5.9パーセントと述べられており，**本文の内容に一致する。**

3．× 「世界中で多くの子どもたちが英語教育ビジネスで雇われている」
　本文に，子どもたちが英語教育ビジネスで雇われているという記述はない。

4．× 「多くの子どもたちが学校で英語を学ぶものと考えられているのは驚きだ」
　第Ⅱ段第1文（It should come as …）に，世界のどの大陸でも子どもたちの大半が学校でいずれかの時期に英語を学ぶのは何ら驚くにはあたらないと述べられており，本文の内容に一致しない。

⑵
1．× 「ブリトン語はロンドンのように，地名を表す語だけで構成されていた」
　第Ⅲ段第4文（Today, Brythonic survives …）に，ブリトン語は，今ではロンドンのような地名の形でしか残っていないと述べられているが，ブリトン語が地名を表す語だけという意味ではないので，本文の内容に一致しない。

2．× 「8，9世紀にヴァイキングが侵入する前は，アングロ・サクソン語には"sky"にあたる語はなかった」
　第Ⅳ段第4文（Old Norse brought …）にはヴァイキングは"sk"という音を持ち込んだとは述べられているが，"sky"にあたる語がなかったとは述べられておらず，本文の内容に一致しない。

3．○ 「古英語は発展の過程で他の言語の影響を受けた」
　古英語が他の言語の影響を受けたという話題については，第Ⅳ段第1・2文（Another influence was …）にはラテン語の影響を受けたこと，第3・4文（In the eighth …）には古ノルド語の影響を受けたことが述べられており，**本文の内容に一致する。**

4．× 「古英語では10,000語が使われており，15,000語は使われていなかった」
　第Ⅲ段最終文（It has been …）に古英語はおよそ25,000語から成ると述べられており，10,000語というのは平均的なアングロ・サクソン人が使ったであろう語数なので，本文の内容に一致しない。

⑶
1．○ 「英語は，それが話されてきた世界の様々な場所で生じている事柄によって多くの形態を発達させてきた」
　第Ⅴ段第4文（Because English became …）の but 以下の部分に，英語は「世界の様々な所でその土地の要因に影響を受けて独自の発達を始めた」と述べられており，**本文の内容に一致する。**

2．× 「英語は，他の国々のために交換されたので世界中に広まった」
　第Ⅴ段第1文（From the sixteenth …）に用いられている trade は「植民地主義と

通商の結果として世界に広まった」という文脈で名詞で使われているが，選択肢の trade は動詞で「～を交換する，取引する」の意味で用いられており，文脈上も不適切。

3．×　「現代英語で現在話されている単語はすべて，もともとは他の言語から由来したものだ」

第Ⅴ段では，英語が他の言語から毎年多くの語彙を取り入れている実態が述べられているが，英単語のすべてが他の言語由来のものと述べているわけではないので，本文の内容に一致しない。

4．×　「英語のあらゆる形態は，現在，全く同じ文法規則を持っている」

第Ⅴ段第5文（As a result, …）に，現在では多くの種類の英語があり，それぞれ異なる語や文法規則を持っていると述べられており，本文の内容に一致しない。

⑷

1．×　「サザーランド教授によると，加速度的な英語の発展は，ソーシャルメディアやインスタント・メッセージに向けたより大きな役割につながっている」

第Ⅵ段第2文（He attributes this …）では，英語がますます速い速度で進化しているのは，ソーシャルメディアやインスタント・メッセージの役割に原因があると述べられており，因果関係が逆なので，本文の内容に一致しない。

2．×　「今日，多くの英語を話す親たちは，自分の子どもたちが話していることばの40～43パーセントを理解できない」

第Ⅵ段第5～8文には，子どもたちが新たに使用するようになったことばに，親が理解できない語があるという話が述べられており，"bae" なら40パーセント，"fleek" なら43パーセントという数字が挙がっているが，子どもたちのことば全体のパーセントではないので，本文の内容に一致しない。

3．×　「デイビッド＝キャメロンが "LOL" という言葉を使ったとき，多くのイギリス人はその略語が時代遅れだったので大笑いした」

第Ⅵ段最終文（British Prime Minister …）に，イギリスのデイビッド＝キャメロン首相が "laughing out loud"「大爆笑する」の略語である "LOL" を "lots of love" の略語だと勘違いして笑われたと述べられており，その語が時代遅れだったからではないので，本文の内容に一致しない。最終部分に述べられている，この略語は今では時代遅れになっているという記述と混同しないこと。

4．○　「世界にはあらゆる異なる文化があるので，私たちにはコミュニケーションをはかるために共通語が必要だ」

第Ⅷ段最終文（In an international …）に，異なる文化が相互に影響し合う国際社会では，共通語は不可欠だと述べられており，**本文の内容に一致する**。international world of 以下は，very different cultures が interacting 以下の動名詞句の意味上の主語と考えるとよいだろう。

設問C.

▶ it is becoming increasingly difficult to say that something in English is right or wrong without first specifying which English you are talking about

● it は形式主語で，真主語は to say 以下であり，say の目的語がその後に続く that 節で，「英語のある部分が正しいとか，間違っているとか言うのは，次第に難しくなってきている」というのが中心部分となっている。

● increasingly「ますます，次第に」

● without first specifying は without *doing*「〜しないで（は）」という動名詞を用いた表現で「まず〜を特定せずに，まず〜を特定しなければ」

● specify「〜を特定する」

● which English you are talking about「あなたがどの英語について話しているのか」という疑問詞節は specify の目的語。

●語句・構文‥‥‥
☐ *l*.8　as of 〜「〜現在で，〜の時点で」
☐ *l*.9　come in second「2位になる」
☐ *l*.15　It should come as no surprise that 〜「〜なのは何ら驚くにはあたらない」
☐ *l*.17　understandably「当然のことだが」
☐ *l*.20　flavor「種類，特色」
☐ *l*.22　To begin with「まず最初に，まず一つは」
☐ *l*.30　so did its language ＝ its language became more powerful, too
☐ *l*.32　of which は and of the 25,000 words と考えるとわかりやすい。
☐ *l*.37　Old Norse「古ノルド語」
☐ *l*.60　emoticon「顔文字」
☐ *l*.65　stand for 〜「〜を表す」
☐ *l*.83　go from strength to strength「ますます強力になる」

設問A．(a)— 3　(b)— 4　(c)— 1　(d)— 2
設問B．(1)— 2　(2)— 3　(3)— 1　(4)— 4
設問C．英語のある部分が正しいとか，間違っているとかを言うのは，どの英語について話しているのかをまず特定しなければ，次第に難しくなってきている。

75

次の英文（2021 年の新聞記事）を読み(1)〜(6)の設問に答えなさい。文章は，それ
ぞれ 1 段落から数段落をまとめた 6 つのブロックに分けられており，各ブロックの先
頭には番号が付してあります。なお，＊印のついた語句には注があります。(30 点)

[I]　For many years it seemed that overpopulation was the looming crisis of our
age.　Back in 1968, the Stanford biologists Paul and Anne Ehrlich infamously
predicted that millions would soon starve to death in their bestselling, doom-saying
book *The Population Bomb*; since then, neo-Malthusian* rumblings* of imminent
disaster have been a continual refrain in certain sections of the environmental　5
movement — fears that were recently given voice in David Attenborough's
documentary *Life on Our Planet*.

　　At the time the Ehrlichs were publishing their dark prophecies, the world was
at its peak of population growth, which at that point was increasing at a rate of
2.1% a year.　Since then, the global population has ballooned from 3.5 billion to 7.67　10
billion.　But growth has slowed — and considerably.　As women's empowerment
advances, and access to contraception* improves, birthrates around the world are
stuttering* and stalling*, and in many countries now there are fewer than 2.1
children per woman — the minimum level required to maintain a stable population.

[Ⅱ]　Falling fertility rates have been a problem in the world's wealthiest nations　15
— notably in Japan and Germany — for some time.　In South Korea last year,
birthrates fell to 0.84 per woman, a record low despite extensive government
efforts to promote childbearing.　From next year, cash bonuses of two million won*
will be paid to every couple expecting a child, on top of existing child benefit
payments.　20

　　The fertility rate is also falling dramatically in England and Wales — from 1.9
children per woman in 2012 to just 1.65 in 2019.　Provisional figures from the Office
for National Statistics for 2020 suggest it could now be 1.6, which would be the
lowest rate since before the Second World War.　The problem is even more severe

25 in Scotland, where the rate has fallen from 1.67 in 2012 to 1.37 in 2019. Increasingly this is also the case in middle-income countries too, including Thailand and Brazil. In Iran, a birthrate of 1.7 children per woman has alarmed the government; it recently announced that state clinics would no longer hand out contraceptives* or offer vasectomies*.

30 [Ⅲ] Thanks to this worldwide pattern of falling fertility levels, the UN now believes that we will see an end to population growth within decades — before the slide begins in earnest.

An influential study published in *The Lancet* medical journal last year predicted that the global population would come to a peak much earlier than 35 expected — reaching 9.73 billion in 2064 — before dropping to 8.79 billion by 2100. Falling birthrates, noted the authors, were likely to have significant "economic, social, environmental, and geopolitical* consequences" around the world.

Their model predicted that 23 countries would see their populations more than halve before the end of this century, including Spain, Italy and Ukraine. China, 40 where a controversial one-child per couple policy — brought in to slow spiraling population growth — only ended in 2016, is now also expected to experience massive population declines in the coming years, by an estimated 48% by 2100.

[Ⅳ] It's growing ever clearer that we are looking at a future very different from the one we had been expecting — and a crisis of a different kind, as ageing 45 populations place shrinking economies under ever greater strain. But what does population decline look like on the ground? The experience of Japan, a country that has been showing this trend for more than a decade, might offer some insight. Already there are too few people to fill all its houses — one in every eight homes now lies empty. In Japan, they call such vacant houses *akiya*.

50 [Ⅴ] Most often to be found in rural areas, these "ghost houses" quickly fall into disrepair, leaving them as eerie presences in the landscape, thus speeding the decline of the neighborhood. Many *akiya* have been left empty after the death of their occupants; inherited by their city-living relatives, many go unclaimed and untended. With so many structures under unknown ownership, local authorities 55 are also unable to tear them down.

Some Japanese towns have taken extreme measures to attract new residents

― offering to subsidize renovation expenses, or even giving houses away to young families. With the country's population expected to fall from 127 million to 100 million or even lower by 2049, these *akiya* are set to grow ever more common ― and are predicted to account for a third of all Japanese housing stock by 2033. As 60 the rural population declines, old fields and neglected gardens are reclaimed by wildlife. Sightings of Asian black bears have been growing increasingly common in recent years, as the animals scavenge unharvested nuts and fruits as they ripen on the bough.

In the EU, an area the size of Italy is expected to be abandoned by 2030. 65 Spain is among the European countries expected to lose more than half its population by 2100; already, three quarters of Spanish municipalities are in decline.

Picturesque Galicia and Castilla y León are among the regions worst affected, as entire settlements have gradually emptied of their residents. More than 3,000 ghost villages now haunt the hills, standing in various states of dereliction*. Mark 70 Adkinson, a British expat* who runs the estate agency Galician Country Homes, told the newspaper *The Observer* that he has identified "more than 1,000" abandoned villages in the region, adding that a staff member of his was continually on the road, leaving letters at abandoned properties in the hope of tracking down their owners and returning them to the market. 75

"I've been here for 43 years," he said. "Things have changed considerably. The youngsters have left the villages, and the parents are getting old and getting flats closer to the hospital. You don't want to get stuck up in the hills when you can no longer drive."

[Ⅵ] As in Japan, nature is already stepping into the breach. According to José 80 Benayas, a professor of ecology at Madrid's University of Alcalá, Spain's forests have tripled in area since 1900, expanding from 8% to cover 25% of the territory as ground goes untilled*. Falling populations would continue to trigger land abandonment, he said, "because there will be fewer humans to be fed." France, Italy and Romania are among countries showing the largest gains in forest cover in 85 recent years, much of this in the form of natural regrowth of old fields. "Models indicate that afforestation* of this kind will continue at least until 2030," Benayas said.

Rural abandonment on a large scale is one factor that has contributed to the
recent resurgence of large carnivores in Europe: lynx, wolverines, brown bears and
wolves have all seen increases in their populations over the last decade. In Spain,
the Iberian wolf has rebounded from 400 individuals to more than 2,000, many of
which are to be found haunting the ghost villages of Galicia, as they hunt wild boar
and roe deer — whose numbers have also skyrocketed. A brown bear was spotted
in Galicia last year for the first time in 150 years.

A vision of the future, perhaps, in a post-peak world: smaller populations
crowding ever more tightly into urban centers. And outside, beyond the city
limits, the wild animals prowling.

【注】Malthusian：Malthus（18～19世紀イギリスの経済学者）学派の
rumblings：うわさ　　contraception：避妊　　stuttering：つまる
stalling：止まる　　won：韓国の通貨単位（およそ0.1円）
contraceptives：避妊薬　　vasectomies：精管切除術
geopolitical：地政学的な　　dereliction：放棄　　expat：国外在住者
untilled：耕していない　　afforestation：森林化

(1)～(5)：それぞれ指定したブロックの内容に照らしてもっとも適切なものを①～④の
中から一つずつ選び，その番号をマーク解答用紙にマークしなさい。

(1)　ブロックⅠ

①　Since 1968, the world's population growth has been increasing at a rate of
2.1%.

②　The Ehrlichs' predictions were not supported by high levels of population
growth when they published their bestselling book.

③　Some environmentalists are still worried about the increase in the world's
population.

④　As a result of a birthrate of 2.1 children per woman, the global population
has increased from 3.5 billion to 7.67 billion.

(2)　ブロックⅡ

①　In South Korea, government efforts to promote childbearing did not lead to a rise in the birthrate last year.

②　The low birthrate in some countries is due to governments offering money to couples to not have children.

③　Unlike Japan and Germany, Brazil does not have a problem with a low birthrate.

④　The Iranian government has never been worried about a low birthrate.

(3)　ブロックⅢ

①　The *Lancet* article notes that there are 23 countries around the world where the population has decreased by 48% since 2016.

②　An influential study published in *The Lancet* did not predict that the global population will begin to decline right away.

③　According to a study published in *The Lancet*, falling birthrates will have minor economic effects around the world.

④　China's population is expected to increase by nearly 50% by the year 2100.

(4)　ブロックⅤ

①　According to the article, there may now be between 100 million and 127 million empty houses in Japan.

②　The main reason so many houses have become vacant in the Japanese countryside is that their occupants moved to the city.

③　In Japan, black bears are now living inside "ghost houses."

④　Mark Adkinson wants to put property that has been abandoned back on the market.

(5)　ブロックⅥ

①　People have left the countryside in Spain because of the danger of being attacked by wild animals.

②　In the past decade, the populations of lynx, wolverines, brown bears and wolves have all increased in Europe.

③　Spain's forests have increased in size because people have been planting trees instead of cultivating the land enthusiastically.

④　Because of the increasing amount of land which is no longer farmed in several European countries, it will no longer be possible to feed everyone there.

(6)　<u>ブロックⅣ</u>の中の下線部を日本語に訳し，記述解答用紙に記入しなさい。

≪世界の人口は減少する —— 人口減少がもたらす現実と未来≫

全 訳

［Ｉ］ 何年も，人口過剰は現代の差し迫った危機のように思えたものだ。1968 年頃に，スタンフォード大学の生物学者ポールとアンのエーリック夫妻は，ベストセラーとなった破滅予言の書『人口爆弾』の中で，不名誉にも，間もなく何百万人もが餓死するだろうと予言した。それ以来，切迫した災害という新マルサス学派のうわさが，環境保護運動のいくつかの派の中で絶えず繰り返されてきた —— 最近では，デイビッド=アッテンボローのドキュメンタリー『地球に暮らす生命』の中で表明された恐怖である。

エーリック夫妻がその暗い予言を出版した当時は，世界は人口増加のピークにあり，当時は年間 2.1％の割合で増加していた。それ以来，世界の人口は 35 億人から 76.7 億人にまでふくれあがった。しかし，増加は速度を落とした —— しかも顕著に。女性の権利拡大とともに，そして避妊しやすくなるにしたがって，出生率は世界各地でぎくしゃくした動きを見せたり止まってしまったりしている。そして，今や多くの国においては，女性一人あたりの子供の数は 2.1 人未満で，それは安定した人口を維持するために必要な最低レベルなのだ。

［Ⅱ］ 合計特殊出生率の低下は，世界の最富裕国 —— 特に日本とドイツに顕著である —— ではしばらく前から問題となっている。昨年，韓国では女性一人あたりの出生率が 0.84 まで落ちた。政府によって広範囲に及ぶ出産奨励の取り組みが行われたのにもかかわらず，記録的な低さである。来年からは，現行の児童手当の給付に加えて，20 万ウォンの現金特別給付金が，すべての出産を控えているカップルに支給される。

合計特殊出生率は，イングランドとウェールズでも大きく低下している —— 2012 年には女性一人あたりの子供の数は 1.9 人であったのが 2019 年には 1.65 人になった。国家統計局による 2020 年に向けての暫定的な数は，今や 1.6 になるだろうと示唆している。これは第二次世界大戦前以来最も低い割合である。2012 年から 2019 年にかけて，1.67 から 1.37 に落ちたスコットランドでは，問題はもっと深刻である。タイやブラジルなどの中所得国においても，次第にこのような状況になりつつある。イランにおいては，1.7 という女性一人あたりの出生率が政府に警鐘を鳴らした。公立病院では，今後避妊薬を配ることをしないし，精管切除術も提供しない，と最近発表した。

［Ⅲ］ このように出生レベルの低下が世界的に見られるようになった結果，今や国連も数十年以内に人口増加はストップするだろうと確信している —— その後に本格的な降下が始まる。

昨年，医学誌の『ランセット』に掲載された有力な研究の予測によれば，世界人口は予想よりもはるかに早くピークを迎え —— 2064 年に 97.3 億人に達し —— その後 2100 年までに 87.9 億人まで落ちるだろう。出生率の低下は，著者の指摘によれば，世界中で重大な「経済的，社会的，環境的，地政学的影響」をもたらすだろう。

彼らのモデルが予測するところでは，スペイン，イタリア，ウクライナを含む

23カ国において，今世紀末までに人口が半分以上減るだろう。物議を醸した一人っ子政策 ── 人口急増を鈍化させるために導入されたもの ── が2016年に終わったばかりの中国も今では，将来，予想では2100年までに48%という大幅な人口減少を経験すると思われる。

[Ⅳ]　私たちは，予想してきたのとはずいぶん異なる未来を見ることになるだろうということが，ますます明らかになってきている ── そして，高齢化が縮小した経済をますます大きな緊張下におくに伴い，別種の危機を見ることになるだろう。しかし，人口減少はその場にいる人々の間ではどのように見えるのだろうか？　この傾向を10年以上も示している国である日本が，いくらかの洞察を提供してくれるだろう。すでに，人が少なすぎてすべての家屋を満たせないのだ ── 今では，8軒に1軒が無人のままになっている。日本では，このような無人の家を「空き家」と呼んでいる。

[Ⅴ]　ほとんどの場合農村部で見られることだが，このような「廃屋」は，すぐに荒れ果ててしまい，それらを風景の中の不気味な存在にしている。かくして，近隣地域の衰退を加速させるのだ。多くの空き家は元の居住者の死後空っぽのままである。都市に住む親戚によって相続されるが，多くは引き取り手もなく，手入れされずじまいとなる。所有者不明の建物があまりにも多いので，地方自治体も取り壊すことができないでいる。

　日本の市町の中には，新しい住人を引き寄せるために極端な手段を講じたところもある ── リフォーム費用に補助金の給付を提供したり，若い家族に家屋を譲渡したりすることさえある。予想では2049年までには国家の人口が1.27億人から1億人かそれ以下にまで減少するので，空き家はますます広がることになるだろう ── そして，2033年までには，日本の全住宅戸数の3分の1を占めるだろうと予測される。農村部の人口が減少するにつれて，古い畑地や放置された果樹園は再び野生動物の天下となる。近年，ツキノワグマを見かけることが次第に当たり前になってきている。というのも，その動物は，木の実や果物が枝で熟したまま収穫されないと，それを漁りにくるからだ。

　EUでは，2030年までにはイタリアと同じ面積の地域が放棄されると予想される。スペインは，2100年までに人口の半分以上が失われると予想されるヨーロッパ諸国の一つである。すでに，スペインの市町村の4分の3が減少下にある。

　絵のように美しいガリシア州やカスティーリャ・イ・レオン州は最悪の影響を受ける地方の一つである。全村落が住人が消えて次第に空になってきているのだ。3,000以上の村が廃墟となって丘々にとりつき，状態は様々だがいずれも放棄された状態だ。不動産仲介業のガリシアン・カントリー・ホームを経営する国外在住英国人であるマーク=アドキンソンは，『オブザーバー』紙に，この地方に「1,000以上」の放棄村落を確認したと語り，さらに，絶えず職員を外回りに出して，放棄物件には，所有者をつきとめてその家屋をもう一度市場に戻すことを願って手紙を残している，と付け加えた。

　「私は43年もここにいます」と彼は言う。「状況はずいぶん変わりました。若者

たちは村を去りましたし，親たちは年をとり病院に近いところにアパートを手に入れています。もはや車の運転ができなくなったときに山の中で立ち往生したくはないでしょう」

［Ⅵ］　日本の場合と同じように，自然がすでに空いたところ（放棄された場所）に入り込んできている。マドリッドのアルカラ大学生態学教授のホセ=ベナヤスによれば，スペインの森林は，土地が耕されなくなるにつれて，1900年以来面積が国土の8％から25％へと3倍になった。人口減少が土地放棄の引き金を引き続けるだろう，と彼は言う。「なぜなら，食わせなければならない人間が少なくなるのですから」　フランス，イタリア，ルーマニアは，近年，森林面積が最大の増加を示した国に入っている。その大部分は，古い畑地が自然に再生するという形をとっている。「モデルの示すところでは，この種の森林化は少なくとも2030年までは続くでしょう」とベナヤスは言う。

　大規模な農村放棄は，近年の欧州における大型肉食動物の再興を促した一要因である。オオヤマネコ，クズリ，ヒグマ，オオカミはこの10年間ですべて個体数が増加しているのである。スペインでは，イベリアオオカミが400頭から2,000頭以上へと跳ね上った。その多くが，ガリシアの廃村に出没するのが見られる。野生のイノシシやノロジカ ―― その数もまた跳ね上がっている ―― を襲っているのである。昨年，ガリシアでヒグマが目撃された。150年間で初めてのことである。

　ピークを過ぎた世界の未来の見通しは，おそらく，以下のものだ。より少なくなった人口が今まで以上にぎっしりとひしめきあって都心に押し寄せる。そしてその外，市境の向こうでは野生動物が徘徊する。

解　説

(1)　ブロックⅠ

①　×　「1968年以来，世界の人口増加は2.1％の割合で増大している」

　第2段第1文（At the time …）に，1968年は人口増加のピークで，当時は年間2.1％の割合で増加していたと述べられている。しかし，同段第3文（But growth has …）には，その増加は速度を落としているとも述べられていることから，それ以来，増加の割合は2.1％以下になったと判断でき，内容に一致しない。

②　×　「エーリック夫妻の予測は，二人がそのベストセラーとなった本を出版したときは，高い水準の人口増加による裏付けはなかった」

　第1段第1文（For many years …）には，何年もの間，人口過剰は差し迫った危機に思えたと述べられており，夫婦がベストセラーとなった『人口爆弾』を出版した1968年は，第2段第1文（At the time …）に述べられているように，人口増加率が年間2.1％というピーク時でもあったという数字による裏付けもあるので，内容に一致しない。

③　○　「環境保護論者の中には，まだ世界の人口の増加を心配している人もいる」

　第1段 第2文（Back in 1968, …）の，セミコロン以下（since then, neo-Malthusian …）に，「切迫した災害という新マルサス学派のうわさが，環境保護運動のいくつかの派の中で絶えず繰り返されてきた」と現在完了時制で述べられていることから，今も人口の増加を心配する人はいると判断でき，**内容に一致する**。第2文における切迫した災害とは，同文の前半部分で，エーリック夫妻が予測した，人口過剰によって何百万人もが餓死するという災害を指すと判断できる。

④　×　「女性一人あたりの子供の出生率が2.1である結果として，世界の人口は35億人から76.7億人へと増加している」

第2段第2文（Since then, the …）には，世界の人口が（1968年以来），35億人から76.7億人へと増加していると述べられているが，同段最終文（As women's empowerment …）には，今や多くの国で，女性一人あたりの子供の数は2.1人未満だとも述べられており，それは現在の数値であって，人口が倍増した原因ではないので，内容に一致しない。

⑵　ブロックⅡ

①　○　「韓国では，政府が出産を促進しようと努めているが，昨年は出生率の上昇につながらなかった」

第1段第2文（In South Korea …）に，韓国では昨年，政府が広範囲にわたって出産奨励に努めたにもかかわらず，女性一人あたりの出生率は0.84という，記録的な低さとなったと述べられており，**内容に一致する**。

②　×　「一部の国の低出生率は，政府が子供がいない夫婦にお金を出すのが原因だ」

第1段第2・3文（In South Korea … child benefit payments.）に，昨年，女性一人あたりの出生率が記録的に低くなった韓国では，来年から政府は，現行の児童手当に加えて，出産を控えているカップルに現金特別給付金が支給されると述べられており，内容に一致しない。couples to not have children は「子供がいない夫婦」という意味。

③　×　「日本やドイツと異なり，ブラジルは低出生率に関して問題はない」

第1段第1文（Falling fertility rates …）に，合計特殊出生率が低下している国の例として日本とドイツが挙がっている。また，第2段第4文（Increasingly this is …）に，出生率の低下という問題は，タイやブラジルを含む，中所得国においても，状況は同じだと述べられており，内容に一致しない。

④　×　「イラン政府は，低出生率を心配したことはない」

第2段最終文（In Iran, a …）に，イランでは，女性一人あたりの子供の出生率が1.7となったことが政府に警鐘を鳴らし，公立病院では避妊薬を配らないとか，精管切除術も提供しないといった方針を打ち出していると述べられており，内容に一致しない。

⑶　ブロックⅢ

① × 「『ランセット』誌によると，2016年から，人口が48％減少した国が世界中で23カ国あるという」

第3段第1文（Their model predicted …）に，『ランセット』誌には，23カ国で今世紀末までに人口が半分以上減るだろうとの予測が述べられているが，その数字は今世紀末までに，との予測にすぎず，内容に一致しない。2016年や，48％という数字は，同段第2文（China, where a …）の中国に関する記述に見られるが，その23カ国に関するものではない。

② ○ 「『ランセット』誌に掲載された影響力の大きい研究では，世界の人口はすぐに減少し始めることはないだろうとの予測だった」

第2段第1文（An influential study …）に述べられている有力な研究の予測では，世界人口は予想より早い2064年にピークとなり，その後，減少するとされており，世界の人口がすぐに減少するとは予測していないので，**内容に一致する**。

③ × 「『ランセット』誌に掲載された研究によると，出生率の低下は，世界ではわずかな経済的影響しか及ぼさないだろう」

第2段第2文（Falling birthrates, noted …）には，『ランセット』誌に掲載された研究の著者は，出生率の低下は世界中で重大な「経済的，社会的，環境的，地政学的影響」をもたらすだろうと指摘しており，内容に一致しない。

④ × 「中国の人口は，2100年までにはほぼ50％増加すると考えられている」

第3段第2文（China, where a …）で述べられている中国に関する予測では，2100年までに，人口が推定48％は減少するとされており，内容に一致しない。

(4) ブロックⅤ

① × 「記事によると，現在，日本には1億戸から1.27億戸の空き家があるかもしれないという」

第2段第2文（With the country's …）に挙がっている from 127 million to 100 million という数字は，日本の人口が2049年までには，1.27億人から1億人に減少するとの予測であり，空き家に関する記述ではないので，内容に一致しない。

② × 「日本の田舎でそれほど多くの家が空き家になった主な理由は，家の居住者が都会に引っ越したということだ」

第1段第2文（Many *akiya* have …）に，日本の多くの空き家は，元の居住者の死後空っぽになっていると述べられており，内容に一致しない。occupant はその家の「居住者」のこと。

③ × 「日本では，今ではツキノワグマが『廃屋』に住んでいる」

第2段最終文（Sightings of Asian …）に，ツキノワグマは，木の実や果物が枝で熟したまま収穫されないと，それを漁りにくると述べられてはいるが，廃屋に住んでいるという記述はないので，内容に一致しない。

④ ○ 「マーク゠アドキンソンは，放棄されたままの不動産物件を市場に戻したいと

思っている」

第4段最終文（Mark Adkinson, a …）に，不動産仲介業のマーク=アドキンソンが，『オブザーバー』紙に，自社の職員を外回りに出し，放棄物件があれば所有者をつきとめてもう一度市場に戻すことを願って，手紙を残していると語ったと述べられており，**内容に一致する。**

(5) ブロックⅥ

① × 「人々は，野生動物に襲われる危険性があるので，スペインの田舎を出て行っている」

第1段第3文（Falling populations would …）に，スペインに関する記述の一部として，人口減少が土地放棄の引き金を引き続けるだろう，と述べられており，人口減少が人々が土地を離れる原因とされているので，内容に一致しない。第2段第2文（In Spain, the …）の後半部分には，イベリアオオカミがイノシシやノロジカを襲うという記述はあるが，人を襲うとは述べられていない。

② ○ 「ここ10年間で，欧州ではオオヤマネコ，クズリ，ヒグマ，オオカミの個体数がすべて増加している」

第2段第1文（Rural abandonment on …）のコロン以下（lynx, wolverines, brown …）に，これらの動物が過去10年の間にすべて個体数を増やしていると述べられており，**内容に一致する。**

③ × 「スペインの森林は，人々が土地を精を出して耕すかわりに木々を植えてきたために規模が増大している」

第1段第2・3文（According to José … to be fed."）の内容から，スペインの森林面積は1900年以来，3倍になっているが，それは人口減少のせいで土地が放棄された結果だと判断できるので，内容に一致しない。

④ × 「いくつかの欧州諸国では，もう耕作されていない土地がますます増えているので，そこでみんなを食べさせるのはもはや不可能になるだろう」

第1段第3文（Falling populations would …）後半部分に，人口が減ると放棄地がでる理由として，食わせなければならない人間が少なくなるからと述べられている。人口が減ると，供給すべき食料も減るので，耕作地が放棄されると判断でき，人に食料が行きわたらなくなるというわけではないので，内容に一致しない。

(6)

▶ It's growing ever clearer that we are looking at a future very different from the one we had been expecting

● 文の構造は，It が形式主語，that 節が主語の形式主語構文となっている。

● It に続く述語動詞が，It's growing と現在進行形になっており，補語にあたる clear が ever clearer と比較級になっていることから，「ますます明らかになりつつある，さらに明らかになってきている」などの訳が考えられる。この ever は比較

級を強める用法。

● that 節中の we are looking も現在進行形だが，これは近い未来の出来事を予測して述べる用法と判断でき，「～を見ることになる，～を見るだろう」という訳が考えられる。

● very different 以下は，future を後ろから修飾している。

● the one の one は future を指し，we had been 以下は目的格の関係代名詞が省かれた節で，one を修飾している。

●語句・構文‥‥‥‥‥‥‥‥‥‥‥‥‥‥‥‥‥‥‥‥‥‥‥‥‥‥‥‥‥‥‥‥‥‥‥‥‥‥‥

□ *l*.1　looming「差し迫った，迫りくる」

□ *l*.3　doom-saying「破滅の予言」

□ *l*.4　imminent「差し迫った，切迫した」

□ *l*.5　refrain「繰り返し文句，反復句」

□ *l*.11　empowerment「権利付与，権利拡大」

□ *l*.15　fertility rate「合計特殊出生率」は，女性一人あたり，生涯に出産する子供の数の平均を数値化したもの。birthrate「出生率」や「出産率」は原則的には，一定期間の一定人口（通常，1000人あたり）に対する出生数を数値化したもの。区別せずに「出生率」と表されることも多い。

□ *l*.18　bonus「特別給付（金）」

□ *l*.19　on top of ～「～に加えて」

□ *l*.19　child benefit payments「児童手当の給付」

□ *l*.22　provisional「暫定的な」

□ *l*.32　slide「降下」

□ *l*.32　in earnest「本格的に，真剣に」

□ *l*.39　halve「半減する」

□ *l*.40　controversial「物議を醸す，論争の的となる」

□ *l*.40　spiraling「急上昇する，急騰する」

□ *l*.46　on the ground「現場で，現場の人々の間では」

□ *l*.50　Most often to be found in ～,「ほとんどの場合，～で見られることだが」

□ *l*.50　fall into disrepair「荒れ果てる，荒れ放題になる」

□ *l*.51　eerie「薄気味悪い，不気味な」

□ *l*.53　unclaimed「引き取り手のいない，持ち主不明の」

□ *l*.54　untended「ほったらかしの，世話されていない」

□ *l*.54　under unknown ownership「所有者不明で」

□ *l*.55　tear *A* down「*A* を取り壊す」

□ *l*.57　subsidize「補助金を払う，支援する」

□ *l*.59　be set to *do*「～することになる」

□ *l*.60　account for ～「～を占める」

- [ ] *l*.61　reclaim「〜を再利用する」
- [ ] *l*.62　black bear「ツキノワグマ」
- [ ] *l*.63　scavenge「〜を漁る」
- [ ] *l*.71　estate agency「不動産仲介業」
- [ ] *l*.74　on the road「外回りに出て，出張中で，旅行中で」
- [ ] *l*.74　in the hope of 〜「〜を願って」
- [ ] *l*.78　get stuck up「立ち往生する」
- [ ] *l*.80　step into the breach「仕事を引き継ぐ，代理を務める」
- [ ] *l*.89　contribute to 〜「〜の一因となる」
- [ ] *l*.90　resurgence「再興」
- [ ] *l*.90　carnivore「肉食動物」
- [ ] *l*.90　lynx「オオヤマネコ」
- [ ] *l*.90　wolverine「クズリ」
- [ ] *l*.90　brown bear「ヒグマ」
- [ ] *l*.93　wild boar「イノシシ」
- [ ] *l*.94　roe deer「ノロジカ」
- [ ] *l*.98　prowl「徘徊する，うろつく」

(1)—③　(2)—①　(3)—②　(4)—④　(5)—②
(6)　私たちは，予想してきたのとはずいぶん異なる未来を見ることになるだろうということが，ますます明らかになってきている

解　答

MEMO

MEMO